KB146822

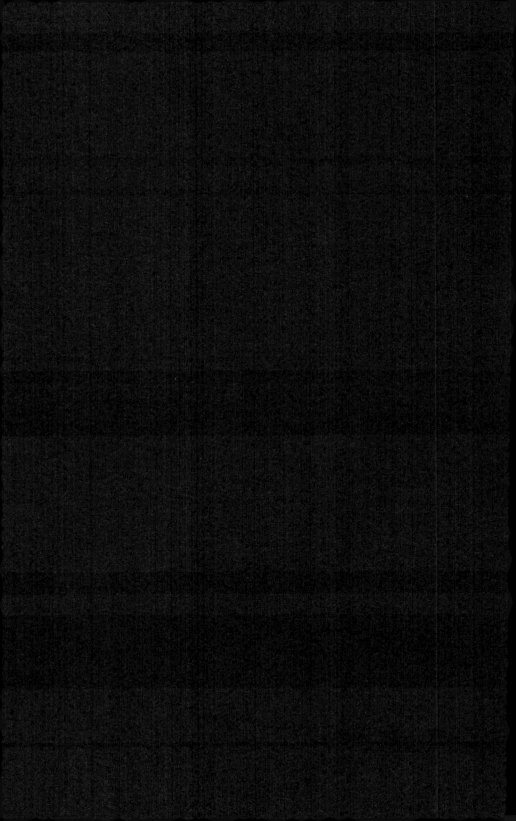

한국전쟁과 수복지구

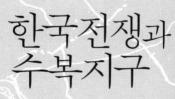

한국전쟁과
수복지구

한모니까 지음

푸른역사

책머리에

이 책은 수복지구 강원도 인제지역에서 한국전쟁 전후前後에 벌어진 체제 전환과 지역 주민들의 삶의 변화를 추적하고, 그 의미를 해명하려는 시도이다.

석사학위논문을 〈4·19항쟁시기 북한의 남한정세 분석과 통일·대남정책의 변화〉로 제출한 이후, 나의 주된 고민은 '남북한을 아우르는 한국현대사 연구'였다. 남북한을 하나의 시야에 두고 보면 남북관계는 물론 남북한의 구조적인 모순과 특성, 그 모순을 극복할 수 있는 힘이 생기리라 생각했다.

그래서 북한사 문헌들을 살피게 되었고, 그 과정에서 한국전쟁 중에 미군이 노획한 인제군 자료를 접하게 되었다. 인제군 자료는 북한 통치 5년간의 지방사회의 생생한 모습들을 보여주고 있었다. 이 자료들의 일부를 한국역사연구회 북한사연구반에서 강독하며 해방 직후 북한사회의 상을 그려갔다. 인제군 문서들을 본격적으로 활용하면서도 새로운 주제와 방법으로 접근해보고 싶었다.

2005년 초, 북한통치 하의 인제군 문서들에 푹 빠져 연구 주제와 방법을 찾던 중이었다. 가톨릭대학교 도서관에서 《인제군지麟蹄郡誌》(인제군지편찬위원회, 1980)를 펼쳐들었다. 인제지역의 현황을 파악하고 노획문서상에 나타나는 수많은 지명들의 위치를 짚어 나갔다. 그리고 약사를 읽어 내려가던 중 다음의 짧은 구절에서 눈이 멈추었다.

38이북의 인제 북면, 남면, 서화면, 기린면은 5년간 인공치하에 있었다. 1954년 2월 20일 농민수복령공포로 농민들이 입주하자 미8군에서 군정을 실시하였다. 1954년 10월 법률 제36호로 수복지구임시행정조치법의 공포와 동시에 11월 13일자 대통령 제957호로 수복지구임시행정조치법 시행령의 공포로 동년 11월 17일 군정으로부터 행정권이양을 보았다(《인제군지 麟蹄郡誌》, 56쪽).

나는 눈을 뗄 수가 없었다. 어찌 보면 무미건조하기도 한 이 몇 문장으로 인해 나는 인제군이 북한 지방사회에 대한 연구 소재로 그칠 수 없음을 깨달았다. 나를 비롯하여 그동안의 연구들은 인제군 노획문서를 인제지역의 역사성보다는 해방 직후 북한의 모습을 설명하기 위한 자료로 다루었을 뿐이었다. 그런데 인제지역의 역사는 매우 드라마틱했다. 일제식민지배로부터 해방된 인제는 북한의 인민민주주의혁명을 경험했고, 한국전쟁 전시·전후에 유엔군(사실상의 미군)의 관할 아래 있었으며, 한국전쟁이 끝나고도 1년이 지난 1954년 11월 이후 한국정부로 이양되어 오늘에 이르렀던 것이다. 이러한 역사는 수복지구 인제라는 공간에 쌓여 있고 이곳 사람들의 삶에 투영될 수밖에 없었을 것이다! 나는 무언가 큰 발견을 한 것 같은 느낌이었다. 한국근현대사의 식민과 해방, 분단과 전쟁, 통일문제를 인제지역을 통해 드러낼 수 있으리라 직감했다.

그런데 막연했다. 문제는 박사학위논문으로서 연구가 가능한지, 무엇을 가지고 이 단절적이면서도 연속적인 역사를 꿸 것인지였다. 지도교수이신 안병욱 선생님께 여쭈었다. 선생님께서는 세계사적인 체제 전환의 의미와 더불어 토지·호적·이데올로기 등의 키워드를 말씀하시면서 학위논문으로 적극 권해주셨다. 선생님의 연구실을 나서는 순간부터 나는 연구 결과에 대한 기대감으로 가득했고 당장에라도 논문을 쓰고 싶을 만큼 설레었다. 이후 본격적으로 연구 가능성을 탐색하며, 수복과정의 하나인 유엔군정과 행정권 이양의 문제를 추적하고 연구를 뒷받침할 자료들을 수집하기 시작했다.

수복지구 인제군이라는 하나의 지방사회를 중심으로, 시기적으로는 일제 말부터 수복시기까지, 지역적으로는 남과 북을 중층적으로 아우르는 역사를 서술할 수 있으려면 각 시기별로 중앙정부 차원의 자료와 지역 차원의 자료 모두가 확보되어야했다. 무엇보다 급격한 체제 변동과정에서 지역사회와 사람들의 대응 및 삶의 변화를 추적하기 위해서는 현지주민의 시각과 목소리를 통해 접근하는 것이 효과적이라 판단하고 인제를 비롯한 수복지구로 현지조사를 떠났다.

한국전쟁과 체제 전환이라는 격변을 증명하듯 수복지구 현지에는 많은 자료들이 소실되어 있었다. 그래도 꾸준한 현지조사를 통해 중요한 자료들을 발굴할 수 있었다. 인제군청 문서고에서 농지개혁 관련 문서철 등을 발견했을 때의 느낌을 잊을 수가 없다. 그 숱한 시간과 풍파를 견디며 나를 기다렸던 것만 같았다. 그리고 많은 주민들과 만났다. 경계의 눈초리로 곤혹스러운 적도 있었지만, 대부분의 분들은 필자의 문제의식과 조사에 매우 공감하면서 적극적으로 자신들의 경험을 이야기해주었다. 이외에도 미국 국립기록관리청NARA에서 한국전쟁기 유엔군정 관련 문서들과 북한체제 하 인제주민들의 동향이 생생히 담겨 있는 기록과 사진자료들을 찾을 수 있었다. 이러한 문헌 자료와 주민들의 삶을 접할 때마다 한국근현대사의 질곡이 고스란히 느껴졌고, 역사가로서 이를 어떻게 잘 서술할 수 있을지 고민되고 어깨가 무거워졌다.

부족하나마 이 자료들을 분석하여 박사학위논문으로 제출했다. 그리고 박사논문에서 미진했던 부분들을 수정·보완하여 7년여 만에 이 책을 세상에 내놓게 되었다. 일제시기 부분을 포함하여 거의 전 내용을 보완했고, 추가 인터뷰를 진행하여 사람들의 목소리에 더 귀를 기울이려 했으며, 그림·사진자료들을 최대한 실어 시각적으로도 이해를 돕고자 했다. 또 이 책에는 본격적으로 서술되지는 않았지만, 현재 필자의 주된 관심인 '수복지구와 신해방지구의 비교 연구'를 염두에 두면서 글을 다듬었다. '신해방지구'는 수복지구의 경우와 반대로, 해방 후 남한지역이었다가 한국전쟁 중에 북한에 편입된 지역이다.

한국근현대사에서 수복지구의 체제 전환은 일제식민지배, 북한체제, 남한체제 간의 단절과 지속이 거듭하는 과정이었다. 북한은 구체제인 일제식민잔재를 제거하고 신체제로서 인민민주주의를 구축하고자 했고, 남한은 반공주의를 바탕으로 북한체제를 제거하고 자본주의를 이식하려 했다. 그 과정에서 일제식민잔재의 청산과 재등장이 반복되었으며, 남북한의 냉전적 인식 및 체제 경쟁이 결부되었다.

수복지구의 경험은 남북한의 통일이 전쟁과 점령이라는 방식을 통해 어느 한쪽 체제에 일방적으로 '편입'하는 방식으로 이루어질 때 어떠한 결과를 가져올 것인지를 매우 실질적으로 보여주며, 상호 존중의 체제 통합 및 전환과 그에 대한 체계적인 준비의 중요성을 일깨운다.

수복지구 주민들의 삶도 극단적으로 대립하는 남북한 두 체제 사이에서 살아남고 적응하기 위한 부단한 갈등과 노력으로 채워졌다. 수복지구에서 살아온 사람들의 삶을 한국근현대사의 영역으로 끌어들이는 것은 학문적·정치사회적으로 그들의 삶을 이해·공감하고 상처를 치유할 뿐 아니라, 슬기롭게 미래를 대처하는 하나의 길이 될 것이다.

수복지구의 체제 전환은 한반도를 둘러싼 국제적 역학관계, 남북관계, 남북한 국가와 민의 관계라는 세 층위의 문제들이 복잡하게 얽혀 진행되었다. 이는 한반도의 분단극복이 이 세 층위 모두에 대한 매듭을 푸는 과정이자 결과가 될 것임을 의미한다.

이 책의 자리를 빌려 그동안 마음에만 담아온 감사의 인사를 드리고 싶다. 안병욱 선생님은 남북한현대사에 대한 기본적인 시각과 자세를 가르쳐주셨고 논문을 쓸 때마다 엄격하게 지도해주셨다. 무엇보다 선생님의 은근하고 따뜻한 격려를 잊을 수 없다. 유승원 선생님은 학부 첫 수업에서 역사와 한국사 연구에 관심을 갖는 계기를 마련해주셨을 뿐 아니라 출산 후 느슨해질 수 있던 필자를 다잡아주시면서 책의 출간을 힘있게 독려해주셨다. 박광용 선생님은 논문과 사료 비판의 첫 걸음을 내딛을 수 있게 해주셨고, 대학원 진학을 준비할 때 많은 도움과 가르침을 주셨다. 고대사 전공의 이순근 선생님은 현대사 연구의 중요성을 강조하시면서 격려해주셨으며 박사학위논문 심사과정에서도 세심하게 배려해주셨다. 채웅석 선생님은 역사이론들을 통해 새로운 주제와 방법론을 모색할 수 있도록 해주셨는데, 북한 지방사회의 권력구조에 대한 해석도 박사과정 수업 중에 접한 논저들과 이론들을 통해 아이디어를 얻을 수 있었다. 정연태 선생님은 논문

의 문제점들을 세세히 지적해주셨으며 평소에도 아낌없는 충고와 조
언으로 깊은 정을 보여주셨다. 성격도 모나고 학문도 부족한 필자가
조금씩 성장할 수 있었다면, 그것은 삶의 지표가 되어주시는 가톨릭
대학교 국사학과 선생님들 덕분이다.

대학원에 진학한 이래 이 책이 나오기까지 주위의 많은 분들이 도
와주셨다. 정용욱 선생님은 미국립기록관리청을 방문하여 생생한 노
획문서를 수집·정리할 수 있게 배려해주셨다. 정병준 선생님은 자료
수집은 물론 박사논문 준비 중에 겪은 어려움에 격려와 지원을 아끼
지 않으셨다. 김성보 선생님은 박사학위논문 심사과정에서 글의 구조
와 의미를 잡아주셨으며, 박사후연수Post-Doc.의 지도교수로서 학위
논문을 발전시키고 확장하는 데 많은 지도와 배려를 해주셨다. 홍석
률 선생님은 박사논문을 체계화하고 의미를 부여하는 데 많은 조언을
해주셨고 박사 후 진로를 모색할 때도 따뜻한 격려를 해주셨다. 장신
선생님은 일제시기 부분을 수정할 때 큰 도움을 주셨고, 박동찬 선생
님은 한국전쟁기 군軍의 체계 및 이동을 이해할 때 조언해 주셨다. 한
국역사연구회 현대사분과의 선배·동학들은 필자의 연구에 격려와 도
움, 날카로운 지적을 아끼지 않았다. 현대사분과의 4월민중항쟁반,
1960년대 연구반, 북한사연구반 등에서의 열띤 토론과 교류는 즐겁
게 학문할 수 있는 힘이 되었다. 정창현, 한홍구, 김귀옥 선생님과의
구술채록 경험은 필자가 구술사적 연구방법을 시도하는 데 밑거름이
되었다. 역사문제연구소의 한독비교사포럼은 풍부하고 넓은 시야로
늘 신선한 지적 자극을 받는 시간이다. 수복지구 관공서의 문헌자료
를 수집할 때 국사편찬위원회의 '지역사 자료 및 주제자료 수집사업'
(2006~2007)으로부터도 큰 도움을 받았다. 인제·춘천·철원·양구·고

성·양양·속초 등지의 현지조사에 기꺼이 동행해준 가톨릭대학교 대학원 후배들에게도 고마운 마음을 전한다.

인제를 비롯한 수복지구 주민들은 넉넉한 마음으로 도움을 주셨다. 인제군청의 문화관광과 윤형준 주무관과 행정자치과 황언중 선생님은 군청과 면사무소의 문서고 열람을 도와주었을 뿐 아니라, 어르신들을 소개해주고 인제의 현황을 설명해주었다. 한국전쟁과 체제 전환 과정에서 겪은 고통과 복잡하고 격한 감정들에도 불구하고 진솔한 이야기를 들려주신 어르신들께 감사의 마음을 표한다.

2011년 내일을 여는 역사재단으로부터 '강만길연구지원금'을 받은 것은 필자에게 큰 영광이자, 학위논문을 마치고 새로운 연구를 모색하는 데 원동력이 되었다. 수복지구 연구의 중요성을 주목하고 선뜻 출간해준 푸른역사 박혜숙 사장님과 거친 원고를 멋진 책으로 만들어준 편집팀에 깊이 감사하다.

부모님께는 항상 부족한 딸이었다. 연구자의 길을 갈 수 있도록 한결같은 믿음으로 응원해주신 부모님께 이 책을 바친다. 어머니는 지금도 하늘에서 지켜보고 계실 것이다. 연구자 며느리를 이해하고 배려해주시는 시어머님께는 감사할 뿐이다. 인생의 동반자이자 동료 연구자로서, 나의 글에 대한 가장 비판적인 독자인 김경래에게 고맙다. 태아였던 딸 지인이는 이 책의 재교再校 작업을 함께 하며 응원해주었다. 가족에게 사랑한다는 말을 하고 싶다.

이 책이 이 모든 분들께 작은 보답이 될 수 있다면 기쁘겠다.

2017년 새해를 맞으며
한모니까

차례
한국전쟁과 수복지구

서론

1

연구대상과
문제의식

한국현대사와 '수복지구^{收復地區}'

한국현대사는 해방과 분단으로 시작하였다.[1] 한반도는 1945년 일제식민지배로부터 벗어났지만, 미국과 소련에 의해 북위 38도선 이남과 이북으로 나뉘었다. 해방된 한국은 독립민주국가 수립과 일제식민구조 및 잔재청산이라는 과제를 수행하기도 전에 세계냉전체제 하에 들어갔다. 1948년 8·9월에 대한민국과 조선민주주의인민공화국이라는 상이하고도 적대적인 두 정부의 수립이 선포되었고, 급기야 1950년부터 3년간 전쟁이 벌어졌다. 전쟁 이후에도 남북한은 군사분계선을 사이로 분단 상황을 이어가고 있으며, 상호 배타적인 '대한민국 국민'과 '조선민주주의인민공화국 인민'을 만들어왔다.

이런 한국현대사의 격변을 압축적으로 체현하고 있는 지역이 38선과 휴전선 사이이다. 38선 이남이면서 휴전선 북쪽에 위치한 지역은 황해도 옹진·연백과 개성·개풍·장단 일대가 있는데, 해방 직후 남한에 속했던 이 지역은 한국전쟁 중 북한에 편입되었다. 북한은 이 지역들을 '신해방지구新解放地區'라 지칭했다. 반대로 38선 이북이면서 휴전선 남쪽에 놓인 지역으로 경기도 연천, 강원도 철원(김화)·화천·양구·인제·고성·양양(속초)이 있는데, 북한에 속했다가 전후戰後 남한에 편입된 지역이다. 남한은 이 지역들을 편입하면서 '수복지구收復地區'라고 명명하고 별도 관리했다.[2]

이 중에서도 '수복지구'는 해방과 한국전쟁을 전후로 일제, 북한, 유엔군(사실상 미군), 남한의 통치를 차례로 받았다. 해방과 동시에 약 5년 동안 북한통치 하에 놓였다가, 한국전쟁기 유엔군의 지배를 받은 후 전후戰後에 남한으로 이양되었다. 그에 따라 이곳 주민들은 해방 전에는 '일제 신민'이었고, 해방 이후 '조선민주주의인민공화국 인민'이었으며, '유엔군정의 주민'을 거쳐 '대한민국 국민'이 되어야 했다. 곧 '38선 이북 중동부지역'은 일제식민지체제, 북한인민민주주의체제, 남한자본주의체제로의 급격한 전환을 경험했으며, 남북분단의 역사를 응축하고 있는 것이다. 따라서 남북분단 상황을 역사적으로 이해하고, 나아가 그것을 극복하는 데 수복지구의 체제 전환을 탐구하는 것은 필요불가결한 과제이다.

수복지구의 체제 전환은 '국제적 역학관계', '남북관계', '남북한 국가와 민의 관계'라는 세 층위의 문제가 복잡하게 얽혀 이루어졌는데, 이는 한반도의 분단 상황과 무관하지 않다.[3]

여기서 국제적 역학관계란 수복지구의 탄생과정과 직결되어 있다. 1950년 10월 유엔군이 38선 이북지역을 점령했을 때, 그리고 1951년 6월 38선 이북 중동부지역을 점령했을 때 남한은 이 지역의 통치와 관련하여 아무런 공식적인 권한을 행사하지 못했다. 유엔한국통일부흥위원단UNCURK과 미국, 유엔군사령부가 행정 이양을 논의·결정한

데 이어, 1954년 11월 17일 유엔군사령부가 38선 이북 중동부 점령지역에 대한 행정권을 남한으로 이양함으로써 비로소 남한은 이 지역을 '수복지구'라는 이름으로 편입할 수 있었다. 더구나 이 지역을 이양할 때, 최종적인 법적*de jure* 지위에 대한 이양은 보류하고, 유엔군사령관이 이 지역에 대한 군사적 관할권을 보유하고, 남한정부는 사실상의*de facto* 행정권을 인수하는 것으로 처리되었다.[4]

또한 수복지구는 남북 상호관계, 특히 남북 간의 복잡한 법적 쟁점들을 구체적으로 살펴볼 수 있는 지역이기도 하다. 남한은 헌법의 영토조항을 근거로 북한지역을 남한 영토로 간주하고 북한체제를 인정하지 않았지만, 실제로 38선 이북 중동부지역을 편입하여 남한의 제도를 이식·적용하는 과정에서 여러 가지 모순적 상황에 부딪혔다. 그리고 38선과 비무장지대 사이의 수복지구는 항시적으로 남북한이 적대관계에 있음을 확인하는 지역인 동시에 그 긴장상태로부터 생기는 상처와 피해의 극복을 절실히 요구하는 지역이다. 안보교육현장이면서도 통일교육현장이고, 평화생태지역으로서의 역할이 요구되면서도 아이러니하게 무장이 집결된 지역이기도 하다. 따라서 수복지구는 이중적이면서도 특수한 남북 상호관계를 잘 보여준다[5].

수복지구 주민의 삶은 남북한 국가와 민의 관계의 일단을 반영한다. 남북한은 각각 자본주의와 사회주의 이념을 표방하고, 그에 따른 정치·경제·사회제도를 갖추었다. 그리고 자신의 체제를 주민에게 강제했을 뿐 아니라 주민의 일상생활에 나름의 뿌리를 내리고 지속시켜 왔다.[6] 당시 남북한이 구축 혹은 이식하고자 한 체제는 어떤 것이었으며, 그것이 수복지구 주민의 삶에 어떠한 영향을 미쳤으며, 주민들은 어떻게 대응했는지에 대한 탐구는 해방~1950년대 남북분단국가와 민의 관계를 이해하는 중요한 계기가 된다.

　남북분단은 역설적이지만 미래의 통일과정에서 교훈으로 작용할 수 있다. 민족분단으로 겪게 된 남북의 사회운영과 경험을 필요에 따라 수용한다면 남북한은 복수의 역사경험을 축적하게 되는 셈이다.[7] 그런 점에서 수복지구는 남북한 양 체제를 동일지역에서 역사적으로 검토해볼 수 있는 좋은 사례이다. 수복지구가 남북한 각각의 역사경험은 물론 북한에서 남한으로 편입된 경험을 갖고 있다는 점에서, 수복지구로부터 미래의 통일과정과 이후에 대한 많은 실질적인 교훈을 얻을 수 있다. 분단 극복 및 통일은 남북한체제의 변동을 수반할 것이다. 그것은 정치·경제·사회·문화 전 분야에 걸쳐 급격한 변화를 요구하며, 많은 갈등을 새로이 야기할 수 있다. 후술하겠지만, 북한의 통치를 받았던 38선 이북 중동부지역 주민이 남한에 편입되자 주민들 사이에서는 여러 갈등들이 해소되기보다는 증폭되거나 잠재되었고 새로운 양상으로 나타났다. 따라서 남북한 두 체제가 만나 일정한 전환과 통합을 이룰 때를 대비한 체계적이고 세밀한 준비가 절실하다.[8] 수복지구의 체제 전환에 관한 연구는 체계적인 통일 준비를 위해서도 긴요하다.

　수복지구의 '사회주의를 지향하는 인민민주주의 북한'에서 '자본주의를 지향하는 남한'으로의 체제 전환은 세계사적인 면에서도 그 의의를 찾을 수 있다. 주지하듯이, 제2차 세계대전 이후 식민지배로부터 해방된 많은 동유럽 국가들은 '인민민주주의'를 거쳐 '사회주의'를 구축했다. 그리고 1989~1991년, 사회주의종주국 소련은 물론이고 동유럽 국가들이 자본주의체제로 전환하는 세계사적인 변동이 있었다. 이는 냉전의 종식 혹은 사회주의 실험과 자본주의 승리로 해석되

는 등 세계에 큰 충격을 준 바 있다. 그런데 한반도에서는 이미 1950
년대에 이러한 체제 전환의 경험을 갖게 된 것이다. 이런 측면에서 미
국이 한국전쟁 중 38선 이북 중동부 점령지역을 일컬어 "공산권에서
해방된 첫 지역"[9]이라고 주목한 것은 적확했다.

수복지구 사례는 동유럽 국가들 중에서도 동독 사례와 비교 가능하
다. 동독은 서독과 상호 대등한 통일을 이룬 것이 아니라, 서독으로
흡수 통일 혹은 편입되었기 때문에[10] 남한체제에 편입된 수복지구와
비교해볼 대목이 많다. 본서에서는 수복지구와 동독을 비롯한 동유럽
의 체제 전환을 비교분석하지 못하지만, 향후 비교연구의 토대가 되
기를 기대한다.[11]

그런데 수복지구와 관련된 관심과 연구는 그동안 부분적으로 이루
어졌다. 수복지구에 대한 첫 주목과 조사는 유엔군이 38선 이북 중동
부지역을 점령했을 때 이루어졌다. 미국은 중동부 점령지역이 "공산
주의로부터 해방된 유일한 지역"이라는 점을 주목했다. 미국은 바로
이런 특성이 "지역 주민이 북한 행정과 공산주의 교육으로부터 벗어
나 새로운 체제의 사회에서 적응할 수 있을지를 연구할 수 있는 유일
한 기회를 제공"한다고 보고, 이 지역에서 공산권에 대한 정보와 교육
실험을 수행했다. 미 문화정보국 제임스 오스본James Osborne의 현지
조사(1952. 2. 15~2. 25)와 유진 크네즈Eugene Knez의 사회학적 연구
(1952. 3~5)가 그 예다. 이들의 연구는 미 문화정보국, 국무부, 주한미
대사관 등과 연계해서 진행되었는데, 이 기관들의 향후 정책에의 활
용을 염두하고 이루어진 것이었다.[12]

남한도 수복지구의 중요성을 인식하고 표현했다. 하지만 1954년 11
월 이 지역의 행정권을 인수하면서 '미래 북한지역을 통합할 때 수복

지구가 그 예가 될 것'이라 강조한 것이 전부였다. 이후 수복지구는 학문적으로나 정치사회적으로도 별다른 주목을 받지 못하였다.

그러다가 1989년 한국농지개혁에 대한 연구와 연동되어 수복지구 농지개혁 연구가 이루어졌다. 《收復地區의 南·北韓 農地改革에 관한 研究》는 북한의 1946년 토지개혁부터 남한의 1958년 농지개혁, 이후 제기된 문제들까지 이 지역의 농지개혁에 대한 전반적인 흐름과 문제점 등을 분석했다.[13] 이 연구는 수복지구 농지개혁 연구의 중요성을 인식하면서 전개과정을 정리한 첫 작업이었지만, 남북한 체제 전환보다는 농정사적 입장에서 이루어졌다.[14] 이후 수복지구에 대한 연구는 진행되지 않았다.

한편 이 글의 주된 분석사례인 강원도 인제지역과 관련한 연구들은 미군의 인제군 노획문서를 토대로 해방 직후 북한의 당·정관계, 농업생산, 노력동원, 선전선동 등을 다루면서 북한의 통치체계와 지방사회의 모습을 살피는 데 초점을 두었다.[15] 이들은 해방 직후 북한정치경제체제의 성격을 규명하는 매우 의미 있는 연구들이었지만, 그 관심을 '수복지구'로까지 확장하지는 못하였다.

필자는 수복지구가 가지는 중요성을 지적하고[16] 2004년부터 이 지역에 대한 현지조사와 연구를 진행했다. 현지조사결과는 국사편찬위원회에 〈인제지역 자료조사·수집의 성과와 과제〉, 〈2006년도 국사편찬위원회 인제군 지역사자료 조사수집 최종보고서〉, 〈2007년도 국사편찬위원회 강원도 수복지구 주제자료 수집 최종보고서〉로 제출되었다.[17] 이 과정에서 수복지구문제의 역사적 의미와 방법론을 제시하고, 기초자료를 조사·수집했다. 아울러 이 지역이 유엔군사령부로부터 남한정부로 이양되는 과정과 통치권문제를 규명하였다.[18]

필자의 문제제기와 지역조사 이후 수복지구 조사 및 연구에 대한 공감대가 형성·확대되었다. 후속 조사와 연구가 이루어졌는데, 수복지역에 포함된 철원군과 양구군의 향토사가와 문화원이 자신의 지역에 소장된 수복지구 관련자료를 수집하기 시작했고, 연구자들의 관심도 생겼다.[19] 하지만 아직 수복지구 체제 전환의 전체적이면서도 구체적인 모습과 그 의미에 대해서는 본격적으로 다루어지지 않았다.

기존에 수복지구가 연구 주제로 충분히 다루어지지 못한 이유는 다음과 같다. 먼저 자료 이용 및 해석의 문제이다. 한국전쟁기 미군이 노획한 인제군 문서는 활용가치가 매우 높은데, 시기적으로나 공간적으로 해방 직후 북한사 영역에 국한되어 활용되었다. 자료 발굴과 구술 채록작업도 부족하였다. 이 지역은 38선 이북에 위치해 있으나 답사가 가능한 지역이며 현지에 귀중한 자료들이 존재하고 있다. 전란과 급격한 사회 변동과정에서 많이 소실되기는 하였으나, 현지 군청·읍면사무소 등에 전후戰後 생산된 자료들이 보존되어 있다. 또 분단과 전쟁, 그 와중의 체제 전환을 경험한 인물들이 아직 생존해 있으며, 그들의 경험과 기억에 대한 채록은 자료 이상의 큰 의미가 있지만, 주목받지 못했다. 정치사회적으로 수복지구 안팎의 인식문제도 있었다. 이 지역(민)은 '북한땅', '북한사람'이었다는 점에서 오랫동안 불신과 차별의 대상이었으며, 변방지역이나 관광휴양지 등으로 여겨질 뿐이었고, 지역 내에서도 자신들의 역사와 삶이 '약점'으로 취급·인식되었기 때문에, 이 지역의 역사를 차분히 살펴볼 기회가 없었다. 남한 정부가 명명한 것처럼 38선 이북 중동부 점령지역이 '수복지구'라면, '잃었던 영토'를 되찾는 과정과 그 땅에 사는 사람들이 겪은 변화를 역사적으로 관찰하려는 노력이 필요하다.

체제 전환과
토지·권력·정체성

수복지구의 체제 전환을 살피기 위한 검토 시기는 일제 말부터 남한 편입이 일단락되는 1950년대까지이다. 이 시기 38선 이북 중동부지역이 일제, 북한, 유엔군, 남한의 통치 하에서 각각 정치·경제·사회적으로 어떤 모습이었으며, 어떠한 과정을 거쳐 그러한 모습을 갖게 되었는지, 그 체제의 성격은 무엇인지를 해명하려 한다.[20] 아울러 수복지구에서 식민과 해방, 분단과 전쟁, 그로 인한 체제 변동은 지역사람들에게 어떠한 의미가 있었으며, 그들의 삶을 구체적으로 어떻게 변화시켰는지 살펴보려 한다.

특히 수복지구의 체제 전환과정에서 '달라진 것'과 '달라지지 않은 것'들의 문제를 유념하려 한다. 북한이 일제식민구조 및 잔재로부터 단절하고자 한 것과 북한의 단절 정책에도 불구하고 지속된 것은 무엇인지, 남한이 북한체제와의 단절을 위해 취한 정책과 그럼에도 지속된 것은 무엇이며, 그 이유는 무엇인가 하는 것이다. 구체적으로는 경제적 토지소유관계, 정치사회적 권력구조, 국가구성원으로서의 정체성 면에서의 변화를 살펴보려 한다. 토지소유관계, 권력구조, 정체성 등은 남북한이 지향하는 체제, 그에 따른 지역사회의 변화와 갈등이 반영되는 대표적인 문제이다.

첫 번째 과제는 체제 전환의 경제적 기반인 토지소유관계의 변동에 관한 문제이다. 농촌인구가 압도적인 비율을 차지하는 사회에서 농민들의 삶은 토지와 토지를 둘러싸고 벌어지는 일들에 의해 좌우된다. 가장 중요한 생산수단인 토지에 대한 소유자와 경작자 간의 경제적·사회적 관계를 어떻게 맺을 것인가는 한국사의 중요한 과제였다.

그런데 한국에는 지주제가 발달하지 않은, 그리고 계급갈등이 그리 심각하게 표출되지 않은 지역들이 존재한다는 점을 유의할 필요가 있다. 이 책의 사례대상인 인제지역도 그러한데, 이와 같은 지역에서의 토지소유구조의 특징은 무엇이며 그 지역들에서 토지개혁/농지개혁의 의미는 무엇인지 해명해야 한다. 인제의 토지소유관계의 재편은 남북한 체제의 특성과 아울러 이미 토지개혁이 이루어진 지역이 어떻게 남한의 자본주의적 소유관계로 재편되었는지 보여줄 것이다.

둘째로는 해방, 분단, 전쟁이 수복지구에 가져온 권력구조의 변화를 살펴볼 것이다. 체제가 바뀔 때 지역사회를 주도하는 조직과 사람들이 달라졌을 것임은 짐작하기 어렵지 않다. 문제는 새롭게 부상한 조직과 사람들은 누구—계급·계층·성이나 이력—이며, 어떠한 과정을 거쳐 등장했는지, 또 기존의 주도층은 어떻게 되었을까[21] 하는 것이다. 과거 지역사회 주도층이 새로운 체제에서 배제되거나 재등장하는 과정, 과거에 권력에서 배제되어 있던 이들이 권력에 다가가는 과정 등과 그 특징은 무엇인지 살펴볼 필요가 있다.

이는 남북한이 구축하려 한 정치구조와도 관련된다. 남북한은 모두

민주정民主政의 구현을 주장했지만, 그 구체적인 모습은 달랐다. 북한의 인민민주주의와 남한의 자유민주주의는 국가가 권력을 민에게 나누고 유지하는 방식 등에 차이가 있었다. 일제식민지배로부터 해방된 이후 인민민주주의적으로 권력구조가 구성·작동한다는 것, 다시 전쟁 이후 남한에서 자유민주주의적으로 재편된다는 것이 지역사회(민)에 어떠한 의미를 갖는지 살펴보려 한다.

셋째로는 각 체제 구성원의 정체성에 대한 문제를 살펴볼 것이다. 남북한의 주민들은 38선과 휴전선을 경계로 이남·이북지역에서 각각 이념적·제도적 규정과 공통된 경험을 통해 남한 국민/북한 인민으로서의 정체성을 형성해갔다. 즉 남북한은 국가구성원들을 이념적·제도적으로 규정할 뿐 아니라, 구성원에게 국가가 원하는 어떤 '모델'을 제시하고 그렇게 변화하도록 요구하며, 주민들이 그러한 변화를 거부하는 경우에는 배제함으로써 체제를 유지해왔다. 이 과정에서 남북한의 주민들은 그에 적응하면서 집합적 정체성을 형성하거나 많은 갈등을 겪기도 했다.

더구나 수복지구의 주민은, 일제의 '신민'이었다가 북한의 '인민'이 되었고, 유엔군정의 '주민'을 거쳐, 남한 '국민'이 되었다. 과연 '신민'에서 '인민'으로, 다시 '주민'에서 '국민'으로 된다는 것은 무엇을 의미하는 것일까? 이 지역민의 정체성은 어떻게 형성·변화되었으며, 체제 구축 및 유지에 어떻게 동원·활용되었을까? 각 체제 하에서의 이념적·제도적 규정과 그에 따른 여러 경험, 이를 통한 정체성의 형성과 변화를 파악하려 한다.

이와 같은 정치·경제·사회적 과제들을 종합적으로 다룰 때 수복지구 체제 전환의 다양한 모습을 더욱 분명히 이해할 수 있을 것이다.

지역 내의 권력구조, 토지소유관계, 구성원으로서의 정체성 등은 서로 밀접하게 연결되어 움직였기 때문이다. 그래서 이 글은 일제, 북한, 유엔군, 남한 통치 하의 경제적 토지소유관계, 정치적 권력구조, 국가구성원으로서의 정체성의 변화를 살펴볼 것이다.

사례지역:
강원도 인제군

이 책의 주된 분석 지역은 38선 이북 수복지구인 강원도 인제지역이다. 여러 수복지구 중에서도 인제군을 연구사례로 삼은 이유는 다음과 같다.

첫째, 인제의 분단은 38선 이북 수복지구와 한반도의 지리적·행정적·군사적 분단 상태를 반영한다. 인제군은 한반도와 강원도의 중심부에 위치하고 있다. 위도 상으로 북위 37도39분부터 북위 38도30분에 걸쳐 있으며, 동으로는 속초와 양양, 서로는 양구와 춘천, 남으로는 홍천, 북으로는 회양과 고성 각 군에 접해 있다. 이러한 위치상의 특성은 한반도의 분단이 인제의 분단으로 직결되는 데 영향을 주었다.

한반도의 분단처럼 인제군도 38선과 군사분계선에 의해 분단되었다. 해방 직후 미소의 38선 획정으로 인해 대부분의 지역(서화면·북면·인제면·기린면 일부·남면 일부)이 38선 이북으로, 나머지 지역(기린면 일부·남면 일부)이 38선 이남으로 나뉘었다. 38선 이북의 인제지역은 인제군으로 보전되었고, 38선 이남의 인제지역은 홍천군 신남면으로 편입되었다. 전쟁 이후에는 군사분계선 이북에 속한 서화면의 일부(이포리, 서희리, 가전리, 심적리, 장승리)를 제외하고, 38이북 인제의 대부분이 남한의 통치 하에 들어왔다. 홍천군에 편입되었던 기린면과 남면도 인제군에 귀속됨으로써 인제군은 분단되기 이전의 상태를 대부분 회복했다.[22] 해방 직후 북한체제를 경험했던 대부분의 인제지역이 전쟁 이후 남한체제 하로 들어왔지만 군사분계선으로 다시 나뉜 상태가 된 것이다.

둘째, 수복지구 가운데서도 인제지역 사례의 가장 큰 장점은 수복지구의 체제 변동을 문헌자료로 해명할 수 있다는 점이다. 해방 전후부터 한국전쟁 이후까지의 체제 변동을 역사적으로 해명하기 위해서는 해방 이전의 일제식민지배, 북한통치, 전시 유엔군정기, 남한통치 하의 모든 자료가 구비되어야 한다. 그런데 수복지구의 경우 한국전쟁 당시 치열한 전투 현장이었기에 많은 문서들이 소실되었다. 특히 북한통치기의 역사를 체계적으로 살펴볼 문헌자료들이 전무하다고 해도 과언이 아니다.

반면 인제군의 경우, 한국전쟁기 미군이 노획한 방대한 분량의 문헌자료(노획문서 Records Seized by U.S. Military Forces in Korea)가 존재한다. 해방 이후 한국전쟁 전까지 남북한을 통틀어 현재까지 파악 가능한 군郡 단위 자료로서 인제군 자료만큼 풍부한 내용을 담고 있는 사례가 없다. 미군이 노획한 인제군 문서는 약 5만 매 가량으로 추산되는데,[23] 각급 단위의 노동당, 인민위원회, 사회단체 문서들이 남아 있다. 북한통치 하에서의 주요 정책 및 현안들, 각급 단위별 움직임과 조직관계, 주민들의 인식과 대응 등의 지역사회의 여러 변화과정과 모습들을 파악하는 데 유용한 자료다. 여기에 남한통치 하의 행정문서

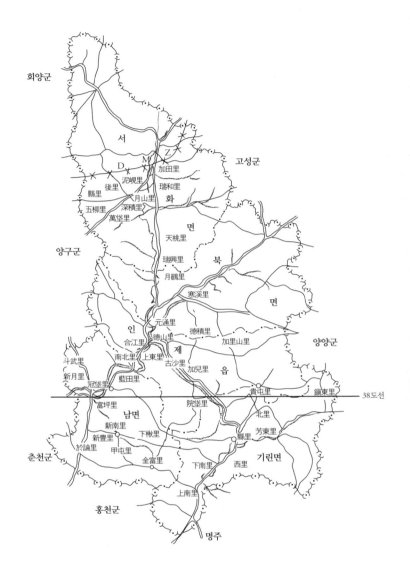

회양군

서

D M Z
加田里
泥峴里 瑞和里
縣里 後里 月山里 화
五柳里 深積里
萬垈里 면

고성군

天桃里

瑞興里 북
月鸛里
寒溪里 면

양구군

元通里
인 德山里 德積里
合江里 加里山里 양양군
南北里 上東里 제
斗武里 古沙里 加兒里
新月里 冠垈里 藍田里 읍
38도선
貴屯里 鎭東里
富坪里 남면 院垈里
新南里 下楸里 北里
新豊里 芳東里
於論里 甲屯里 縣里
춘천군 金富里 기린면
下南里 西里

홍천군

上南里

명주

인제군 관내 지도.
출처: 인제군지 편찬위원회, 《麟蹄郡誌》(인제군, 1980) 토대로 필자 편집.

들을 분석하면, 남북한체제 하의 인제지역의 변화를 파악할 수 있다.

셋째, 인제지역의 또 다른 장점은 바로 현지조사가 가능하다는 것이다. 수복지구이므로 당연하지 않느냐는 반문이 있을 수 있겠지만, 그 외 북한지역은 현재 접근이 불가능하다는 점을 상기할 필요가 있다. 연구자가 과거 북한통치를 받았던 지역을 답사하면서 문헌자료와 대조하고 당시를 경험한 사람들과 면담하는 등 북한체제 하의 변화상을 연구하는 현지조사를 할 수 있다는 것은 매우 매력적이다.

넷째, '변방'의 '산림지대'라는 사회경제적 특징에도 있다. 인제지역은 면적에 비해 농경지가 부족하다. 인제군의 면적은 1,951.2km²인데 이는 제주도보다도 넓은 면적이며, 강원도 총면적의 12퍼센트로, 강원도에서 가장 넓은 면적을 차지하고 있다. 그런데 그 면적의 대부분이 산간지대이다. 인제군 면적의 79퍼센트(1,555.21km²)가 산림지대이며 농경면적은 84.63km²로 전체면적의 4.3퍼센트밖에 되지 않는다.[24] 특히나 험준한 산악이 많은데, 이는 태백산맥을 따라 이어진 금강산의 산맥이 인제군의 서북에 흘러 설악산의 전역이 인제군의 북동쪽에 자리했기 때문이다. 지금은 서울—인제 사이를 6번—46번 국도와 서울—춘천간 고속도로가 잇고, 인제—고성·속초를 미시령터널과 진부령터널이 연결하여 인제와 타 지역 간의 접근성이 매우 개선되었지만, 산간지대로서의 특성은 과거 교통의 불편과 문물교류의 낙후를 가져오기도 하였다. 인제지역은 삼림·지하자원이 매우 풍부했지만, 교통이 매우 불편했기에 타 지역과의 교류 및 개발이 쉽지 않았다. 때문에 타 지역에서는 인제를 '산간벽촌'으로 지칭하곤 했으며,[25] 인제지역에 대한 관심이 적었던 것도 사실이다. 이와 같이 '지방 중에서도 변두리에 위치한 인제지역'은 체제 변동을 살펴보는 데 적합하지 않은 예로 보일 수 있다. 하지만 반대로 생각하면 변방으로서의 인제지역의 변화 모습은 중앙정부의 지방 장악 정도나 체제의 확고함 등을 파악하는 데 장점이 될 수 있다.

인제지역 사례의 장점은 약 70퍼센트가 산림지대라는 한반도의 지리적 조건 하의 토지소유관계를 이해하는 데도 도움이 된다는 것이다. 특히 북한지역은 2개 도(평안남도와 황해도) 지역을 제외하고, 농경지보다는 산림이 대부분을 차지하여, 비옥한 대농지를 바탕으로 한 지주제가 발달하기 어려운 특징을 갖고 있다. 인제지역 역시 평야보다는 산림이 많고, 자작농층이 두터우며, 신분제 및 양반문화가 미발달했다는 특성이 있다.

이런 지역은 연구자에게 연구대상으로 삼을 만한 별 흥미를 주지 못하지만 조금 더 생각해보면 이 요인들은 한국근현대사를 균형적으로 이해하는 데 아주 중요하다. 지금까지 해방·분단·한국전쟁을 지역사의 차원에서 다룬 연구들은 갈등요인, 대상지역, 분석단위 면에서 다음과 같은 몇 가지 특징을 보여왔는데, 이를 보완할 필요가 있다.

첫째, 갈등요인으로는 지주소작제를 중심으로 한 계급갈등, 일제의 식민지배방식과 그에 대한 저항의 경험, 마을 내 종교·전통적인 신분제나 양반문화·혈연 및 지연·개인적 불화 등이 주목되었다.[26]

둘째, 지역사 연구의 주된 사례도 이런 요인들이 비교적 잘 드러난 지역이었다.[27] 이런 요인들이 전쟁 발발 및 전개에서 어떻게 증폭되었고 이후 어떻게 변화되었는가 하는 질문은 한국근현대사의 주요 해명과제인 동시에 해방과 전쟁 전후의 한국사 상像을 이해하는 데 중요한 역할을 하였다. 하지만 더 해명되어야 할 부분들이 있다. '오랜 투쟁의 역사'나 계급투쟁과 혁명성이 그리 강하게 표출되지 않은 지역에 대해서는 어떻게 설명할 수 있을까? 마찬가지로, 전통적인 문화나 종교 갈등 등이 강하게 존재하지 않았던 지역들에 대해서는 어떻게 이해해야 할 것인가?

셋째, 지역사의 분석단위는 군郡과 마을로 나뉘어 있었다. 지역사회를 분석할 때 군을 그 단위로 할 것인가, 마을을 분석단위로 할 것인가는 그동안 중요한 논쟁거리였다.[28] 전자는 군이 국가와 지역사회(민)가 만나는 접점이라는 면에서 상대적으로 국가와 지역사회의 관계를 이해하는 데 도움이 되지만, 지역 내부의 다양한 목소리들이 소홀히 될 수 있다는 면에서 한계가 있었다. 후자는 아래로부터의 역사를 서술할 수 있으며, 마을로 들어갈수록 계급문제만이 아니라 더 전통적이고 개인적인 관계들을 파악할 수 있다는 면에는 장점이 있지만, "몇몇 주민의 기억과 구술에 의존"하거나 "정치사적 의미가 모호"한 측면이 있고,[29] 또 남북분단 상황의 중층적이고 구조적인 측면을 반영하지 못한다는 한계가 있다. 따라서 이들 중에 어느 하나만을 선택하기보다는 양 측면을 모두 고려·반영하는 것이 필요해 보인다. 군 단위와 마을 단위에는 간극이 존재함을, 군은 국가 정책이 직접 관철되는 측면이 강한 반면에, 면·리 단위로 갈수록 굴절을 겪기 마련임을 인정하는 가운데 지역에 접근하는 것도 지역을 종합적으로 이해하는 하나의 방법이 될 것이다.

이런 측면에서 인제지역 사례는 지역사의 또 하나의 전형을 제공할 수 있다. 지역 내부의 조건이나 갈등요인 면에서 보면, 농지가 부족한 산림지대의 자작농층이 두터운 상태에서의 지주소작관계, 계급적·민족적 저항의 경험이 미약하거나, 전통적인 문화나 종교가 미발달한 지역들을 이해하는 데 도움이 될 것이다. 지역적으로 보면 수복지구 중에서는 인제와 인접한 양구·화천을 비롯해 강원도 영서지역, 평남·황해를 제외한 북한지역이 될 것이다. 분석단위 면에서도 이 책은 국가와 지역사회(민)가 만나는 접점이 군郡이었다는 점에서 강원도 인제군을 하나의 단위로 삼는다. 국가를 포함하여 인제지역 바깥으로부터 작용하는 규정력이 강했다는 점에서 인제군을 분석단위로 삼는 것은 중요하다. 동시에 민의 일상과 조금 더 가까운 면·리 단위에서 뒤틀리는 모습들에도 관심을 둔다.

이런 측면에서 이 글은 지역사이자 전국사이다.[30] 수복지구 중에서도 강원도 인제군이라는 특정지역을 대상으로 하는 사례연구라는 면에서는 지역사이지만, 그 지역(민)이 한 체제에서 다른 체제로 편입될 때에는 어떠한 요인들이 상호 작동하여 사람들의 삶을 변화시키는가, 그것이 남북분단 상황에서는 어떻게 구현되었는가를 한반도는 물론 세계사적인 시각을 염두에 둔다는 점에서 전국사이다. 한국현대사의 중층적 구조와 관련하여 남북한사회와 체제 전환을 실증적·구체적으로 규명하기 위해, 인제지역을 대상으로 하는 연구인 것이다. 한국현대사가 남북한 두 국가와 민의 관계, 남북한 상호관계, 국제관계라는 세 층위의 문제가 얽혀 전개되었다면, 38선 이북 수복지구는 이 세 층위가 복잡하게 작동하는 모습을 이해하는 데 중요한 계기가 될 것이다. 나아가 복잡하고도 특수하게 짜인 남북분단 상황을 지혜롭게 극복하는 데에도 도움이 될 것이다.

韓國戰爭
收復地區

2

연구방법과
자료

문헌자료 분석

이 연구에서 분석한 문헌자료는 다음과 같다. 일제식민지시기부터 현재까지 인제군을 비롯한 수복지구에 대한 기본적인 이해를 위해 향토지와 일간지를 활용했다. 도지道誌·군지郡誌 등의 향토지는 수복지구라는 데 초점을 두어 작성되지는 않았으나, 일제시기부터 최근까지 지역의 정치경제사회 상황과 주요인물들이 정리되어 있어 지역사회 이해를 위한 기본자료로서 활용할 수 있다.

일제식민지시기의 인제를 살펴보는 데는《동아일보東亞日報》와《매일신보每日申報》 등의 인제군 관련 기사들을 주로 분석하였다.[31] 그리고 인제지역에 대한 파편적인 신문기사들을 시대적 맥락에서 이해하기 위해, 기존의 일제식민지기 지방통치·농업정책·동원 관련 연구들을 활용했다.

북한통치기의 지역사회 분석에는 한국전쟁 당시 미군이 북한에서 노획한 문서(Records Seized by U.S. Military Forces in Korea)들을 이용하였다. 그 가운데 우선 북한당국의 정책과 강원도지역의 변화 모습을 파악하고자 국사편찬위원회가 수집하여 편찬한 자료를 검토하였다. 《북한관계사료집北韓關係史料集》에 수록된 주요 결정서와 회의록, 《정로》·《로동신문》(북조선노동당 기관지), 《인민》(북조선 인민위원회 기관잡지)·《근로자》(노동당 기관잡지), 《강원로동신문》(강원도당 기관지) 등의 정기간행물 등이 그것이다. 다음으로 지역사회의 변화를 구체적으로 파악하기 위하여 인제군 문서를 주로 이용하였다. 노획된 인제군 문서는 약 5만 매 가량으로 추산되는데[32] 이중 일부가 《북한관계사료집》 2~4권, 15권, 18권 등에 수록되어 있다. 여기에는 1947년부터 1949년에 이르는 인제군당 상무위원회 회의록, 사회단체·열성자대회·남면당위원회·세포위원회 회의록, 군인민위원회 결정서 등이 수록되어 있다. 이 자료들은 기존 연구에서도 활용된 바 있다. 본고는 이 자료들을 1차적으로 검토하였다. 그 다음으로 공간公刊되지 않은 자료인 인제군의 군인민위원회 당조, 각 면당 관련자료들을 검토했는데[33] 이를 통해 군당과 면당관계, 면 단위의 모습, 당조의 역할 및 위상 등을 파악하였다. 그리고 《1945~50년 북조선경제자료집성北朝鮮經濟資料集成》(촌락편. 이하 《북조선경제자료집성》)에 수록된 인제군 관련자료도 활용했다.[34] 여기에는 1946~47년 인제군 토지개혁의 진행과정과 결과를 알 수 있는 자료가 수록되어 있다. 마지막으로 미국립기록관리청 National Archives and Records Administration(이하 NARA)의 RG 242(Record Group 242, National Archives Collection of Foreign Records Seized, 1941~) 인제군 자료들도 활용했다. 강원도 각 군별 행사사진, 조선신민당·북조선공산당·북조선노동당 입당원서, 노동당원 이동증 등은 매우 흥미롭다. 특히 입당원서는 1946년 공산당과 신민당 입당원서로서 입당

신청서·이력서·평정서·세포의 승인서 등이 포함되어 있고, 당원 이 동증철(1947, 1948)에는 강원도당이 인제군당에 파견한 당원 명단이 수록되어 있다. 입당 동기 및 현황을 파악할 수 있는 흥미로운 자료들로서, 국내에 입수되지 않은 새로운 자료들이다.

해방 이후 한국전쟁 전까지 남북한을 통틀어 현재 파악 가능한 군郡 단위 자료로 인제군 관련자료만큼 풍부한 내용을 담고 있는 자료가 없다. 인제군당 상무위원회를 비롯해 각 단위의 회의에서는 인제군 내 모든 간부들이 위원으로 구성되어 당시 주요 현안인 당조직黨組織· 선전선동·교양학습·영농·동원·현물세 등을 의제로 다루었다. 회의 록에는 회의 참석자와 결석자, 상급당의 지시, 정책의 추진과정, 문제 점 및 해결방식, 결과, 장점과 단점 등이 상세히 기록되어 있다. 지금 까지 발굴된 인제군 관련 노획문서들은 1946~1950년 정치·경제·사 회·문화와 관련된 당시의 주요현안은 물론 제 정책실시의 세부과정, 조직관계, 당원, 주민들의 인식과 대응 등을 보여준다. 이는 해방 이 후 38선 이북 지방사회의 정치·경제·사회·문화상을 파악하는 데 매 우 유용하다.[35] 그래서 이 논문의 1부는 인제군 노획문서를 충분히 활 용하여 인제지역의 모습을 세밀히 살펴보았다.

물론 인제군 노획문서를 활용할 때 주의할 점들이 있다. 우선, 이 자료들은 전쟁 중 우연히 노획된, 전체 블록을 알 수 없는 문서들이 다. 이용자의 판독, 판단, 해석능력에 따라 다른 이야기를 할 수 있는 자료들이라는 면에서 시대맥락과 지역적·자료적 특성을 고려하는 가 운데 활용되어야 한다. 이에 대해서는 기존 연구를 참고하고, 중앙 및 상급 단위의 정책과 타 지역 사례 등을 염두에 두면서 인제군 노획문 서를 분석했다. 또 인제군 노획문서 중에는 주로 북조선노동당 인제군당이 생산한 자료가 많기 때문에, 이 문서들에는 노동당 측의 시각이 많이 반영될 수밖에 없다는 문제가 있다. 북한의 기록관리제도를 고려하면[36] 문서생산규정에 따라 군·면·리 인민위원회 문서도 생산되었을 것으로 추측되나, 노동당 문서에 비하면 그 수가 적다. 이 연구에서는 이러한 자료의 한계 및 불균형성을 유의하면서 자료를 분석했다. 그리고 인제군 문서 외에도 수복지구에 해당하는 여타 지역들의 자료들도 활용해야 하나, 현존하는 자료가 많지 않아 이 연구에서는 본격적으로 이용하지 못했다. 북한통치기의 다른 지역 및 중앙 단위에 대한 이해는 중앙 당·정자료와 기존 연구를 참고하였다.

한국전쟁 전시戰時·전후戰後, 인제군이 수복지구로 탄생하는 과정과 변화 등을 분석하는 데도 인제지역에서 생산된 자료들을 활용해야 할 것이다. 그런데 이 시기 인제군을 비롯한 38선 이북 접경지역에 대한 현존 자료들은 시기별로 통치주체에 따라 생산된 자료의 성격이 매우 다르다. 해방 이후 북한에서는 문서관리규정에 따라 각급 단위의 모든 회의마다 실명을 남긴 회의록을 남기도록 했으며 철저히 이관하도록 했다.[37] 인제군에서도 회의록을 작성·보관하고 있었는데 그 자료들이 한국전쟁 중에 미군에 노획되어 미국립기록관리청에 소장되어 있는 것이다. 반면 한국전쟁 시기와 전후에는 북한통치기에 생산된 자료만큼 지역사회의 모습을 보여주는 세밀하고 생생한 자료가 드물다. 한국전쟁 중에 인제지역민들이 직접 생산한 자료를 찾기 어려우며, 다만 미국(국무부·대사관·군)과 남한(정부·국회)이 '38선 이북 군사분계선 이남지역' 혹은 '탈환지구', '수복지구'에 대해 남긴 자료들이 일부 있을 뿐이다. 유엔군정 기간이나 행정권 이양 이후에도 인제군에서 각종 통계철, 조직철, 사업철 등이 생산되었으나, 그것은

'보존문서 기록대장'의 문서목록으로만 확인 가능하며[38] 대부분 소실되고 일부 자료만 남아 있다.

따라서 시기별로 지역사회를 분석하는 수준에 차이가 생길 수밖에 없다는 한계가 있음을 미리 밝힌다. 제1부에서는 인제군을 중심사례로 다루고, 제2부에서는 인제군을 중심으로 다루면서도 '수복지구'라는 틀에서 다룰 수밖에 없다. 이러한 한계를 극복하기 위해 이 글에서는 인제군 및 여타 강원도 수복지구 생산자료 등을 최대한 확보하여 분석하고, 여기에 남한정부·국회·군 생산자료와 일간지, 그리고 미 국무부·대사관·군 자료 등을 아울러 활용하였다.

우선 한국전쟁 이후 수복지구의 탄생 및 남한으로의 편입과정을 분석하는 데는 남한정부·국회·군 자료로서, 국무총리 비서실과 총무처 문서, 국회 속기록, 군단 부대사部隊史 등을 활용했다. 미국 측 자료인 주한미대사관 문서(RG 84), 미국무부 문서(RG 59)와 영인된 자료 *Foreign Relations of the United States*(이하 *FRUS*), 미 8군사령부 문서(RG 407)와 한국통일부흥위원단UNCURK 보고서도 활용하였다. 이 자료들은 유엔군사령부의 수복지구 이양과정에서 남한과 미국이 취한 태도와 주장을 파악하고, 전시 군정軍政실태를 파악하는 데 유용하다.

또 전후戰後 연대기적 자료인 신문, 잡지, 연감 등을 이용하였다. 일간지로는《동아일보》와《조선일보》등을,[39] 잡지로는《지방행정》(대한지방행정공제회)을, 연감으로는《강원연감江原年鑑》과《위북수복지구지방행정일주년감緯北收復地區地方行政一週年鑑》(강원도, 1956)을, 그리고《수복지구 지방행정收復地區 地方行政》(강원도, 1954) 등을 이용하였다. 특히《강원연감》,《위북수복지구지방행정일주년감》,《수복지구 지방행정》 등은 군정시기부터 행정권 이양 직후까지의 행정·산업·인구 등의 기초현황을 담고 있다. 따라서 1954년 11월부터 남한이 이 지역을 편입한 이후 취한 정책방향과 정책, 지역실태 등을 파악하는 데 효과적이다. 그리고 《사무인계: 수복지구행정이양인계서》(경기도 건설국 지역계획과, 1954)[40] 등도 이용했는데, 이 자료는 5군단이 관할하던 철원·연천지역의 군정실태를 기록한 것이다. 1군단, 2군단, 3군단에서도 같은 성격의 자료가 작성되었을 것으로 추측되나 현재 확인되지 않는다.

수복지구의 변화 모습을 구체적으로 살펴보기 위하여 인제군의 농지개혁 문서와 이력서철 등을 주로 활용하였다. 농지개혁 전후 토지소유관계의 변화를 추적하는 데 핵심적인 자료는 《농지관계철農地關係綴》(인제면, 1957~1961)이다. 이 자료는 농지개혁의 주도층, 수혜층, 토지분배방식, 상환방식 등 수복지구 농지개혁을 살피는 데 매우 중요하다.[41] 이 자료들을 통해 인제군에서 전개된 구체적인 농지개혁을 규명하고, 북한통치기 인제군 토지개혁과 비교할 수 있다. 아울러 수복지구 전체 진행과 통계를 유의하면서 인제면의 진행과 결과를 살펴볼 것이다. 또 인제군의 인적 변화와 관련해서는 《퇴직자이력서철退職者履歷書綴》(인제군)을 이용했는데, 여기에는 행정권 인수 이후부터 1962년까지 인제군에 발령된 공무원들의 이력서가 수록되어 있다. 이력서에는 성명, 출생, 학력, 경력 등이 자세하게 기재되어 있어 일제시기부터 해방 이후 1962년까지 인적 연결성을 파악하는 데에 도움이 된다.[42] 수복 이후 이력서철에 나타난 인물들과 북한통치기 인제군 노획문서 상에 나타난 인물들을 비교분석하여 지역사회 주도층의 변화를 추적할 수 있다. 그리고 해방·분단·전쟁에 따른 지역민의 동향과 남북한당국의 정책 등을 파악할 수 있다이 연구는 현지조사를 몇 단계로 나누어 진행하였다. 처음 인제지역을 방문한 것은 2004~2005년 한국역사연구회 북한사연구반 답사를 통해서였는데, 노획문서 상으로만 보던 인제를 직접 밟아보고 가능하면 주민들도 만나보자는 취지였다. 경로회관을 방문하여 북한통치를 경험한 주민들의 이야기를 들었다. 집단면담의 형식이었는데, 우연히 접하게 된 경로회관의 노인들은 약간 경쟁적으로 자신들의 경험을 소개했다. 그들은 인공 때 배운 러시아어노래를 불렀고, 관개사업에 노력 동원되었던 경험을 소개했고, 인제군노동당사와 사회단체 자리를 짚어주었다.

인제지역에 대한 본격적인 현지조사는 박사학위논문을 준비·작성하던 2006~2009년에 이루어졌다. 이때 문헌자료와 구술자료 수집을 진행했다. 필자는 국사편찬위원회 지역사자료 조사수집사업에 인제지역자료조사수집사업을 신청·진행했고, 인제군청·읍면사무소, 천주교회, 문화원, 사회단체, 역사가 오래된 학교들을 거의 모두 방문했다. 이를 통해 핵심적인 문헌자료를 발굴했고, 구술자료도 상당히 확보했을 뿐 아니라, 이 글에 대한 전체 구상을 완료했다.

2007년에는 인제 주변 수복지역에 대한 현지조사를 진행했는데, 인제지역이 수복지구로서 갖는 보편성과 특수성을 확인하기 위함이었다. 춘천의 강원도청 문서고와 철원, 양구, 고성을 방문·조사했다. 인제가 수복지역 중에 지리적으로 중앙에 위치해 있다면, 철원은 강원도 수복지역 가운데 가장 서쪽에 위치했고, 양구는 인제군과 인접하여 인적 교류가 활발할 뿐 아니라 군정기간 중 인제군과 더불어 3군단의 관할 하에 있었고, 고성은 가장 북동쪽 해안가에 위치해 있다. 각 지역의 군청·읍면사무소 문서고와 문화원을 중심으로 방문했으며, 그들로부터 다시 구술자를 소개받아 인터뷰했다. 마지막으로 2011~2012년에 다시 인제를 방문하여, 박사학위논문에서 미처 다루지 못한 사안들을 확인하고 지역 내부의 움직임에 더 주목하고자 했다.

필자가 현지조사에서 중점을 둔 점은 '문헌자료의 발굴'과 '경험자들의 증언 채록' 두 가지이다. 우선 문헌자료 발굴에서는 관련기관과 공무원들의 도움이 절대적이었다. 특히 강원도 인제·양구·고성군의 군청·읍면사무소와 강원도청에 소장된 전후戰後 공문서를 관련 기관과 공무원들의 도움으로 파악·수집할 수 있었다.[43]

수복지구는 한국전쟁 중 치열한 전투의 현장이었기에 많은 자료들이 소실되었다. 그래도 오랜 시간에 걸친 현지조사를 통해 이 연구를 가능하게 해준 핵심자료들에 접근할 수 있었다. 특히 농지개혁 관련 문서철과 이력서철 등은 동일지역에서 진행된 토지개혁과 농지개혁의 비교분석을 가능하게 했고 일제 때부터 수복 이후까지 인제주민의 동향을 파악할 수 있게 해주었다.

그리고 분단과 전쟁, 그 와중의 체제 변동을 경험한 인물들의 구술을 채록하였다.[44] 지역주민 가운데 일제식민지시기부터 해방, 북한통치, 한국전쟁, 군정, 남한통치 등을 경험한 인물을 면담 1차 대상으로 하되 함경도·평안도 등지에서 월남한 인물들도 포함하였다. 필자는 총 70여 명과 면담을 했으며, 이 글에 인용된 구술자는 30명이다. 지역주민들은 공통적으로 북한통치기 조직화·동원·교육·38선 접경지역의 특성 등을 증언했으며, 일부는 피난민수용소 실태·수복업무·군정, 남한체제 하의 선거·농지개혁·원주민과 이주민의 갈등, 지역사회의 현황 등을 증언했다. 인터뷰를 통해 구체적인 사실관계를 확인하고, 지역사 및 현지 분위기를 파악하고, 그들의 생애를 이해하고, 이 글에 대한 구체적인 그림을 그렸다.

구술자 선정은 지역사회의 허브(중심축)로부터 확대하는 방식과 우연적인 방식에 의해 이루어졌다. 문화원의 원장이나 부원장을 지역 토박이들의 중심으로 보고 그들을 우선적으로 인터뷰하면서 지역 현황과 역사를 듣고, 다시 그들로부터 관련자들을 소개받는 식으로 구술자를 확장시켜갔다. 그들은 주로 지역유지급 인사들이거나 행정경력을 갖고 있었는데, 전후 지역사회에 안정적으로 정착한 경우라 할 수 있다. 군청과 읍면사무소에서 소개받은 이들은 과거의 이장들로서 행정적으로 관리되거나 파악되고 있는 경우인데, 인터뷰를 거절하는 경우가 많았다. 이에 비하면 경로회관에서의 인터뷰는 우연적이라 할 수 있는데, 방송인터뷰에 노출된 경험이 있는 노인의 경우 정제된 표현으로 구술을 하는가 하면, 노인들 사이에서 경쟁적으로 증언을 하는 과정에서 의도치 않은 많은 사실들이 드러나는 경우가 있었다. 경로회관에서의 채록은 인터뷰가 이루어지는 바로 그 자리에서 여러 노인들의 증언이 상호 검증되는 효과가 있어 정확한 사실관계를 확인하는 데에 도움이 되었다.

흔히 문헌자료는 통치자료로 정책 당국자의 시각을 반영하지만 민중의 인식을 보여주지 않는다는 한계가 지적된다. 반면 구술자료는 민중의 시각을 반영한다는 장점이 있으나, 그 특성상 많은 부분을 기억에 의존하므로, 그들의 경험 및 평가도 재구성된 경우가 많다는 점에서 한계가 지적된다. 그런데 수복지구 인제지역의 역사는 '위로부터'와 '아래로부터'의 시각에서 접근이 가능하다. 인제지역의 문헌자료는 그것을 세밀하게 분석할 때에 민중의 인식과 대응까지도 살필 수 있다는 점에서 특수한 자료이지만, 여기에 구술자료를 교차분석하면 그 장점은 배가된다. 인제지역의 문헌자료와 구술자료는 그 구체적인 내용이 상호 어긋나는 듯하지만, 결국 서로 보완이 될 뿐 아니라, 상충되기보다는 유사한 측면이 많다는 점에서도 흥미롭다.

韓國戰爭
收復地區

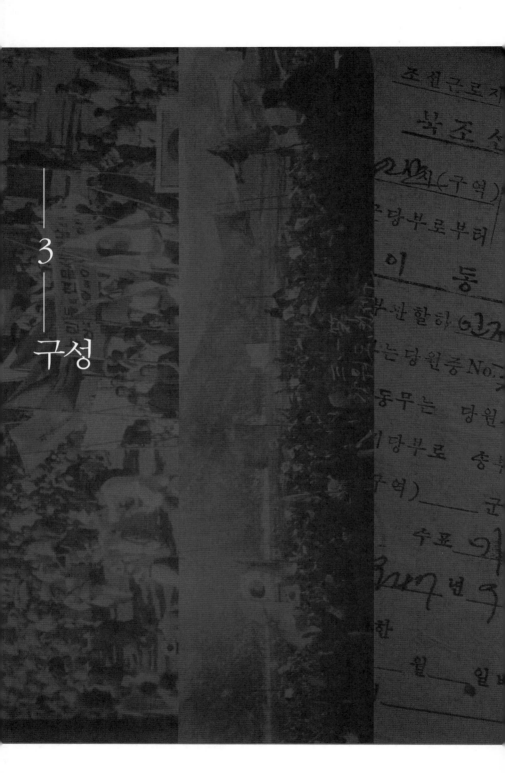

3

구성

제1부에서는 해방 직후 북한체제 하에서 인제군을 비롯한 38선 이북의 접경지대가 어떻게 관리되고 변화했는지를 살펴보려 한다. 북한에서는 식민지에서 해방된 사회를 어떻게 관리·변화시키면서 새로운 국가를 건설할 것인가가 핵심과제였다. 당시 북한의 혁명적 변화는 장기적으로는 사회주의를 지향하면서도, 현실을 반영하여 사회주의 이행기인 인민민주주의 건설을 목표로 하는 것이었다.[45] 인제군을 비롯한 38선 이북 전 지역에서 이 과제는 수행되었으며 지역사회에 많은 변화를 가져왔다.

1장에서는 일제식민지시기 인제지역의 정치·경제·사회구조와 해방 이후 38선 분단으로 인해 이 지역이 38선 접경지역으로서 처한 상황을 살펴볼 것이다. 해방 이전의 인제지역의 상황을 이해하는 것은 북한통치 하에서의 여러 변화와 그 의미를 분석하는 데 도움이 될 것이다. 무엇보다 식민지시기의 지방조직 및 지역주도층, 사회경제적 상황과 주민의 동향 등은 해방 이후 북한통치 하에서 재편될 뿐 아니라, 남한에 편입된 후로도 일정한 영향을 미치기 때문이다.

2장에서는 토지개혁을 다룬다. 북한이 체제 구축과정에서 시행한 대표적인 정책은 1946년의 토지개혁이다. 이 글에서는 인제군을 중심으로 38선 이북지역의 토지개혁 진행과정과 그 결과를 분석하고자 한다. 토지개혁에 대해서는 이미 많은 관심이 있었고 연구도 축적되었는데, 선행 연구들은 토지개혁의 주체로서 농촌위원회, 몰수대상으로서 5정보 이상 소유 지주, 토지몰수 지주의 이주移住, 신속한 개혁의 완료 등을 주장하였다.[46] 이 글에서는 이전 성과를 바탕으로 하면서도, 인제지역에서 전개된 토지개혁의 과정과 결과를 중심으로 기존의 주장들을 재검토하려 한다. 토지개혁 진행주체, 몰수원칙, 몰수와 분배과정의 문제와 해결, 이주 지주의 조건과 의미, 토지매매현상, 결과 등을 주로 다룰 것이다. 이를 통해 인제지역에서 전개된 토지개혁의 구체적 모습은 물론 토지개혁이 인제지역에 미친 영향을 인민민주주의와 어떻게 관련되는지 살펴보고자 한다.

3장에서는 인제군이라는 38선 접경지역의 권력구조 재편을 인민민주주의와의 관련 속에서 규명하려 한다. 지역사회 권력구조의 변화를 파악하기 위해 당·정·사회단체의 구성(원)을 분석할 것이다. 이를 통해 지역의 권력구조 내에 새롭게 등장한 층은 누구인지, 기존의 일제시기 지역사회 주도층은 북한통치 하에서 어떻게 재편되는지 알 수 있다. 권력구조의 재편문제는 북한의 친일파청산과 관련해서도 시사하는 바가 클 것이다.[47] 한편 38선 접경지역의 특성이 권력구조 재편에 미친 영향도 살펴보려 한다. 경계선 상황, 당국 및 주민들의 38선 인식, 주민들의 동요를 막기 위한 북한당국의 38선 접경지역 정책 등을 다룬다.

다음은 새롭게 형성된 당·정·사회단체의 관계는 어떠하였는가 하는 문제이다. 선행 연구에서는 당·정·사회단체들 간의 관계를 노동당이 인민위원회와 사회단체를 지배하는 구조(당—국가체제)로 설명했다.[48] 그러나 이는 현실적으로 구현되기 어려웠던 것으로 보인다. 제조직 간 관계를 권력관계로만 파악하기보다는 실제 정책의 운영과정에서 여러 조직들 간의 관계가 어떻게 나타났는지 살펴볼 필요가 있다. 이 글에서는 인제군에서 '1대사업'으로 진행된 관개사업의 추진과정을 분석하고 당—국가체제의 주요 근거인 당조黨組의 위상을 검토함으로써 조직들 간의 관계를 새로이 규명해보고자 한다.

4장에서는 북한당국이 주민들을 어떠한 인간형으로 만들고자 했으며, '북한 인민'의 형성과정에 어떤 특성이 있었는지 살펴보려 한다. 이와 관련해서는 김성보가 해방 직후 남북한에서의 인민과 국민 개념의 분화를 설명했고,[49] 필자가 과거의 북한 인민이 남한 국민이 되는 과정을 설명하면서, 남북한에서 요구된 인민·국민의 정체성은 남북한의 통치이데올로기와 다르지 않음을 지적한 바 있다.[50] 북한에 국한해서는 찰스 암스트롱이 사회개혁과 조직화를 통해 인민의 정체성이 형성되었음을 주장했으며, 직업동맹 및 소년단 활동과 인민화를 설명하는 연구가 부분적으로 진행되었다.[51] 이 글에서는 북한구성원이라는 제도적 규정으로서의 인민과 모범적 인간형의 창출, 선전, 확산과정을 살펴볼 것이다. 또 주민들의 노력동원 양상, 방법, 효과 등을 분석한다. 이를 통해 '북한 인민'이 어떻게 규정 또는 형성되었는지, 북한 인민이 사회주의 또는 근대적 인민과는 어떤 차이가 있는지, 나아가 남한의 국민이나 일제식민지기의 신민과는 어떠한 점에서 같고 다른가를 파악하는 데도 기여할 수 있을 것이다.

제2부에서는 수복지구라 불리는 휴전선 이남~38선 이북지역이 남한체제로 편입되는 과정을 다룬다. 제1부에서 살펴본 북한체제가 구축되었던 지역사회가 전시·전후 유엔군정기를 거쳐 남한체제 하에서 어떻게 변모했는지를 살펴볼 것이다.

1장에서는 수복지구의 탄생과정을 다루려 한다. 한국전쟁 시기 38선 이북 점령지역에 대한 통치문제, 유엔군정의 실시와 체계, 유엔군사령부로부터 남한으로의 행정권 이양과 의미 등을 살펴보겠다. 이지역이 남한통치 하에 놓이게 되는 과정은 국제적 차원의 문제이므로, 분석단위도 국제적 수준에서 다루어질 수밖에 없다. 다른 장의 분석대상이 주로 남북한 국가와 지역(민)의 관계 혹은 지역사회의 수준이라면, 이 장의 분석층위는 주로 국제적 역학관계의 문제이다.

2장에서는 남한체제로의 편입과정 가운데 경제적인 문제로 농지개혁을 살펴보고자 한다. 인제지역 등이 북한통치로부터 벗어난 이후 1958년 농지개혁이 실시되기까지 토지소유관계의 변화를 검토하려 한다. 토지소유권 및 경작권문제의 발생 배경과 농지개혁법 적용을 둘러싼 논란을 살펴보고, 실제로 농지개혁이 어떻게 진행되었는가를 볼 것이다. 이를 통해 남한이 과거 북한지역의 토지소유관계를 재편하는 과정에서 발생한 문제들을 파악할 수 있을 것이다.

3장에서는 권력구조의 재편과정과 특징을 살펴보려 한다. 한국전쟁 전개와 그 결과로 북한 통치력이 인제군을 비롯한 38선 이북 중동부 점령지역에 미치지 않게 되자, 이 일대에는 새로운 조직과 사람들이 자리하게 되었는데, 이 글에서는 그 과정을 밝히고자 한다. 피난민 수용소 체계 속에서 시작된 권력구조 재편, 지역사회에 대한 군軍의 영향력 작용방식, 관료행정체계의 수립과 우익계 인사들의 등장과 복귀 등을 차례로 살펴볼 것이다. 특히 행정권 이양 이후 남한정부가 파견한 관료들과 우익계 인사들에 대해서는 사회경제적 이력을 분석함으로써, 지역권력구조의 반공적 군·관·민으로의 재편과 일제하 관료·유지층의 재등장 등을 살피겠다.

4장에서는 이 지역주민들이 남한에 편입된 이후 '남한 국민'으로 변화해가는 모습을 살펴보고자 한다. 이 글에서는 인구 및 주민구성의 변화, 그에 따른 이승만정부의 인식과 통제 등을 국민으로서의 법적 등록, 의무와 권리, 이데올로기, 모범적 인물의 탄생 등을 중심으로 검토하겠다. 이 지역민들이 유엔군정의 주민을 거쳐 대한민국의 '모범적인 국민'으로 변화해간 과정을 분석함으로써, 이 지역주민이 북한 인민이었을 때와 남한 국민이 되었을 때의 모습과 성격을 비교해 볼 수 있을 것이다.

1945~1950

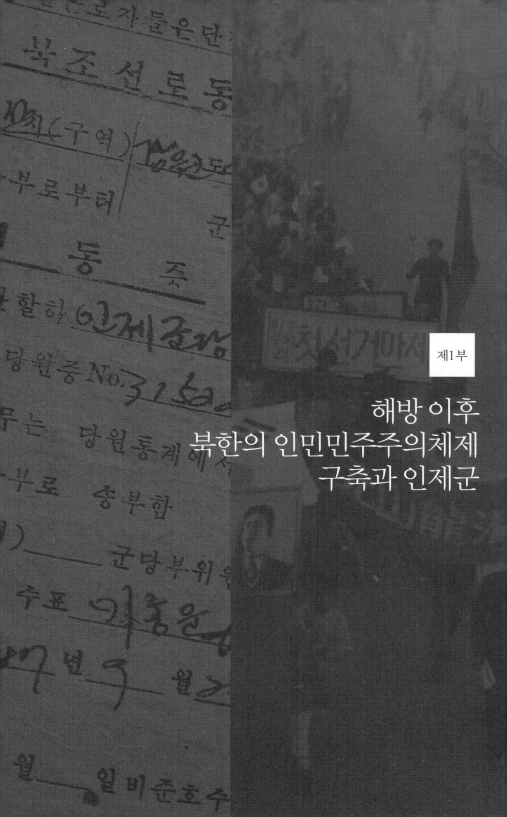

제1부

해방 이후
북한의 인민민주주의체제
구축과 인제군

인제군의 '식민'과 '해방'

토지소유구조와 농가의 궁핍

1-1. 토지소유 분포와 자작농층

일제식민지시기 지주제가 확대되고 영세농이 증가했다. 이는 전국적
현상이었지만, 지역별로 격차가 존재했다. 남부지역에서는 대지주 중
심의 토지소유 집중 심화와 광범한 영세농층 형성이, 북부지역에서는
상대적으로 중소지주 중심의 토지집적이 진행되었다. 북부지역 내에
서도 남부와 같이 지주제가 발달한 지역('황해도·평안남북도형')이 있는
가 하면, 지주제가 미발달하고 자작농층이 광범위하게 분포한 지역
('함경남북도형')이 있었다. 지주제 발달이나 자작농층 분포 정도는 농
민운동의 여부나 성격과도 관련되었는데, 황해도·평안남북도지역에
서는 혁명적 농민운동 대신에 개량주의적 성격의 농민운동이 전개되
었고, 함경남북도지역에서는 혁명적 농민조합운동이 활발했다.[1]

그런데 인제지역은 지주제의 미발달과 자작농층의 존재 면에서 황해도·평안남북도보다는 함경북도와 비슷했지만, 혁명적 농민조합운동을 비롯한 농민운동이 활발하지 않았다는 면에서 차이가 있었다. 인제지역의 토지소유 분포와 농민운동 양상을 살펴보자.

〈표 1〉 인제군 경영형태별 농가 호수와 비율(1930)

	지주	자작농	소작농	자작 겸 소작농	화전민	계
농가호수(戶)	173	3,265	2,181	2,967	872	9,625
농가비율(퍼센트)	1.8	33.9	22.6	30.8	9.0	100

출처: 강원도 인제군, 1930 《麟蹄郡勢一班》.
비고: 농가비율은 필자가 계산함.

인제주민의 대부분은 농업에 종사했지만,[2] 소수의 지주와 대다수의 농민으로 분리되어 있었다. 인제 역시 지주제를 근간으로 한 일제의 식민농정 하에 있었기 때문이다. 우선, 지주는 전 농가의 1.8퍼센트에 불과했다. 그들은 극소수였지만, 인제의 많은 토지를 소유했다. 주민들 사이에서 유명했던 대지주는 이종직, 김기선, 조홍장 등이었다. 그들의 토지소유면적이 어느 정도였는지는 문헌자료상으로 확인하기 어려우나, 인제에서 20대를 살았다고 하는 이종직은 "토박이 부자", 김기선은 "인제 제1부자", 조홍장은 "둘째 부자, 서울 부자"로 일컬어졌다. 평창이씨 이종직 집안은 "토박이에 부잣집에 많이 배운" 사람들로 관료로 진출한 경우가 많았다.[3] 조홍장은 인제읍에 거주지를 두고는 있었으나, 부재지주에 가까웠던 것으로 보인다.

김기선이라는 그 분은 남면에 가을 되면 쌀가마만 계량하는 사람을 데리고 다니면서 모아둬. (쌀을 계량해서) 양쪽으로 반씩 딱딱 나눠. 각 마을마다 (그 집 토지가) 다 있어. 소작이지. 대지주야.[4]

이들은 주로 관리인을 두고 경영했고, 고율의 소작료를 거두었다. 특히 김기선이 가을 소출을 확인하고 소작료를 거두는 장면은 인제의 주민에게 인상적이었다. 김기선은 관리인을 거느리고 소작지마다 다니면서 생산량을 확인한 후, 반씩 나누어 양쪽으로 쌓았다. 한쪽은 자신의 것, 다른 한쪽은 소작인의 것이었다. 수확량을 반분하는 '반타작', 즉 50퍼센트의 소작료를 거둔 것이다.

자신의 토지를 전혀 소유하지 못한 소작농은 전 농가의 22.6퍼센트를 차지했다. 자작 겸 소작농(30.8퍼센트)을 포함할 경우, 소작농은 53.4퍼센트에 달했다. 농가의 절반 이상이 소작을 하고 있었고, 일제 말기로 갈수록 전국적인 소작농의 증가추세를 고려하면, 인제에서도 소작농 비율은 증가했을 것이다. 그럼에도 상대적으로 인제지역의 소작비율은 낮은 편이었다. 소작비율이 가장 높은 황해도지역(58.8퍼센트. 자소작농 포함 81.7퍼센트)은 말할 것도 없고, 북부지역 전체(45.7퍼센트, 자소작농 포함 67.8퍼센트)와도 현격한 차이가 있기 때문이다.[5]

토지소유 분포에서 더욱 특징적인 것은 상대적으로 자작농의 비율이 높다는 것이다. 인제군에서는 자작농 비율이 거의 34퍼센트에 달했는데, 이는 함경남북도보다는 낮지만, 강원도나 북한 전체의 21~26퍼센트보다는 높은 비율이다.[6] 소작을 하고는 있으나, 조금이라도 자신의 토지를 갖고 있던 경우(자작 겸 소작농)까지 고려하면, 자신의 토지를 소유하고 있는 농가의 비율은 더욱 높아진다.

인제에서 자작농층이 두텁게 형성된 원인은 일제의 정책 때문이라기보다 인제의 인문지리적 특성에 있었다. 일제가 지주제를 매개로 한국을 일본의 식량공급지로 수탈하면서 고율의 소작료를 책정하고, 1930년대 '농가경제 안정화'나 '생산관계의 재편'을 내세웠던 것은 근본적인 차원에서 '경자유전의 원칙'에 입각한 지주제 부정이 아니었다. 또 1940년대 초 일제는 자작농이 소작농보다 농업생산성이 높다고 판단하고 적정 규모의 토지를 소유한 자작농을 창출하여 이를 기초로 농촌을 재편하려는 계획을 세우기도 했지만, 결국 지주의 이해를 구하고 농민과 지주를 온정주의로 결합시키는 방향으로 후퇴했기 때문이다.[7] 따라서 일제의 농업 정책보다는 지주제가 발달하기 어려운 지리적 조건을 생각해볼 수 있다. 인제에는 산림이 많고 비옥한 농경지, 특히 논이 적었으므로, 대지주가 형성되기 어려웠고 '적더라도 자신의' 토지를 가진 농가가 다수를 이룰 수 있었던 것으로 생각된다.

이런 조건에서 형성된 자작농층의 사회경제적 동향은 이중적인 모습을 보인다. 우선 지주소작관계에서 이들이 취할 수 있는 태도를 생각해보면, 이들은 자신의 토지를 소유하고 있었던 점에서 소작농보다는 '지주'로서의 의식에 가까웠을 수 있다. 이는 이들이 소작쟁의가 발생할 경우 전적으로 소작농 편에 서지 못하게 하는 요인이 되며, 일제의 식민농정에 편승할 여지가 있는 층이 되는 것이다.[8] 한편, 이들 자작농층은 기본적으로는 중농 수준이었을 테지만, 심각한 기근이나 수해 등의 자연재해가 닥쳤을 때, 이들의 농가경제도 위태로워질 수 있는 처지였다. 생산소유관계나 생계 면에서 빈농화하기 쉬운 상태였다.

그런데 인제의 자작농 비율이 상대적으로 높고 소작농 비율이 낮은 편이기는 했으나, 인제주민의 전반적인 사회경제적 처지까지 안정적이었던 것은 아니었다. 오히려 이들의 식량 및 생활 수준은 매우 열악했다. 공출과 농가부채 등에도 시달렸는데, 1931년 현재 금융조합 부채만 매호당 백이십 원이나 되었다.[9] 1932년 흉작 때는 요구조자要救助者의 수가 4,120호, 1934년에는 식량궁핍농가가 1,781호 등이었으니, 인제의 1만 4백여 호 가운데 17~40퍼센트가 식량조차 해결하지 못하는 수준에 있었다고 할 수 있다. 1934년 강원도의 식량궁핍 농가가 8,000여 호로서, 인제는 강원도 여타 지역에 비해서도 더 열악한 상황에 처해 있던 것이다.[10]

따라서 인제의 토지소유 분포는 지주제를 근간으로 했지만, 대지주 중심의 토지집중이 이루어졌던 황해도·평안남북도지역과 분명한 차이가 있었다. 인제의 지주소작갈등 양상 역시 지주제가 발달한 지역과 차이가 있을 수밖에 없었다. 그런데 흥미롭게도 인제는 북한 전체나 함경남북도와 비슷하게 자작농층이 광범하게 존재했지만, 함경남북도와 같은 혁명적 농민조합운동이 거의 존재하지 않았다. 강원도 영동지역, 즉 고성, 양양, 강릉, 삼척 등지에서 소작쟁의를 비롯한 혁명적 농민조합운동이 활발히 전개됐던 것과도 대조적이다. 강원도 영동지역이 함경남도 일대와의 연결이 용이해지면서 공산주의계열의 사상이 광범히 유포된 반면,[11] 영서지역에서는 그러한 모습이 잘 보이지 않는데, 인제지역 사례는 영서지역으로서의 특성을 잘 보여준다 하겠다. 인제의 지주소작갈등 양상과 그 원인을 살펴보자.

1-2. 일제의 식민농정과 지주소작갈등 양상

인제에서 지주소작갈등이 강하게 표출되지 않았던 배경으로는 몇 가지를 생각해볼 수 있다. 우선 앞서 살펴보았듯이, 인제의 토지소유구조상의 문제이다. 상대적으로 두터운 자작농층의 존재는 갈등 구도가 소수의 지주와 그에 예속된 다수 소작인 간에 형성되는 것을 막는 요인이 되었던 것으로 보인다. 대신, 주민들의 불만과 갈등요인은, 직접적인 저항의 방식으로 표출되지는 않았지만, 심각한 생활고를 비롯한 열악한 사회경제적 상황에 있었다.

그리고 일제의 농정도 인제의 지주소작관계에 영향을 미쳤다. 1930년대 일제는 혁명적 농민운동에 대해서는 파쇼적 탄압을 가하면서, 개량적 농민운동에 대해서는 탄압과 체제내화하는 정책을 취했다. 후자의 경우 '농가경제 안정화'와 '생산관계의 재편'을 내세우며 한편으로는 '자력갱생'을, 다른 한편으로는 소작쟁의를 개량화하는 '소작위원회'를 그 방안으로 제시했다.[12]

인제군에서도 '자력갱생'을 구호로 농촌진흥운동이 전개되었고 갱생부락이 선정·확대되어갔다. 인제군농회는 1937년부터 조선간이보험금을 연부상환으로 빌려주어, 각 면당 1부락씩 총 6개 부락을 선정하기로 하고, 1부락에 대하여 30정보를 매입 설치하여 갱생부락이 농용임지의 혜택을 받도록 했다.[13] 갱생부락은 1937년 1면 1부락씩 설치되기 시작하여 1939년 총 89개 부락에 1,953호에 이르러 농가 총호수의 3할 이상에 달하였다.[14] 농가갱생지도부락의 확장을 위해 야학회 지도생강습회를 개최했는데, 영농 문제점과 개선방안, 잠사업의 현상 및 장래, 양잠경영방침, 묘대개량, 산미개량과 벼 건조법, 축우 장려 등을 강습했다.[15] 갱생부락은 가마니 짜기[叺織] 등 48종의 농구 제작과 부업, 대두개량조합의 조직 및 증산에 앞장섰다.[16] 외형상 인제의 농촌진흥운동은 개별 농가의 경제적 갱생을 목표로 했지만, 생산력의 확충은 어디까지나 시국관련 농산물의 증산에 있었다. 특히 1937년 이후 전시체제기에 들어서면서부터 군·읍·면의 농촌진흥위원회는 '생업보국', 즉 전쟁 관련 실천사항의 일환으로 증산을 강조했다.

지주에 대한 소작쟁의도 '인제군소작위원회'가 흡수·조정했다. 인제에서는 군수의 지휘 아래 지주 30명이 간담회를 개최했다. 소작료율의 제한, 소작지 지세·제공과금의 지주 부담, 천재에 의한 수확고 감소 시 소작료 경감, 소작인의 배신행위가 없는 한 지주의 소작계약 갱신 거절 불가 등을 결정하였다.[17] 이와 같은 농지령은 일면 지주의 권리를 규제하고 소작농의 권리를 확대한 것으로 보이지만, 소작위원회의 구성에서 소작농이 배제되었고, 식민지 행정기구와 관리의 조정 권한을 강화하는 것이었다.[18]

다음 사례는 농지령 발표 이후 인제지역 소작쟁의의 양상을 잘 보여준다. 인제의 소작쟁의는 소작권 이동문제를 둘러싸고 벌어졌다. 인제군 남면 관대리 조화옥은 경성에 거주하던 부재지주 이명구의 토지를 소작했는데, 아무 이유 없이 소작권이 심갑수에게 넘어가자 군 소작위원회에 문제를 제기했다. 소작위원회는 지주 이명구가 이작移作한 것이 아니라 관리인 길종순의 단독행위였다고 판명하고 소작권을 조화옥에게 복귀시켰다.[19] 인제면 남북리의 박린균 등도 소작쟁의를 벌였는데, 소작위원회는 그들의 소작권도 전부 구 소작인에게 복귀하도록 판정하였다.[20]

인제에서 표출된 지주소작농 간의 갈등은 지주제 폐지나 소작료 인하문제에 있지 않았다. 인제의 소작농이 '제기할 수' 있던 문제는 '소작권의 박탈·이동'이었다. 그리고 그 갈등이 해결되는 방식도 갈등구도를 소작농 대 지주가 아닌, 소작농 대 관리인으로 설정하면서 이루어졌다. 그리고 그러한 갈등은 대규모 혹은 집단적인 소작쟁의로 전개되기보다는 소작위원회 설치와 지주회를 통해 개별화되고, 소작위원회가 구 소작인의 권리를 인정하여 갈등을 해소시키는 방식으로 전개되었다.

이와 같이 인제군의 지주소작인 간의 계급대립이나 농민운동은 활발하게 전개되지 않았으며 문헌상으로도 잘 나타나지 않는데, 그 이유를 요약하면 다음과 같다. 첫째, 인제지역의 대지주는 손에 꼽을 정도인 데다가, 지주와 소작농 사이에 자작농층이 비교적 두텁게 형성되어 있었기 때문에 지주에 대한 소작인들의 불만이 조직화·집단화할 정도의 계급갈등으로 나타나지 않은 것으로 보인다. 둘째, 일제가 농가의 궁핍문제를 그것을 해결하기 위한 직접적인 제도나 정책이 아닌 개별 농가의 노력여하에 달렸다는 식의 '자력갱생'의 차원으로 접근함으로써, 인제의 농가는 개별화될 뿐 계급이나 집단의식을 형성하지 못했다. 셋째, 소작위원회가 일정 정도 소작농의 불만 해소에 역할함으로써 계급대립을 완화하였다. 넷째, 인제는 강원도 영동지역과 같이 외부로부터의 어떤 영향—공산주의사상이나 사람들의 유입—이 있던 것도 아니었다. 이러한 이유들로 인해, 인제주민은 계급의식을 형성하거나, 또 그것을 표출하거나 조직화하는 경험을 거의 하지 못한 것으로 보인다.

그렇다고 해서 인제주민이 일제의 식민농정과 지주에 대한, 그리고 사회경제적 열악함 등에 대한 불만마저도 갖고 있지 않았다고 볼 수는 없다. 강하게 표출되지는 않았으나, 잠재된 불만과 일상에서의 소소한 저항·움직임들이 존재하고 있었기 때문이다.

1-3. 자연재해와 인구

인제의 식량문제와 생활고는 매우 심각했고, 이에 대한 불만은 광범했다. 자연재해는 농가의 궁핍을 악화시키는 요인이었다. 1930년대 인제에서는 수해와 기근이 반복되었는데, 그럴 때마다 인제의 식량궁핍 농가는 증가했다. 1932년에는 요구조자要求助者의 수가 4,120호, 2만 1,130명에 이르렀는데,[21] 이는 인제의 전체 1만 4백여 호 중 약 40퍼센트, 6만 2천여 명의 인구 중 약 30퍼센트에 해당하는 수치였다. 1934년에는 강원도에 식량궁핍 농가가 8,000여 호에 이르렀는데, 그 중에 인제군이 22퍼센트 이상(1,781호)을 차지할 정도로, 인제는 강원도에서도 가장 열악한 상태에 있었다.[22]

식량 및 생활난에 시달릴 때, 인제주민이 가장 먼저 할 수 있었던 것은 교육의 중단이었다. 공립보통학교 수업료 및 세금 체납액이 증가했다.[23] 공립학교의 퇴학생이 속출했고, 서당마저 폐쇄될 상황에 이르렀다.[24]

인제의 많은 빈농은 차라리 산간지대의 화전민이 되는 쪽을 택했다. 1930년 현재, 인제의 화전민은 872호(4~5인 가족 기준으로 약 3,488~4,360명)였는데, 1931년에는 1만 3천여 명으로 급증했다.[25] 화전민으로서의 생활은 매우 불안정했는데, 초근목피로 연명함은 물론 종곡조차 부족했다. 화전민이 급증하자, 인제군당국은 국유림을 불하하여 화전민을 집단으로 이주시키는 등의 화전민 정리방침을 세웠다.[26] 하지만 이 방침이 조선총독부 및 강원도당국의 화전경작금지명령의 일환으로 집행되어, 화전을 전업으로 살아가던 화전민은 삼림령 위반자가 되어가고 있었다.[27] 또 조선총독부가 일본재벌이나 한국인에게 대부한 국유림의 화전민은 소작인화 되었고, 그들은 평균 20퍼센트 내

지 30퍼센트의 소작료를 납부해야 했다.[28]

인제주민은 타 지역으로의 이주를 반복해야 했다. 인제군당국은 "이재궁민들을 매년 춘기가 되면 타군으로 이출시켜 노임으로 호구케"했는데, 인제의 궁핍농민은 타지의 임노동자생활을 거듭했던 것이다. 1932년 봄에는 인제의 총인구 6만여 명 중에 7,000여 명이나 감소할 정도로 자연재해와 주민이주가 광범했다.[29]

〈표 3〉 강원도 38선 인접 지역 인구증가(1925~1944)

	인제	양구	철원	김화	화천	양양	고성	계
1925년	66,259	48,975	69,825	81,183	34,591	59,756	46,529	407,118
1940년	78,328	56,016	97,257	101,968	49,574	79,250	78,797	541,190
1944년	76,765	57,506	110,487	108,152	66,619	84,112	80,220	583,861
증가율* (퍼센트)	15.9	17.4	58.2	33.2	92.6	40.8	72.4	47.2**

출처: 朝鮮總督府, 1925 《朝鮮國勢調査報告》; 朝鮮總督府, 1940 《朝鮮國勢調査報告》[옥한석, 1994 《향촌의 문화와 사회변동: 관동의 역사지리에 대한 이해》, 한울, 126쪽 발췌 재인용.]; 인제군사편찬위원회, 1996 《麟蹄郡史》, 인제군, 123쪽.
부기: *증가율은 1925년 대비 1944년분임. **증가율 평균을 산출한 것임.

일제시기 인제에서는 식량 및 생활난으로 인해 인구의 유동성이 컸기 때문에, 인구증가율이 크지 않았다. 물론 〈표 3〉이 보여주는 바와 같이 인제는 1925년 6만 6천여 명에서 1944년 7만 6천여 명으로 15.9퍼센트라는 높은 증가율을 보였다. 이는 당시 일제의 산업개발과 인구 이주 정책으로 인해 강원도지역이 한반도의 여타지역으로부터 인구를 흡수하던 연장선에 있었다.[30] 하지만, 인제의 인구증가율은 인근지역 평균 증가율 47.2퍼센트에 비하면 절반에도 미치지 못한 것이었고, 철원, 화천, 양양, 고성지역의 인구증가율과 비교하면 그 격차는 더욱 벌어졌다. 이는 상대적으로 인제에 타지 사람들의 유입이 적었으며, 노동자계급의 형성도 미약했음을 의미한다.

인근지역과의 인구증가율 격차는 인제가 지역 개발 내지는 발전으로부터 소외되었기 때문이다. 철원지역은 철도 부설로 인해 한반도에서 교통의 중심지로 기능하게 되었고, 화천에는 발전소가 건설되었으며, 동해안지방에는 수산업 개발이 한창 진행되었던 반면, 인제는 이에 버금가는 개발 요인이 없었다. 물론 인제도 광업, 제조업, 공업 등이 성장하기는 했다. 1938년 광산업(朝鮮鑛業 및 吉田鑛山)이 활기를 띠었으며, 해방 직전에는 종업원 193명을 가진 목재·철도목을 생산하는 목재작업장과 종업원 1백여 명의 금은공장, 토기·기와·목기공장 등 크고 작은 공장과 작업장이 다수 존재했던 것이다.[31] 하지만 주민을 안정적으로 정착시킬 정도의 상황은 아니었다. 구조적인 산업기반시설이 갖추어지거나 생활난이 해결되지 않는 한 지속적인 인구증가를 담보하기 어려웠다.[32] 따라서 인제에는 본질적인 차원의 토지소유관계를 변화시키고, 거기에 더하여 식량 부족문제를 해결하고 열악한 사회경제적 상황을 개선하여 주민들을 정착시키는 것이 요구되었다.

지역 권력구조와 관료·유지有志

2-1. 행정조직과 관변단체

1930년대 이후, 인제군의 지방행정조직으로는 식민지 지방관제에 의한 일반 지방행정관청인 군청과 읍·면사무소가 설치되어 있었다.[33] 그 외에 관공서로 경찰서, 경찰관주재소, 지방법원 출장소, 인제의원,

우편소, 삼림보호구 등이, 공공단체로는 농회農會, 축산동업조합畜産同業組合, 삼림조합, 향교 등이 설치되어 있었다. 특별행정관청으로 영림서營林署가 설치되어 국유림을 관리했고, 1,500여 명의 조합원 수를 가진 인제금융조합도 있었다. 그리고 지방개량단체로 북리흥풍회興風會, 신월리흥풍회, 남전리흥풍회, 이포리흥풍회, 인제청년회, 광성청년회, 삼화청년회, 서성애림청년회 등이 조직되어 있었다.[34]

지방행정관청 중에 인제군(군수)은 군·면의 각종 행정과 관내 행정 사무를 관리했다. 군은 면 사무를 지휘감독하기 위해 면 사무에 대한 감사를 실시하고 이에 대한 책임을 졌다. 보통학교를 운영하고, 농회·조합 등의 산업단체를 관리하는 사무도 중시되었다. 인제군의 역할도 군 차원의 일반 행정을 실시함은 물론 면 사무를 검열했고, 농촌진흥운동·소작위원회·지주회·강습회 등을 총괄했다.[35]

인제의 면사무소는 정책 및 업무를 실질적인 대민접촉 하에 수행했기에 그 중요성이 더욱 강조되었다. 1930년대 초반 농촌진흥운동 시행을 계기로 말단행정기구인 읍·면 사무가 중시되었다. 농촌진흥위원회가 읍·면 단위까지 설치되자, 읍·면사무소 직원들은 갱생부락更生部落을 방문하여 개별 농가에 대한 지도와 통제를 행했다.[36] 일제는 이에 대한 성과를 거둔 우수면장을 선발하여 일본 시찰의 기회를 제공하는[37] 등의 유인책을 통해 면 기능을 강화하고자 했다.

지역의 말단은 구區와 애국반에 의해 통제되었다. 구는 촌락을 기초로 한 일종의 행정촌락이었다. 면제는 종래 촌락의 실생활과 유리되었다고 평가되었기에 구가 면과 촌락을 연결하는 역할을 맡았다. 1930년대 말 국민정신총동원운동과 국민총력운동의 말단조직인 부락연맹은 구 단위로 조직된 것이었다. 따라서 구장은 부락연맹이사장 등을 겸했고 관의 통제력이 미치지 못하는 부분을 지원하는 행정보조와 전시 동원의 말단책임자로서 역할했다.[38] 그리고 애국반은 10호 단위로 결성되었는데, 구와 애국반은 공공행정관청이 아니었지만, 행정을 보조하면서 촌락 내부 주민의 일상을 통제했다.

인제의 공공단체 중에 가장 활발했던 것은 농회이다. 농회는 만주 사변 이후 일제가 식민지체제의 위기를 타개하기 위해 농촌진흥운동을 전개하면서 총독부와 각 도道·군·도島·읍·면에 설치한 것이었는데, 군 단위에서는 군수와 읍·면장이 각 단위 농회장을 맡았으며, 위원으로는 해당 행정기관의 직원과 관변단체의 장·학교장·지방유식자 등이 참석했다.[39] 인제군농회는 1930년대 중후반 신문지상에 꽤 등장할 정도로 그 활동이 주목되었는데, 그 주요사업은 당시 일제의 농업정책의 일환이었던 대두·양봉·양잠 등의 각종 생산물조합 설치와 공동판매, 퇴비증산운동, 갱생부락 선정, 농가의 부업열 고취 및 가마니 등의 농구 제작을 지도하는 것이었다.[40] 총동원체제가 확립됨에 따라 인제군농회는 개별 농가의 갱생문제보다는 전쟁 관련 실천사항들을 협의 결정하고, 황군위문금의 모집은 물론 노동력을 동원하는 역할까지 맡았다.[41]

이상과 같은 인제군의 관공서 및 단체들은 일제 식민정책의 집행기관으로서 역할을 했다. 1930년대에는 농촌진흥운동, 1937년 전시체제 이후에는 국민정신총동원운동, 1940년 이후에는 국민총력운동의 중심기구가 되어, 물적·인적 동원을 주도했다. 이들 동원운동 조직은 지방행정기구에 준하여 설치되었으며, 각 행정의 장이 책임자가 되었다. 1937년 7월 중일전쟁 발발과 1941년 태평양전쟁이 발발하면서, 이들 관공서와 단체는 농가 안정보다는 증산, 저축, 헌납, 공출 등을

선전·집행하는 역할에 집중했다.[42]

2-2. 관료

인제군의 지역주도층은, 기존 연구의 분류방식으로 말하면, 관료와
유지로 불리는 사람들이었다.[43] 직업군으로 보자면 행정(군수, 면장
등), 경찰서(서장), 금융조합(조합장과 이사), 목재업조합(조합장과 평의
원), 교육(교장), 실업(양조장, 운수업, 포목업 등), 종교(백담사 주지, 향교
장의) 분야의 책임자급 인사들이라 할 수 있다.

우선 일반 행정기관 복무자였던 군수 1명, 군속郡屬 8명, 산업기수 4
명, 고원雇員 10명, 면장 6명, 면서기 34명, 면기수 4명 등이 행정적 측
면에서 인제지역 주도층으로 볼 수 있는 인물이었다. 이들은 총독부
와 강원도로부터 임명받거나 군의 채용시험을 거쳤다. 이들의 관료입
문은 읍·면사무소나 군청·도청 등의 지방행정조직과 농회·금융조합
등에서 (잠사·아편)지도원, 서기, 고원, 기수 등으로 근무하는 것이었
고 이후 읍·면장, 군수, 판임관 등으로 승진하였다. 일반적으로 6년제
공립소학교를 졸업하거나 동등 이상의 학력을 갖고 있으면 면사무소
직원 채용시험에 응시할 수 있었고, 하급관료인 고원·면서기 등을 거
쳐 면장, 그리고 군수가 될 수 있었다. 하지만 군 단위 이상의 직책에
오를 수 있으려면 각 도별 등용·고사·전형시험에 합격하거나 중학교
졸업 이상의 교육을 받아야 했다.[44]

인제면장 이종익과 금융조합 부이사 최규태의 예를 살펴보자. 이종
익은 인제면 출생으로, 총독부 문서과에 근무하다가 인제면 회계원으
로 전직轉職했다. 인제면장이 된 이종익은 당시 '정치적 수완가'로 통
했고 도로완비, 부담負擔정리, 면사무소 신축 등에 주력했다고 한다.[45]

한편 최규태는 인제면 출신으로 춘천공립농업학교를 졸업하고, 평강군 축산기수와 인제군 잠업기수로 있다가 강원도 인제·원주·삼척·고성 등의 금융조합 서기와 부이사를 역임했다.[46]

인제군수로는 주로 외지인이 임명되었다. 전재우는 강릉군 출신으로 경찰계에 첫발을 내딛었다. 그는 1919년 경부警部로 승진하여 강원도 각 군 경찰서에 재임하다가 1923년 강원도 군속에 임명되었고 1933년 양구군 서무주임으로 승진, 횡성군 내무주임으로 전근(1935)되었다가, 1936년에 인제군수로 승진했다.[47] 1937년 부임한 39세의 김학수는 1919년 경성일고를 졸업하고, 양양군청 군속을 시작으로 강원도 산업과와 양구군 내무계 주임을 역임한 후 인제군수로 부임하였다.[48] 후임자는 양양 출신의 김주혁으로, 춘천농고를 졸업하고 도·군·읍·면의 행정을 두루 익힌 인물이었다.[49]

지역주도층에 포함된 일본인은 주로 경찰서장, 우편소장, 교장 등을 맡았다. 인제서장은 조선에 와서 경찰계에 입문한 일본인이었는데, 그는 10여 년간 '모범경찰관'으로 성적이 우수했다 하며, 강원도 내의 각 군에서 경관으로 근무했고 1936년 경찰서장이 되었다. 그는 '민중을 위한 경찰'을 표어로 내걸었다. 하지만, 그것은 다름 아닌 시국강연과 좌담회를 열어 시국인식을 강조하는 것이었다.[50]

2-3. 유지: 경제력을 바탕으로 공직公職 진출

유지로 지칭되는 그룹도 있었다. 인제군 유지의 대표적인 특징은 포목잡화상 등의 상업, 운수업, 양조업 등에서 성공을 거두었거나, 이러한 경제적 부를 바탕으로 강원도의원·인제체육협회평의원·인제군농회의원 등의 공직에 진출하는 경우가 많았다는 점이다.

화물자동차업에 종사하던 민경호는 부친의 반대로 학교를 다니지 못했지만 독학으로 일본어를 익혔고 양조업에 주력하다가 1934년 화물자동차업에 뛰어들었다. 1935년 면협의회원을 역임한 후 1938년 도의원에 출마했다가 낙선했지만, '운수업계 거성 실업가'라 불렸다. 민경호는 지속적으로 사업을 확장해 목림조합 평의원, 제탄조합의 부조합장에 당선되었다.[51] 이종형은 인제면 출신으로 한학을 마친 후 보통학교를 졸업하고 상업에 종사해 성공을 거둔 후 행정에 진출하였다. 그는 인제면장을 역임했고 이어 도회의원(1938), 도의(1940)가 되었다.[52] 민경호와 이종형이 사업에 성공한 후 행정에 진출한 경우라면, 면행정에 먼저 진출했다가 실업계로 나간 경우도 있었다. 이종태는 인제에서 보통학교를 졸업한 후 북면 회계원으로 첫발을 내딛었다. 이후 그는 원통양조장을 경영하며 '양조계의 패왕'으로 불릴 정도가 되었다. 그는 경제적으로 성공하자 면협의회, 원통소학교학교위원, 인제군농회평의원 등의 공직에 진출하였다.[53] 이들의 예는 인제의 유지층이 경제력과 정치권력을 일치시켜갔음을 보여준다.

당시 경제력과 정치권력의 일치는 선거권의 부여·행사와 같은 경우에도 잘 나타난다. 아래의 구술과 같이 '유권자'는 곧 재산가를 의미했고, 그들은 특권의식을 갖고 있었다. 심지어 유권자의 손자였던 구술자도 "유권자 노릇"을 하는 조부의 위세를 느낄 수 있었다. 재산과 소득에 따른 선거권의 제한으로 극히 일부 조선인에게 투표권이 주어졌기 때문에, 선거권은 그 자체만으로도 위세와 특권을 과시하는 수단이 되었다.[54]

일본놈은 밥줄 먹고 그러는 사람들을 유권자라 했어. 그때도 면에 의원 선거가 있다고 하면, 지금 선거, 그때도 중류급 정도 돼야 유권자가 되는 거야. 생활이 어려운 사람은 유권자가 될 수 없어. 우리 할아버지가 유권자 노릇을 하면서, 면에도 가면 유권자 왔다고……[55]

하지만 인제의 유지층 간에는 정치경제적 이해관계를 둘러싸고 갈등이 벌어졌다. 그 갈등은 읍의 이전과 도의원道議員 선거과정 등에서 불거졌다. 인제는 1930년 극심한 수해를 당했는데, 이때 인제읍을 이전하자는 신읍파新邑派와 구읍에 머물자는 구읍파舊邑派로 나뉘었다. 결국 읍은 이전하게 되어 신읍파의 승리로 귀결되었지만, 이전하기까지 양자 간의 갈등이 심각해 수해복구마저 더디게 진행되었다.[56]

인제군의 강원도의원 선거도 난전을 거듭했다. 1935년 5월 인제의 도의원 선거는 '난전亂戰' '마전麻戰'으로 일컬어질 정도로 매우 치열하게 전개되었다. 인제군에서는 정원 1명에 7명이 입후보했고, 선거과정에서 도의원 후보자가 면협의회원을 비롯한 수십 명에게 주식·향응을 접대하고 조선민력 등을 배포하였다. 결국 1938년 1월 도의원이 사퇴하고, 보궐선거가 시작되었다. 후보자 간 "싸움도 끝이 없"었는데, 인제군회의실에서 개표한 결과 민경호와 이종형이 동점이었다. 연령순으로 당선자를 결정하기로 했기 때문에, 민경호가 51세, 이종형이 48세로 민경호가 당선될 예정이었다. 하지만 민경호의 호적이 잘못 기재된 것이라 하여 이종형이 당선되었다. 당국의 처리를 의심하는 등의 여론이 일었지만,[57] 결국 '운수업계 거성' 민경호를 '다각적 활동가' 이종형이 이기고 도의원으로 진출했다.

도의원 선거가 치열했음은 유지층이 자신의 경제적 부를 유지·확대하기 위해 지방의회 진출에 매우 적극적이었음을 의미한다. 지방의회가 자문기관에 불과했으므로 그들의 활동에는 많은 제약이 있었지만, 당시 조선인들의 정치참여 기회가 매우 제한되었기 때문에 지방의회는 정치참여의 거의 유일한 통로였다.[58] 이러한 상황에서 인제의 유지층은 자신의 정치경제적 이익에 더 다가가기 위해 각축전을 벌였던 것이다.

금융조합이나 목재업조합은 인제군의 유지급 인사들이 망라되는 단체였다. 예를 들어 목재업조합인 목림조합은 조합장 김영제, 부조합장 이기룡, 평의원 이용현·민경호·황선언·이종국, 조합원 김정수·심재호·송영재·김재식·정기봉·이동규(매일신보지국장) 등으로 구성되었다. 이들은 당시 인제에서 재력·정치력·학력 모든 면에서 최상층에 속했다.

그런데 인제의 조합장과 이사의 경우에는 타지 출신의 고등교육을 받은 인물이 맡았다. 인제금융조합장과 목림조합장에 차례로 피임된 김영제는 '인제를 움직이는 중추적 인물'로 평가받았다. 그는 경북 경주 출생으로, 경주공립보통학교를 졸업하고 헌병대 통역관으로 전전하다가 인제에서 강원도회의원, 문헌직원방면협의회원, 인제폐영자장 등의 공직을 역임했다.[59] 이 외에 군수·경찰서장과 더불어 농촌지역 3대 기관장으로 꼽힌 인제금융조합이사[60]였던 김동윤도 대표적인 예이다. 그는 통천군 출생으로, 경성제1고보와 고등상업을 우수한 성적으로 졸업하고 대화금융조합이사로 피임되었다. 그는 인제군 체육협회 부회장을 맡기도 했다.[61]

반면, 고등교육을 받지 못한 인제 출신의 경우에는, 승진이나 요직을 맡는 데 한계가 있었다. 목림조합 부조합장 이기룡은 기린면 출신으로 인제공립보통학교를 졸업하고 기린면 서기로 관직에 발을 내딛었다. 이후 목재상으로 전환한 그는 목림조합 부조합장까지 맡았고, 기린공립보통학교 학무위원, 기린면협의회 의원, 인제군농회 통상의원, 인제군 학교비 평의원, 기린방공감시초 감독 등 주요 공직에 있었지만, 조합장이 되지는 못한 것으로 보인다.[62] 목림조합 평의원 민경호도 앞서 살펴보았듯이, 독학으로 일본어를 익히고 사업에 성공한 경우였다. 정치력의 확보·유지에는 재력은 물론 학력이 중요한 요인이 되었다.

2-4. 학력

인제군에서 유지층으로 진출하거나 그 지위를 지속하는 데에 학력이 중요했음은 다음 구술에서도 잘 나타난다.

왜정 때 농고라도 나왔다 하면 그 집안이 생활수준이 어느 정도인가 알 수 있죠. 왜정 때 고등학교를 다녔다는 것만으로도. 농고는 강원도에 하나밖에 없으니까. 강원도에도 하나, 전라도에도 하나, 도에 하나씩 밖에 없었으니까 (대단했죠).[63]

(지금) 원통고등학교 자리가 왜정 때 보통학교였어. 해방되어서 원통인민학교가 되었지. (해방 이후 나는) 인제중학교가 설립되어 들어갔고, 한 2년 있다가 원통중학교가 생겨서 (집과 가까운 원통중학교로) 들어갔지. (해방 이후) 인제중학교, 원통중학교, 서화중학교, 그리고 인제여자중학교(가 생겼지). 고등학교는 인제고등학교 하나밖에 없었고.[64]

위의 증언에서 알 수 있듯이, 인제에는 중등교육기관이 없었고, 상급학교를 진학하는 경우도 드물었다. 초등교육을 마칠 수 있으면 그나마 다행이었다. 1930년대 초 창설된 인제유치원은 1년 만에 문을 닫았고,[65] 면사무소에 위치한 4년제 보통학교에 입학하는 것도 쉽지 않았다. 학급 수가 부족하여 지원자 중 절반은 미취학아동으로 남았다. 6년제 소학교를 졸업하기 위해서는 면소재지에 위치한 4년제 보통학교를 마친 후, 군소재지에 있는 6년제 보통학교에 5학년으로 편입해야 했다.[66] 소작농과 같이 집안의 경제적 사정이 좋지 않은 경우는 물론이고, 지주 정도의 경제력을 갖추고 있어도 교통문제나 진학에의 필요성이나 강한 의지 여부 등의 문제로 보통학교를 마치는 정도에 그치는 경우가 많았다.[67] 인제에서 일본어를 익힌 사람도 1936년 현재 2,945명으로 총 인구 6만 9,648명의 4.2퍼센트였고 매년 보통학교 졸업자 수 정도인 200명 내외의 증가를 보였다.[68]

　인제에서 상급학교에 진학하여 중등·고등교육을 받는다는 것은 곧 그 집안의 경제력, 사회적 위치와 명망 등을 반영하는 것이었다. 인제 사람들 중에 극소수가 인제와 인접한 춘천공립농업학교(1910년 개교), 춘천공립고등보통학교(1925년 개교), 춘천사범학교(1939년 개교) 등이나 영동지방의 강릉공립농업학교(1930년 개교)로 유학했다. 인제에서 서울로 중고등학교를 다니는 경우는 드물었다.[69] '청년의 모델'로 지칭된 25살 허만훈은 춘천고보를 졸업하고 고향 인제에 돌아와서 아버지의 묘원업苗園業을 물려받아 판로를 확장하며 실업계와 사교계의 '모범청년'으로 주목받았다.[70] 인제군 내면장 이종국은 인제와 이웃한 홍천 출신인데 춘천농업학교를 졸업하고 1914년 산업기수를 거쳐 1924년 내면장으로 임명되었고, 목림조합 평의원을 맡는 등 관직·공직활동을 활발히 했다.[71] 이와 같이 기존의 경제력과 명망을 토대로

상급학교에 진학하고, 다시 지역사회 주도층으로서의 위상을 유지하
거나 관료로 임명되었다.

2-5. 식민통치의 안정·지속화와 유지의 역할

인제의 유지층은 수해복구에 개인재산을 내놓거나 관공서·학교·진
찰소·도로 등의 신축·개축·정비를 위해 기성회·번영회 등을 조직해
자금을 모으거나 인제군이나 강원도에 진정서를 제출하고 학교부지
로 산림과 토지를 기부하는 등의 역할을 함으로써 명망과 신뢰를 쌓
아갔다.[72] 하지만 유지층은 인제의 개발·정비를 위해 사재를 갹출하
는 데 그치지 않고, 기타 주민들로부터도 기금을 모았다.[73] 유지층은
지역사회의 개발에 앞장선 측면도 있었으나, 그것은 식민통치를 안
정·지속하는 차원에서 전개되었다.

一. 現下 內外情勢에 鑑하야 內鮮一體의 具現이 緊迫함은 假論을 不俟인바 此
의 實現을 深化함에는 一面 朝鮮人에 在하야는 皇國臣民으로서의 眞實한 覺悟
를 가지고 時局에 對處하여야 할 것이며 一面 內地人에 在하야는 半島의 實情
을 認識하고 內鮮人和衷協力에 努力하여야 할 것을 念願함.

二. 一視同仁의 下에 臣民으로서 皇澤에 浴함을 厚薄深淺의 度가 無히 均霑하
기를 希求함은 人 의 常情인 바 半島住民에게도 速히 參政權을 享有케할 것과
朝鮮內의 官吏는 優秀한 朝鮮人을 拔擢하야 內地人同樣諸要職에 配置할 것을
懇望한다.

三. 學齡에 達하고도 未就學되는 兒童을 爲하야 義務教育制의 實施에 至하기
싸지는 書堂教育을 擴充하야 文盲의 縮小를 圖할 必要가 有하다.[74]

위의 글은 인제지역 유지층의 인식과 활동을 잘 보여준다. 이 글을 쓴 이성흠은 인제군농촌진흥위원회 위원으로 당시 일본으로부터 온 건착실로 성공했다고 평가받은 인물이었는데, 농회의 월례회·야학회 등을 지도하는 등 "인제의 대소사가 있을 때마다" "열정적 활동과 노력에 원만한 결과를 지었다"고 한다.[75] 그는 위의 글에서 조선인에게 참정권 부여, 조선인 관리의 발탁, 서당교육의 확충을 주장했지만 그것은 '내선일체의 구현 긴박'과 '황국신민으로서의 각오'라는 인식 하에 나온 것이었다.

인제의 유지층은 '황군위문금' 등을 헌납하는 데 앞장섰고, 빈한한 처지에 있던 소학생·청년을 비롯한 주민들로부터도 '국방헌금'과 '황군위문금' 등을 거두었다.[76] 유지층은 관공서와 더불어 보국주간행사에 앞장섰다. 그들은 보국주간행사에서 '저축장려와 생활쇄신'을 강조했는데, 그것은 "군민의 총후정신銃後精神을 일층강화하여 일상생활에서의 인식을 철저히 하며 총후보국銃後報國의 성誠을 증진하기" 위한 것이었다.[77]

유지층은 방공협회防共協會의 구성원이기도 했다. 강원도는 "공산주의 사상 급 운동의 박멸을 기하는 동시에 황도정신의 선양을 목적으로 조선방공협회 강원도연합지부를 결성"하였는데, 이에 따라 각 군에도 경찰서를 중심으로 지부가 설립되었다. 이때 관공서장과 민간유력자들이 참석하였고, 특히 경찰서장, 평의원, 교장, 면장, 우편소장, 금융조합이사 등이 방공협회원으로 선정되었다.[78]

이와 같이 일제 말 인제군의 지역권력구조는 일차적으로 식민지 지방관제에 따라 각종 관공서와 단체를 중심으로 구성되었다. 군이 각종 정책을 총괄했고, 면이 면민과 직접 대면하면서 정책을 집행했다.

일제 말 이들 관공서와 단체는 총동원체제에 맞추어 저축, 공출, 헌납 등의 모집에 주력했다. 인제의 지역주도층은 지방행정관제에 의한 관료와 경제적 부와 사회적 명망을 쌓은 유지층으로 구성되었다. 유지층의 경우 경제적 부를 바탕으로 공직에 진출하는 경우가 많았으며, 여러 사회단체는 인제군의 유지층이 망라되는 조직이기도 했다. 인제군의 유지층은 도·군에 진정서를 제출하거나 기부를 함으로써 지역사회의 개발을 도모하는 측면이 있었으나, 식민통치를 안정화·지속화하는 데 역할을 하였다.

총동원체제와 '황국신민皇國臣民'

3-1. '국민정신'

일제는 1930년대 말부터 총동원체제를 구축했고, 인적·물적 자원을 동원하기 위해 관련법을 제정·공포하고 동원운동을 전개했다. 1937년 국가총력전을 민간 차원에서 지원할 목적으로 국민정신총동원중앙연맹을 결성했으며, 1938년부터 국민정신총동원운동(정동운동)이 전개되었다. 1940년 10월에는 국민총력조선연맹(조선연맹)을 발족하고 이전에 전개되었던 정동운동과 농진운동을 흡수통합하여 국민총력운동(총력운동)을 벌였다.[79]

일제가 말한 '국민정신'은 곧 '일본정신'이었다. 일본에는 "강한 단결심, 즉 국가를 위해 유용한 역할을 하려고 하는 전체주의의 가족제도"와 "자신과 자가自家의 것을 생각하지 않고, 국가의 것만 생각하고 행동하는" 정신이 있다는 것이었는데, 그것은 곧 전체주의와 국가중심주의였다. 국가의 중심에는 '천황'이 있었는데, "천황은 현인신이며 정치적 윤리도덕적으로 최고의 권위"를 갖고 있으며, "국가사회적으로 천황에 위협이 있는 경우, 백성은 총동원하여 희생을 돌아보지 않고 방어해야 하는 의무"가 있다고 주장했다.[80]

일제는 조선인에게 소위 일본정신을 갖출 것을 요구했다. 이는 '진충보국盡忠報國하는, '천황에 봉사하는' '황국신민'이 되는 것이었다. 황국신민은 천황과 국가중심의 전체주의적 사고에 입각해 무조건적이고 무제한적인 충성심을 정체성으로 갖추고 실천하는 존재였다. '국민'이란 바로 이와 같은 일본에 대한 충성을 내면화한 '황국신민'이었다.[81] 개인이나 조선민족의 자유와 권리를 표현하거나 요구하는 것은 황국신민으로서의 정체성이나 충성심이 없는 '비국민'과 직결되었다.

인제에서도 전쟁 승리와 보국을 위한 황국신민화가 진행되었다. 군소재지에는 신사가 세워졌고, 집집마다 위패를 모시도록 했다. 애국일에는 신사 경내에서 궁성요배를 했으며, 황국신민의 서사(1937. 10. 2 제정)를 제송했다. 명치절(11월 3일)에도 일본기를 게양하고 9시를 국민봉축의 시간으로 정하고 일제히 궁성요배를 했다.[82] 애국일과 명치절 등의 신사참배는 물론 주민들은 집에서도 일왕을 숭배하는 크고 작은 의식을 치렀다.

신사는 군소재지에 하나밖에 없었어. 인제는 지금 충혼탑 있는 그 자리야. 신사 자리야. [면마다 하나씩이 아니고요?] 응. 군소재지 하나. 그 대신 일정 말년에는 집집마다 위패를 만들어 줬어. 집집마다. 천조대신 아마테라스 오미카미. 집집마다 다 숭배하게 했지. …… 천조대신이 최고지. 진무덴

충혼탑(1964. 11. 3 건립).
일제식민지시기 신사가 있던 곳이다. 비문은 다음과 같이 기록하고 있다.
"1950년 6월 25일 이 나라 온 국민은 다같이 원수의 붉은 무리들을 막아내기 위하여 목숨을 잃었으며
104위의 이 고장의 젊은 혼들도 거룩한 수호신이 되었다.
해마다 6월이 오면 이 제단 앞에 머리 숙여 명복을 빌며 또한 유가족들의
애통하는 울음소리 하늘을 진동한다. 아! 호국의 신으로 산화하신 젊은이들이여.
그대들의 넋은 군민들 가슴마다 되살아나며 기리기리 빛나노라."
출처:《문화재 및 전적기념물 카드》(인제군).

노인데, 신무천왕. 거기서부터 망할 때까지 124대인가 그랬을 거야. 진무

덴노가 왕이 된 이후로 45년 해방될 때까지 124댄가 그랬을 거야. 천조대

신 그거 하나만 모시게 했어. 어떤 사람은 아침에 거기다 인사도 하고.[83]

일본은 이러한 '형식', 즉 '의식儀式'을 통해 조선인이 황국신민으로

서의 정체성을 확립하도록 했다. 단적으로 주민들에게 황국신민의 서

사를 주문처럼 외도록 했다. 당시 보통교육 이상을 받은 주민들은 지

금도 "천조대신은 영원한 황휘의 수호이며 무상절대의 신령, 천황은

그의 후손, 국민은 천황의 분신분령分身分靈"이라는 황국신민의 서사

를 기억하고 있었다.

일제는 조선민족으로서의 의식을 제거하는 작업도 진행했다. 그 대

표적인 작업이 백의白衣를 배제하고 색의色衣를 장려하는 정책을 편

것이었다. 흰옷은 1930년대 농촌진흥운동의 생활개선 항목에 포함되

었다. 일제는 노동력 절감 등을 그 이유로 제시했다. 관료와 모든 단

체의 직원은 솔선하여 색복을 착용함으로써 일반에 모범을 보이고,

옷감 판매상인은 색복과 물들인 옷감을 판매하도록 했으며, 백의 착

용자는 공공장소에 출입할 수 없었다. 학교는 학생을 통해 가정에 색

복 착용을 보급했다. 이에 따라 흰옷을 입는 인제사람들도 줄어들었

다.[84]

학교에서의 조선어 교육도 폐지되고 국어(일본어)교육이 강화되었

다. 학생들은 일상에서도 조선어를 사용하지 못하도록 훈련받았다.

민족의식을 배양하거나 표현할 소지가 있는 부분들은 제거되어갔다.

(조선어 교육이 폐지된 다음에) 갸들이 어떻게 했냐면, 한 사람 앞에 요만한

카드를 10장인가를 줘. 월요일에 학교 가면. 보통 때 통하는 것도 일본어로 하라는 거지. (예를 들어) 한 선생도 10장 갖고 있고. 나도 10장 갖고 있고. 둘 셋이 모여 얘기를 하다가 조선어가 나오잖아. "조센고." '너 조선어 썼다' 그거지. 그러면 주머니에서 카드를 꺼내 한 장을 줘. 그러면 토요일에 담임선생님이 카드를 가지고 오라고 해. 다섯 장 남은 놈도 있고, 어떤 놈은 한 장도 없는 경우도 있고. 그렇잖아. 그러면 그걸 성적에 반영하는 거라. 성적에 반영해서 학교 승급할 때나 졸업할 때나 표창을 줘. 일본놈들이 조선어를 아주 말살을 한 거야. 얼마나 야만이야. 저희 말도 못하게.[85]

방공방첩防共防諜 교육과 조직화도 진행되었다. 이는 반미·반소(반공) 의식화였다. 1938년 강원도는 "공산주의 사상 급 운동의 박멸을 기하는 동시에 황도정신의 선양을 목적으로 조선방공협회 강원도연합지부를 결성"했고, 각 군에도 지부가 설립되었다.[86] 1939년 10월 현재 인제군에는 단원 340명의 방공단防共團 9개가 결성되었다.[87] 군의 방공협회지부원과 각 면의 방공단원이 총출동한 방공방첩좌담회 개최도 본격화되었다. 좌담회와 강연회는 미국과 소련이 인류의 적이며 그들과의 전쟁에서 반드시 승리하여 성업聖業건설에 나서야 한다는 내용으로 짜여졌다. 공산주의사상운동의 박멸과 전쟁 승리를 위해 인적·물적 동원의 중요성이 강조되었다. 인제의 주민들은 곳곳에서 좌담회를 열었고, 군사강연회의 수만 명의 청중이 되었다.[88]

인제의 주민들은 오직 일왕과 일본을 위해 충성을 다해야 하는 '황국신민'으로서, 조선민족으로서의 의식을 지우고 일제의 전쟁 상대였던 미국과 소련에 대한 적대적인 인식을 가져야 했다. 특히 미국과 소련에 대한 적대적 인식은 해방 이후 남북한에서 아이러니한 상황들을 만들어냈다. 당시 인제를 비롯한 북한의 주민들은 이전까지 박멸의 대상으로 교육받았던 소련과 공산주의에 우호적인 의식을 가지면서 반일과 반미주의를 정체성으로, 남한의 주민들은 친미와 반공·반일 주의를 정체성으로 형성해갔던 것이다.

3-2. 동원조직

인제는 촌락말단은 물론 호나 개인까지 조직화되었고, 주민들은 이를 통해 이중·삼중으로 통제되었다. 일제는 사상의식적인 면만이 아니라 조직화를 통해서도 일왕·국가와 개인의 일체화를 도모하면서, 주민을 동원했다.

정동운동과 총력운동조직이 행정계통에 따라 조직되었음은 앞서 언급한 바 있다. 조선연맹은 각 도 아래 부·군·도·읍·면·정·동·리·부락에 이르기까지 구역 내 개인과 단체를 망라하는 지방연맹(지역연맹)을 구성하고, 각 단위별 이사장은 군수에서 구장에 이르기까지 행정계통의 장이 맡았다.[89]

동원조직은 행정계통에 그치지 않았다. 회사, 은행, 공장, 광산, 대상점 기타 단체는 물론 관공서, 학교 등도 빠짐없이 직역職域연맹을 결성했고, 동원조직으로서 기능했다. 직역연맹은 조선연맹에 흡수되거나 협력관계로 형성되었다. 조선연맹이 규합한 사회, 산업, 문화, 종교 등 각 방면의 가맹단체는 정동운동의 지도원리에 따라 활동했다.[90]

조선연맹이 지방조직은 물론 각종 직역연맹을 흡수했기 때문에, 개인은 기본적으로 지방연맹과 자신의 직장 내지 사회적 신분에 따라 직역연맹에도 가입해야 했다.[91] 때문에 인제주민들은 3~4개의 동원

조직에 가입되었다.

말단촌락에서 주민들은 기본적으로 애국반으로 망라되었다. 애국반은 전시체제 하에 10호 단위로 조직된 국민총력조선연맹의 말단 기초조직이었다. 애국반은 '황국정신의 현양' 등을 조직적으로 실현하고 감시·통제하는 역할을 담당하면서, 신사부지 청소·도로수리 등의 공동노동을 통해 전쟁수행을 위한 조직으로 기능했다.[92] 이때 애국반장의 역할이 강조되었음은 물론이다. 애국반장은 반원을 파악·통제했는데, 반원의 실천사항 숙지를 확인하고 실천을 종용했다. 반장은 반원들의 가정과 일상생활까지 파악했다. 강원도는 다시 각 읍·면별로 애국반장대회를 열어, 증산, 공출, 저축 등 3대보국정신을 앙양하는 동시에 전시국민신생활체제를 재강화했다.[93]

인제의 주민 중에 "학교의 학적에 있지 않은 연령 15세 이상 25세 이하의 남자"들은 청년단에 속하였다. 인제에는 인제청년회, 광성청년회, 삼화청년회, 서성애림청년회 등이 있었는데, 이들 청년회는 다시 인제청년단연합회로 망라되었다. 1936년 〈청년단 보급 및 지도에 관한 건〉이 공포되면서 각 군에 연합단이 결성되었는데, 인제청년단연합회도 이를 계기로 결성된 것으로 보인다. 1930년대 전반 청년단은 '교화단체적 성격'으로 사회주의의 영향으로부터 청년층을 격리하고 농진운동으로 견인하는 역할을 했었는데, 1930년대 중후반 전시 청년단조직의 강화와 더불어 청년에게는 "황국을 위하여 또는 내선일체를 위하여 힘써서 비상시 사명"을 다할 것이 요구되었고, 청년단은 '국민정신총동원연맹의 전위부대'로 규정되었다.[94] 인제의 청년단운동회도 '전시체제 하 군민의 체육 발달'과 일왕의 생일을 축원하는 천장절을 기념하기 위해 개최되었다.[95]

여성들은 애국부인회를 통해 통제·동원되었다. 1937년 인제군애국부인회 분회는 각 면에 분구를 설치했다. 각 관공리의 부인들을 먼저 가입시키고 일반 여성들을 가입시키는 방식으로 조직해갔다.[96] 부인회 또는 중견부인들은 면작강습회 또는 '생업보국生業報國과 부인들의 책무'를 주제로 시국강습회를 개최했다.[97] 인제의 부인회는 1936년 미증유의 수해로 농가의 생활고가 심할 때에는 물론 전시체제 하에서 내핍을 더욱 강요당했으며, 농업노동력 등으로 활용되었다.[98]

인제에서 청년회와 부인회 등의 많은 단체들이 조직되었지만, 이들 단체는 각 집단의 이익을 도모하는 데 목적이 있지 않았다. 청년, 여성, 노동자로서의 의식을 키우지도 않았다. 각 집단별 정체성은 형성되어서도, 발현되어서도 안 되는 것이었다. '황국신민' 조직으로서의 이들 단체는 각 집단이나 계급으로서의 의식을 갖기 위한 것이 아니라, 전시 동원을 원활히 하기 위한 조직에 불과했다.

이와 같은 주민의 조직화는 해방 직후 북한의 그것과 유사한 면이 있다. 주민이 3~4개의 조직에 가입해야 했던 것이나, 10호 단위로 애국반에 망라됨으로써 통제된 것은 북한의 주민동원조직과 유사하다. 북한의 주민도 북조선노동당·농민동맹(혹은 민주청년동맹·여성동맹·직업동맹)·반일투사위원회·보위대·인민반 등에 속했기 때문이다. 하지만 양자 간에는 중요한 차이가 있었는데, 그것은 계급·성·민족의식의 유무였다.

3-3. 물적·인적 동원

인제주민은 '황국신민'으로서의 사상교육을 받았고 촌락말단은 물론 여러 층위에서 조직화되었고, 물적·인적으로 동원되었다. 특히 1930

년대 말부터는 그야말로 총동원체제였다. '총후정신·총후보국'의 일환으로 물적으로는 증산과 절약, 납세, 저축, 헌금, 공출 등이, 인적으로는 노동력과 병력 동원이 이루어졌다.

많은 물자를 동원하기 위한 전제는 증산과 절약이었다. 인제에서 주로 동원된 물자는 대두, 고치, 밀납蜜蠟, 가마니 등이었다. 이들 물품은 당초 농가경제의 갱생 혹은 농산물의 상품화 명목으로 제시되었지만, 전시체제 하에서는 노골적으로 '군수상 필수품'·'전시체제 하 통제물품' 등으로 분류되었다. 일제는 증산을 위해 공동판매, 장려, 농진운동, 경기회 등의 방식을 전개했다. 군수상 필수품으로 지목된 밀랍은 1만 2천 석을 목표로 각 군에서 공판을 실시했는데, 중간평가 결과 인제군이 880여 근을 제출하여 강원도 내에서 1위를 차지하기도 했다.[99] "전시체제 하 통제물품 중 단연 넘버원"으로 일컬어진 가마니를 증산하기 위한 입증제叺增製를 실시하고, 가마니짜기 경기회를 개최해 가마니 제조시간을 앞당겼다.[100]

대표적인 절약 품목은 쌀이었다. 일제는 조선에서의 쌀 소비를 억제했다. 쌀을 존중하는 관념을 가지도록 하고, 혼식과 공장·학교의 공동자취를 장려하고, 부인단체를 통한 쌀절약운동 등을 전개했다.[101] 대대적인 절미운동의 전개는 공출 강화를 위함이었다.[102]

세금도 확대되었다. 일제는 지주나 자본가를 식민지배에 수용하기 위해 과세부담을 저소득층에 집중했다. 국세의 경우 지세, 영업세, 자본이자세 등이 있었는데, 이는 지주나 자본가 등 유산자층에게 특혜를 제공하고 저소득층을 수탈대상으로 삼은 것이었다. 점차 전쟁이 확대되어가자, 1930년대 이후 고소득층에도 소득세를 과세했다.[103] 1937년 중일전쟁 발발 이래 전시재정 수요충족을 위해 전시비상조세체계를 수립·시행했다. 인제에서는 거리마다 "国國의 보步는 납세納稅의 력力"이라는 입간판이 세워져 납세의무를 선전하였다.[104] 1938년에는 중일전쟁에 충당하기 위해 각종 부자세, 특별소비세, 임시증세가 단행되었다.[105] 그리하여 1937~1943년 조선인구 1인당 국세부담은 5.6배, 지방세는 2.2배로 늘어나, 조세수입 전체로는 4.2배가 증가했다.[106]

저축도 보국 차원에서 강제적으로 실시되었다. 일제는 세금을 납부하고 남은 자금과 자원을 저축방식으로 흡수했다. 강제저축은 인플레이션과 소비생활 억제는 물론 이를 통해 형성된 자금으로 전비를 조달하는 데 사용되었다.[107] 저축은 증세에 대한 조세 저항과는 달리 되찾을 수 있다는 허상을 동반해 박탈감을 상쇄시킬 수 있었다.[108] 일제는 저축목표액을 설정하고 저축장려정책을 실시하면서 '조선국민저축조성운동'을 시작했다.[109] 인제군수는 면민을 직접 상대하던 면 사무를 검열하면서 '총후국민의 근로생업보국상황'을 시찰하고 보국저금실시를 독려했다.[110] 이는 대중운동이 정동연맹의 지방조직을 따라 전개되면서, 면에서 각 호에 저금을 할당하는 등급별 할당제가 실시되었기 때문이었다. 면장으로부터 정해진 기간까지 할당금액을 저축하라는 개별통지를 받으면 여러 명이 모여 할당액을 맞추기 위해 '총후보국저금실행조합'을 조직했고, 금융조합이나 우편소 등은 이 보국저금을 흡수했다.[111] 1938년 인제에 할당된 금액은 15만 원이었다. 이를 위해 '국민정신총동원 저축보국강조주간', '일본정신발양주간', '보국주간' 등이 실시되었다.[112] 총후보국강조주간의 내용은 "12월 15일—시국협의신사참배, 16일—물자절약, 17일—극기정려克己精勵, 18일—보국감사, 19일—근로보국, 20일—생활개선, 21일—저축보국"과 같은 것이었다.[113] 우선 신사를 참배하고, 극기와 물자절약을 통해 저축을 함으로써 보국하도록 하는 것이었다.

헌금·헌납의 부담도 가중되었다. 인제군은 1938년 4월부터 매월 1일의 애국일을 '황군위문일'로 정하여, 군수 이하 전 직원이 위문금을 갹출하였고, 경찰서와 금융조합도 마찬가지였다.[114] 정동연맹 지도자대회는 '황군위문금'을 헌납하는 자리였다. 지도자대회에 참석한 애국반장들은 주식을 전폐하고 그 비용을 '황군위문금'으로 헌납했다.[115] 헌금은 관료나 경찰, 애국반장 등에 국한되지 않았다. 인제군은 주민들에게도 대대적으로 헌금을 요구했다. '결전생활실천주간'을 실시하여 주민들에게 절약한 돈 등을 모아 헌납하게 했는데, 당시 십만 원(논 10만 평 정도)이 모아졌고 이는 비행기 제작비용으로 헌납되었다.[116] 경찰서도 일반주민들의 헌금을 모으는 데 앞장섰다.[117] 주민도 개별적으로 헌금했는데, 매일 5전씩 저축하여 7월 70전을 국방비로 헌납하거나,[118] 전 재산(논 1만 평=시가 1만 원)을 국방비로 헌납해 화제가 된 경우도 있었는데, 이는 전국적으로도 매우 드문 일이었다.[119]

인제주민은 지역 개선사업을 위한 비용도 갹출했다. 도로를 개선하거나 정비할 때에는 면 별로 개정비開整費가 할당되었는데, 이때 유지층을 중심으로 결성된 기성회가 도로 개정비를 모았을 뿐 아니라, 궁핍한 인제주민들도 인제면과 기린면 사이의 불편한 도로 사정을 개선하고자 납부하지 않을 수 없었다. 이렇게 기금이 조성되고 나서야 강원도당국이 착공을 시작하였다.[120]

노동력 동원도 일상적이었다. 국민정신총동원 근로보국운동은 근로보국대 조직을 통해 이루어졌다. 근로보국대는 기존의 비조직적인 공동작업과 달리 별도로 구성된 노동력 동원조직이었다. 1938년 6월 학교 단위의 근로보국대와 일반인을 대상으로 한 근로보국대가 조직되기 시작했다. 일반인을 대상으로 한 근로보국대는 청년단, 갱생부락, 향약, 진흥회 등부터 결성해 확대되어갔다. 일제는 근로를 매개로 '황국신민된 신념'을 각인시키고자 했으며,[121] 전시 인적·물적 부족사태를 무상의 노동력 동원을 통해 해결하고자 했다. 인제의 보국대는 1938년 11월 말 현재 199개소에 1만 6,500여 명의 대원을 망라하고 있었는데,[122] 이는 기존 연구에서 대표 사례로 언급된 경기도 여주군의 경우와도 비견된다. 여주군의 경우, "10개 면에 근로보국단 10개, 분단 294개(동리 단위 설치), 단원 9,036명"으로 경기도 내 근로보국운동의 효시가 되었다고 하니,[123] 인제의 보국대 조직화 역시 매우 빠르고 광범했던 것이다. 인제의 주민은 보국대를 통해 매월 보국일은 물론, 경우에 따라서는 매일같이 황무지를 개간하거나 도로와 하천을 정비하는 등의 건축현장에 출역해야 했다.[124]

주민들은 병력으로도 동원되었다. 1938년 조선에도 지원병 채용제도가 실시되었는데, 이는 조선청년을 '황국신민'으로 양성하고 훈련시켜 병력 자원으로 동원하는 것이었다. 지원병 지원자들은 여러 단계의 전형을 거쳐 조선총독부 육군병지원자훈련소에 입소해 그 과정을 수료한 후 지원병이 될 수 있었다.[125] 인제에서는 후기생後期生 1명을 내는 것으로 시작하여 1939년에는 지원병 훈련소 입소생이 각 면당 5, 6명씩에 달하였다.[126] 지원병은 별도의 도道전형시험을 치른 후 합격자에 한해 될 수 있었으므로, 인제군 북면의 두 청년은 합격에 대한 의지를 "진충봉공盡忠奉公"·"일사보국 천황폐하만세 국본병수一死報國天皇陛下萬歲國本丙壽" 등의 혈서로 드러냈다.[127]

보통학교 졸업생들은 일상적으로 군사훈련과 정신교육을 받았다. 일주일에 한두 번씩 모교에 모여 훈련을 받아야 했다. 훈련장에서는

'지원'의 이름으로 징용과 징병이 이루어졌다. 이는 대개 강제적이었다. 나이가 많은 경우에는 전쟁터로 징병되었으며, 어릴 경우에는 일본의 군수공장 등으로 징용되었다.[128]

이상으로 살펴본 바와 같이, 인제에서 총동원체제와 주민의 '신민화'는 광범위했던 것으로 보인다. 중앙의 《매일신보》에는 인제에서 총동원이 성공적으로·열성적으로 이루어지고 있다는 보도가 잦았다. 나아가 일제의 총동원체제에 협조하고 '황국신민됨'을 드러낸 경우, 즉 농촌진흥운동, 사회교화, 부인운동, 근로공제사업, 저축운동, 납세, 애국반, 총후보국 등의 활동에서 두드러진 경우에는 공적자로서 표창을 받았다.[129]

하지만 일상에서는 일제의 의도와는 다른 신민으로서의 모습들이 존재하고 있었다. 단적으로 주민들은 공출을 피하려고 쌀을 은닉했다.[130] 일제는 공출을 숭고한 국가봉사적 사명이라 했기 때문에, 공출을 기피하는 행위는 황국신민으로서의 역할을 다하지 않는 것으로 간주되었다. 구체적으로 공출을 기피하거나 공출수량에 미달하게 되면, 범법자로 호출되어, 구타·벌금·징역을 당했다.[131] 또 관공서 관리와 주재소 순사는 숨겨놓은 쌀까지 가져갔다.[132] 인제에서는 공출에 반대하는 집단시위는 없었으나, 당시 전국에서 일반적으로 이루어지던 쌀의 은닉과 같은 공출 기피는 비일비재했다.

징용과 징병에 대해서도 기피하는 분위기가 지배적이었다. 아래 구술은 훈련소에 모인 소년들이 징용을 피하려 하자, 교사가 강제로 지원자를 선별하는 모습을 잘 보여준다. 그리고 구술자의 경우를 보면, 조부모 부양을 이유로 징용을 피하는 데 성공했으며, 그것을 "용케 빠졌다"고 다행스럽게 여겼다.

(상급학교에 진학하지 못한 애들을) 일본애들이 징용으로 끌고 갔어요. 졸업하고 상급학교에 진학 못한 애들은 세이꿍せいくん으로 몰았거든. 일주일에 하룬가, 이틀인가 토요일에 훈련을 시켜요. 졸업자를 모교에 모아서 훈련을. 훈련을 하는 날인데, 갔더니 "지금 대동아전쟁이 다 이기고 있는데" 싱가폴 함락됐다고 하고, 처음에는 "지원해서 갈 사람?" 하나 누가 지원하나? (다들) 대가리만 숙이고 있으니까 선생님이 하나하나 불러서 심사를 하는 거야. 그리고 두 팀으로 나누더라고. 반은 일본으로 가고 반은 집으로 가는 건데. (내가 속한 게) 어느(어디로 가는) 패인지 알 수 있어야지. 우리 패가 조금 적든가 저쪽이 많든가. 우리 패보고 "우찌니 가에!" 집으로 가라는 거야. 일본으로 갈 애들은 인제(면)에서 하룻밤 자고 일본으로 보내는 거야. 그때가 5월인가 그랬어. 반은 다 간 거야.

나는 왜 안 갔나 하면, "나는 할아버지 할머니 모시고 사는데 내가 가면 할아버지 할머니 다 죽는다. 가게 되더라도 2차로 가겠다" 해서. 하하. 나머지 사람들은 버스에 타고 가는데…… (나와 마을 사람들은) 신월리에 나가서 도로가에 나가서 일장기를 흔들며 잘 갔다 오라고 하고. 2차가 8월에 있었다고. 용케 빠졌지. 하하.[133]

종교는 미약하나마 조직화와 저항의 중심이 될 수 있었다. 1919년 5월 인제에서 만세시위를 주도한 것은 천도교였다. 독립연설을 하고, 수천 명의 군중이 대한독립만세를 외치고 기도와 주문을 외우며 시위를 벌이다 다수 희생되었던 것이다.[134] 인제에는 기독교인이 200여 명 (1930년 현재)이 있었고, 심리적으로는 불교나 천도교와 가까운 편이었으며, 주민들은 암암리에 유사종교에 의존하곤 했다. 1939년에는 강원도, 평안도, 함경도 등지에 퍼져 있던 인천교도人天教徒의 소위 불온행동사건不穩行動事件이 밝혀졌는데, 이때 인제면 귀둔리의 신자도 참여했다.[135] 기독교와 불교 등이 주민을 조직화하면서 일제의 총동원체제에 적극적으로 저항한 모습은 문헌상에 잘 나타나지 않지만, 주민들의 잠재된 불만이 종교(조직)를 통해 공유되었을 가능성은 있어 보인다.

1930년대 말 총동원체제에 따라 인제사람들은 '황국신민'으로서 사상교육을 받았고, 물적·인적으로 동원되었다. 증산·납세·저축·공출·헌금 납부와 밀랍·가마니 경쟁대회 및 공동판매 등의 동원은 물론 인제지역의 산업·교통개발도 전쟁 수행을 위한 것에 지나지 않았다. 보국대·보국조를 통한 노동력 동원과 지원병 채용제도와 같은 병력 동원도 이루어졌다. 청년과 부인회의 조직도 신분계급·성 의식을 바탕으로 하기보다는 전시 수행의 차원에서 이루어진 것이었다. 인제사람들은 일상생활에서도 흰옷을 입을 수 없었을 뿐 아니라, 애국반으로 통제되고, 총후정신·총후보국 정신을 교육받으며 방공방첩 사상의 교육을 받는 등 '신민'으로서의 역할을 부여받았다.

따라서 인제군이 일제식민지로부터 해방된다는 것은 이전의 사회경제적 상황으로부터 큰 변화를 가져올 것임을 의미하였다. 지주제의 청산과 열악한 식량·생활문제의 해결, 식민지 지방관제와 관료−유지를 중심으로 한 지역권력구조의 재편, '황국신민'이 아닌 주권자로의 탄생 등과 같은 변화이다.

다음 장에서는 이와 같은 문제들이 어떻게 전개되었는가를 살필 것이다. 동시에 일제식민지배시기 전체주의적으로 조직화·동원되었던 경험과 해방 이후 한국전쟁 전까지 북한에서의 동원 경험과의 유사성과 차이에 대해서도 유념하고자 한다. 일제식민지기의 경험이 이후 북한사회에 미친 영향을 직접적으로 파악하기는 어렵겠지만, 그에 대한 비교를 염두에 두는 것은 짧게는 북한사회의 성격을, 길게는 이 지역의 남한편입 이후의 연속과 단절의 문제를 이해하는 데도 도움을 줄 것이다.

해방과 38선 분단

미·소의 38선 획정과 인제의 분단

한반도는 1945년 8월 15일 일제식민지배로부터 해방되자마자 미국과 소련에 의해 38선을 사이로 나뉘었다. 38선 인접지역의 경우 소련군은 8월 20일 원산을 시작으로, 8월 26일 양양, 27일 이천, 28일 부계·김화 지역에 진주했고, 춘천군 북산면 추전리와 사북면 원평리에는 9월 초순, 춘천군 북산면 부귀리는 10월 초에 진주하였다.[136] 인제군에 소련군이 들어온 것은 춘천에 진주한 시점과 비슷한 때로, 38선이 관통하는 남면 관대리·신남리와 인제면 고사리 등에 경계 초소를 설치한 것으로 보인다. 반면, 미군이 38선 인접지역에 진주한 것은 소련군보다 한 달쯤 뒤인 9월 20일경이었다.

　미·소의 38선 분할점령은 여러 측면에서 단절을 가져왔다. 일차적으로는 행정구역상의 단절이 있었다. 38선 일대에 위치한 황해도, 경기도, 강원도는 38선 이남과 이북으로 나뉘었다. 황해도의 대부분은 38선 이북에 소재했고, 경기도의 대부분은 38선 이남에 위치했다. 강원도는 그 면적의 절반 정도가 각각 38선 이남과 이북에 속했다. 따라서 38선 이남에 위치한 황해도의 일부 지역인 연백·옹진군은 남한의 경기도에 편입되었고, 38선 이북에 위치한 경기도의 연천·포천·파주 등은 북한의 강원도와 황해도에 편입되었다. 강원도는 철원·양구·화천·이천·회양·통천·고성·간성군 전 지역이 북한의 강원도에 속했다. 인제·양양군은 면적의 3분의 2 이상이 북한에 속하게 되어, 38선 이남에 위치한 인제군의 일부 지역이 남한의 홍천군에 편입되고, 양양군의 서면 일부와 현북면은 강릉군에 편입되었다. 춘천군도 면적의 일부가 북한에 속하게 되었다. 이와 같이 38선 분할로 인하여 강원·경기지역 행정구역이 재편되었다.

인제군은 38선 이북의 서화면, 북면, 인제면, 기린면 일부, 남면 일부와 38선 이남의 인제면 일부, 기린면 일부, 남면 일부, 내면으로 나뉘었다. 38선 이북의 인제지역은 인제군으로 보전되었는데, 인제면, 서화면, 북면, 남면으로 구성되었다. 기린면의 북리와 진동리 일부는 인제면의 관할 하에 놓였다. 반면 38선 이남 인제지역은 1945년 9월 16일 홍천군에 편입되어 남한의 행정구역에서 인제군은 사라지게 되었다. 내면 전 지역이 홍천군 내면으로 편입되고, 인제면의 원대리, 남면의 금부리, 정자리, 부평리, 어론리, 신풍리, 갑둔리 등과 기린면의 진동리, 북리 일부, 하남리, 현리, 서리, 방동리, 상남리 등이 병합되어 신남면이 되었다. 이로써 해방 직후 행정구역상 인제군은 북한에만 남게 되었다.

군사적 편의를 위해 기계적으로 그어진 38선은 마을과 마을을 나누었고, 한 마을을 두 동강 냈으며, 심지어 한 가정의 거주 주택과 토지를 남북으로 나누기도 했다. 예를 들어 인제읍 고사리의 경우, 38선 이남에 위치한 양지말에는 미군이, 이북에 위치한 장수터에는 소련군이 주둔했고, 38선 충돌의 전형이자 시작을 알린 원대리사건이 벌어진 인제면 원대리는 개울을 경계로 이북과 이남으로 나뉘었다.[137]

교통의 단절 및 지역문화의 변화도 이루어졌다. 인제는 한반도의 가운데에 소양강과 한강이 만나는 곳에 위치하여, 일찍이 수로를 이용한 산업·문화가 형성되어 있었다. 조선시대부터 소양강·한강을 이용한 뗏목이 운행했고, 양평—연봉—천감—마로—원통—남교—간성으로 이어지는 역로와 춘천—인제—간성을 잇는 2등도로 등이 있었는데, 분단으로 거의 모두 끊겼다. 이로써 인제는 춘천, 홍천, 양평, 서울 등으로 연결되던 길이 막혀버렸고, 고성(간성) 등의 북쪽지역과의 교류에 의존할 수밖에 없게 되었다.[138] 1949년 8월 북의 인제가 38선 이남의 남면을 점령(남면 전투)했을 때 가장 먼저 했던 작업 중 하나가 소양강을 사이로 38선 이북과 이남으로 나뉜 지역(관대리와 부평리)을 잇는 다리를 건설한[139] 것은 필연적인 것이었다.

38선은 전통적인 생활구역을 고려하지 않고 설정된 선이었으므로, 공동체의 단절도 가져왔다. 농민들은 38선 반대편에 있는 토지를 경작하고, 댐을 이용하기 위해 끊임없이 월경했다. 경기도 옹진댐의 경우에도 수문과 관개시설은 38선 이북에 위치한 반면 실제 사용자는 38선 이남 농민들이었다. 옹진댐의 관할권을 둘러싸고 미·소 간에, 남·북 간에 갈등이 심화되기도 하였다.[140] 농민들도 38선 너머의 토지를 포기하거나 아니면 월남·월북을 선택해야 했고, 38선 이남에 거주하면서 38선 이북에 위치한 관대국민학교에 다니던 학생들은 38선

이남의 학교로 옮겨야 했다.[141]

자치조직 결성

인제군이 38선을 사이로 둘로 나뉘었다는 것은 곧 적대적인 남북관계처럼 두 인제도 대립하게 될 것임을 의미했다. 그래도 해방된 초기에는 분단정부가 아닌 통일정부에 대한 구상이 선전되었다. 홍천군에 포함된 38선 이남 인제에 건국준비위원회가 조직되었다가 '동신공화국'이라는 게 만들어졌다고 하는데, 벽보에는 "대통령 이승만, 국방장관 김일성, 김구는 주석"이라는 식으로 '공화국 내각명단'이 게시되었다.[142]

하지만 점차 북한에 편입된 서화면·북면·인제면·남면 일부·기린면 일부와 남한에 편입된 나머지 남면과 기린면 지역은 상호 적대적인 체제로 재편되어갔다. 남한의 홍천군에 포함된 기린면에서는 국민회, 호국청년단(뒤에 대한청년단으로 바뀜. 18세 이상 가입), 반공결사대, 서북청년단 등이 결성되었다.[143] 남한의 이들 조직이 반북·반공을 표방하면서 이승만 정권의 권력기반으로 작용했음은 잘 알려진 바와 같다.[144]

반면, 이 글의 분석대상인 38선 이북 인제에서는 좌익계열의 정당·사회단체들이 조직되어갔다. 현재 확인 가능한 자료에 의하면 늦어도 1945년 9월 1일에 면 단위의 인민위원회가 결성되고 주요 간부가 선출되었으며, 공산당조직, 농민조합, 노동조합, 청년동맹조직 등도 결성되었다.[145] 인제는 일제 하에서 지역사회운동이 활발하지 않았음에도 해방 직후 인민위원회와 공산당 등의 제 단체의 조직화가 매우 빨리 이루어진 것이다. 북조선임시인민위원회 수립 직후인 1946년 3월에 이르면 인제에는 조선공산당 인제군위원회, 인제군인민위원회, 인제군노동조합, 인제군농민조합, 보안서 등이 조직되어 활동하고 있었다.[146] 이 조직들의 군 단위의 책임자급 인사들은 대개 공산당원이었는데, 인제군의 초기 자치조직들은 좌익성향을 띠었던 것으로 보인다.

이들은 행정 및 산업활동을 재개하는 동시에 기존 조직을 재편해갔다. 해방 직후 인제군의 산업활동은 거의 중단 상태였는데, 목재공장과 금은공장 등의 크고 작은 공장과 작업장의 가동은 중지되고 노동자는 분산되었다. 노동자의 작업과 공장의 운영을 위한 자본과 식량도 부족했다. 이러한 현상은 민영 작업장에서 더욱 심하였다. 그나마 국영공장이던 북면 목재공장에 3분의 1정도의 노동자가 남아 공장을

〈표 4〉 1946년 3~4월 인제군 자치조직 및 주요인물

조직	직위	이름
인제군인민위원회	위원장	신경우
	부위원장	임준설
조선공산당 인제군당부	책임자(책임비서)	이종명 → 김학성(1946. 4 변경)
	부책임	이종석
	조직부	이종길
인제노동조합	책임자	정태화
	인제면 책임자	이종석
	북면 책임자	김정수
인제농민조합	책임자	최종원
	남면 책임자	심효흠
	서화면 책임자	김동원
인제금융조합	책임자	김광환
	서기	김규석
보안서	서장	정연중
	부서장	김일형

출처: 〈協同組合創立의 報告〉(1946. 4. 15)《북조선로동당 강원도 인제군당부 로동부 지령서철》.

정상화하고 직업동맹을 조직해갔다.[147] 인제군노동조합평의회의 경우에는 산업부문 노동조합 분회 및 반班을 구성하고, 실업자·취업자 상황 등을 조사·파악했다. 일제하 농촌의 3대권력의 하나였던 금융조합은 협동조합으로 전환(1946. 4. 15)되었다가 다시 소비조합으로 개편(1946. 6. 21)되는 등 일제 때의 조직도 새롭게 구성·재편되어갔다.[148]

인제의 조직 구성과 재편, 활동은 강원도 및 북한 전 지역에서 전개된 조직화의 일환이었다. 강원도지역에서는 1945년 10월 18일 철원에서 좌익 중심으로 도인민위원회가 조직되어 행정, 사법, 납세, 교통, 교육, 재정, 민족반역자 심사 등을 맡았다. 1945년 11월경이면, 강원도인민위원회의 활동이 안정기에 접어들었고,[149] 인제군당부와 강원도당 간에는 지속적으로 지시·보고가 이루어졌다.[150] 북한 중앙 차원에서는 조선노동조합전국평의회북부조선총국(1945. 11. 30 결성대회), 전국농민조합북조선연맹(1946. 1. 31 결성대회), 북조선소비조합(1946. 5. 20 조직) 등이 1945년 말~1946년 초에 결성되었다.[151] 이에 비추면, 인제도 강원도나 북한 중앙 차원의 전개에 영향을 받은 것으로 보인다. 그리고 인제의 당과 인민위원회는 1945년 9~10월에 조직되고, 이후 사회단체들은 1946년 봄 시점에 재편되는 등 당·단체에 따라 편차는 있지만, 상당히 빠른 조직화가 이루어졌고, 그것은 북한체제 구축의 연장선에 있었다.

남북교역과 군사적 충돌

38선을 사이로 나뉜 인제는 교류와 충돌을 거듭하는 지역이 되었다.

38교 표지석(인제군 남면).
강 너머 오른쪽 산이 있는 곳이 관대리이며, 38교 표지석이 놓여 있는 곳이 남면 부평리이다.
김정호는 1949년 8월 38선 이북의 인제가 이남의 남면(당시 홍천군 소속)을 점령했던
남면 전투 당시 관대리와 부평리를 잇는 나무다리를 놓았다고 증언했다.
그는 이때 '통일이 되는 건가?' 생각했다고 한다
(김정호, 2011. 11. 16, 인제군 바르게살기운동협의회).
출처: 한모니까.

38선 이북지역에서는 소련군사령부가 8월 27일 38도선에 경비부대를 배치하여 남북 사이에 인적·물적 교류를 통제했지만, 미·소는 제한적으로 38선상의 남북교역을 허용했고, 부분적으로 주민왕래와 물물교환이 이루어졌다. 인제군에서는 남면 관대리와 부평리에서 교류가 이루어졌다. 관대리는 소양강을 사이에 두고 38선 이북에 위치했고 부평리는 38선 이남에 위치했는데, 각각의 초소를 소련군과 미군이 지켰으며, 그 후방에는 38경비대와 경찰·청년단이 경비를 섰다. 이곳은 현재 소양강댐이 건설되어 수심이 깊어졌으나 당시에는 수심이 상대적으로 낮아 38선 이남과 이북의 교류지점이 되었다. 인제사람들은 이곳에서 고성·양양 등지에서 구입해온 명태(북어)·소금 등과 남한의 자동차부품·양식 등의 물자를 교환했다.[152]

공식적인 남북교역은 1947년 5월 22일 미군과 소련군의 합의에 의해 시작되었으며, 1949년 3월 31일 금지될 때까지 약 2년간 지속되었다. 남북교역시장은 춘천 사북면의 38선 경계지역, 강릉 주문진, 포천 영중면 양문리, 토성, 대원리 등에서 열렸다. 남북교역에는 남북한 상인들은 물론 정치인과 군부가 개입되었다. 교역시장에서는 북한의 북어, 카바이트, 오징어, 인삼 등과 남한의 의약품, 전기용품, 생고무, 자동차부속품, 광목 등이 물물교환되었다.[153] 남북교역은 일명 북어사건을 계기로 1949년 3월 공식적으로 금지되었는데, 그 이후에도 한국전쟁 전까지 비공식적으로 계속되었다.

한편, 두 인제 간에는 군사적 충돌도 벌어졌다. 남북 두 정부의 수립 이후 38선상에서의 충돌이 격화되었듯이,[154] 38선 충돌은 인제도 예외가 아니었다. 아래의 구술처럼, 둘로 나뉜 인제의 주민들은 상호 헐뜯고 총격을 가하는 관계가 되어 있었다.

38선을 경계로 북한(인제)의 자위대원과 남한(홍천에 편입된 인제군 기린면)의 한청원이 경계를 서다가 서로 이야기를 시작하고 그것이 험한 욕으로 번지곤 하였다. ……날씨가 나쁠 때는 인민군이나 자위대원이 바람소리에 숨어 남하하여 우리 초소에 총을 쏘고, 마주치면 우리도 집중사격을 가했다.[155]

오히려 인제는 '38선 충돌'이라 불리는 38선 전역에서 벌어진 남북 충돌의 전형이자 시작이 되었다. 원대리는 원대2교 아래로 흐르는 개울을 경계로 38선 이북과 이남으로 나뉘었는데, 개울 위쪽으로 복지개봉과 천지갑봉 등의 매우 험난한 산악지형이 펼쳐진 곳으로 어떠한 38선 표지판도 없었다. 원대리사건은 1947년 11월 11일 북한경비대와 남한 경찰 간 충돌이 발단이 되었지만, 곧 미군이 개입했고, 소련 군사령부는 미군이 개입된 이 사건에 대해 항의했다. 또 1948년 1월 19일에는 구만리·정고리사건이 발생했는데, 구만리와 정고리에서 미군 비행기가 38선 이북에 선전 전단을 살포했다는 문제가 제기되었다. 두 마을은 38선 이북에 위치했지만, 1947년 2차 38선 합동조사 과정에서 미·소 합의로 38선 이남으로 분류된 곳이었다. 원대리사건과 구만리·정고리사건은 1947년 말~1948년 초에 발생한 것인데, 이 시점은 남북한 두 정부가 수립되기 이전이었으며, 38선 충돌이 본격화하기 이전이었다. 두 사건은 이후 38선 충돌이 격화될 지점을 알려주는 전조였다.[156]

1949년에 접어들자, 원대리에서의 38선 충돌은 매우 심각해졌다. '표무원·강태무 대대 월북사건'(1949년 5월) 당시 강태무 소령이 "복지개봉에 있는 북한 측 보안대를 공격"한다는 이유를 가장했을[157] 정도로 이곳에서의 충돌은 빈번했다. 1949년 주한미군사고문단도 주요

38선 충돌 지점 중에 하나로 인제군 원대리를 꼽았다. 주한미군사고 문단의 보고에 의하면, 1949년 1월 1일부터 10월 5일까지 발생한 대표적 38선 충돌지점 8개소는 옹진, 청단, 연안·백천, 개성·고량포, 포천·동두천, 춘천, 원대리, 주문진이었고, 동 기간 원대리에서 발생한 군사충돌은 북한군 출현 횟수 42회, 북한군 참전 병력 수 4,070명, 국군참전 병력 수 5,000명이었다.[158]

　이와 같이 38선을 경계로 남북한 간의 단절과 교류가 교차하는 가운데, 이전의 인제지역이 대부분 포함된 38선 이북의 인제군에서 자치조직들의 결성과 활동이 이루어졌다. 38도선 위치라는 지리적 요인은 해방 이후 인제와 인접지역들에 영향을 미쳤고, 그것은 다른 이북지역과 구별되는 특징을 갖는 원인이 되었다. 인제군을 비롯한 38선 접경지역은 '분단의 경계지대'가 되었다.

韓國戰爭
收復地區

2

1946년
토지개혁과
인민민주주의의
토대 형성

토지개혁의 주체와 완료 시점

1-1. 북한의 토지개혁법령 채택

북한의 체제 구축은 토지개혁에서부터 시작되었다고 해도 과언이 아니다. 북조선5도행정국, 북조선임시인민위원회 등의 중앙행정조직이 있기는 하였으나, 그것은 어디까지나 임시정권기관이었다. 북한은 토지개혁을 실행한 후 인민위원 선거를 거치는 과정을 밟았다. 그러니까 당시 핵심적인 경제소유구조였던 지주제를 폐지한 후 선거를 통해 그 정권의 정당성을 추인하는 절차를 거친 것이다. 경제개혁을 선행하고 정치개혁을 하는 방식으로, 이는 북한체제 구축과정의 특징이었다.

인제의 변화도 그 연장선에 있었다. 인제에서는 해방되자마자 좌익계열의 공산당·인민위원회·각종 조합 등이 결성되어 산업을 정상화하고 기존 조직을 재편하는 등의 자치활동이 전개되었지만, 곧 북조선임시인민위원회의 법령에 따라 토지개혁을 비롯한 본격적인 사회경제개혁이 실시되었다. 이후 정권기관인 인민위원회 위원 선거가 차례로 진행되었다. 경제개혁 선행을 통한 정권기관의 수립은 당시 토지개혁에 대한 열망과 요구가 그만큼 컸음을 의미한다. 앞서 살펴본 것처럼, 일제식민지시기 지주제를 중심으로 한 소유구조의 모순이 존재했고, 이를 청산해야 한다는 과제가 제기되고 있었기 때문이다.

토지개혁법령 채택의 특징은 아래로부터 위로 올라오는 형식을 취했다는 것이다. 1945년부터 북한의 각 도 임시인민위원회는 소작료 3·7제를 실행하고 있었는데, 1946년 2월 지방의 농민조합들은 소작지를 지주에게서 몰수하고 소유권을 농민에게 분여할 것을 북조선임시인민위원회에 탄원하였다. 전국농민조합북조선연맹 2차대회(1946. 3. 3)는 토지개혁법령안을 건의했고, 북조선임시인민위원회는 이를 반영하여 3월 5일 〈북조선토지개혁에 대한 법령〉(이하 〈법령〉)을 공포했다. 이어서 3월 8일 〈토지개혁법령에 관한 세칙〉(이하 〈세칙〉)을 발표하였다.[159]

〈법령〉은 인민민주주의적 소유구조 성립을 지향했다. 토지개혁법령 채택과정에서 법령의 구체적인 내용과 성격을 두고 정치세력별로 이견이 있었지만, 무상분배와 유상분배 중에서는 무상분배를, 유상매수와 무상몰수 중에서는 무상몰수를, 토지국유화와 토지사유화 중에서는 토지사유화를 지향했고, 결국 무상몰수·무상분배 방식에 의한 농민적 토지개혁으로 귀결되었다.[160] 법령채택 논의과정으로 보면, 토지개혁은 자본주의적 사유화나 사회주의적 국유화가 아니었으며, 인민민주주의적 경제구조 형성을 목표로 했던 것이다.

그런데 분배된 토지를 사실상 국유지로 보는 견해가 있다. 토지개혁법령 제10조에서 분여토지는 매매·저당·임대할 수 없다고 규정했으므로, 농민에게는 토지소유권이 아닌 경작권만 부여된 것이라는 주장이다.[161] 실제로 토지분배 후 토지처분 및 이동상황은 어떠했을까. 토지개혁이 인민민주주의 경제토대를 형성하는 것이었음을 해명하기 위해서는 토지개혁법령 채택과정을 분석하는 것과 아울러, 실제 개혁 과정 및 이후의 변화, 즉 몰수기준이나 분배 후 토지처분여부 등을 살펴야 한다. 후술하겠지만, 강원도 인제군의 토지개혁 사례는 이를 해명하는 데 도움이 될 것이다.

또 토지개혁에 대한 농민의 요구와 그에 대한 중앙의 법령채택 및 추진은 토지개혁의 완료 시점문제로 이어진다. 북한의 토지개혁은 매우 신속하게 진행·완료되었다고 알려져 있다. 3월 5일 〈법령〉이 공포되었고, 곧 몰수와 분배가 완료되어 3월 20일경 농민들이 경축대회를 열었으며, 4월 초에 그에 대한 총결보고가 이루어졌다는 것이다. 토지개혁이 그와 같이 빠르게 이루어질 수 있던 원인에 대해서는 약간의 견해 차이가 있지만,[162] 신속성에 대해서는 인식을 같이 하고 있다. 그런데 인제군의 토지개혁은 지금까지 알려진 것과는 달리 더 많은 시간이 소요되었다.

1-2. 농촌위원회의 토지몰수분여안 작성과 면사회단체대표자회의 승인

인제군에서 토지개혁을 실행한 주체는 계급적으로는 가장 아래에 있던 농민들로 구성된 농촌위원회였고, 면 단위에서는 모든 조직들이 참여한 사회단체대표자회였다. 인제군에서도 〈법령〉과 〈세칙〉에 따라 토지개혁을 준비하고 실시하기 위해 고농·소작농·빈농을 중심으로 농촌위원회를 조직했다. 농촌위원회는 고용자, 토지 없는 소작인, 토지 적은 소작인들의 총회에서 선출된 5인 내지 9인의 농촌위원들로 구성되었다.[163] 인제군을 포함하여 북한 전역에서 총 1만 1,500여 개의 농촌위원회가 조직되었으며, 9만 697명의 농촌위원이 선출되었다.[164] 이들이 몰수 대상(토지, 건물, 농기구, 축력, 종곡, 관개시설, 과수원 등)과 분배 대상(고농, 토지 없는 농민, 토지 적은 농민 등의 소유지, 인구수, 연령, 소작지 면적 등)을 조사하고, 몰수분여안을 작성했다.

촌락에서 토지개혁의 주체로 농촌위원회가 조직되었다는 점은 몇 가지 중요한 의미가 있다. 우선 농촌위원회가 임시인민위원회의 행정을 보완했다는 것이다. 당시 토지개혁의 실행주체가 되어야 할 지방의 임시인민위원회는 그 행정력이 도·군·면 단위까지밖에 미치지 못하고 있었다. 따라서 촌락 수준에서는 임시인민위원회가 아닌 다른 조직이 토지개혁의 실행주체가 되어야 했다. 촌락 전 지역에 조직되었던 부농이 포함된 농민위원회(농민조합)를 토지개혁의 주체로 삼을 수도 있었지만, 북한은 기존 농민단체가 아니라 소작농과 고농을 중심으로 농촌위원회를 조직하여, 임시인민위원회의 역할을 보완하도록 했다.[165] 이는 명분상으로도 효과적이었는데, '농민의 자원自願을 반영한 토지개혁'을 더욱 부각시킬 수 있었다. 촌락 단위에서 농촌위원회가 조직되었다는 것은 기존 지역사회의 권력관계의 변동을 예고하는 것이기도 했다. 이제 토지를 비롯한 생산수단문제는 지주나 부농층이 아닌, 고농과 소작농의 손으로 넘어갔다.

농촌위원회가 작성한 토지몰수분여안은 상급 단위의 승인을 얻어야 했다. 인제군의 사례에서 흥미로운 사실은 인제군의 거의 모든 조직이 승인에 합의했다는 점이다. 이는 〈법령〉·〈세칙〉과는 일정 부분 차이가 있었다. 법령이나 세칙에 의하면, 그 상급 단위는 인민위원회였고, 면인민위원회의 확정, 도인민위원회의 승인 절차를 얻도록 되어 있었기 때문이다.[166] 기존 연구도 토지개혁이 리 차원에서는 농촌위원회를 통해, 도에서 면 단위까지는 인민위원회 조직을 통해 완수되었다고 보았다.[167] 그런데, 인제군에서는 농촌위원회의 분여안에 대한 확정·승인주체가 인민위원회를 포함한 모든 당·단체였다. 특히 면 단위의 사회단체대표자회의 역할이 주목된다. 인제군의 농촌위원회가 작성한 안은 면 단위의 사회단체대표자회에서 재논의되어 결정되었다. 면인민위원회나 면당 어느 하나의 조직이 토지몰수 및 분배안을 확정하는 것이 아니라, 면 단위의 공산당·인민위원회·사회단체대표자회에서 분여안을 승인했다. 그리고 그것이 군당과 군인민위원회에 보고되었다.[168]

인제군 북면당책임자 및 서화면당책임자가 인제군당책임자에게 보낸 문서에는 면 단위에서 진행된 토지개혁 실시 및 결정과정이 잘 드러나 있다.[169] 북면당책임자가 군당에 보낸 문서는 토지·가옥 몰수에 대한 결정이 이루어지는 과정을 기록하고 있으며, 서화면당책임자가 군당에 보낸 문서는 서화면의 농호, 수배·몰수통계, 몰수품 보관증표 등을 기록하고 있다.

이 자료들에 의하면, 인제군 북면에서는 1946년 4월 15일 면 사회단체대표자회에서 몰수 대상이 논의·결정되었는데, 이 회의에는 면인민위원장, 북면당책임자, 민청위원장·부위원장, 노조위원장·부위원장, 농조위원장 등이 참석했다. 회의의 주요 내용은 몰수 대상자에 대한 몰수조건과 범위였다. 몰수조건으로는 토지소유면적(5정보 이상 여부)과 자작自作여부 등이 기준으로 제시되었고, 몰수 대상 범위로는 토지만 몰수할 것인가 아니면 가옥 및 농구까지 몰수할 것인가가 논의되었다. 이와 같이 인제군 북면에서는 사회단체대표자회에서 논의 결정하여 북면당책임자가 군위원회에 보고했고, 서화면에서도 서화면당책임자가 군당책임자에게 보고했다. 따라서 인제군의 토지개혁은 어느 한 조직이 주도했다기보다는 거의 모든 단체·조직이 참여하여 진행되었다는 점에서, 〈법령〉·〈세칙〉이나 기존에 알려진 바와는 차이가 있다.

1—3. 토지개혁 완료 시점

인제군의 토지개혁은 완료 시점 면에서도 주목된다. 인제군에서 토지 몰수 및 분배를 확정하는 데는 적어도 한 달 이상의 시간이 걸렸다. 북면에서는 4월 15일 몰수 대상에 대한 결정이 이루어졌고, 이를 군에 보고한 날짜도 4월 18일이며, 서화면의 보고도 4월에 이루어졌다. 즉 3월에 〈법령〉과 〈세칙〉이 공포된 후, 농촌위원회를 구성하고 몰수대상과 분배대상을 조사하여 토지몰수분여안을 작성·결정·보고하는 데 한 달 이상의 시간이 걸린 것이다. 더구나 서화면에서는 4월까지도 '몰수품 보관증표'를 가지고 있었다. 이는 몰수가 완료되지 않고 몰수 대상 목록만 작성된 상태였음을 의미한다. 보관증표가 유효하다는 것은 몰수대상품을 지주가 보관하고 있다는 것을 말하며, 이는 몰수·분배가 완료되기 이전 단계라는 것을 뜻한다. 따라서 〈법령〉이 채택된 지 한 달도 안 되어 토지개혁이 완수되었다는 북한의 총결보고(1946. 4. 5)는 몰수와 분배가 완료된 시점이 아니라, 토지분여안이 면인민위원회의 승인을 받아 도인민위원회에 보고된 것의 총합일 가능성이 크다.

그럼에도 북한지도부는 토지개혁을 한 달도 안 되어 완수하였다고 공식 발표하였다.[170] 북한의 주장은 토지개혁에 대한 농민의 요구를 북한당국이 잘 수용·지도하여 빠른 시일 내에 완료했음을, 즉 토지개

혁의 신속성과 정치적 의의를 강조하기 위한 것으로 보인다. 북한당
국이 토지개혁에 아주 적극적으로 임한 것은 사실이나, 과장된 측면
이 있다.

그렇다면, 인제군에서 토지개혁이 완료된 시점은 언제이며, 무엇으
로 그것을 확인할 수 있을까. 〈표 5〉는 1946년 4월과 1947년 1월의
토지개혁상황을 보여준다.

〈표 5〉 인제군 서화면 토지개혁 총결

		1946. 4	1947. 1	증감
농호 수戶		2,043	2,065	22호 증가
농업노력 총점수點		7,220.3	7,386.7	166.4점 증가
수배농호戶		1,469	1,746	277호 증가
몰수	지목별 면적 町步 전	833.279	718.8	114.479정보 감소
	답	440.715	429.9	10.815정보 감소

출처: 〈서화공산당책임자→인제공산당책임자: 토지개혁실시조사에 관한 건〉(1946. 4)《北朝鮮經濟資料
集成》제6권, 114~120쪽; 인제군당부, 〈1946년 인제군 토지개혁통계총결표〉(1947. 1. 21)《北朝鮮
經濟資料集成》제7권, 616~623쪽.

비고: ① 평坪의 정町 환산은 필자가 계산하여 추가함. 자료에 따라 평坪, 정町, 반反 등의 단위를 사용하
고 있는데, 이 연구에서는 비교를 원활히 하기 위해 경우에 따라 정町 단위로 환산함. ② 수배 면적
과 몰수 면적은 일치하여, 몰수지 면적만 작성함.

〈표 5〉는 서화면에서 진행된 1946년 4월의 토지개혁 조사표와 1947
년 1월 총결표[171]를 비교·정리한 것이다. 이를 볼 때 토지몰수 및 분
배에 대한 농촌위원회의 조사와 면 단위에서의 승인, 군 단위에서의
최종 집결까지는 몇 차례의 수정과 변경이 있었으리라 짐작된다. 구
체적으로 농호 수, 인구 수, 노력 점수, 분배 호수 및 면적, 몰수면적
등에서 증감이 발생하였다. 두 시기 간에 차이가 발생한 정확한 이유
는 알 수 없다. 분명한 것은 당초 몰수 예정되었던 토지 중에서 제외

된 토지 면적이 많아졌다는 것이다. 그 결과 당초 계획보다 실제로는 더 많은 농호가 더 적은 면적의 토지를 분배받는 것으로 조정되었다.

인제군에서 토지 몰수 및 분배에 대한 농촌위원회의 조사에서부터 군 단위의 총결까지는 지금까지 알려진 것보다 훨씬 많은 시간이 소요되었다. 인제군에서는 촌락별 농촌위원회가 토지몰수분여안을 조사·작성한 후, 면 인민위원회·당·사회단체협의회의 검토 및 재논의를 거쳐, 상급 공산당과 인민위원회에 보고되었다. 확정된 안은 면인민위원회가 승인한 후 그 결과가 군에 보고되었다. 이후 승인된 토지분여안에 따라 농민에게 토지소유권 증명서를 발부(1946. 5. 22~6 20)했고,[172] 일련의 문제 제기와 조정 등의 과정을 거쳤다. 그러니까 인제군에서 법령의 공포에서부터 총결까지, 토지소유·경작상황 조사와 몰수·분여안의 마련, 검토와 승인, 몰수, 분배, 재조사(검열), 조정 등의 과정을 거치며 상당한 시간이 소요될 수밖에 없었던 것이다.

기존 연구에서 밝혀진 바와 같이 토지개혁 실시 전에 이미 토지소유상황에 대한 조사가 이루어졌다고 하여도,[173] 지방에서는 몰수와 분배 등의 일련의 작업이 20여 일 남짓한 기간 안에 완료될 정도로 간단하지 않았던 것으로 보인다. 물론 현물세 납부가 곧 이어졌다는 점에서[174] 1946년에 토지개혁이 일차적으로 완수되고, 1947년 초의 작업은 1946년의 개혁을 보완하는 차원에서 전개된 후속작업이었을 것이다. 이는 토지개혁이 분명히 매우 신속하게 전개되었지만, 기존 소유구조를 전면적으로 일사분란하게 바꾸고 또 그것을 유지하기가 쉽지 않았음을 의미한다.

2-1. 토지몰수를 통한 일제잔재와 지주제 청산

인제군에서 진행된 몰수 대상·과정·결과 등도 흥미로운 사실들을 보여준다. 우선 인제군의 대략적인 토지몰수 결과를 살펴보면, 토지몰수는 법령 제2조와 제3조를 토대로 이루어졌다. 법령 제2, 3조에 의해 몰수된 토지는 모두 321만 6.05정보로 인제군 전체 토지의 약 52.6퍼센트에 해당한다(《표 6》). 이 몰수토지가 분배토지에 해당하는데, 인제군 전체 토지의 약 절반 이상이 몰수되어 분배된 것이다. 반면 몰수되지 않고 자작으로 인정된 토지는 약 47.4퍼센트이다.

몰수토지의 대상을 구체적으로 살펴보자. 제2조는 일본인과 민족 반역자의 소유토지로 몰수되어 농민소유지로 넘어가는 토지에 대한 조항이다. 〈표 6〉의 제2조 ㉠항 일본인 소유토지란, "일본국가·일본인·일본인 단체의 소유토지"를 말한다. 또 제2조 ㉡항 민족반역자토지란, "조선민중의 반역자=조선민중의 이익에 손해를 주며 일본제국주의자의 정권기관에 적극 협력한 자의 소유토지 또는 일본 압박 밑에서 조선이 해방될 때에 자기 지방에서 도주한 자들의 소유지"를 말한다. 토지 소유주체가 반민족적 성격을 가질 때에는 면적과 자작여부에 관계없이 모두 몰수된 것이다.

그런데 인제군에서는 제2조에 해당하는 인원과 그들로부터 몰수한 토지가 많지 않다. 〈표 6〉에 의하면, 일본인 20명의 소유 전답이 21.11정보, 대지 1.8정보가 있었다. 민족반역자의 토지에 해당한 경우는 1명으로 논밭 합하여 1.05정보, 대지 0.12정보로 그 대상이나 면적이 매우 적다. 비율을 봐도, 제2조에 의해 몰수된 전답면적은 전 몰수전답면적의 0.7퍼센트에 불과하다.

인제에서의 몰수토지는 제2조보다는 제3조에 의해 발생된 것이었다. 민족반역자가 실제로 1명이었는지, 그가 1정보 남짓한 면적을 소유했는지 등의 사실여부와는 별도로, 인제군에서는 대부분의 몰수토지가 제3조의 범주에서 파악·처리되었다. 실제로 제3조에 의해 몰수된 토지면적은 전 몰수면적의 99.3퍼센트였다. 제3조 몰수조항에 대해서는 앞으로 자세히 살펴보겠지만, 몰수 대상 토지의 소유자는 '소작 주는', 즉 '자경하지 않는' 지주였다. 제2조가 민족적 관점에서 제시된 규정이라면, 제3조는 계급적 관점의 규정이다. 따라서 인제군의 토지몰수는 제2조에 의한 민족적 성격보다는 제3조에 의한 계급적 차원에서 전개되었다고 할 수 있다. 친일파를 비롯한 일제잔재 청산보다는 지주제 청산의 성격이 강했던 것이다.

다음으로는 제3조 규정의 내용과 그에 의해 몰수된 경우를 구체적으로 살펴보면서 계급 내부의 문제로 들어가 보자.

〈표 6〉 인제군 토지개혁 총결표 중 몰수토지(단위: 면적 町步, 비율 퍼센트)

구분	항목		답	전	계	대	비율*
몰수토지	법령 제2조에 의하여	㉠항 일본인 소유토지	지목	답	전	계	대	비율*
			면적	9.72	11.39	21.11	1.8	0.65
			인수	20				2.4
		㉡항 민족반역자 토지	지목	답	전	계	대	비율
			면적	0.21	0.84	1.05	0.12	0.03
			인수	1				0.1
		합계	지목	답	전	계	대	비율
			면적	9.93	12.23	22.16	1.92	0.7
			인수	21				2.5
	법령 제3조에 의하여	㉠항 5정보 이상 지주토지	지목	답	전	계	대	비율
			면적	26.767	519.38	787.05	26.09	24.5
			인수	72				8.6
		㉡항 자경치 않고 전부 소작 주는 토지	지목	답	전	계	대	비율
			면적	191.65	368.62	560.27	16.35	17.4
			인수	321				38.1
		㉢항 면적에 관계없이 계속 소작 주는 토지	지목	답	전	계	대	비율
			면적	531.52	1,294.46	1825.98	28.07	56.8
			인수	424				50.4
		㉣항 5정보 이상 종교단체 소유토지	지목	답	전	계	대	비율
			면적	6.35	14.24	20.59	0.8	0.6
			인수	3				0.36
		합계	지목	답	전	계	대	비율
			면적	997.19	2,196.7	3,193.89	98.21	99.3
			인수	820				97.5
전몰수토지 총계			지목	답	전	계	대	비율 합계
			면적	1,007.12	2,208.93	3,216.05	100.13	100
			비율**	52				
			인수	841				100

출처: 인제군당부, 〈1946년 인제군 토지개혁통계총결표〉(1947. 1. 21)《北朝鮮經濟資料集成》제7권, 619쪽.
비고: * 몰수면적과 몰수인수 비율이다. 몰수면적비율은 총 몰수전답면적 대비 해당 항목 전답면적이고, 몰수인수비율은 몰수당한 총인원수 대비 해당 항목 인원수이다.
   ** 인제군 전 토지면적 대비 몰수토지 비율이다.

2-2. 소작지 몰수

제3조는 "몰수하여 무상으로 농민에 소유로 분여하는 토지"로 규정되어 있다. 제3조 ㉠항은 "한 농호에 5정보 이상 소유한 조선인 지주의 소유지"로 규정되어 있다. 지금까지 이 규정은 대체로 '5정보 이상'이라는 소유면적에 방점이 찍혀 해석되어왔지만, 이 규정은 소유면적만이 아니라 지주의 '경작여부'도 명시하고 있다는 점을 유의할 필요가 있다. 5정보 이상 소유자라도 '자기가 직접 농사'를 짓던 사람은 순전한 지주로 인정하지 않고 농호로 인정되었다. 이 경우 소작지만 몰수되고 자작하던 토지는 계속 소유할 수 있었다. 예를 들어, 7정보의 토지소유자가 3정보 자경, 4정보 소작했을 경우 소작지 4정보만 몰수되고, 3정보 토지와 그 외 재산은 몰수되지 않았다. 또 만약 6정보의 토지소유자가 모두 자경(가족 노력 포함)한 경우에도 모두 몰수되지 않았다. 하지만, 순전히 소작만 주었거나, 자작이라도 여가생활 정도로 해온 사람은 '농민'으로 인정되지 않았고, 그들의 토지, 가옥, 농구, 기타 모두 몰수되었다.[175]

제3조 ㉡항은 "자경치 않고 전부 소작 주는 소유자의 토지"로 규정되어 있다. 5정보 이하의 토지소유자라도 자경하지 않는 지주의 토지는 몰수하되, 소작 주는 땅만 몰수하였다. 주로 도시에 살면서 농민을 착취하지는 않으나 농촌에 땅을 두고 소작을 주는 사람들이 이에 해당되었다. 도시생활의 단순한 토지소유자를 지주라는 범주에 넣지는 않았으나, 소작 주는 땅은 몰수되었다.[176]

제3조 ㉢항은 "면적에 불관不關하고 계속적으로 소작 주는 전 토지"로 규정되어 있다. 자소작을 겸하는, 주로 소작을 주면서 자작을 하든, 면적에 관계없이, '계속적'으로 소작을 주는 토지를 몰수하였다.

'계속적'이라는 조건을 붙인 것은 일제 때 공출과 징용 때문에 일시적으로 자경하지 못한 사람은 계속 소작을 주는 사람이라고 인정할 수 없으므로, 이런 사람에게 이 규정(제3조 ㉢항)을 적용하지 않기 위해서였다.[177] 이 조항은 잠시 소작을 준 사람들을 자작농으로 인정하여, 토지를 몰수하지 않는다는 의미였다.

제3조 ㉣항은 "5정보 이상을 소유한 성당, 승원, 기타 종교단체의 소유지"로 규정되어 있다. 앞의 항과 마찬가지로, 종교단체가 직접 경작하지 않고 소작을 주거나 고용자에 의해 경작되었던 토지를 몰수한다는 규정이다.

〈표 6〉에 의하면, 인제군에서 제3조에 의해 몰수된 토지는 다음과 같다. 제3조 ㉠항에 해당한 사람이 72명, 몰수전답은 787.05정보(1인당 10.9정보)이다. 전 몰수자의 8.6퍼센트, 전 몰수전답의 24.5퍼센트이다. ㉡항에 해당한 사람이 321명, 전답은 560.27정보(1인당 1.7정보)이다. 전 몰수자의 38.1퍼센트, 전 몰수전답의 17.4퍼센트이다. ㉢항에 해당한 사람이 424명에 전답면적이 1,825.98정보(1인당 4.3정보)이다. 전 몰수자의 50.4퍼센트, 전 몰수전답면적의 56.8퍼센트이다. ㉣항에 해당한 사람은 3명, 몰수전답은 20.59정보인데, 전 몰수자의 0.36퍼센트, 전 몰수전답의 0.6퍼센트이다. 이는 제3조 ㉢항, 즉 소유토지의 일부는 직접 경작을 하면서 일부를 소작 주던 소지주들의 토지가 몰수토지의 절반 이상을 차지하고 있으며, 이들의 토지 역시 토지가 없거나 적은 농민에 분배될 것임을 보여준다.

따라서 인제군에서 몰수토지의 대부분은 법령상으로는 제3조에 의해 발생했고, 그중에서도 절반 이상이 소유면적(5정보)에 관계없이 소작을 주던 토지였다. 이는 인제주민의 구술에서도 확인된다. 자신의 경제적 형편이 중농 수준이었다고 소개한 한 구술자는 일제하 '유권자'였던 자신의 할아버지가 소유지의 일부는 자작했고 일부는 소작을 주었는데, 토지개혁으로 소작을 주었던 토지가 몰수되었고, 일부는 계속 소유할 수 있었다고 증언했다.[178]

이와 같이 인제군 토지개혁 문서들과 인제주민의 증언은 토지몰수에 대한 새로운 사실을 보여주고 있다. 토지몰수 대상이 '5정보 이상'을 소유한 지주계급에 맞춰있다기보다는, 5정보 이하 소유자라 하더라도 자작지를 제외한 소작지에 있었다는 것이다. 이는 몰수된 토지, 즉 분배된 토지도 대지주의 소유지만이 아니라 중농 수준의 소지주의 토지로부터 발생했음을 뜻한다. 그리고 이는 인제에서 토지몰수가 대지주나 부농의 해체만이 아니라 자작을 겸하던 중농 정도의 소지주에게도 상당한 타격을 주었음을 의미한다.

2-3. 5정보 이상 소유자의 농민 인정과 몰수 대상 범위

제3조에 의한 몰수의 핵심은 '자·소작여부'였다. 5정보 이상 소유자의 경우도, 자작여부에 따라 '농민'으로 인정될 수도, 그렇지 않을 수도 있던 것이다. 그렇다면, 5정보 이상 소유자 가운데 '농민'으로 인정된다는 것과 인정되지 않는다는 것은 어떤 의미가 있었을까. 이에 대한 단초는 인제군 북면의 토지·가옥 몰수 사례에서 찾아볼 수 있다.

〈표 7〉 인제군 북면의 몰수 범위와 기준

성명	몰수 범위와 기준
박근식	• 농업, 3만 평을 경작. • 소작료를 직접 받았음. • 5정보 이상 지주에 해당. • 가옥, 수차水車 2대, 우차(달구지) 몰수. 농구도 몰수.
권육수	• 수차 1대, 농구 몰수.
김영준	• 소화 18년 12월 농업학교 졸업, 소화 19년 4월 농회에 취직. • 토지분배 받을 자격 없다고 인정.
허두영	• 보통학교를 4년 전 졸업. • 동생 한 사람은 3년 전 학교 졸업. • 농농農農자격으로 인정하지 못함. • 가옥몰수에 해당되어 가옥몰수.
최석근	• 자소작은 하였으나 전적으로 고용노력으로 경작. • 분답分畓할 토지를 몰수하기로 결정.
최두섭	• 1945년 8월에 상여꾼. 농민자격 없다고 인정.
ㅁ남규	• 7정보 이상에 지주. • 분답分畓을 인정.
김재식	• 농민자격 겸함을 인정. 부친 되는 사람도 농민. • 토지몰수에 해당.
김동은	• 5정보 이상 지주. • 농민 자격 없음. • 가옥몰수에 해당.
심석흠	• 자소작으로 경작한 사람. 고용노력으로 경작. • 분답 받은 토지는 몰수에 해당.
이석봉	• 5정보 반 소유한 지주. • 일부분은 소작 주고 일부분은 고용자노력으로만 경작. • 일반一般이 농민자격이 없다 하여 전 토지 몰수.
이종태	• 5정보의 지주. • 고용노력으로만 경작하고 양조업 했음. • 전 토지, 가옥, 우차를 모두 몰수.

출처: 〈조선공산당북부조선분국 강원도 인제군위원회 북면 아체이카 책임자→인제군위원회 책임자: 토지 급 가옥 몰수에 대한 결정의 관한 건〉(1946. 4. 18)《北朝鮮經濟資料集成》제6권, 106~108쪽.
비고: ㅁ는 판독 불가능.

〈표 7〉은 인제군 북면에서 5정보 이상 토지 소유자 가운데 그들의 자·소작여부 등을 검토하여 몰수범위를 논의한 자료이다. 이에 의하면, 몰수 대상 범위를 판단하는 중요한 기준은 첫째, '5정보 이상 토지 소유자'이면서 둘째, '농민자격을 인정받을 수 없는 자'이다. '농민자격'을 인정받기 위해서는 '자작'임을 증명해야 했다. 고용노력과 소작에 의해 경작을 해왔는지, 학생인지 등을 검토한 후, 이에 해당한다면 농민으로 볼 수 없다고 판단하였다.

첫째와 둘째 조건에 모두 해당할 경우, 즉 5정보 이상 소유해 농민 자격이 불인정된 경우는 토지는 물론 가옥, 농기구, 수차 등의 재산 일체를 몰수당했다. 박근식, 허두영, 김동은, 이종태 등이 이에 해당했다. 이종태는 일제하 북면 원통양조장을 경영하여 '양조계의 패왕'으로 불리며 면협의회·원통소학교학교위원·인제군농회평의원 등의 공직에 진출했던 인물인데,[179] 그는 5정보 토지에 대해서는 고농을 두고 경작했기 때문에 가옥과 토지 모두 몰수당하였다. 위에서 둘째 조건, 즉 자·소작을 겸하여 농민 자격을 인정받은 경우 자작지와 기타 재산을 계속 소유할 수 있었다. 김재식, 심석흠 등은 소작지를 몰수당했지만, 가옥 등의 재산은 몰수되지 않았다. 하지만 모든 토지를 소작하게 한 지주의 경우 소유 토지가 5정보를 넘지 않을 경우에는 토지만 몰수하고 가옥·축력 등은 몰수하지 않도록 하였다.[180] 이를 정리하면 〈표 8〉과 같다. 이와 같이 '소유면적 5정보'와 '농민 자격'을 동시에 고려한 것은 몰수범위와 관련되었다. 특히 농민 자격을 인정받지 못한 5정보 이상 소유자는 토지를 포함한 모든 재산이 몰수되었다.

농촌위원회는 지주가 소유한 일체를 대장에 상세히 기록하였고 지주는 이 모든 것이 몰수될 때까지 완전히 보관하겠다는 증서를 써야

〈표 8〉 토지소유면적과 자·소작 여부에 따른 몰수 범위

토지소유면적+농민 자격	몰수 범위	
	대상	몰수 여부
5정보 이상+불인정(비농민)	토지	몰수
	기타 재산	몰수
5정보 이상+인정(농민)	토지	자작지 소유, 소작지 몰수
	기타 재산	몰수하지 않음
5정보 미만+불인정(비농민)	토지	몰수
	기타 재산	몰수하지 않음

〈표 9〉 인제군 서화면 몰수품 보관증표

리명	성명	가옥	창고	소	말	도급기	버섯	唐箕	가마	제초기	製□機	독기	호미	낫
이포	신병균	1	2	3	1	2	3			1	1		3	3
장승	안종석	1												
가전	김보연	1	1	2			2		1					1
천도	최병동	1		2			2			1		2	3	3
	□□□	1		2								1	1	2
	□□□	2	1		1	2	2			1		1	3	2
서화	심한□	1		1		1	1				2	1	4	
	김동수	1	1	1			2	1		1		1	4	1
	김광용	1		4		1	2	1		1		2	6	6
계	9	10	5	15	2	6	14	2	1	5	3	8	24	18

출처: 〈서화공산당책임자→인제공산당책임자: 토지개혁실시조사에 관한 건〉(1946. 4)《北朝鮮經濟資料集成》 제6권, 117쪽.

비고: □는 판독 불가능.

했다. 이와 동시에 농촌위원회는 지주에게 몰수될 물건이 손상·도취되는 경우에는 지주가 법적 책임을 지게 된다는 것을 주지시켰다. 〈표 9〉는 지주가 소유했던 재산 일체를 몰수하기 위해 작성된 몰수품 보관증표이다.

2-4. '쫓겨나는 지주'·'갱생하는 지주'

5정보 이상 소유자로 농민 자격을 인정받지 못한 지주는 모든 재산몰수만이 아니라, 타군으로 이주해야 했다. 그런데 지주들은 가옥몰수를 미루며 자신의 가옥에 그대로 거주하거나, 가옥만 내놓고 그 마을에 거주하기도 했고, 추가로 몰수당한 지주 역시 자신의 집이나 마을에 그대로 거주했다. 강원도당은 이들을 '요군외이동지주'(군 밖으로 이동을 요하는 지주)라 부르면서 각 시·군에 지주 이동을 지시하고 그 결과를 보고하도록 했다.

> 〈요이동지주의 건〉(1946. 7. 15)
> 토지개혁 실시가 있은 지 4개월이 지난 오늘에도 가옥몰수당한 지주가 그 주탁에 그대로 거주하고 있는 사실과 집만 내노코 그 마을에 그대로 도라 안저 사는 사실이 있다. 또 추가 몰수당한 지주들은 전연 이동하지 않고 있는 현상인 즉 인민기관 푸락치책임자에게 지시하여 七月말일 이내로 요군외이동지주要郡外移動地主들을 일체 이동케하되 그 사실을 좌기양식에 의하여 구체적 수자적으로 보고함을 지시함(원문대로).[181]

이와 같은 강원도당의 지시를 받아 인제군당이 각 면당부에 조사를 지시했고(1946. 7. 22),[182] 각 면당부는 그 결과를 인제군당에 보고했다.

〈표 10〉에 의하면, 가옥몰수자는 인제면 11명, 남면 2명, 북면 12명, 서화면 6명[183]으로, 총 31명이 '이동지주'로 보고되었다. 이 가운데 이미 군 외로 이주한 지주는 24명, 그 마을에 그대로 거주하고 있는 지주가 4명, 이주하지 않은 지주가 3명, 남면의 경우에는 토지개혁 이후 추가몰수자도 3명 포함되었다.

<표 10> 인제군 내 토지·가옥 피몰수 지주의 주거지 이동상황

면별	가옥몰수지주	군외이주지주	가옥은 내놓고 마을에 거주한 지주	전혀 이주하지 않은 지주	7월 말일까지 이주한 지주	비고
인제면	11	11			11	
남면	2		2			추가몰수자 3명 8월 15일내 이주할 것.
북면	12	9	1	(2)	9	• 마을에 그대로 거주자 1명: 김수향(연령 18세 미만)에 대한 부양의무자가 없어 이주하지 못함. • 이외 (2)인은 불일내 이주할 예정.
서화면	6	4	1	1	4	• 서화리: 전혀 이주하지 않은 지주는 우조화 • 장승리: 가옥은 내놓고 마을에 거주한 지주는 안종협
총계	31	24	4	1(+2)	24	

출처: 〈인제면당부책임자→인제군당부책임자: 이동지주 조사의 건〉(1946. 8); 〈조공남면당부책임비서→인제군당부책임비서: 이동지주의 건〉(1946. 8. 1); 〈북조선공산당린제군북면책임자 김흥순→인제군당부책임자: 이동지주의 건〉(1946. 8. 3); 〈서화면당부책임자→인제군당부책임자: 이동지주에 건〉(1946. 7. 27); 〈인제군당부위원장→북조선노동당 강원도당부위원장: 이동지주의 건〉(1946. 9) [이상《北朝鮮經濟資料集成》제6권, 206쪽, 208쪽, 210쪽].

타군으로 이주할 지주의 조건은 토지를 몰수당한 '지주 모두'가 아니라, '가옥까지' 몰수된 경우에 한하였다. 〈표 6〉에서 5정보 이상 소유자가 72명이었음을 상기하며, 〈표 10〉과 비교해보자. 그러니까 인제군에는 5정보 이상을 소유한 72명 가운데, 31명이 농민자격을 인정받지 못한 것이다. 이들 31명의 지주가 토지는 물론 가옥·축력·농기구 등 일체를 몰수당하고 타군으로 이주될 것이었다.[184] 따라서 소유면적과 농민 자격에 대한 동시고려는 몰수범위와 타군이주 대상을 구분해내기 위한 것이었다. 5정보 이상 소유자는 두 범주로 나뉘어 농민 자격이 있는 자와 없는 자로 구분되었고 전자는 마을에 남아있을 수 있었으며 후자는 타군으로 이동되었다.

지주를 타 지역으로 이주시킨 이유에 대해서는 지주와 소작인 간의 사회적 관계 면에서도 생각해볼 수 있다. 토지몰수와 분배를 통해 계급으로서의 지주와 소작인이 사라진다 해도, 토지개혁 이전에 지주였던 사람들과 그들에게서 소작을 부치거나 고용되었던 사람들은 여전히 같은 마을에 살고 있었고, 그들 사이에 불편하거나 어색한 친소관계도 존재할 수밖에 없었다.

실제로 지주가 그 마을에 그대로 거주한 경우에 과거 지주와 소작인 간에는 친소관계가 유지된 경우가 있었다. 농민 자격을 인정받았던 고성의 한 지주는 그의 토지 2만 평 중 자작지 3,000평을 제외하고 나머지가 소작인에게 분배되었는데, 소작인은 몰래 쌀 한 가마니씩을 지주에게 가져다주기도 했다.[185] 소작인이 지주를 대신하여 소작을 은폐하거나, 지주를 두려워하는 경우도 있었다.[186] 황해도 곡산·장연에서는 지주와 소작인이 밀약하여 종전의 소작제도를 그대로 실시했고, 금천군에서는 소작인들을 계속 장악하려는 사음舍音들의 행동이 있었다.[187] 과거 지주의 위신, 몰수에 대한 지주들의 반발과 자신의 땅을 소유한 과거 머슴과 소작농에 대한 감정적 앙금, 이제는 자작농이 된 과거 머슴과 소작농의 지주에 대한 미안함 같은 복잡한 사회적 감정까지도 존재했던 것이다.

이를 해소하기 위한 하나의 방안이 지주를 타 지역으로 이동시키는 것이었다. 북한은 이를 "농민들을 구착취자로부터 개인적 친소·영향을 받지 않게 하는" 것이라 표현했다.[188] 북한당국은 '지주 이동'을 통해 사회적 측면의 지주소작관계를 청산하고자 했다.

지주세력 소탕에 큰 관심을 두고 있다. 소작을 주더라도 소소한 토지소유자들에 대해서는 땅을 내놓게 하는 정도이지만, 지주에 대해서는 훨씬 더 철저하다. 주택, 농구, 가축은 물론 다시 농촌에서 뿌리 내리고 살지 못하게 철저한 대책을 세우고 있다. 소작제가 없어져도 옛 지주들의 정신적 물질적 압력과 위신과 영향이 남아 있는 한 농촌에서 봉건잔재를 완전히 소탕할 가망성이 없다.

이렇게 해야만 묵은 제도가 뿌리가 뽑히는 것이며 이렇게까지 해야만 피차가 새 조선에서 새로운 국민으로서 모두가 옳게 떳떳하게 사러갈 수 있다는 옳은 원측을 살리려는 것이다(원문대로).[189]

지주의 이동은 강제적이었다. 법령에서는 '자경自耕 또는 갱생更生 의지를 갖는 지주'라는 단서를 둠으로써, 지주의 이주가 권장사항인 것처럼 표현되었지만, 강제되었을 가능성이 높다. 지주 이동을 지켜본 사람의 구술도 이를 증명한다. 토지와 가옥 일체를 몰수당한 지주들은 쫓겨난다고 인식했고, 이를 지켜보는 사람들도 그들이 쫓겨났다고 생각했다.[190]

당원 서른여 명이 집을 둘러싸고 "길호일 나가라 나가라!"를 외쳤다. ······ 그렇게 건장하고 힘이 세었던 그 사람이 그렇게 쫓겨난 것이다.[191]

구술에 의하면, 길호일은 남면 신월리, 부평리, 관대리 등에 5정보 이상의 논을 가지고 있었고, 대부분 소작을 주었다. 그의 토지는 소작인에게 분배되었고, 그는 쫓겨났다. 그런데 길호일은, 그의 이력서에 의하면, 1946년에 조선신민당에 입당했고 이후 조선신민당·북조선공산당 합당(신·공 합당)을 통한 북조선노동당 창당으로 노동당원이 되었다. 그는 조선신민당 입당 시 자신의 신분을 '지주'나 '부농'이 아닌 '중농'으로 표기했었다. 하지만 그는 결국 출당되었다.[192] 길호일은 월남했고 홍천에서 임시경찰을 했다가 수복 후 인제에 복귀하며 이장이 되었다.

인제군이나 양구군·고성군에서 이동지주에 해당한 경우는 대체로 강원도 이외의 지역으로 이주했고,[193] 아예 월남해버리기도 했다. 반면, 지주의 토지가 소작인의 것이 되었듯이, "쫓겨난" 지주의 가옥이나 상점은 그 집의 과거 머슴이 차지하거나 당·정·사회단체의 건물로 사용되었다.[194] 이는 토지와 가옥의 주인이 과거의 지주가 아닌 과거의 소작인이나 머슴임을 증명하는 듯했다. 그리고 가옥은 각종 사회단체 사무실로 사용되었는데, 이는 지주가옥이 국가 혹은 마을 공공의 소유로 전환되었음을 상징한다고 하겠다.

그런데 '지주 이동' 규정은 지주를 포섭하려는 목적도 있었다. 토지개혁법령은 첫째, 자경 또는 갱생 의지를 가진 지주에게 다른 농민과 같이 토지를 분여받는 기회를 준다는 점과 둘째, 다만 다른 군에서 토지를 가질 수 있다는 점을 규정했다(제6조 ㄷ항).[195] 그리고 다른 군으로 이주된 지주들에게는 평균 토지분배량보다 더 많은 면적이 분배되었다. 북한 전역에서 총 이동지주 호수 3,911호에게 9,662정보의 토지가 분배되었는데[196] 호당 2.47정보씩 분배받은 셈이었다. 5정보 이상을 소유했던 이들이 토지와 가옥 일체를 몰수당하고 다른 군으로 이주되어 약 2.47정보를 소유한다는 것은, 이전에 비하면 훨씬 적기는 하지만 다른 농호들에 비하면 상당히 많은 면적을 분배받은 것임에 틀림없었다. 평균 분여면적에 비해 많은 토지를 분여한 이유는 정확히 알 수 없으나, 이동된 지주들에게 기회를 제공하고 이들을 정권에 흡수하기 위한 것으로 추측할 수 있다.

따라서 토지개혁의 의미는 단지 지주제를 폐지하는 것에 그치지 않았다. 지주를 다른 군으로 이동시키는 것은 결국 그들의 물적 기반을 제거하는 것에서 나아가 지주와 지역주민과의 관계에서 사회적·심리적 관계도 제거하는 것이었으며, 이동지주에게도 '갱생'의 기회를 제공하는 것이기도 했다.

분배와 자작인증

3-1. 토지를 분배받는 고농, 토지 없는 농민, 토지 적은 농민

몰수토지는 농민에게 분배되었다. 토지개혁법령은 '고농'(고용자), '토지 없는 농민', '토지 적은 농민'으로 구분하여 분배했는데, 단순히 소작농으로 뭉뚱그리지 않고 이와 같이 세분하여 분배하고 있음을 주목할 필요가 있다. 지주에 고용되었던 경우나, 토지가 전혀 없거나 노동능력에 비해 토지를 적게 소유한 농민을 구분한 것인데, 이는 토지분배 대상 선정 시 '고용과 소작의 유무'만이 아니라 '토지소유면적의 과소'도 고려되었음을 보여준다. 다시 말하면, 토지분배 대상을 선정할 때의 기준은 고용 및 소작의 유무, 토지소유면적의 과소 모두였다.

토지 없는 농민에게 토지를 재분할할 때는 반드시 그가 이전에 경작(소작)하던 토지를 분여하도록 했다. 다만, 소작인의 '배당면적'을 초과하는 토지는 토지를 소유하지 못한 농민에게 분여하도록 했다(〈세칙〉 제14). 그리고 토지를 적게 가진 농민에게 토지를 분여할 때도 그 농민 소유의 토지면적과 합하여 '분배정량'을 초과함이 없도록 했다(〈세칙〉 제17).

토지 '배당면적' 혹은 '분배정량'은 '가족 수와 그 가족 내의 노력능력을 가진 자수의 원칙'에 의하여 정해졌다. 계산방식은 남 18~60세 1점, 여 18~50세 1점, 청년 15~17세 0.7점, 소아 10~14세 0.4점, 소아 9세 이하 0.1점, 남 61세 이상 0.3점, 여 51세 이상 0.3점이었다(〈세칙〉 제15). 고농과 토지가 없거나 적은 농민이 분배받을 토지면적은 기본적으로 호별 노동력점수에 의해 결정되었다.

〈표 11〉에 의하면, 인제군에서는 총 4,973호(1만 7,505.7점)에 전답 3,111.57정보(대지 92.13정보)가 분배되어 평균 호당 0.63정보(1점당 0.18정보)가 분배되었다. 여기서 고용자, 토지 없는 자 및 소작인, 토지 적은 사람 별로 분배면적을 살펴보면, 고용자가 35호, 토지 없는 자 및 소작인이 2,614호, 토지 적은 사람이 2,324호였으며, 전답을 각각 62.17정보, 1,336.55정보, 1,712.83정보를 분배받았다. 고용자는 호당 1.77정보를, 토지 없는 자 및 소작인은 호당 0.51정보를, 토지 적은 사람은 호당 0.73정보를 분배받은 것이다.

계층별로 토지분여면적의 편차가 존재함을 알 수 있다. 분여면적의 다소는 고용자, 토지 적은 사람, 토지 없는 자 및 소작인 순이다. 특히 고용자와 토지 없는 자 간에 1.26정보나 차이가 난다. 토지분여면적이 점수제를 토대로 결정되었다고는 하지만, 호별 소유면적에서 편차가 매우 컸음을 인정하지 않을 수 없다.

〈표 11〉인제군 토지개혁 총결표 중 분배토지(단위: 町, 戶)

			지목	답	전	계	대
법령 제6조에 의하여 분배된 토지	㉠항에 의하여 소유권 인증	고용자에게	면적	22.5	39.69	62.19	0.91
			호수	35			
			점수	88.7			
		토지 없는 자 및 소작인에게	지목	답	전	계	대
			면적	446.78	889.77	1,336.55	30.75
			호수	2,614			
			점수	9,155			
		토지 적은 사람에게	지목	답	전	계	대
			면적	532.86	1,179.97	1,712.83	60.47
			호수	2,324			
			점수	8,262			
		합계	지목	답	전	계	대
			면적	1,002.14	2,109.43	3,111.57	92.13
			호수	4,973			
			점수	17,505.7			
	기타* (소유권 인 증치 않음)	외국인에게	지목	답	전	계	대
			면적	–	–	–	–
			인수	–	–	–	–
		공공단체 경작지	지목	답	전	계	대
			면적	1.4	1.5	2.9	–
			단체수	10			
		공유지	지목	답	전	계	대
			면적	–	1.0	1.0	4
		황무지 기타 비경작 보류지	지목	답	전	계	대
			면적	3.58	97	100.58	4
전체 분배 토지 면적			지목	답	전	계	대
			면적	1,007.12	2,208.93	3,216.05	100.13

출처: 인제군당부, 〈1946년 인제군 토지개혁통계총결표〉(1947. 1. 21)《北朝鮮經濟資料集成》제7권, 620~621쪽.

비고: * 기타로 분류된 공공단체 경작지와 공유지, 황무지 기타 비경작 보류지는 법령 제6조에 의해 분배하되 소유권을 인정하지 않았다. 인제군에서 공공단체 경작지나 공유지로 분배된 면적은 매우 적다. 한편, 황무지 기타 비경작 보류지로 파악된 100.58정보는 이후 관개사업을 통해 개간지나 개답지開畓地가 될 수 있었다.

3-2. 자작지 인정

그런데, 토지분여 결과를 이해하기 위해서는 자작지 규모도 파악해야 한다. 토지는 몰수·분배된 것만이 아니라, '자작'으로도 인정되었는데, 그 규모가 인제군 전체 토지의 약 47.4퍼센트 정도로 꽤 많은 비중을 차지했기 때문이다. 이 토지는 이전의 소유권을 그대로 인정받았다. 구체적으로 살펴보면 〈표 12〉와 같다.

자작인증지의 경우, 총 3,279호에 2,882.78정보가 인정되었다. 호당 약 0.88정보가 자작으로 인정된 것이다. 그런데 〈표 12〉에 의하면, 인제군에서는 '순자작인증지'와 '수배자에게 인정한 이전 자작지'로 구분되었다. '순자작인증지'란 토지몰수 및 분배에 해당하지 않는 토지로서 자작지 그대로 인정된 토지이다. 인제군의 순자작인증지는 955호에 1,272.84정보이므로, 호당 1.33정보를 인정받았음을 알 수

〈표 12〉 인제군 토지개혁 총결표: 자작인증지(단위: 町, 戶)

	지목	답	전	계	대
순자작인증지	면적	251.25	1,021.59	1,272.84	30.27
	호수	955			
	점수	3,655.8*			
수배자에게 이전 자작지로서 현재에도 인증한 것	지목	답	전	계	대
	면적	394.98	1,431.00*	1,861.98*	51.84
	호수	2,324			
	점수	－			
합계	지목	답	전	계	대
	면적	646.23	2,236.48*	2,882.78*	82.11
	호수	3,279			
	점수	－			

출처: 인제군당부, 〈1946년 인제군 토지개혁통계총결표〉(1947. 1. 21)《北朝鮮經濟資料集成》제7권, 622쪽.
비고: * 원문대로 표기함.

있다. 그리고 '수배자에게 이전 자작지로서 현재에도 인증한 것'이란, 자작을 하고 있으나 소유 토지가 워낙 적은 농민으로, 그 농민의 자작지는 그대로 인증되었다. 소유 토지가 워낙 적었던 농민은 이전의 자작지로 호당 0.8정보(2,324호에 1,861.98정보)를 인정받고, 추가적으로 호당 0.73정보(〈표 11〉의 토지 적은 사람에게)를 분배받았으므로, 호당 1.53정보를 소유하게 되었다.

3-3. 40퍼센트의 중농층과 60퍼센트의 빈농층 탄생

그렇다면, 토지분배 및 자작인증을 모두 포함하여 인제군의 농민들은 어느 정도의 토지를 소유하게 되었을까.

〈표 13〉에 의하면, ㉠ 순자작지로 인정받은 농호는 955호로 전 농호의 16.11퍼센트에 해당하며 그들은 호당 1.33정보를 소유하게 되었다. ㉡ 이전 자작지를 인정받고 거기에 추가적으로 토지를 분배받은 농호는 2,324호인데, 그들은 전 농호의 39.2퍼센트에 해당하며, 호당 1.53정보를 소유하게 되었다. ㉢ 전 농호의 0.59퍼센트에 해당하는 고농은 1.77정보를 소유하게 되었다. ㉣ 44.1퍼센트에 해당하는 소작인은 호당 0.5정보를 소유하게 되었다.

따라서 토지분배 결과, 인제군 농민은 중농과 빈농의 비율이 4대 6으로 구성되었다고 할 수 있다. 1.63정보의 농가를 '자가自家식량 조달이 가능'한 의미에서 중농으로 규정한다면,[197] 인제군에서는 1.53정보와 1.77정보를 소유한 농가를 중농층 범주에 둘 수 있다. 그렇다면, 인제군에서는 기존 자작지에 추가로 분배받은 39.2퍼센트의 농가와 0.59퍼센트에 불과한 고농이 중농층이 되었다고 할 수 있다. 인제군에서 토지개혁은 약 40퍼센트의 중농층을 창출했고, 토지개혁의 혜택

〈표 13〉 인제군 토지개혁에 따른 토지소유 경향(단위: 戶, 퍼센트, 町)

㉠ 순자작지 인정	농호	비율	955	16.11
	호당소유면적		1.33	
㉡ 자작 인정+추가 분배	농호	비율	2,324	39.2
	호당소유면적		1.53	
㉢ 고농에게 분배	농호	비율	35	0.59
	호당소유면적		1.77	
㉣ 소작인에게 분배	농호	비율	2,614	44.1
	호당소유면적		0.5	
계	농호	비율	5,928	100
	호당소유면적		1.03	

비고: 〈표 11〉과 〈표 12〉를 토대로 필자 작성.

은 고농과 토지를 추가적으로 분배받은 농호에 더 많이 돌아갔다고 할 수 있다.

반면, 토지분배 이전에 '순자작지 인정'에 해당한 16.11퍼센트의 농민과 44.1퍼센트에 해당한 소작농민은 분배 이후에도 빈농 수준에 머물렀다. 자가식량 조달에 어려움을 겪는 농가가 60퍼센트에 이른 것이다. 이 중에서도 0.5정보밖에 소유하지 못한 농민이 44.1퍼센트에 달했다. 0.5정보를 분배받은 소작농은 토지를 소유하고 반타작되는 소작료를 납부하지 않게 되었다는 점에서는 토지개혁의 혜택을 입었지만, 영세성을 벗어나기는 어려웠을 것으로 보인다.

3-4. 토지개혁의 갈등구도

인제군의 토지 몰수와 분배 결과를 간단히 정리해보면, 몰수토지의 절반 이상이 중농층의 중소지주로부터 발생했고, 고농·토지를 적게 소유한 농민·토지 없는 농민에게 분배되었다. 그리고 이 가운데 분배

결과 가장 큰 혜택을 본 층은 고농과 토지를 적게 소유하여 추가적으로 분배받은 농민이었다. 따라서 토지개혁과정에서 토지이동은 대지주로부터 그들에게 예속되었던, 토지를 전혀 소유하지 못한 소작농으로 이루어진 것이 아니었다. 수십 정보의 대토지가 소작농에게 나누어진 것이 아니었다.

그 원인은 다음과 같이 생각해볼 수 있다. 첫째, 토지몰수의 기준이 5정보 이상 소유자의 모든 토지가 아니라, 소작지를 기준으로 몰수·분배했기 때문이다. 둘째, 인제의 인문지리적 특성이다. 앞서 살펴보았듯이, 인제는 농지면적이 적었고 일제식민지시기에도 상대적으로 지주제가 발달하지 못하고 중소지주와 적으나마 자신의 토지를 소유한 영세한 농민이 많았기 때문이었다. 산림지대가 많은 한반도의 지리적 특성을 고려하면, 지주제가 발달했던 지역을 제외하고 다른 지역들도 비슷하게 전개되었으리라 추측할 수 있다.

그렇다면 인제에서 토지개혁의 갈등구도를 극소수의 대지주계급 대 대다수 소작농만으로 보기 어렵다. 토지개혁에 대한 불만세력은 재산 일체를 몰수당한 지주들만이 아니었다. 그들은 물론이고 자신의 자작지 외에 소작을 주던 토지를 몰수당한—스스로 '중농'이라 생각하는—중소지주들도 불만을 가질 수밖에 없었다. 토지개혁에 대한 불만은 소수의 지주들만이 아니라, 더 광범위한 층에 존재했던 것으로 이해할 수 있다. "(분단선인) 38도선이 39도선으로 된다"거나, "미군이 들어와 다 되돌릴 것", "토지를 빼앗긴다고 슬퍼 말고 토지를 가진다고 기뻐 말라" 등의 소문은[198] 재산 일체를 몰수당한 지주만이 아니라 토지의 일부라도 몰수당한 중농층의 지주들도 동요시킬 수 있었고, 또 그들의 토지를 분배받은 사람들을 불안하게 할 수도 있었다.

한편 '피할 수 없는' 현실을 받아들였던 지주들은 토지개혁 자체보다도 법령에서 벗어난 임의몰수에 대해 반대했다. 철원의 지주들도 토지개혁법령이 정해져 있음에도 법령에 의해 토지개혁이 진행되지 않고 농민·노동자들이 임의로 강제몰수하고 추방한다고 불만을 표출했다.[199] 그들은 '5정보 이내의 자작지 인정'과 '그 외의 소작지 몰수' 규정에 대해 인정했던 것이다. 그들은 토지개혁에 대해 불만이 있었지만, 시대의 흐름을 거스를 수 없던 상황에서 이 정도의 몰수규정은 수긍할 수밖에 없었다.

4-1. 토지개혁 검열사업

토지개혁과 같이 기존의 소유구조를 전면적으로 재편하는 것은 개혁과 신체제에 대한 많은 이들의 지지를 이끌어내기도 하지만 그만큼 불만도 낳는다. 토지몰수라는 기득권 박탈에 대한 지주들의 불만은 예상가능하다. 그런데 토지개혁에 대한 불만의 문제는 지주만의 것이 아니었다. 몰수·분배 이후 '공정함'에 대한 문제가 더 다양한 층으로부터 제기되었다. 법령·세칙에 근거한 처리여부에 따라 지지 및 불만 정도가 달라질 수 있었다. 몰수와 분배가 공정하게 진행된다면 불만도 최소화될 수 있었다. 따라서 몰수·분배과정에서 부정은 없었는지, 누가 어떠한 방식으로 부정을 저질렀는지, 적발되었을 때 어떻게 처리되었는지 살펴볼 필요가 있다.

토지개혁이 법령과 세칙에 의해 비교적 철저하게 이루어졌으나, 몰수와 분배과정에서 불만과 부정처리도 많았다. 철원군의 경우 토지개혁법령을 넘어선 몰수와 추방이 자행되었다고 한다. 군·면인민위원회와 당에는 임의몰수 및 추방에 대한 시정요구가 제기되었으나, 일축되었다. 1946년 5월 토지개혁 반대 및 시정을 요구하는 시위까지 벌어졌다.[200] 부정처리와 이에 대한 불만은 인제군도 예외가 아니었으며, 이는 북한 전역에서 나타난 현상이었다. 1946년 11월 14일 북조선노동당 중앙상무위원회가 '토지개혁 검열공작'을 결정한 것과 이후 토지개혁 검열사업이 전개된 것도 이를 반증한다.

지금 살펴볼 인제군의 토지개혁 검열사업도 북조선노동당 중앙상무위원회의 결정과 관련 있을 것으로 보인다. 다만 인제군에서는 '동결정'을 전면에 내세우고 검열사업이 집행되기보다는, 마을에서 부정처리에 대한 문제 제기, 부분검열, 검열의 확대, 시정 등의 과정을 거치는 방식으로 진행되었다.

인제군에서 부정처리문제가 제기된 것은 1946년 11월 30일 인제군 북면 부락인민대회에서였다. 노동당원 박경국은 김두남과 심상호가 분배받은 토지면적이 불공평하다고 이의를 제기했다. 김두남의 식구는 12명, 심상호의 식구는 10명인데, 김두남에 비해 심상호에게 토지를 더 많이 주었다는 내용이었다. 농촌위원들과 주민들은 박경국의 말을 지지했고, 분배 당시 농촌위원(김규환, 박명화, 증기남, 증재원, 김윤용, 박영화 이상 6명)이 잘 알지 못하여 그리 되었다고 해명하였다. 박경국과 박규화(세포위원장)가 인제군당 농민부에 출두하여 이와 같은 사실을 전하며 시정할 필요가 있음을 진정했다.[201]

이를 계기로 북면 토지개혁 검열사업이 이루어졌다. 북면당위원장 김순길과 북면인민위원장 이종해가 검열했다. 농민실적이 없는 전입 노동자에게 분배된 경우와 몰수토지를 점수에 의해 분여하지 않고 타력에 의해 영농한 자에게 분여한 경우가 있음이 밝혀졌다.

북면에서 부정사례가 밝혀지자, 인제군당 상무위원회는 다른 면·리에도 부정사례가 있는지 검열에 들어갔다. 인제군당 상무위원회는 〈토지개혁 검열공작에 대한 결정서〉(제5)(1946. 12. 13)를 채택했다. 이 결정에 따라 각 면에서는 부정몰수·분배 사실을 검열했다.

1. 토지개혁에 있어서 부정분배가 없었는가.
2. 5정보 이상 기생축적지주들의 가옥과 농구를 몰수하지 않고 그들을 옹호하는 옳지 못한 사실이 있지 않은가.
3. 토지개혁에 있어서 부정행위를 범하고 아직까지 당내에 잠재하고 있으면서 옳지 못한 작용을 하는 자가 없는가.
4. 권력기관 내에 있으면서 기관에 등을 대고 부정분배를 받은 자가 없는가.
5. 사실은 농민이 아니면서 토지분배를 받고 타력으로서 경작을 하는 자가 없는가를 전체 검열 시정할 것.[202]

검열은 1946년 12월부터 1947년 3월까지 진행되었다. 이때 파악된 바에 의하면, 부정몰수 사례로는 5정보 이하 규모의 토지소유자로서 소작을 준 것이 아니라 고용노동을 사용했는데도 토지를 몰수하거나, 소지주를 5정보 이상의 지주계급에 포함하여 처리하거나, 징병으로 인해 다른 농민에게 경작하게 했다가 이것이 소작행위로 간주되어 토지를 몰수당한 경우 등이 있었다. 부정분배 사례로는 노동력 점수 이상 분여받은 경우, 농사실적이 없는 비농민非農民이 분여받은 경우, 해방 후 혼란상황 등으로 주인이 없게 된 토지를 경작하여 그 근거로 토지소유권을 가지게 된 경우 등의 사례가 파악되었다.[203]

즉 1946년 말~47년 봄, 부정몰수·분배사례에 대한 조사와 재분배 조치가 이루어졌던 것이다. 그 세부과정은 북면주민대회에서 토지분 배가 불공평하게 처리되었다는 문제 제기 → 이에 대해 농촌위원 및 주민들의 지지 → 문제 제기자의 군당 농민부 출두·진정 → 군당의 토지개혁 실태에 대한 재검토(북면 검열, 모든 면으로 검열 확대) → 재분 배 실시 등으로 진행되었다. 이는 몰수·분배과정에서 부정처리 사례 가 광범했으며 또 그것을 검열하고 시정하는 일련의 과정이 진행됐음 을 잘 보여준다.

4-2. 간부들의 토지소유와 사적 처리

그러나 토지개혁에서의 부정처리와 그에 대한 불만은 1948~49년까 지도 계속되었다. 이는 촌락의 당·정·사회단체 간부들이 갖은 방법 으로 토지를 소유하려 했고, 사적 관계에 의거해 몰수·분배하거나 "지주를 옹호"하는 등 권한을 남용했기 때문이다.

다음은 간부의 직위를 이용해 토지를 소유하려 한 사례들이다.[204] 전승흠은 서화면에서 세포위원·여맹사업 지도원·민청사업 지도원을 맡고 있었다. 그는 함경도에 거주하고 있는 부친을 인제군으로 데려 오겠으니 부동토지(토지소유자가 상실된 토지) 논 500평(0.17정보)을 달 라고 군중대회에서 말했으나, 결국 데려오지 않았다. 마을 사람들은 그가 땅을 얻기 위해 허위로 말했다고 비난했다. 남면 신월리 외촌세 포위원장 김원복은 세포위원장의 지위를 이용해서, 토지개혁 당시 분 여점수에 비해 해당 점수를 초과하는 토지로 논 300평(0.1정보), 밭 900평(0.3정보)을 일반보다 더 분배받았고, 1949년에는 도주자의 토 지 200평(0.07정보)도 분배받았다. 또 최창근은 마을에서 농민동맹위원장을 맡고 있었는데, 축출한 지주의 토지 1,100평(0.37정보)을 자신이 부쳤다.

간부와 마을사람들 간의 개인적 관계와 공적 지위의 남용이 부정처리로 이어진 경우도 있었다. 신월리 외촌세포위원장 김원복은 '불로지주'의 축출물품을 자기 친척들에게 나누어 주려 했다.[205] 리 농민동맹위원장 최창근은 '불로지주' 축출 당시 지주의 아들로부터 자기 부친을 축출하지 말아달라는 뇌물로 소주 1승을 받았고,[206] 안용준은 토지를 분여받은 자가 월남하자, 그 토지를 부동토지라 하여 일제시기의 토지 주인인 지주에게 경작하게 했다. 그는 지주를 옹호한다는 비판을 받았다.[207] 전승흠은 부동토지의 경작권을 여성동맹에 준 적이 있었는데, 경작권을 받은 것이 개인이 아니라 여성동맹이었더라도, 그에게는 경작권을 이동시킬 권한이 없었다. 경작권의 이동 및 확정에 관한 권한은 인민위원회에 있었기 때문이다.[208] 간부들이 공적·사적 관계를 이용해 토지매매 및 이동에 개입한 것인데, 양구 죽공리 농민동맹위원장도 8촌 동생이 논밭을 사는 것을 주선했다.[209]

이와 같이 당·정·사회단체 간부들이 사사로이 토지 등을 취급하여 문제가 되었다. 토지개혁은 지방사회에서 〈법령〉과 〈세칙〉에 입각해 이루어졌으나, 지방사회 간부들의 법령 준수 및 집행에 대한 인식에 따라 처리되곤 하였다. 또 이러한 문제들이 결국 인제군당국에 의해 파악되었다는 점에서는 국가의 통치가 비교적 마을 깊숙이 미치고 있었다고 볼 수 있지만, 동시에 마을 내부에서는 간부와 주민들 간의 사적 관계들이 토지개혁 등에 영향을 미쳤다고 할 수 있다.

개혁 이후

5-1. 빈농의 증가와 대책

토지개혁의 가장 우선적인 결과는 지주제의 폐지였다. 단적으로 토지개혁 이전에 토지소유여부 등을 기준으로 지주, 자작농, 자작 겸 소작농, 소작농, 고농, 화전민 등이 존재했다면, 개혁으로 농민 모두가 토지를 소유하게 되자 더 이상 토지소유여부를 중심으로 한 계급적 구분은 의미가 없어졌다. 대신 농호 내부의 계층구성이 중요해졌다.

다음은 인제군에서 상급당의 지시를 받아 행한 '농민성분 분석조사' 기준이다.

[농민성분 분석조사에 관한 건]

토지개혁 이후 분여받은 토지에 총수확고에 의하야 그 농호 가족의 식량 수급취산을 한 결과

1. 빈농은 풍흉여하를 불구하고 식량이 부족한 농호를 말함.

2. 중농은 풍년에는 자기식량이 되고 흉년에는 부족한 농호를 말함.

3. 부농은 풍흉여하를 물론하고 자기식량이 남아서 팔 수도 있고 빚놀이도 할 수 있는 농호를 말함.

4. 고농은 토지개혁으로 인하여 토지분여를 받고 생활상 형편으로 인하여 독립생계를 못하고 다른 농호에서 기탁하여 농사를 하는 농호를 말함.[210]

농민은 빈농, 중농, 부농, 고농으로 구분되었다. 빈농은 절량絕糧 농가, 중농은 자급자족 농가, 부농은 잉여축적 농가를 의미했다. 이러한 구분의 기준은 토지소유면적이 아니라 자급자족 및 잉여축적여부였다.

그런데 위 농민성분에서 고농의 존재가 주목된다. 모든 농민이 토지를 소유하게 되었지만 고농은 사라지지 않았다. 토지를 분배받았으나 독립생계를 못하여 다른 농호에 기탁해 농사짓는 농호가 여전히 존재했던 것이다. 북한 전체의 토지개혁 총결 결과 자작농이 100퍼센트가 되었다는 보고에도[211] 불구하고 고농은 사라지지 않았고, 고농을 두는 것을 법적으로도 금지하지 않았다.[212] 북한당국은 계층적으로 빈농과 고농이 존재하던 현실을 인정할 수밖에 없었다.

또 인제군에는 빈농이 절대적인 비중을 차지해갔다. 〈표 14〉는 토지개혁 이후 인제군 농가구성 변화를 잘 보여준다. 세 시기 모두 인제군의 농가 비중은 빈농, 중농, 고농, 부농 순이다. 무엇보다 빈농, 즉 항시적으로 식량부족상태에 있는 농가의 수가 크게 증가했음이 주목된다. 특히 고농·중농·빈농의 증감을 살펴보면, 1946년 6월에서 1947년 7월까지, 고농·중농·빈농은 각각 1.6퍼센트 감소, 14.9퍼센트 감소, 16.7퍼센트 증가했다. 통계표로만 보면, 고농과 중농이 빈농으로

〈표 14〉 인제군 계층별 호·인구 구성 변화(단위: 戶, 名, 퍼센트)

계층	호수·인구	1946년 6월	비율	1946년 11월	비율	1947년 7월	비율
고용자	호수	136	2.3	31	0.5	41	0.7
	인구	556		38		87	
빈농	호수	3,852	66.5	4,189	72.5	4,656	83.2
	인구	22,672		24,171		25,090	
중농	호수	1,777	30.7	1,536	26.6	885	15.8
	인구	10,146		9,182		6,011	
부농	호수	28	0.5	21	0.4	14	0.3
	인구	177		160		102	
농가 총계	호수	5,793	100	5,777	100	5,596	100
	인구	33,551		33,551		31,290	

출처: 1946년 6월 말 ―《北朝鮮經濟資料集成》제6권, 268쪽.
　　 1946년 11월 30일 현재 ―《北朝鮮經濟資料集成》제6권, 424쪽, 426쪽.
　　 1947년 7월 21일 ― 〈인제군당부 위원장 김병홍 → 강원도당부 위원장: 농민성분 분석조사에 관한 건〉(1947. 7. 21)(통일부 북한자료센터 소장).
비고: 호 구성 비율은 필자 계산.

변하고 있음을 알 수 있다. 토지개혁으로 인해 모든 농민이 토지를 소유하게는 되었으나, 항시적으로 식량부족상태에 있는 농민 역시 많아졌던 것이다. 계층구성비의 변화로 볼 때, 토지개혁 직후 빈농으로의 하향평준화 현상이 나타났다고 볼 수 있다. 식량부족상태는 생계의 불안정으로 이어져 경제적으로 동요하는 계층이 증가하는 배경이 되었다.

　이와 같은 빈농 증가의 주요 원인은 경지면적의 부족에 있었다. 인제는 1호당 소유면적이 적었는데 이는 강원도나 북한 전체와 비교할 때 분명히 드러난다. 인제군에서 전답 면적(6,106.31정보) 대비 농가 (5,928호) 소유면적은 약 1.03정보이다. 이는 북한 전체 평균 토지소유 면적에 비해 적은 면적이다. 북한의 토지개혁 후 농업호수(1946년 말 기준)는 112만 1,295호, 총 경지는 분배토지와 비분배토지를 합하여 논 38만 7,980정보, 밭 143만 6,625정보, 합 182만 4,605정보이다. 1 호당 평균 소유면적은 1.63정보이다.[213] 강원도의 경우는 분배면적이 10만 8,565정보, 분배호수가 10만 8,917호이므로 호당 분배면적은 1.00정보이고, 총 농가 호수는 16만 314호, 총 경지면적은 19만 6,505 정보이므로 호당 소유면적은 1.23정보이다.[214] 강원도는 북한 전체 평 균 토지소유면적에 비해 열악한 상황에 있었으며, 인제군은 강원도 내에서도 특히 평균 소유면적이 적었다. 따라서 1.63정보를 소유한 북한 평균농가의 경우 1947년이 되면 대체로 여유 양곡의 운용은 어 렵더라도 자가식량을 조달할 수 있는 상황은 되었을 것이나,[215] 인제 군의 경우에는 북한 전체 평균 소유면적보다 적은 1.03정보의 면적을 소유하고 있었으므로 자가식량 조달에 어려움을 겪는 농호가 많았으 리라 추측된다.

따라서 빈농의 중농화, 농가의 사회경제적 수준 향상을 위한 농업 정책이 요구되었다. 인제군에서는 절량농가문제 해결 및 농업생산력 증대를 위해 많은 농업정책이 실시되었는데, 대표적으로 관개사업의 추진 결과 1948년 5월 현재 인제군 농호는 평균 1.2정보를 소유하게 되었다.[216]

5-2. 토지매매와 유동성

지주제는 폐지됐지만, 토지국유화를 근본 소유구조로 하지 않은 상태에서 토지 분화 및 집중은 필연적이었다. 사회경제적으로 지주소작관계가 발생하는 것을 방지하고 '소농체계'[217]를 유지하기 위한 방안이 필요했다. 이를 위해 북한은 사적인 토지 이동을 금지하였다. 토지개혁법령 제10조는 "농민에게 분여된 토지는 매매치 못하며 소작 주지 못하며 저당하지 못한다"고 규정하였다. 즉 분배된 토지는 매매, 임대, 저당이 허용되지 않았다. 분배되지 않은 자작토지의 경우도 개인 간의 매매는 금지되었다. 북한은 이를 통해 토지의 집중소유와 소작 관계 재연을 막고자 하였다.

그런데 이와 같이 사적인 토지매매가 금지되었지만, 농민들은 토지를 매매했다. 북한당국은 이를 "불법적 부정한 사실"이라 규정하고 이에 대한 조사를 실시했다(1947. 11~12). 인제군에서도 토지매매 사실을 조사했는데, 인제면과 남면에서는 "농민들이 개인적으로 불법적 부정한 사실이 없다"고 보고되었으며, 북면에서는 토지매매 사실이 발견되어 그 건수를 조사표로 작성하여 인제군에 보고했다.[218]

1. 토지를 매매할 경우에는 자작하는 토지를 분배받은 것으로 인증하되 도 인민위원장 승인을 얻은 후에 매매할 법적으로 인증함.
2. 만일 그의 토지를 개인적 자유로 매매할 시는 즉시 시정하는 동시 그 상황을 즉시 상급당에 보고할 것.
3. 부정토지는 이 인민대회에서 토지 적은 충실한 열성농민에게 분여하기로 결정하고 상급인민위원회에 승인을 받은 후에 경작함.[219]

위의 자료에서 흥미로운 사실은 토지매매에 대한 전면적 금지나 법적 처벌을 가하기보다는 매매사실을 인정하고 있다는 것이다. 토지를 매매할 때의 절차(도인민위원장 승인 후 법적 인정)를 명시하고, 승인 없이 개인적으로 매매할 경우(즉시 시정, 상급당 보고)나 승인 없이 이미 매매가 이루어진 경우(인민대회에서 토지를 적게 소유한 열성농민에게 분여, 상급 인민위원회의 승인) 등의 사례별로 처리방법을 제시하였다. 즉 도인민위원장의 승인 및 법적 인증, 상급당 보고, 인민대회에서의 분여 등의 방식으로 처리했다. 자유매매에 대해 즉각적인 법적 처벌을 가하기보다는 매매사실을 인정하거나 시정하는 방식으로 해결한 것이다.

인제의 토지 이동과 처리는 당시 북한의 인민민주주의적 소유구조를 잘 보여준다. 개인적 토지 처분은 법적으로 금지하되, 토지 이동이 불가피한 현실을 인정하고,[220] 토지 처분 등의 이동을 전면 금지하기보다는 인민위원회의 관리·통제 아래 두겠다는 의미였다. 이로써 부농의 형성이나 소작관계의 재연을 막고자 했다.

요약하자면, 해방 이후 인제군에서 진행된 토지개혁은 지주제의 폐지와 농민의 토지소유를 목표로 토지개혁법령에 의해 시행되었다. 인제군 토지개혁의 첫 번째 주체는 법령에 명시된 것처럼 고농·소작인으로 구성된 농촌위원회였다. 농촌위원회의 구성은 이제 토지문제가 지주나 부농층이 아닌 고농과 소작농의 손에 좌우될 것이라는 점에서, 지역사회의 권력관계 변동을 예고하는 의미가 있었다. 농촌위원회가 토지분여안을 작성했고, 그 토지분여안을 면인민위원회가 논의하고, 다시 면 단위의 당과 제 사회단체를 포함하는 면사회단체협의회에서 승인했다. 그 결과가 군당과 군인민위원회에 보고되었다. 인제군 토지개혁의 주체는 법령에 규정된 것처럼 농촌위원회와 면인민위원회만이 아니라, 인제군의 모든 조직들이었다.

토지개혁에 관해 촌락의 농촌위원회와 면 단위, 군 단위의 거의 모든 단체가 몰수·분배 조사, 논의, 승인, 보고, 총합, 수정하는 과정을 거쳤기에 토지개혁에 걸리는 시간도 그에 상응할 수밖에 없었다. 인제군에서 토지개혁은 수백 년간 지탱해온 지주제를 생각하면 분명 전광석화와 같았지만, 북한의 주장처럼 "기존 소유구조를 몰수에서 분배까지 한 달도 안 되는 시간에" 전면적으로 바꾸기는 쉽지 않았다.

몰수 혹은 인정 대상 및 기준은 토지소유면적과 자소작여부 두 가지였다. 이는 법령에 따른 기준이었고 인제군에서도 법령에 의해 몰수가 이루어졌다. 5정보 이상 소유자의 경우 농민자격 인정여부에 따라 토지와 전 재산을 몰수하거나 자작지 외 토지만 몰수되었다. 농민자격을 인정받지 못한 5정보 이상 소유지주는 토지는 물론 가옥 등의 모든 재산을 몰수당하고 타군으로 이주되었다. 5정보는 자작을 전제로 하는 소유상한면적이었다. 한편, 인제군에서 몰수된 많은 토지는 5정보 이내를 소유한, 일부 자작을 하던 지주의 소유지에서 발생하였다. 소지주(스스로 '중농'이라 생각했던 이들)로부터 토지를 몰수하여 토지가 적거나 없는 농민에게 분배한 것이었다.

토지개혁의 혜택은 기존 자작지에 추가로 분배받은 농가, 고농, 소작인에게 돌아갔다. 인제군에서는 자작지를 인정받은 농가(호당 1.33정보, 16.11퍼센트)와 소작농(호당 0.5정보, 44.1퍼센트)보다는 추가 분배받은 자작농(호당 1.53정보, 39.2퍼센트)과 고농(호당 1.77정보, 0.59퍼센트)이 그 혜택을 입었다. 농민은 여러 제한이 있다 해도 과거의 소작관계보다는 자영농을 선호했고, 토지소유권의 획득은 새로운 체제에 대한 농민의 거부감을 완화시켰을 것으로 생각된다.[221]

하지만 토지개혁 직후 인제군의 계층구성이 39.79퍼센트의 중농층과 60.21퍼센트의 빈농층으로 구성되었으며, 빈농층 중에서도 0.5정보밖에 소유하지 못한 농민이 44.1퍼센트에 달하였다. 인제군의 토지소유면적이나 식량조달상황은 북한의 여타지역에 비해 열악했다. 인제군은 토지개혁으로 인해 지주제가 폐지되고 '모든 농민이 토지를 소유'하게 되었지만 '항시적으로 식량부족상태에 있는' 빈농의 비율이 더욱 높아져 83.2퍼센트에 달했다. 인제군에서는 이를 개선하기 위한 농업정책이 실시되었고, 점차 안정화되어갔지만, 생활수준의 현격한 개선은 어려웠다. 식량문제를 비롯한 생활곤란은 경제적으로 동요하는 계층의 증가를 불러왔고 38선 접경지역이라는 특성은 이를 가속화했다.

인제군의 토지개혁은 법령과 세칙에 의해 비교적 철저하게 이루어졌으나, 몰수와 분배과정에서 부정처리와 불만이 많았던 것도 사실이다. 5정보 이하 소유자가 5정보 이상 지주계급으로 처리된 경우, 소작행위로 간주되어 몰수당한 경우, 노력점수 이상 분배받거나 농사실적이 없는 비농민이 분배받은 경우 등의 사례가 제기되었다. 때문에 1946년 말~1947년 봄 부정몰수·분배사례에 대한 검열과 재분배 조치가 이루어졌다. 그럼에도 1948~49년까지도 당·정·사회단체 간부들은 자신의 이익을 위해, 주민과의 사적 관계를 이유로 사사로이 토지를 취급했다. 간부들의 법령 준수 및 집행에 대한 인식의 편차가 존재했다.

토지개혁의 우선적인 결과는 물론 경제적 측면에서 지주제의 폐지였지만, 토지개혁의 결과는 여기서 그치지 않았다. 지주와 소작인의 사회적 관계에 대한 해소도 의도되었다. 몰수에 대한 지주의 반발, 감정적 앙금, 미안함과 같은 복합적인 사회적 감정과 관계를 해소하기 위해 북한당국은 '지주 이동' 조치를 취하였다. 5정보 이상의 모든 토지를 소작시켰던 소수의 지주는 토지는 물론 가옥까지 재산 일체를 몰수당하고 타군으로 강제 이동되었다. 이는 이들의 지역 내 사회경제적 기반을 제거하는 조치였다. 한편으로는 이동지주에게 2.47정보의 토지분배로 '갱생更生'의 기회를 제공함으로써 정권에 흡수하고자 한 것이었다. 이들은 '거듭 나겠다'는 마음만 먹으면 새로운 체제에서 살아갈 수 있었다.

그런데 토지개혁 이후에도 토지 유동성은 발생할 수밖에 없었다. 토지 유동성은 토지의 집중을 가져오리라 예상되었고, 따라서 이를 방지하기 위해 법령으로 토지매매·위탁·저당 금지조치를 내렸다. 하지만 인제군 농민은 토지를 매매했고, 월남에 의해서도 토지유동성이 증가했다. 인제군 당국도 매매를 비롯한 토지 이동이 불가피한 현실을 인정했다.

토지개혁을 중심으로 한 경제구조의 변화는 권력구조의 변화로 이어졌다. 인제군에서는 빈농층의 비율이 높았지만, 북한은 토지개혁을 통해 '농민 모두' 적으나마 '자신의 토지'를 소유할 수 있게 하고, 토지를 소유한 농민을 중농 수준으로 만들고자 했다. 지주에게도 토지소유·경작의 기회를 제공함으로써, 이들을 체제에 흡수하고자 했다. 토지개혁을 통해 통치권력의 정당성을 일정부분 확보한 북한당국은 권력구조 창출을 본격화해갔다. 빈농에게는 정치활동의 기회를 제공하고, 과거 지주 및 중농층에게는 정치활동을 계속 할 수 있게 했다. 동시에 끊임없이 주민들의 동향을 파악하고 조직화하고 통제해갔다. 이와 같이 인제군에서는 인민민주주의체제가 구축되어갔다.

3

지방
권력구조의
창출

해방 직후 결성되었던 인제군의 자치조직들은 점차 그 체계를 정비해
갔다. 노동당은 인제군의 핵심권력으로 등장했는데, 군·면·리와 각
직장·단체에 세포를 조직했다. 인민위원회는 정권기관으로서, 군·
면·리에 조직되어 행정을 담당했다. 사회단체는 농민동맹·직업동
맹·민주청년동맹·여성동맹 등으로 망라되어, 맹원을 동원하고 인민
위원회의 행정을 도왔다. 이와 같은 인제의 새로운 조직들의 편성은
북한 중앙의 권력구조가 당·정·사회단체를 중심으로 재편된 것과 궤
를 같이하는 것이었다.

　인제지역 권력구조 재편에서 우리가 더 주목할 점은 이 조직들에
참여하고 주도적인 역할을 한 사람들과, 조직들 간의 관계이다. 첫째,
이 조직들의 부상과 함께 새롭게 등장한 이들은 어떤 사회경제적 배
경을 가졌는지, 둘째, 기존의 지역주도층은 새로운 사회에 어떻게 적
응 혹은 부적응했으며, 북한당국은 그들을 어떻게 처리했는지, 셋째,

이 조직들은 상호 어떠한 관계를 맺으며 각각의 역할을 수행했는지 하는 것이다. 즉 조직의 구성원, 기존 지역주도층의 참여 및 청산, 조직 간 관계 및 역할문제이다.

1-1. 농민위원회와 농촌위원회의 통합과 농민동맹

지역 권력구조 재편의 가장 두드러진 현상은 빈농의 등장이다. 인제의 당·정·사회단체는 대부분 농민 특히 빈농 성분으로 구성되었다. 빈농이 각급 조직의 대부분을 점하기까지에는 몇 단계가 있었다. 농민조직 재편, 그것을 바탕으로 한 인민위원 선출과 노동당 강화 등이었다. 농민 중에서도 빈농은 농민조직, 인민위원회, 노동당의 중추가 되어갔다.

해방 직후 인제군의 농민조직으로는 농민위원회(농민조합)[222]가 있었다. 인제의 농민위원회는 다양한 계급으로 구성되어 있었는데, 토지개혁이 진행 중이던 1946년 3월 25일 현재 지주 0.5퍼센트(21명), 자작농 13.9퍼센트(534명), 자작 겸 소작농 28.6퍼센트(1,097명), 소작농 35.0퍼센트(1,342명), 화전민 21.2퍼센트(812명), 고농 0.8퍼센트(32명)가 포함되어 있었다.[223] 그런데 토지개혁이 실시되면서, 농민위원회와 별도로 농촌위원회가 구성되었다. 앞서 살펴보았듯이, 농촌위원회는 토지가 없거나 적은 농민과 고농을 중심으로 구성되었고, 이들은 마을의 토지소유상황을 조사하고 토지분여안을 작성했다.[224] 농민위원회에는 지주가 포함되었어도 극소수에 불과했지만, 북한당국은 농민위원회와 농촌위원회를 통합해 지주나 부농의 비중을 줄이고자 했다.

농민위원회와 농촌위원회의 통합과 같은 농민조직의 재편은 농촌

사회의 재조직 차원에서 진행된 것이었다. 조선공산당 북조선분국은 〈토지개혁사업의 총결과 금후 과업〉에 대한 결정서를 채택(제6차 확대 집행위원회, 1946. 4. 10)했는데, 이때 지주나 부농이 포함된 농민위원회와 토지개혁에서 주도적인 역할을 한 빈농과 고농 중심의 농촌위원회를 통합해 빈농과 고농을 중심으로 농민위원회의 성분을 개조한다는 방침을 세웠다. 그리고 4월 중순 북조선 농민연맹 제3차 확대집행위원회를 개최하여, 지방 농민위원회에 대한 검열사업을 진행하기로 결정했다. 이는 리 이하 촌락 단위의 농민위원회에서 토지개혁에 소극적이던 인물들이나 지주나 부농 성분을 약화시키기 위해서였다.[225]

인제군에서도 농민위원회의 성분 개조작업이 진행되었다. 북한당국은 농민위원회 조직상황을 매월 파악했으며, 강원도는 각 군에 농민위원회 조직상황을 보고하도록 지시했고(1946. 6), 인제군은 이를 매월 도당 농민부에 보고했다.[226] 인제군의 보고에 의하면, 성분 개조작업의 결과 인제군 농민위원회는 1946년 5월 31일 현재 화전민 129명, 고농 277명, 빈농 1만 1,103명, 중농 3,941명으로 구성되었다. 부농도 적게는 21명에서 많게는 119명까지 포함되었다.[227] 조사·보고 시점에 따라 그 구성비가 조금씩 다르지만, 인제군 농민위원회 구성에서 빈농은 70퍼센트에 육박했다. 이와 같이 재구성된 농민위원회는 1946년 7월 11일 이후 농민동맹으로 바뀌었다.[228]

농민위원회의 농민동맹으로의 전환과 농민동맹원 구성문제는 1947년 2, 3월 면·리인민위원회 인민위원 선거와도 관련 있었다. 인제군의 경우 면·리인민위원 선거 총유권자 1만 7,810명 가운데 농민동맹원은 1만 6,374명으로 90퍼센트에 달했기 때문에,[229] 농민동맹원에 대한 파악 및 그들에 대한 선전, 그리고 농민동맹조직의 강화는 곧

면·리인민위원 선거의 성패로 연결되었다. 실제 이는 선거 결과에 반영되었다. 농민동맹원으로서 면인민위원으로 당선된 비율이 64퍼센트(면인민위원 총수 66명 중 42명), 농민동맹원으로서 리인민위원으로 당선된 비율이 90.7퍼센트(리인민위원 총수 183명 중 166명)였다.[230] 농민동맹원의 당선 비율은 면 단위보다 리 단위에서 훨씬 높았다.

1-2. 면·리인민위원

인제군을 포함해 북한 전역의 농민은 1946~47년의 도·시·군·면·리 인민위원회 선거에서 각급 인민위원으로 선출되었다. 북한 각급 인민위원의 사회성분별 구성을 보면, 총 2만 1,477명 가운데 농민 1만 5,223명(70.9퍼센트), 노동자 1,678명(7.8퍼센트), 사무원 2,776명(12.9퍼센트), 상인 1,098명(5.1퍼센트), 수공업자 535명(2.5퍼센트), 자본가와 지주 158명(0.8퍼센트)이었다.[231] 리인민위원으로 참가한 농민은 4만 6,245명으로 전체의 86.7퍼센트였으며, 면인민위원 경우에는 7,795명으로 전체의 57.97퍼센트를 차지했다. 도·시·군인민위원 중에는 농민이 1,256명으로 전체의 36.4퍼센트였다. 또 농민은 북조선인민회의 대의원으로도 62명(전체의 26퍼센트)이 당선되었다.[232] 도·시·군인민위원에서 51.5퍼센트였던 노동자, 농민 성분은 면인민위원회에서는 66퍼센트, 리인민위원에서는 91퍼센트를 점하였다.

면·리인민위원회 인민위원 선거는 빈농에게 특별한 의미가 있었다. 인제군 농민의 대다수인 빈농은 평등선거에 의해 투표를 했으며 피선도 되어 인민위원회를 구성할 수 있었다. 선거과정이 흑백함 투표로 진행됨으로써 공개투표와 다름없다는 비판도 있지만, 선거 결과 면·리인민위원회는 대부분 빈농으로 채워졌다. 빈농은 자기지역의 정권기관 수립에 직접 참여하면서 민주주의에 대해 교육받고 훈련되기 시작하였다.[233] 이제 더 이상 지주나 종교인, 기업가, 상인, 지식인, 사무원 등이 지역사회의 지도층으로 행세하기 곤란해졌다.[234] 일제하에서 '가진 게 있던 사람들'이 유권자나 의원이 되어 행세 꽤나 했던 데 비하면,[235] 이제는 '가진 게 없는 사람들'이 면·리 위원이 되어 직접 회의를 하고 정책을 집행할 수 있게 되었다.

면·리인민위원회 인민위원 선거는 '말단정권기관의 강화'의 측면에서도 주목된다. 인제군에서는 1947년도에 면·리(동)인민위원회 위원 선거가 치러짐으로써 '인민주권기관'이 공고히 되었다고 평가했다.[236] 선거를 통해 정권기관의 말단조직이 구성되었을 뿐 아니라, 그 대부분을 빈농이 차지한 것이다.

그러나 말단정권기관인 면·리인민위원회는 각자의 위상을 파악하고 자신의 역할을 수행하는 데 한계가 있었던 것으로 보인다. 면·리인민위원회는 군이나 면에서 전달받은 상명을 집행하는 역할에 불과했으며, 면은 군과 리 사이에서 연락하는 정도의 역할을 하여 사업이 늦어지는 이유가 되고, 리는 면의 보조역할에 머물기도 했다.[237]

1-3. 당원·당대표자

인제의 노동당도 빈농들로 채워졌다. 노동당원에는 중농이나 사무원 등도 포함되어 있었지만 빈농이 압도적으로 많았다. 〈표 15〉에 의하면 노동당원 중에 빈농의 비중은 77.2~78.3퍼센트에 달하였다.

더구나, 당 성원 구성의 증감이 현격하지는 않으나, 전체적으로 빈농과 노동자 비율은 증가했고 중농과 사무원 등의 비율은 감소했다. 이 같은 변화는 인제군당의 "농촌에 있어서 농업경험이 풍부한, 지역

〈표 15〉 인제군 당원구성의 변화(단위: 퍼센트)

성분	1947년 말	1948년 말	증감
노동자	4.4	4.8	+0.4
빈농	77.2	78.3	+1.1
중농	11.3	10	-1.3
사무원	5	4.8	-0.2
자유직업자	0.06	0	-0.06
상인	0.24	0.2	-0.04

출처: 〈인제군당 상무위원회 회의록 제34호〉(1949. 1. 11) 《北韓關係史料集》 제3권, 92~98쪽을 토대로 작성.

에 오랫동안 거주하고 애국적인 빈농민과 고용농민들로서 당에 받을 것이며 상대적으로 기타 성분에 포함되는 비율을 저하시키도록"하라는 방침 아래 이루어진 것이었다.[238] 노동당은 빈농을 중심으로 한 당 강화방침을 지시했고, 빈농은 북한당국에 대한 지지, 출세, 안전 등의 여러 이유로 노동당에 입당했다.

인제의 빈농은 단순히 당의 구성원만이 아니라, 당의 대표자가 되기도 하였다. 빈농은 군당·면당 대표자 구성에서 절대적인 비중을 차지했다.

다음 차트는 인제의 군당과 면당을 대표하고 있는 사람들의 사회경제적 상황을 잘 보여준다. 성분상으로는 농민(특히 빈농), 연령상으로는 40세 이하, 지식정도는 소학과 국문해독 정도이며, 해방 직후~토지개혁 시기 입당한 사람들이 군당과 면당 대표자로 선출되었다. 40세 이하의 빈농은 해방 직후 당에 가입했고, 해방 전후로 소학을 마치거나 국문을 깨친 것으로 보인다. 따라서 인제에서는 해방 이전 사회경제적으로 소외되어 있던 이들이 해방 이후 북한체제에서 비교적 열성적으로 참여·활동했다고 할 수 있다.

[인제군 군당·면당 대표자 통계: 성별]

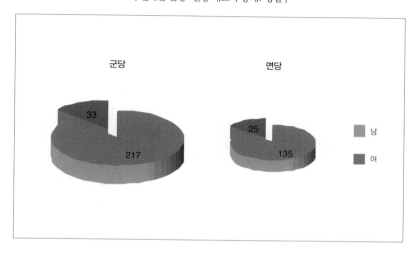

[인제군 군당·면당 대표자 통계: 성분별]

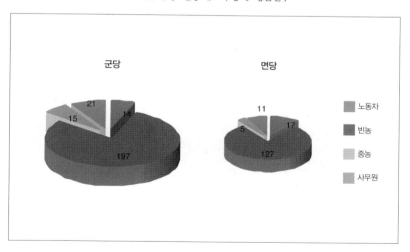

[인제군 군당·면당 대표자 통계: 연령별]

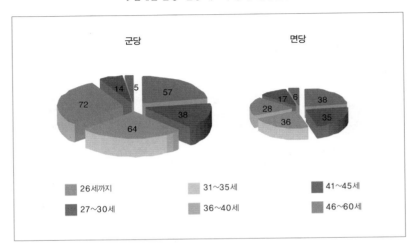

군당   면당

- 26세까지
- 27~30세
- 31~35세
- 36~40세
- 41~45세
- 46~60세

[인제군 군당·면당 대표자 통계: 지식정도]

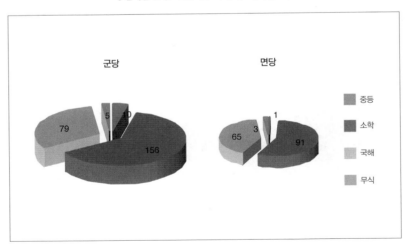

군당   면당

- 중등
- 소학
- 국해
- 무식

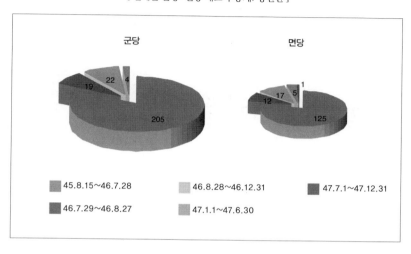

[인제군 군당·면당 대표자 통계: 당년한]

군당

19 22 4

205

면당

1
12 17 5

125

■ 45.8.15~46.7.28   ■ 46.8.28~46.12.31   ■ 47.7.1~47.12.31

■ 46.7.29~46.8.27   ■ 47.1.1~47.6.30

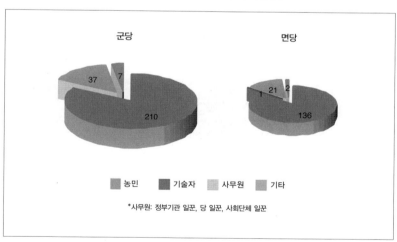

[인제군 군당·면당 대표자 통계: 직업별]

군당

37 7

210

면당

1 21 2

136

■ 농민   ■ 기술자   ■ 사무원   ■ 기타

*사무원: 정부기관 일꾼, 당 일꾼, 사회단체 일꾼

출처: 〈북조선로동당 강원도 인제군당 제2차 대표자회의, 1948년 1월 면·군·도당 대표자 명부 및 통계〉,
      RG 242, SA 2007, Box 6, Item 9를 바탕으로 필자 작성.

〈표 16〉 북조선노동당 강원도 인제군당 제2차 대표회, 도당 대표자 명부(1948. 1)

번호	성명	성별	생년	출신	성분	지식 정도	입당년월일	현재 직업	8.15전 직업
1	송갑수	남	1922	노동	노동	중졸	1945.9.16	인제군당 위원장	노동
2	이종빈	남	1913	빈농	빈농	소졸	1946.4.28	인제군당 부위원장	농업
3	오일영	남	1900	빈농	노동	소졸	1946.3.13	인제군당 농민부장	노동
4	이용복	남	1912	빈농	노동	소졸	1946.3.7	인제군당 로동부장	노동
5	이천수	남	1922	빈농	사무원	소졸	1946.7.2	인제면당 위원장	사무원
6	김순길	남	1916	빈농	사무원	중졸	1946.5.2	남면당 위원장	사무원
7	심상범	남	1917	빈농	노동	국해	1946.5.20	북면당 위원장	노동
8	김인식	남	1915	소시민	노동	소졸	1946.4.28	서화면당 위원장	노동
9	이종명	남	1898	빈농	노동	국해	1945.12.31	인제군농맹위원장	노동
10	이종석	남	1909	빈농	노동	소졸	1946.8.7	인제소비조합위원장	노동
11	정윤교	남	1915	빈농	노동	소졸	1946.5.2	인제군인민위원장	노동
12	유팽수	남	1922	빈농	빈농	소졸	1946.5	인제군민청위원장	농업
13	최옥히	여	1909	소시민	사무원	소졸	1946.5.18	인제군여맹위원장	가정부인
14	박성규	남	1925	빈농	사무원	소졸	1946.4.18	인제군민전위원장	사무원
15	박용성	남	1918	빈농	빈농	소졸	1946.4.29	농업	농업
16	심덕수	남	1916	빈농	빈농	국해	1946.7.30	남면당부위원장	노동
17	최순히	여	1927	빈농	빈농	소졸	1946.7.20	남면여맹지도원	농업
18	최근수	남	1923	빈농	빈농	국해	1946.8.28	농업	농업
19	최창규	남	1918	빈농	빈농	소졸	1946.4.28	농업	농업
20	함재철	남	1912	빈농	빈농	소졸	1946.8.28	농업	농업
21	이학원	남	1905	빈농	빈농	소졸	1946.4.28	농업	농업
22	김옥천	여	1919	빈농	빈농	국해	1946.3.6	농업	농업
23	전동학	남	1923	빈농	빈농	소졸	1946.6.20	농업	농업
24	이재필	남	1920	빈농	사무원	중학	1946.5.25	강원도민청위원장	사무원
25	전상윤	남	1909	빈농	노동	소졸	1946.6.9	도인민위원회로동부장	노동

출처: 〈북조선로동당 강원도 인제군당 제2차 대표자회의, 1948년 1월 면·군·도당 대표자 명부 및 통계〉,
RG 242, SA 2007, Box 6, Item 9.

그런데, 인제군에서 도당대표자로 선출된 사람들은 군당대표자나 면당대표자의 사회경제적 이력과는 약간의 차이가 있었다. 〈표 16〉 인제군당의 강원도당 대표자 명부를 살펴보면, 도당대표자로 선출된 이들의 성분은, 노동 9명(36퍼센트), 농민 11명(44퍼센트), 사무원 5명 (20퍼센트)이었다. 44퍼센트에 달하는 빈농 성분이 도당대표자로 참여하고는 있으나, 군당 및 면당대표자 통계와 비교할 때, 도당대표자는 노동성분 비율이 상당히 높다. 지식정도에서는 이들 간에 큰 차이가 없다. 도당대표자의 경우도 소학교 졸업 정도가 대부분이며, 부분적으로 국문해득과 중학정도였다.

1-4. "빈농가의 출생으로 현재도 빈농"

'빈농'이나 '노동자'라는 출신성분은 더 이상 멍에가 아니었다. 그것은 그들의 출세와 당국에 대한 그들의 신념을 보증하는 수식어였다. 당 대표후보자들은 자신을 "나는 빈농가의 출생으로 현재도 빈농"이라고 자랑스럽게 소개했다.[239] 빈농이 인민위원으로서만이 아니라, 노동당원으로서도 지방사회를 주도해갔음을 보여주는 사례는 많다.

1948년 1월 남면당 대표자에 선출된 리원갑은 1917년 남면 두무리에서 빈농의 자식으로 태어났고, 그의 경력은 해방 전에 서당에서 3년간 취학한 것과 1932년 4월부터 농업에 종사한 것밖에 없었다. 리원갑은 신월리세포책임자 심봉조로부터 "본인과 안 지는 10+여년이며 소질도 온순하고 의지가 공고하여 장내유망이기로 소개보증" 받아 1946년 7월 20일 입당했고, 1948년 1월 남면당 대표자로 선출되기에 이르렀다.[240]

일제식민지시기 고농이었던 김재열은 해방 이후 토지를 분배받아 자작농이 되었다. 그는 부락에서 모범농민으로 추천받을 정도로 당국의 사업에 열성적이었으며, 이러한 점들이 인정되어 남면 대촌세포위원장이 되었다. 1947년 2월 리인민위원 선거에 후보자로 추천되었으나, 당 비율 조정에 따른 리인민위원 후보자 변경으로 후보자가 되지 못했다.[241] 하지만 그는 1948년 남면당위원으로 등록되었다. 북한당국의 빈농 중심의 인민위원회 및 노동당 구성정책에 적극적으로 호응한 '고농' 김재열은 자작농, 당원, 세포위원장, 인민위원 후보, 면당위원의 순으로 인제지역의 권력구조 속에 한 자리를 차지해갔다.

도당대표자 중 한 명인 정윤교는 1915년 서화면 서화리에서 빈농의 자식으로 태어났다. 그는 해방 전 서화공립보통학교를 졸업한 후 인제면 상동리 약방 점원과 서화리 상점 점원으로 일했다. 1937년 말 경성 종로에서 '일고로동'을 하다가 1941년 3월 말 서화로 돌아와 서화리 식량배급소에서 상업(책임자)을 하던 중 해방을 맞았다. 해방 직후인 1945년 9월 1일 서화면인민위원회 서기와 서화면 농조·노조조직운동과 청년동맹조직운동 등에 참여했고, 1946년 3월 15일 서화면인민위원회 위원장으로 활동했다. 그는 1946년 2월 26일 공산당에 입당원을 제출했으며, 3개월간의 후보당원을 거친 후 5월 2일 정당원이 되었다. 20년간 알고 지내던 김동원(1946. 3. 7입당) 서화면당부책임자와 이종명 인제군농민동맹위원장이 보증인이 되었다. 보증인 김동원은 정윤교를 "8·15 전 빈농민으로 삼라만상의 고락을 겪었으며 8·15 후 무산대중을 옹호하며 현 인민위원장으로 투쟁하고 있는 열렬한 동지이므로 정당원으로 결정함"으로 소개했다.[242] 정윤교는 인제군인민위원장으로서 인제군 전체의 행정을 책임지게 되었으며, 1948년 1월 도당대표자로 선출되었다.

1-5. 파견되는 군급 책임자

한편, 군급 최고책임자의 자리에는 타지 출신이 파견되었다. 앞서 살펴본 것처럼, 인제의 당·정·사회단체에는 인제지역 출신의 빈농·노동 출신성분이 대거 들어갔고 책임자의 자리에까지 올랐다. 하지만 당·정·사회단체는 인제 출신만으로 구성되지 않았으며 외지인들이 주요 직책에 임명되었다.

〈표 16〉 도당 대표자 명부의 인제군당위원장 송갑수를 보자. 그는 사회주의 이론가적인 풍모를 보이면서 인제군당 상무위원회를 주도한 인물이었다. 그런데 송갑수는 인제 출신이 아니었다. 그는 노동성분에 중학졸업자로 해방 직후인 1945년 9월 16일 공산당에 입당했고, 원산시당에 속하여 활동하다 1947년 9월 26일 인제군당으로 이동되어왔다.[243] 송갑수의 전임이었던 김병홍도 연천군당에서 활동하다 1946년 8월 25일 인제군당위원장으로 이동된 인물이었다.[244] 〈표 16〉에서 보이는 인제군당 부위원장 이종빈과 농민부장 오일영, 민청위원장 유팽수, 여맹위원장 최옥히도 각각 통천군당과 양양군당, 고성군당, 통천군당에서 활동하다가 인제군당으로 발령받아왔다.[245] 따라서 강원도당에서 파견된 이론을 겸비한 노동자 출신성분이 인제의 군 단위 책임자가 되어 군당을 주도하는 가운데, 인제 출신의 빈농 출신성분 모범농민들이 당·정·사회단체를 구성하고 있다고 볼 수 있다.

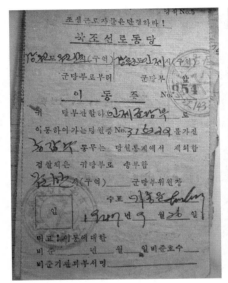

이동증: 송갑수, 오일영.

출처: 《이동증철: 他郡에서 온》(1947), NARA, RG 242, SA 2006, Box 13, Item 49.

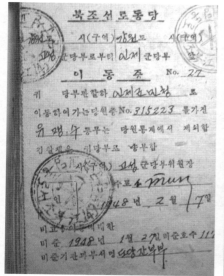

이동증: 유팽수, 최옥히.

출처:《이동증: 他郡에서 온》(1948), NARA, RG 242, SA 2006, Box 13, Item 49.

일제 하 관료·유지층 흡수와 청산

2-1. 기존 관료·유지층 흡수

이번에는 해방 전에 지역사회의 중심축을 형성했던 관료나 유지층의 동향을 살펴보자. 흥미로운 점은 인제군에서는 '친일파'나 '민족반역자'로 분류된 이들이 거의 없었다는 것이다. 토지개혁 때도 '민족반역자'라는 이유로 토지를 몰수당한 사람은 한 명이었다.[246] 실제로 민족반역자가 없었던 것인지, 있었지만 덮어주었던 것인지, 그 이유는 분명하지 않다. 그렇다면, '민족반역자'로 분류되지는 않았지만, 일제식민당국의 관리로 복무하거나 유지층이면서 일제의 식민정책에 일정정도 협력한 바 있던 이들을 북한당국은 어떻게 처리했고, 또 이들은 어떠한 태도를 보였는지 살펴보자.

〈표 17〉은 1948~49년 인제군당의 책벌자責罰者들 가운데, 일제시기 관공리나 유지층으로서의 이력과 해방 후 정권기관 참여경력을 동시에 확인할 수 있는 인물들을 뽑아 그들의 출신성분과 학력, 입당당,

주요약력, 군당으로부터 받은 책벌 및 사유 등을 정리한 것이다. 이는 인제의 관공리나 유지층 모두를 대상으로 조사된 게 아니며 말단관공 리나 빈농출신으로 표기된 인물들이 포함되어 있다는 면에서 신중한 해석이 요구된다. 하지만 동시에 책벌받지 않은 관공리나 유지급 인 사들의 존재까지도 고려할 때 그들의 해방 전후 동향을 이해하는 데 시사하는 바가 있다. 그리고 그들에 대한 북한당국의 처리방식을 잘 보여준다.

〈표 17〉은 많은 이들이 월남 등의 이유로 출당되었지만, 기존의 관 공리와 유지층에게는 북한당국에 협력할, 새로운 체제에서 살아갈 '기회'가 제공되었음을 보여준다. 첫째, 대체로 일제시기 경력이 거의 그대로 인정되어 그와 유관한 기관에 배치되었다. 일제 때의 군청·면 사무소의 서기·기수는 면인민위원회와 군인민위원회에 서기·부위원 장급으로 배치되었고, 금융조합 서기는 농민은행 서기로, 교육 경력 자는 인민학교나 중학교 교원으로, 감시초장은 내무서원으로 배치되 었다. 마을에서는 과거의 구장이 세포위원장이 되었다. 광범한 '승계' 가 이루어졌다고 할 수 있다.

둘째, 이들이 모두 노동당원이었다는 점도 주목된다. 비록 출당되 거나 월남함으로써 당적을 잃거나 버리게 되며, 월남자의 경우 자신 들이 노동당원이었음을 부정하지만, 그들은 한때 노동당원이었다. 일 제식민지시기 군·면·리와 각종 단체에서 사무직에 종사하거나 유지 층으로 활동했던 이들은 해방 이후 인민위원회 등에 대거 참여했고 노동당원도 되었던 것이다.

셋째, 일제기관에서의 근무 경력 때문에 책벌되거나 노동당 입당이 부결되지는 않았다. 그 관련성을 완전히 배제하기는 어렵지만, 책벌

〈표 17〉 일제식민지시기 사무직 경력자 중 인제군당 책벌자

이름	생년	성분	출신	학력	입당당	주요 약력		책벌 및 사유
						일제시기	해방 직후	
권영준	1923	사무원	빈농	소학	공산당	농업 2년, 군청 농회 지도원 2년, 노동 1년	인제면인민위원회 회계	• 엄중경고 • 회계원으로서의 업무 잘못. 국가법령 위반으로 인제군 인민재판소에서 1년 징역.
김봉상	1925	사무원	빈농	중학	신민당	춘천 사범학교 졸업	서화인민학교 교장, 서화중학교 교원	• 출당 • 서화중학교 교장 서금택과 의형제 그룹. 제반 민주과업을 비방. 38이남 도주(1948. 8. 4), 현재 춘천읍에서 학교교원.
김재영	1920	사무원		소학	신민당	지원병 훈련소 6개월, 청년특별연성소 지도원 10개월, 감시초장 1년 2개월	내무서원 3년 5개월, 인제군 내무서 시설계장	• 출당 • 업무와 출장 중 서류가방 분실과 주태로 기관의 위신을 저하시킴. 과거 적 기관에서 가장 열성적인 충복으로 복무하였음으로 오늘날까지 그 근성이 존재함.
김환선	1926	사무원	사무원	중학정도	신민당	면서기 6년	군·면인민위원회 서기 1년, 군농민동맹 지도원	• 엄중경고 • 군농민동맹 지도원으로서 모리간상배를 했으며, 면인민위원회 서기로서 직무태만. 사직 후 기관일꾼을 전부 사직하라고 동요시킴. • 책벌 해제: 냉정한 자기비판과 반성이 있으며, 모든 사업에 헌신적으로 노력. 특히 1949년 7월에 호림부대의 인제군 침입 당시 납치되었을 때에 용감히 싸움.
김훈	1918	사무원	중농	전문	노동당	동경입교대학 국문학과 졸업, 문학생활 6년	군인민위원회 비서 5개월, 중학교 교원 5개월	• 엄중경고 • 처남의 38이남 도주를 알면서도 상급당에 보고치 않음.
리처영	1906	사무원	빈농	소학	신민당	15년간 교원, 6년간 교장	인제 인민학교 교장	• 출당 • 38이남 도주(1947. 3. 28), 현재 경성에서 순사.

이름	출생					경력	직위	비고
심관흠	1918	빈농	빈농	소학	신민당	농업 4년, 면서기 7년	면인민위원회 서기 2년, 인민학교 교원 2년, 원산중등교원양성소 3개월 졸업, 1948년 1월부터 초급중학교 교원	• 출당 • 38남 도주(1948. 10. 2), 현재 춘천읍에서 상업.
심영화	1925	빈농	빈농	소학	신민당	면서기 3년, 농업 5년	농민은행 서기	• 출당 • 친척들이 38이남 도주 (1948. 12. 6), 토지가 38남에 있는 관계로 월남 기회를 찾던 중 전 가족 도주. 현재 신남면 부평리지서 순사.
심일록	1908	사무원	빈농	소학	신민당	면서기	인제면인민위원회 서기장	• 출당 • 공산당 타도 및 우익·남한 지지 발언.
심재찬	1911	중농	중농	소학	신민당	구장 8년, 함북 아우지 탄광 식당주 5년	기업주, 농업, 세포위원장	• 출당 • 일제 구장으로 복무할 때와 같이 독재적 작풍과 소부르조아근성을 가지고 있음.
심준태	1917	사무원	빈농	소학	신민당	농업 1년, 사무원 9년	군인민위원회 축산과원	• 출당 • 도주(1948. 10. 8).
이유상	1917	사무원	빈농	중학	신민당	군청서기 1년 10개월, 금융조합 서기 7년	농민은행 서기	• 출당 • 38이남 도주.
이종해	1919	교원			신민당	교원 7년	북면인민위원장	• 세포사업의 미약함으로 비판.
이철호	1926	사무원	빈농	소학	신민당	면서기 1년, 해군 지원병 2등병 1년간	내무서 감찰계원	• 출당 • 38이남 도주.
이히목	1909	빈농	중농	소학	신민당	면서기 3년	면인민위원회 서기 1년	• 출당 • 전 가족 행방불명(1948. 6. 11).
조환철	1914	사무원	빈농	소학	신민당	농업 4년, 면서기 7년, 양구군 해안면 사무소 사무주임	서화면인민위원회 서기장	• 출당 • 해방 전에는 일제를 도와 적기관에서 복무. 해방 후에는 면인민위원회 서기장이 되어 국가재정규율을 위반. 인민재판에서 3년 언도.

이름	생년					일제 경력	해방 후 경력	책벌사유
주종린	1908	사무원	빈농	농업학교	신민당	면기수 9년, 금융조합 서기 11년	농민은행 서기 1년, 서화면 소비조합상점 서기	• 출당 • 38이남 도주.
정창수	1926	사무원	중농	중학정도	신민당	강원도청, 농회공원 2년	면인민위원회 서기	• 출당 • 순자작농(6,000평 자작). 북한의 제 과업을 제때 집행치 못하게 부락에서 인민을 소동케 함.
채우식	1926	사무원	빈농	소학	신민당	금융조합 서기	인제군당부 문화인부장, 원통인민학교 교장	• 엄중경고 • 김봉순(모범교원, 열성당원)이 산후산전 휴가(로동법령)하게 되자, 학교사업에 지장이 있으니 내보낼 것을 면당부에 요청함. 교무주임 당원 심대흠의 38이남 도주 기회를 줌.
최규태	1898	사무원	사무원	중학정도	신민당	군청기수 6년, 금융조합 서기 8년, 부이사 15년, 농은 지점장 7개월	군인민위원회 부위원장 1년, 소비조합 식당 책임자	• 출당 • 38이남 도주.
함병태	1925	빈농	사무원	중학	신민당	면서기 2년, 광산 서기 2년 4개월	인제중학교 교원	• 현직 철직과 엄중경고 • 당원으로서 당적 입장을 망각하고 자기가 맡은 사업을 의식적으로 태공함.

출처: 《北韓關系史料集》제2~4권; 〈이종해〉, RG 242, SA 2007, Box 351, Item 1.5; 〈심일록〉, RG 242, SA 2007, Box 351, Item 1.5를 바탕으로 필자 작성.

비고: '책벌사유'는 원문 그대로.

이나 입당 부결의 공식 이유는 아니었다. 책벌의 가장 큰 이유는 '월남'이었다. 혹 월남하지 않았는데 책벌된 경우에는 '일제식 사고와 태도'를 버리지 못했다는 것이 그 이유로 제시되었다. 노동당에 입당할 때도 일제 때의 경력이 직접적인 원인이 되어 부결된 사례는 드물었다. 조선총독부육군특별지원자 제1훈련소 훈령병·조선육군 제30부대 2등병 인제면 특별연성소 지도원을 지낸 전종철, 경찰서 급사 3년·북해도 해군 군속 박용기 등의 경우도 그들의 경력을 직접적으로 문제 삼기보다는 "사상적으로 믿을 수 없다"는 이유로 입당이 부결되

었다.[247]

이와 같이 북한당국이 일제 때의 관공리 등을 광범히 흡수했음에도 '부일협력적' 경력을 갖고 있던 이들이 그것을 그대로 드러내기란 쉽지 않았다. 일제 때의 이력이 안정적인 삶과 출세의 제약조건으로 작용할 가능성이 있었으며 그러한 분위기가 존재했던 것도 사실이기 때문이다. 인제군당 책임비서로 있던 김학성은 일제 때의 방공감시초 초장 경력을 숨겼다. 그는 양양군 속초 출신으로 1945년 9월 16일 공산당 양양군당부에 입당하여 즉시 양양군 속초면당책임자가 되었다. 1946년 4월 10일 인제군당 책임비서로 부임해 있던 중 1946년 8월 23일 노동당 강원도당 상무위원회에서 그의 방공감시초 초장(반원 8명)이었던 이력이 밝혀졌다. 그는 그 사실을 이력서에 기입하지 않았다는 이유로 출당되었다. 출당 이후 김학성은 양양군 속초면으로 돌아가 속초면 예술동맹위원장, 속초면 소비조합 상점 책임자, 속초면 특별소방대 대장으로 열성적으로 활동했는데, 인제군당에서는 그 점을 참작하여 김학성의 복당신청을 받아들였다.[248] 김학성은 일제 때의 이력을 속여서 출당되었으나, 속초면에서 여러 책임을 맡아 성실히 수행했고 다시 그 경력이 인정되어 복당되었던 것이다.[249] 김학성의 예는 일제 때의 관공리나 유지층의 현재와 미래가 과거의 친일적 행위보다도 북한당국에의 협력여부에 달렸음을 보여준다.

북한에서 일제시기의 관공리와 유지층에 대한 광범한 흡수가 이루어진 이유는 다음과 같이 생각해볼 수 있다. 첫째, 북한의 친일파 규정 때문이었다. 북조선임시인민위원회는 친일파를 아주 직접적이며 명백한 친일행위자로 제한했는데, 예를 들면 고급관리, 경찰 경시, 헌병하사관급 이상의 관리와 밀정 등의 직업군이 포함되었다. 하급관리의 경우에는 "인민들의 원한의 대상"이 된 경우를 포함시켰다. 하지만 부칙 조항에서 "현재 나쁜 행동을 하지 않는 자와 건국사업을 적극 협력하는 자에 한하여서는 그 죄상을 감면할 수도 있다"고 명시했다.[250] 그러니까 인제에서는 관공리나 유지층 대부분이 하급관리 정도로, 그리고 건국사업에의 협력자로 분류된 것이다.

둘째, 현실적인 필요성이다. 북한당국은 이들을 필요로 했고, 이들도 그에 조응했다. 해방 이후 지역사회가 일차적으로는 소수의 과거 사회주의운동가 혹은 이론가와 대다수의 빈농을 중심으로 재편되었지만, 이들은 지방행정 경험이 거의 없었다. 이를 보완하고자 일제하 관공서에서 근무한 사무직 종사자들이 활용되었다. 일본군 경력 등의 군사관계도 기능자·기술자에 포함되어 조사·파악되었다.[251] 이는 해방 직후 북한이 중앙의 기구에서 전문지식과 기술을 갖고 있는 엘리트를 등용한[252] 것과도 유사하다. 점차 승진이나 입당에서 출신성분이 중요해지면서, 일제기관 복무자들은 그 기회에서 지체되어갔으나,[253] 해방 직후의 인제군 당·정·사회단체의 간부진에는 보기에 따라서는 친일적 경력을 가졌다고 할 만한 인물들도 수용되었다. 이들도 일제잔재청산 및 혁명적 분위기 속에서 살아남아야 했다. '국가건설에 참여'하는 '개조된' 인물들이라는 명분을 내세워 활용하려는 북한당국의 정책에 이들은 협력했다. 중요한 것은 일제기관 복무나 협력경력보다는 국가건설에의 열성적 참여여부였다. 이러한 사실들은 일제식민당국에 어떠한 형태로든 협력했던 이들이 북한당국에 의해 수용될 가능성이 열려있었음을 보여주며, 적어도 인제군에서는 이러한 가능성이 현실화되었음을 의미한다.

셋째, 이들이 노동당원이 되는 경로와 관련이 있다. 일반적으로 관공리나 유지층은 그들의 성분상 조선민주당에 부합하지만,[254] 인제에서 그들은 대부분 노동당원에 속하였다. 그들이 노동당원이 된 주된 배경은 조선신민당·북조선공산당 합당(신·공 합당)을 통한 북조선노동당 창당이었다. 그들이 처음 입당한 당은 대체로 조선신민당이었던 것이다. 〈표 17〉도 총 21명 가운데 19명이 1946년 4월에서 6월 사이에 신민당에 가입했다가 노동당원이 되었음을 보여준다.

인제의 조선신민당은 중앙차원의 조선신민당과 그 성격이 다를 뿐 아니라 오히려 조선민주당과 유사했다. 중앙의 조선신민당은 김두봉 등을 중심으로 한 조선독립동맹이 전환한 것으로서, 조선민주당이나 천도교청우당[255]과 달리 공산당과 밀접한 유대관계를 가진 조직이었다. 하지만 인제의 조선신민당은 조선민주당이나 천도교청우당과 비슷하게 과거의 유지급 인사들이 가입한 보수적 정당이었다. 인제군에는 조선민주당이 유명무실했는데,[256] 대신 조선신민당이 조직되어 조선민주당에 가입할 만한 인사들이 여기에 들어갔다. 이는 중앙과 지방사회에서 조선신민당의 성격이 달랐음을 의미한다.

따라서 인제지역의 권력구조는 '통일전선적 형태'로 구성되었다고 할 수 있다. 일차적으로는 소수의 사회주의이론가와 대다수의 농민(빈농)으로 재편되었으며, 일제 하에서 관공리와 유지층이었던 이들도 그들의 경력이 거의 그대로 인정되어 그와 유관한 기관에 배치되었다.

인제군에서 일제 때의 관공리나 유지급 인사들은 해방 직후 여러 기관에서 활동을 재개하긴 했으나, 그들 앞에는 두 가지 선택의 길이 있었다. 북한당국에 '갱생'의 모습을 보이며 적극적으로 협력하거나 아니면 월남하는 것이었다.

2-2. 반체제적 인물들의 동요 양상

토지의 몰수와 분배를 거치면서 계급구성은 균일화되었고, 지주 이동 등의 조치를 통해 저항세력이 조직될 기반은 약화되었지만, 반공적 인식을 가진 사람들은 존재했다. 일제 때 기득권을 형성했던 사람들은 자신들의 물적 토대 제거를 비롯한 북한의 각종 정책에 불만을 가질 수 있었다. 이들에게 갱생의 기회가 주어지기는 했으나, 이전과는 분명히 달라진 세상에서 더 이상의 '희망'이 없는 듯 했다. 이들의 불만은 반체제적 움직임으로 나타났고 최종적인 선택은 월남이었다.

가장 개별적인 반체제적 행동은 정감록사상을 유포하는 것이었다. 정감록사상은 과거에 한학을 공부했던 이들로부터 자연스럽게 나왔다. 일제시기 초중등학교에 진학하지 못하고 마을에서 한학을 배워 글을 깨친 이들은 혼란스러운 사회에서 자연스럽게 정감록에 젖어들었다.[257]

일상적으로나 공개적으로 북한체제를 비판하는 경우도 있었는데, 그것은 조직 간부나 선전원의 경우도 예외가 아니었다. 일제 때의 관공리나 유지층은 신민당 입당을 거쳐 노동당원이 되었으나, 당원으로서의 역할을 충실히 해내기는 어려웠다. 또 정권기관에 참여해 과거에 자신들이 맡았던 분야에 배치되었으나, 북한당국의 정책이나 체제를 전적으로 지지하기는 어려웠다. 인제면 인민위원회 서기장 심일록은 일제시기 면서기를 하면서 주민들을 노무자로 보낸 이력이 있었는데, 해방 후 신민당에 가입했다가 노동당원이 되었다. 그는 신·공 합당 시 공산당 타도를 외쳤다가 법적으로 3개월간 유치당하기도 했다. 1948년 1월 15일에는 인제면 인민위원회 서기장으로서 유엔한국임시위원단을 비판 선전하는 임무로 출장 간 자리에서 "조선의 현실상

공산당은 있을 수 없다", "이남의 반동진영이 나쁘지 않다", "우익을 나쁘다고 하지 말라"는 선전을 했다는 이유로 출당되고 검찰소와 내무서에서 법적 처벌을 받았다.[258] 양구군의 한 민청원도 소년단 및 민청원에게 북한당국의 정책을 선전하지 않고 오히려 이를 비판했다가 적발되었다.[259] 일제 때 관공리였던 사람이 신·공 합당으로 노동당원이 되었지만, 그들은 북한당국을 비판했다. 북한당국을 비판할 경우 처벌되기는 했으나, 1948년 당시만 해도 북한당국의 정책을 선전해야 할 간부가 공공연히 당국의 정책을 비판하고 남한을 지지하는 발언을 하던 분위기가 존재했던 것이다.

'의형제'류의 소그룹도 결성되었다. 의형제 그룹(〈표 18〉)에는 비당원은 물론 노동당원·면인민위원장·리농민동맹위원장 등도 포함되어 있었다. 인제군당은 의형제그룹을 당내 종파를 조장하고 노동당을 파괴하려는 반당적 조직이라고 보았다. 이들은 북한의 개혁을 비방하거나 정책을 제대로 이행하지 않고 그룹활동을 했다는 비판을 받았다. 이들 중 일부는 월남했다.

의형제그룹에 비해 더욱 조직화된 그룹도 있었는데, 이 그룹들은 북한체제를 비방·반대하고 남한사회의 우월함 등을 선전했다. 가장 효과적인 선전은 북한체제의 불안정성, 즉 '곧 38선이 열리면서 북한이 남한에 점령될 것이며 그때를 대비해야'함을 은근히 퍼트리는 것이었다.[260]

인제군에서는 남면 관대리 결사사건(1948. 3. 25),[261] 평화당, 민족자결동지회 등이 적발되었다. 평화당은 준비기간이 1년 이상 걸렸는데, 1947년 3월부터 평화당원 모집이 이루어졌고 1948년 6월 1일 발족하였다.[262] 민족자결동지회는 신정식(회장), 최시규, 정대식, 심순흠, 정

<표 18> 인제군 내 의형제그룹과 반체제적 행위

주요 그룹	구성원		핵심인물의 이력과 활동			
	성명	성명	입당 당 (입당일)	이력	1948~49년 직급	반체제적 행위
9형제 그룹	노명출, 박준모, 김환길, 김봉일 (서화면 심적리 농민동맹위원장) (이상 당원), 기타 비당원 3명.	김춘욱	공산당 (1946. 6.5)	고용 7년, 농업 2년	서화면인민 위원회 위원 장·도인민 위원회 위원· 군당부 후보위원· 면당위원	권력화하여 서화면의 사업을 좌우하려 함. 자기 사업을 태공하며, 토지개혁법령을 위반, 고용주 옹호, 토지를 고용주에 나눠줌.
12형제 그룹	김기춘, 김칠성, 전인생, 김영운, 김시화, 박성구, 김운용, 김만석 (이상 당원), 기타 비당원 및 우당원 3명	김정현	신민당 (1946. 4.15)	농업 5년, 서화면 산림서 감수 9년, 면서기 5년	서화면 산림지서 지서장	과거 산림감수를 하며 주민을 착취하던 자. 지주 아들과 결합하여 당을 약화시키려 함. 출당 후 월남. 홍천군 두촌면사무소 산업계장.
8형제 그룹	김기동, 김봉상, 홍장길, 이주칠, 김용범, 김재부 (이상 당원), 기타 우당원 1명.	서금택	신민당 (1946. 6.13)	교원 12년, 교장 4년, 농업 1년	서화중학교 교장	서화중학교 신축 회의는 하지 않고 형제회 모임만 가짐. 학생들이 일본어· 일본창가를 해도 대책을 강구하지 않음. 월남.
		김봉상	신민당 (1946. 4.15)	춘천사범 학교 졸업 서화인민 학교 교장	서화중학교 교원	민주과업들을 비방. 서금택의 행동이 밝혀져 출당 당하고 월남하자, 김봉상도 월남 (1948. 8. 4). 춘천읍에서 학교 교원.

출처: 《北韓關係史料集》 제2권, 220~224쪽, 227~228쪽, 230~233쪽; 《北韓關係史料集》 제3권, 272쪽, 273쪽, 280쪽.

비고: '반체제적 행위'는 원문 그대로.

해동, 최정섭, 김정기, 신철우, 심영운, 심영철 등이 회원이었으며 1949년 7월 적발되었다. 신정식과 최정섭은 처남매부지간이었으며, 신정식의 부친(신철호)은 치과의사였고, 정대식은 인제읍 상동리 감리교 목사였다.[263] 정해동, 최정섭, 김정기는 모두 일본군(해군)에 다녀온 경험이 있었고, 나이도 비슷했다.[264] 이들은 "이남에서 서청원들이

들어오면 중요한 기관 책임자들을 암살한다!"는 선전을 하고 태극기를 제작했다.[265] 또 인제지역의 정보를 38선 이남 반공청년단이나 경찰에 제공했다. 일찌감치 노동당원이 되었던 김정기의 고발로 이 조직은 적발되었는데, 이들은 가옥과 토지 등을 몰수당하고, 인민위원회 재판에 회부되었으며, 검찰청과 재판소가 있던 원산으로 이송되어 징역 15년형을 받고 원산형무소에 감금되었다고 한다.[266] 마을에서는 일부 당원들이 민족자결동지회와 관련된 몇 사람들을 반동성이 있다면서 구타하고 축출하려 했다. 군당에서는 당원들의 이러한 행동을 법에 근거하지 않은 것이라 비판했다.[267]

조선민주당이 결성된 철원·김화·연천지역에서는 조선민주당을 중심으로 반공결사가 조직되었다. '조선민주당사건'으로 불리는 '반공애국단'이 조직되었다가 발각되었다(1946. 9~1947. 7. 23). 조선민주당은 당시 합법적인 정당이었으나, 여기에는 과거 지주들이나 일제식민기관의 사무직 경력자들이 가입하고 있었다. 이들도 북한의 일련의 정책들을 반대하여, 38선을 월경하면서 남한의 군경에게 북쪽의 정보를 제공했다.[268]

북한체제에 대한 반대·거부 움직임은 남한 국군·경찰·반공청년단 등의 침입과 38선 전투로 인해 더욱 용이해졌다. 38선 접경 이북지역은 38선과 비교적 거리가 먼 평북·함남·함북 등지와는 달리 남한의 직접적인 무장침입이 비교적 용이했고 잦았다. 인제에서는 1949년 한해에도 6월 귀둔분주소와 민가 방화, 7월 호림부대의 침입에 의한 북면 소비조합·용대상점·임산작업소 소각, 11월 북리·귀둔리·남면 반장동에서의 농가·곡식 방화사건 등이 벌어졌다.[269] 1949년 남한의 공격에 의한 피해인원은 피살자 40명, 납치 18명, 중상·경상자 22명,

도주자 38호에 156명이었다. 92두의 가축 피해, 136호의 가옥 소각, 1,127가마의 곡물이 피해를 입었다. 지역적으로 보면 호림부대의 침입을 받은 북면과 서화면에서 많은 피해가 있었고 대부분은 38선 지역에서 피해가 있었다.[270] 남한의 침입과 공격 와중에 다수의 월남자(38호, 156명)가 발생한 점도 주목된다.

38선 충돌은 말단 간부들도 동요케 했다. 세포부위원장(김철수)은 38선 접경지에서 남한 경찰 및 국군들의 사격에 대해 "30분만 있으면 이 가로등은 재가 된다"며 자신의 가족을 이사시키고 주민들에게 피난하라고 선동했다. 남면 가로 관개관리소 직맹위원장(이병선)도 "미국은 경제가 풍부하다", "민주와 반민주는 영원히 존재한다"는 등의 발언을 하면서 지역 경계경비에 참여하지 않았다.[271]

2-3. 월남과 반체제적 인물들의 청산

이처럼 지역 내에 머무르며 반체제적 움직임을 보이기도 했지만, 북한에 대한 반대·거부·부적응의 최종 선택은 38선 월남이었다. 월남은 그 자체로 북한에 대한 거부의사의 표현이었다. 38선 이북 사람들 중에 얼마나 많은 수가 월남했는지는 현재 정확히 확인하기 어렵지만, 인제군당의 당원 월남사례를 통해 그 경향성을 파악할 수 있다.[272] 이주철의 통계에 의하면, 인제군당 전체 당원 중에서 1948~1949년 출당자 478명 가운데 월남자 비율이 67.51퍼센트(323명)이다. 이 가운데 빈농성분이 256명, 중농 출신이 53명이다. 월남자는 수적으로 빈농 출신의 수가 중농 출신보다 많지만, 당원 중의 출신성분별 월남의 비율은 중농 출신이 높다.[273] 이는 당원 가운데 월남자를 추산한 것이므로, 가족 단위로 월경이 이루어졌다는 점과 비당원인 경우에도 월

남자가 있었을 것을 감안한다면 월남자 수는 훨씬 더 많았을 것이다.[274]

또 1948, 49년에 입당자보다 출당자 수가 많았는데, 출당 사유의 대부분이 월남이었다는 점을 고려하면 노동당원의 동요도 매우 심했다고 할 수 있다. 1948년 1년간 서화면당에서는 입당자가 69명인데 비해 출당자가 90명이고, 남면당에서는 입당자 33명에 반해 출당자 수가 37명으로 출당자 수가 더 많다. 출당자 대부분이 월남자임은 물론이다.[275] 1949년 상반기에도 서화면당에서는 입당자가 43명인데 비해 출당자가 37명이고, 남면에서는 입당자가 8명인데 출당자가 32명이었고, 군 전체 출당자 수가 93명인데 그 가운데 73명(78.5퍼센트)이 38선 이남으로의 도주 및 행방불명자였다.[276] 인제군당은 1949년도 월남자가 156명이나 된다고 추산했다.[277]

그들이 월남한 이유는 다음과 같다. 첫째, 각종 정책에 대한 불만이다. 특히 토지개혁에 대한 불만사례가 많았다. 지주나 지주의 자식에게는 토지몰수가 월남을 선택하는 결정적 이유였다. 지주인 경우 토지몰수 및 축출에 대한 불만을 가지고 있다가 "남한에서는 지주를 옹호한다"는 선전을 듣고 월남했다.[278] 출당자 중 중농성분의 월남비율이 높은 것은 토지개혁에 대한 불만으로 볼 수 있다. 이들은 대체로 '중농성분—중농 혹은 지주 출신—국문 해득 내지는 소학 졸업—신민당(입당 당)'의 기반을 가지고 있었다.[279] 토지소유의 경제적 기반과 지역사회에서의 정치적 권한 등의 기득권 유지가 어려워지자 월남을 택하였던 것이다.[280]

둘째, 당이나 정권기관에서 처벌을 받았거나 처벌받을 것에 대한 두려움으로 인한 월남이다. 노동당에서 출당·엄중경고 등의 처벌을 받았거나, 축우 밀매가 적발되자 법적 처벌을 받을 것을 두려워하던 중 월남했다.[281] 현물세 납부문제로 아버지가 리인민위원장과 말다툼하다가 잡혀가자 그 화가 자신에게 미칠 것을 염려하여 월남한 경우도 있었다.[282]

셋째, 38선 이남에 연고가 있는 경우이다. 토지가 남한지역에 있거나 친척들이 거주하고 있을 때 월남하는 경우가 많았는데, 특히 친척이 경찰이나 서북청년단 활동을 하는 경우 그러했다.[283]

넷째, 생활고는 월남의 중요한 이유였다. 앞의 세 이유가 정치적인 성격을 갖고 있었지만, 대부분의 농민은 식량난 및 생활형편 상의 이유로 월남했다. 〈표 19〉는 인제면·북면·남면당부에서 농민 이거상황을 조사하여 인제군당에 보고한 것인데, 생활곤란이 월남의 주요 이유였음을 잘 보여준다.

〈표 19〉를 조금더 상세히 살펴보면, 첫째, 이거는 대체로 비밀 월남(38선 이남 도주 42건)에 의해 발생했다. 소유 토지의 위치와 병치료 관계로 인한 38선 월경은 공개적으로 이루어졌고 어느 정도는 합법적인 범주에 있던 것으로 보인다. 하지만 그외의 월남은 '도주'로 규정되었다.

둘째, 월남은 가족 단위로 이루어졌다. 단신으로 월남한 경우는 3건이었으며, 적게는 2명에서 많게는 9명까지 가족 단위로 월남했음을 알 수 있다. 가족들이 이사하듯이 비밀리에 38선을 넘고 있었던 것이다.

셋째, 성분상으로는 빈농 45명, 고용자 1명, 중농 6명으로, 빈농성분이 대거 월남했다. 이는 빈농성분에서도 동요가 상당히 심각했음을 의미한다.

넷째, 당적 상으로는 무소속 34명, 노동당 18명으로, 노동당원에 비해 무소속이 두 배 가량 되지만, 상당히 많은 노동당원이 월남했음을 알 수 있다.

다섯째, 월남 이유는 대부분 식량이나 생활의 어려움(44건)이었다. 북한체제 반대와 같은 정치적 이유는 2건, 기타(토지 소재, 병 치료, 처가살이, 무조건) 6건이었다. 그리고 정치적 이유로 월남한 2건의 경우는 중농성분이었다. 이는 당시 월남이 정치적인 이유보다는 사회경제적 이유에 의한 것이었음을 의미한다.

여섯째, 빈농이면서 노동당원이었던 이들(16명)은 토지개혁의 혜택을 보았을 것으로 생각되지만, 결국 이들은 생활 곤란을 이유로 월남했다. 분배 토지면적이 많지도 않은 상태에서, 그리고 식량 및 생활이 현격하게 개선되지 않는 상황에서, 현물세·애국미·각종 잡세 등의 납부와 노력 동원 등은 인제지역민들에게 피로감을 주었을 것으로 생각된다. 토지 분배량이 적은 데 대한 불만을 가졌거나 남한에서 농민에게 양곡배급을 한다는 소문이 돌 경우 농민들은 더욱 동요했다.[284] 일제식민지시기부터 인제지역 주민들은 식량·생활곤란문제로 이동이 많았는데, 이러한 현상이 북한통치 초기에도 지속된 것이다.

월남이 계속되자 인제군당은 이거상황을 수시로 조사·파악했다. 1948년 3월 중하순 이동자·도주자와 그들의 이동토지에 대한 조사를 실시했다. 인제면에서는 '이동호수' 85호, '38이남 도주자' 49명으로 나타났다. 서화면에서 밝힌 이주 이유의 대부분은 생활곤란으로 인해 타군·면으로 이주했다는 것인데, '행방불명'이나 '38선 이남 도주'도 몇 명씩 포함되었다.[285]

월남자가 정착한 지역은 38선 접경지역이다. 홍천군과 춘천군에 정착한 사례가 제일 많고, 개성, 포천, 강릉 등도 있다. 특히 인제군의

<표 19> 농민 월남 및 이거상황과 이유(1947. 4)

면명	농호성명	가족수	농민성분	당 소속	리명	월남 및 이거 이유	월남 및 이거 형태
인제면	리종한	7	빈농	무소속	하추리	생활 곤란	이남 도주
	조용구	5	빈농	무소속	하추리	토지의 38이남 소재	이남 이사
	조금장	·	빈농	노동당	고사리	식량 곤란	도주
	황봉진	·	빈농	노동당	고사리	식량 곤란	도주
	최현진	6	빈농	무소속	진동리	식량 곤란	도주
	이설화	3	빈농	무소속	진동리	식량 곤란	도주
	박일용	5	빈농	무소속	진동리	식량 곤란	도주
	최명열	5	빈농	무소속	진동리	식량 곤란	도주
	이누성	9	중농	무소속	북리	병 치료	이남 병원 근처 이거
	이명근	4	빈농	무소속	원대리	무조건	이남 도주
	한선봉	3	빈농	무소속	원대리	생활 곤란 (본래 38이남 거주자. 38이북 토지를 경작하기 위해 왔었음)	도주
	윤봉용	5	중농	무소속	원대리	무조건	이남 도주
	심석빈	4	빈농	무소속	원대리	무조건	이남 도주
	김문홍	4	중농	무소속	상동리	이북정치 반대	이남 도주
	야석준	7	빈농	무소속	덕산리	식량 곤란	이남 도주
	최형규	2	빈농	무소속	덕산리	식량 곤란	이남 도주
	김재익	2	빈농	노동당	덕적리	식량 곤란	이남 도주
	고승업	4	빈농	무소속	덕적리	식량 곤란	이남 도주
	김인철	1	빈농	노동당	귀둔리	식량 곤란	이남 도주
	조인구	3	빈농	노동당	귀둔리	식량 곤란	이남 도주
	이인재	3	빈농	무소속	귀둔리	식량 곤란	이남 도주
	양만석	4	빈농	무소속	귀둔리	식량 곤란	이남 도주
	김상배	4	빈농	무소속	귀둔리	식량 곤란	이남 도주
	이범용	3	빈농	무소속	귀둔리	식량 곤란	이남 도주
	박기영	5	빈농	무소속	합강리	식량 곤란	이남 도주
	박기운	5	빈농	무소속	합강리	식량 곤란	이남 도주
	김봉철	4	빈농	무소속	합강리	식량 곤란	이남 도주
	최인식	4	빈농	무소속	합강리	식량 곤란	이남 도주
	변봉운	8	빈농	무소속	합강리	식량 곤란	이남 도주

면	이름						
북면	증석인	2	빈농	비당원	월학리 송학동	생활 곤란	이남 도주
	증현유	1	빈농	노동당	월학리 송학동	생활 곤란	이남 도주
	증현순	2	빈농	노동당	월학리 송학동	생활 곤란	행방불명
남면	심흥섭	4	빈농	노동당	두무리	식량 관계	이남 도주
	차병일	2	빈농	노동당	두무리	식량 관계	이남 도주
	김철일	2	빈농	노동당	두무리	식량 관계	이남 도주
	김인군	·	빈농	노동당	두무리	식량 관계	이남 도주
	박동식	·	빈농	노동당	두무리	식량 관계	이남 도주
	장영용	4	빈농	노동당	남전2구	식량 관계	이남 도주
	이도춘	3	빈농	노동당	남전2구	식량 관계	이남 도주
	김철배	3	빈농	노동당	남전2구	식량 관계	이남 도주
	이복길	1	빈농	무소속	남전2구	식량 관계	이남 도주
	이영복	4	빈농	무소속	남전2구	식량 관계	이남 도주
	최돈규	·	고용자	무소속	신월리	처가살이를 싫어하여	이남 도주
	홍익수	9	중농	노동당	남전리	이북정치 반대, 의식적 반동	이남 도주
	임호경	5	빈농	무소속	남전리	식량 곤란	이남 도주
	이유복	4	빈농	무소속	남전리	식량 곤란	이남 도주
	홍기화	4	빈농	무소속	남전리	식량 곤란	이남 도주
	심성팔	3	중농	무소속	관대리	식량 곤란	이남 도주
	최덕염	4	빈농	무소속	관대리	식량 곤란	이남 도주
	심유흠	5	빈농	무소속	관대리	식량 곤란	이남 도주
	장종성	5	빈농	노동당	관대리	식량 곤란	이남 도주
	홍종필	7	중농	노동당	관대리	식량 곤란	이남 도주

출처: 〈인제군 인제면당부 위원장 김홍순→인제군당부위원장: 38이남도주농호보고의건〉(1947. 4. 19); 〈인제군 북면당부 위원장 이천수→인제군당부위원장: 농민이거조사에 대한 건〉(1947. 4. 28); 〈인제군 남면당부 위원장 심상태→인제군당부위원장: 농민이거조사에 대한 건〉(1947. 4. 5) (이상 통일부 북한자료센터 소장).

비고: 월남 이유·형태는 원문 그대로.

남쪽에 접한 홍천군 두촌면, 신남면, 기린면, 상남면 등에 터전을 잡았다. 월남자들은 대체로 농업이나 상업 등에 종사했으며 사무직 경력자는 교원이나 면사무소 직원으로 채용되었다.[286] 경찰이 되거나 서북청년단 등의 반공청년단에 가입하여 반북활동을 하는 경우도 있었다.[287] 월남자들의 정착지역 및 행적도 흥미롭지만, 이를 38선 이북의 인제군당국이 파악하고 있었다는 점 역시 놀랍다.

2-4. 열린 경계 38선

이와 같이 대대적인 월남이 이루어진 것이나 이를 인제군당국이 파악할 수 있던 것은 38선이라는 경계선 상황과 관련 있었다. 38선은 임시 경계선이자 남북 국경선이었다. 38선이 획정된 이후 미군과 소련군이 경계를 섰고, 남북한 두 정부가 수립된 이후에는 양군의 철군과 더불어 남북 양측이 경계를 섰다. 이러한 상황에 대해 북한 지도부는 미소 양군 간의 임시적 계선界線이던 38선이 국경 비슷하게 바뀌었다고 인식했고,[288] 38선은 남북의 국경선 같은 성격으로 변화했지만, 38선 접경지역에서 38선은 '열린 경계선'이었다.

월남하다 발각될 경우 처벌받을 것은 분명했으나, 사람들은 불리한 일이 생겼을 때 월경을 생각했다. 그들에게 38선은 마음만 먹으면 언제든지 넘을 수 있는 선이었다. 공공연히 세포위원에게 욕설하며 "이놈들을 때때 주기고 38이남에 가면 고만이지"라는 말을 할 정도였다.[289] 1948년 6월에는 하루에도 몇 건씩의 월남이 행해졌다.[290] 수차례 38선을 월경하면서 장사를 했고,[291] 친인척들 간에도 38선을 넘어 왕래가 잦았다. 월남한 자가 다시 월북한 경우도 있었다. 특히 가족 전체가 월남할 때는 은밀하고도 오랜 월남 준비가 이루어졌다. 미리 가산을 처분했고 인부 서넛을 구해 짐을 옮겼으며, 월경 길을 파악하는 등의 월경 연습을 했고, 심지어 38선 이남에 살 집을 마련해두기도 했다. 마을 사람들이 공공연히 말하지는 않아도 어느 집이 월남하는지 눈치를 챌 정도였다.[292] 하지만 월남하다가 인민군에게 적발되면 처벌을 받는 것은 물론이고 38선 경비대나 국군에게 적발되어도 첩자로 의심받아서 고문당하는 일 또한 허다했다.[293] 남북의 일반 주민들, 정치인, 상인, 군인이 정치, 경제, 사회, 군사적인 이유로 38선을 넘나들었다.

38선상에서의 남북교역은 공식적이면서도 비공식적이었고, 경제적이면서도 정치군사적이었다. 1947년 5월 22일 미군과 소련군의 합의에 의해 공식적인 남북교역이 시작되어, 1949년 3월 31일 금지될 때까지 약 2년간 지속되었다. 포천군 영중면 양문리, 파주 토성, 춘천, 그리고 인제에서는 인제읍 관대리와 기린면 부평리가 대표적인 교역 장소였다. 여기서 북한의 북어, 카바이드, 오징어, 인삼 등과 남한의 의약품, 전기용품, 생고무, 자동차부속품, 광목 등이 물물교환되었다.[294] 정부 수립 이후에는 남한에서 올라가는 물자는 모두 상공부의 인가를 받아야 했고, 북에서 가져온 물자도 모두 상공부에 보고를 해야 했다. 그러나 운수경찰, 역 직원, 상공부 직원, 헌병 등을 매수하여 물자를 통과시키는 경우도 많았다.[295] 남북한 가격차를 이용한 거래도 있었는데, 소 한 마리 값이 북에서는 최고가 1만 5천 원인데 반해 남에서는 6만 원을 받을 수 있었기 때문에 북에서 월경을 감행해 소장수로 나서기도 했다.[296]

인제군당 및 인제군 내무서에서도 대남사업을 했다. 군당위원장 김병홍이 당 재정확보를 명목으로 불법적으로 대남장사를 했는데, 후임 송갑수 군당위원장도 38선 이남을 상대로 감초장사를 하여 문제가 되었다. 군소비조합위원장도 소비조합 상품을 38선 이남에 넘겼다가 손실을 본 것으로 인민재판에서 2년형을 받았다.[297] 내무서장과 내무서 정보계장도 38선 이남 물품을 인제군 각 상점에 팔거나, 38선 이남으로 월경하는 물품(소, 북어 등)을 압수하여 개인이 소비하기도 했다.[298] 38선 이남과의 교류를 통제할 책임이 있는 군당 및 내무서, 그리고 인제군에서의 유통을 맡은 소비조합의 각 책임자가 38선 이남을 대상으로 장사를 한 것이다. 또 무단월경을 막아야 할 자위대[299] 소대장도 뇌물을 받고 월남을 방조했다.[300]

　38선 일대는 남북한 정세에 대한 정보가 오가고, 주요 인물 또는 집단을 월북·월남시키기 위해서도 넘나드는 공간이었다.[301] 인제지역과 관련한 대표적인 사건은 북한 중앙정보처 소속 대남공작원 김기환 등의 대남정보 수집(1946. 9~1949. 1)과 표무원·강태무 대대 월북사건(1949. 5)이다. 당시 북한은 38선 접경지역 소재 각 군軍에 대남 정보책임자를 주재시켜 대남공작원을 지휘하고 있었다. 인제군당 선전부장 김기환(1946년 7월 23일 북조선노동당 입당)은 1946년 9월 7일 북한군 38연단 9연대 정보계장의 권유로 9연대의 대남공작원이 되어, 남한 정부·제 정당·사회단체의 동향 및 정세 등 정보 수집을 위해 38선 월경을 반복했다.[302] 또한 '대한민국 창군 이래 최대의 월북사건'이라 일컬어지는 표무원·강태무 대대의 월북사건도 벌어졌다. 홍천 주둔 제1여단 제8연대 제2대대장 강태무는 인제로, 춘천 주둔 제1대대장 표무원은 춘천으로 자신의 부대를 이끌고 월북했다. 홍천에 있던 강태무 부대를 안내한 것이 인제 내무서장이었다.[303]

　이와 같은 사례는 해방 직후 한국전쟁 전까지 38선의 상태를 잘 보여준다. 남북한은 서로를 적대시하며 끊임없이 38선 월경을 통제하고자 했으나, 38선 접경지역에 있던 주민들은 38선을 정치적 선택의 기

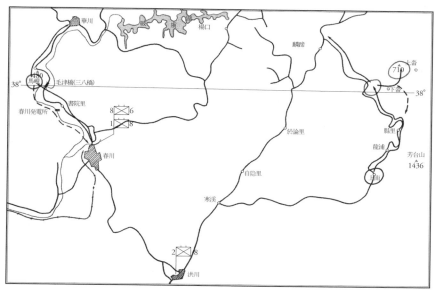

표무원·강태무 대대 월북 경과요도.
출처: 국방부 전사편찬위원회, 1967 앞의 책, 417쪽.

전선에 출동하는 표무원·강태무 부대.
출처: NARA, RG 242, SA 2009, Box 9, Item 74.

착지, 가족이나 토지를 찾거나 식량상황이나 생활을 개선하기 위해 넘어야 할 선, 경제교역시장 등으로 여겼다. 38선 월경을 통제·관리하던 남북당국도 이러한 상황을 이용하여 정보를 수집했다.

인제지역의 사례는 월남이 정치사상적 요인과 사회경제적 요인 모두에 의해 이루어진 것임을 보여준다. 기존 연구들이 해방 이후 전쟁 이전 월남 원인을 북한체제 반대 및 반공주의와 생활난 중 어느 한 측면을 강조했던 것과 차이가 있다 하겠다.[304] 우선, 인제주민의 월남은 비록 수적으로는 소수라 하더라도 비율상으로는 중산층 이상에서 높으며, 그들의 경우에는 북한체제에 대한 반대가 주된 월남 이유였다. 그리고 그들의 월남은 역설적으로 북한체제의 안정화에 기여했다. 북한에 대한 반체제적 인사들의 월남은 그들의 불만이나 갈등이 북한 내부에서 표출되기보다는 밖으로 해소되는 기능을 했다. 주지하듯이, 이는 북한 내부에서 강한 반발이나 큰 충돌 없이 여러 개혁들이 추진될 수 있던 요인으로 작용했다. 다른 한편, 인제주민의 월남은 수적으로는 생활난 등의 사회경제적 이유가 대다수를 차지했다. 북한이 체제 구축 및 유지의 주력으로 삼고자 한 빈농성분의, 토지를 분배받은 노동당원들조차도 식량난·생활난으로 대거 월남했다. 이러한 월남은 북한사회의 불안정성을 반증하는 것이기도 했다. 정치적 이유든, 사회경제적 이유든 동요하는 사람들이 많았음을, 북한체제가 그들을 흡수·안정화시키지 못하고 있음을 의미하는 것이었다.

2-5. '38선 접경사업' 강화

북한은 38선 접경지역 주민들의 동요와 월경을 막고, 38선 충돌에서 우위에 서고자 했다. 이를 위해 38선 접경지역에서 선전·조직사업을 확대·강화했다. 자위대 중앙본부와 강원도당은 '38선 접경사업'들을 결정·지시했고,[305] 그에 따라 인제군에서도 접경지역으로서의 관련 사업들이 진행되었다.

인제군당은 주민의 동요원인이 선전사업의 미약함에 있다고 보았다. 그래서 남한의 열악한 생활상과 항쟁과 같은 남한정세에 대한 자료를 작성하여 강습회를 열고, 각종 표어나 벽보를 붙이고, 독보회·좌담회를 갖고, 자위대원에 대한 위안사업 등을 전개했다.[306]

인제군의 자위대 조직도 확대, 강화되었다. 1946년 4월 향촌보위대로 출발한 인제군의 자위대는 1946년 7월 10일 소대장 노동당원 변창섭과 대원 145명으로 개편되었으며, 4개소의 고정 경비장소와 이동 경비원을 배치하는 것으로 시작했다.[307] 이후 몇 차례 조직의 확대개편이 이루어졌는데, 특히 1949년은 자위대 조직체계의 완비작업이 집중적으로 전개된 해였다. 38선 충돌이 정점에 달했던 1949년 여름을 지나[308] 1949년 하반기에 이르면, 모든 사회단체가 자위대 조직에 망라되고, 행정구역상으로도 리와 인민반까지 자위대 조직으로 편성되었다. 1949년 12월 22일 현재 인제군 전체 인구 3만 3,722명의 24.6퍼센트인 1만 295명(남 5,130명, 여 3,165명)이 자위대원이 되었는데, 이는 대상자 1만 1,740명의 70.6퍼센트였다. 연령상으로도 16세 이상 45세 이하까지 포괄되었다.[309] 이와 같은 자위대 조직의 확대강화는 인제주민에 대한 항시적 군사동원과 상호 통제 및 감시 강화가 이루어지기 시작했음을 의미했다.

당·정·사회단체의 협력구조

3-1. 관개사업 추진과 당·정·사회단체의 역할

지역 권력구조의 변화는 새로운 층의 부상, 기존세력의 협력과 반발 (월남) 그리고 이에 대한 당국의 흡수와 청산 외에도 새로운 조직들의 탄생과 조직 간 관계에서도 나타났다. 인제군에는 정권기관인 인민위원회가 군, 면, 리에 설립되어 있었으며, 노동당이 군, 면, 리 수준과 세포로서 결성되어 있었고, 사회단체가 농민동맹, 민주청년동맹, 여성동맹, 직업동맹 등으로 편성되어 있었다. 문제는 이 조직들 각각의 역할 설정과 그들 간의 관계 정립이었다. 이를 이해하기 위해서는 실제로 정책을 추진하는 과정에서 그 관계가 어떠했는지, 또 중앙의 제도적 조치들이 지방사회에 어떠한 방식으로 실현 혹은 변형되었는지 등을 살펴보아야 한다. 여기서는 '인제군의 1대사업'으로 명명될 정도로 중시되며 추진된 관개사업灌漑事業[310]의 사례를 중심으로 살펴보자.

당시 관개사업은 식량부족문제의 해결과 인민경제계획의 완수와 관련하여 북한의 핵심적인 농업정책이었는데, 인제군에서도 예외가 아니었다.[311] 특히 남면의 관개사업은 전군全郡 차원에서 진행된 사업이었기 때문에, 인제군의 모든 당·인민위원회·사회단체와 주민들이 동원되었다. 〈표 20〉은 인제군 남면 관대리 개답공사와 관련하여 각 조직의 업무와 진행상황을 정리한 것인데, 사업 추진과정에서 각 조직의 역할과 관계를 잘 보여준다.

3-2. 논의의 시작과 기획: 인제군 연석회의와 군당

관개사업에 관한 첫 논의는 남면 인민위원회·정당·사회단체 연석회의(1946. 11. 27)에서 보인다. 이 회의에서 1947년 봄에 관대리평야 및 남전리평야에 수리사업을 실시하기로 결정했으며, 재정을 비롯한 모든 절차의 구체적인 계획을 면인민위원장이 세우도록 결정했다. 이 결정이 이루어진 때가 북조선임시인민위원회 농림국장 이순근이 논면적 확장계획을 발표한 시기와 거의 비슷한 것으로 보아[312] 인제군의 관개사업은 강원도나 중앙의 지시와 무관하지 않아 보인다.

인제군의 당·정·사회단체 연석회의는 관개사업 추진에서 중요한 역할을 했다. 남면 연석회의에서 수리사업 실시 결정과 구체계획의 수립 등을 결정한 것처럼, 인제군 연석회의도 주요사업 추진여부를 결정하고, 그에 따른 기본적인 원칙들을 논의하였다. 1948년 1월 17일 개최된 인제군 각 기관책임자 연석회의는 관개사업상황을 검토하고 사업의 추진을 재결정하면서, 노동당·인민위원회·사회단체 간의 대략적인 업무분담을 했다.

인제군당은 모든 면당에 토지개량 및 개간 가능한 땅을 조사하여 보고하도록 하였다. 이 공문을 받은 면당은 농민동맹으로 하여금 현

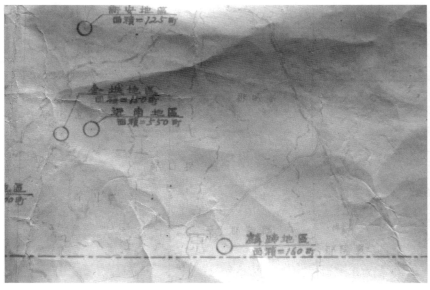

관개사업 예정지구 일람도.
하단부 오른쪽에 "麟蹄地區 面積=160町"이라 표기되어 있다.
출처: NARA, RG 242, SA 2006, Box 14, Item 66A.

〈표 20〉 인제군 남면 관대리 관개사업 관련 각 조직의 역할분담과 진행

날짜	주체	회의 및 하부조직	결정사항 및 역할 분담
1946.11.27		남면 인민위·정당·사회단체 연석회의	• 관대평야 및 남전리평야에 수리사업 실시 결정. • 모든 절차계획은 면인민위원장에게 맡김.
1947.1.23	군당	군당에서 면당에 보내는 공문	• 토지개량 및 개간 적지를 조사하여 보고할 것.
1947.2.10	면당	면당에서 군당에 보내는 공문	• 토지개량 및 개간 적지 조사 보고서 제출
1947.9.13	군당	상무위원회	• 개답공사 실시 논의 및 결정
1947년 하반기	군인위	인민위원회	• 군당 상무위원회의 결정을 구체화
1947.10.14	군인위	관개관리촉성위원회 (=관개관리소)	• 창립과 1차 회의
1947.11.19	군당	상무위원회	• 개답공사 진행상황 논의
1947.11.22	군인위당조	당조회의	• 군당상무위 결정서(1947.11.19) 낭독. 검열사업 강조
1947년 말		1947년도 관개공사 총계획의 28퍼센트만 진행되고 중지됨.	
1948.1.17		인제군 각 기관책임자 연석회의	• 노무조직(1인당 9일씩 배정) 등 논의
1948.1.23	군인위당조	당조회의	• 개답공사 관련 논의
1948.1.23	군인위	제18차 군인민위원회 개최	• 5월 말 이내로 개답공사를 완수하기로 함. • 도급제를 실시토록 함. • 역할분담

		기획과장, 로동과장, 내무서장	• 노력 동원
1948.1.23 ~2.17	군 인위	남면인민위원장	• 노력 동원
		군농맹위원장, 군민청위원장	• 각 조직을 통해 노력 동원
		선전과장	• 선전사업
		양정과장, 남면 관개관리소장	• 동원 농민의 식량을 도에서 대여 받도록 함.
		남면 인민위원장, 남면 관개관리소장	• 부식물과 숙소 준비
		교육과장, 선전과장	• 학생가창대 조직
		보건과장	• 전염병 예방 및 부상자 치료
1948.1.23 ~2.17	민전		• 선전
1948.1.25	면당	남면당부 제2차 대표자회의	• 개답공사의 의의와 노무 동원에 대한 논의 • 면당위원회 및 각 세포위원장의 책임 강조
1948.1.27	면당	북면당부 제2차 대표자회의	• 개답공사의 의의와 지원 논의
1948.1.27	면당	서화면당 제2차 대표자회의	• 개답공사의 의의와 지원 논의
1948.1.28	면당	인제면당 제2차 대표자회의	• 개답공사의 의의와 지원 논의
1948.2.17	군당	인제군당 상무위원회	• 관개공사에 대한 보고를 청취, 토론, 결정. • 4월 말(이앙 전)까지 개답공사 완수하기로 결정.
1948.2.17	군당	군농맹·군민청· 군여맹·군인위 당조	• 당원 1일 이상 의무적 동원
1948.2.17	군당	세포위원장	• 당원 1일 이상 의무적 동원

날짜	단위	대상	내용
1948.2.17	군당	군인위 당조, 각 면당, 세포위원장	• 숙박장소 준비, 노무 동원
1948.2.17	면인위	남면 분주소장	• 경비 강화
1948.3.2	면당	남면당위원회 (남면당위원회)	• 4월 말(이앙 전)까지 개답공사 완수하기 위한 논의
		면인민위원장 (당원)	• 인민반 단위 경쟁운동을 통한 동원, 숙박장소 준비
		세포위원장	• 당원 1일 이상 의무적 동원
		사회단체 책임자 (당원)	• 맹원 1일 이상 의무적 동원
1948.3.1 ~3.10	군당	농민부	• 남면 관개관리 공사에 노력 동원에 대한 협조사업 지도할 것.
1948.3.7	세포	농촌세포 세포위원장 회의	• 3월 21일부터 남면 개답공사에 동원할 것을 취급하고 준비 시작
1948.3.7	군당	청년사업부	• 남면 개답사업 공사 노력조직 및 춘기파종사업 돌격운동 조직에 대한 논의
1948.3.9	면당	남면당위원회	• 당원의 의무적 동원 강조(세포에서는 3월 15일, 면 소재지 기관에 있는 당원은 3월 31일 동원)
1948.3.10	군당	선전선동부	• 벽보 만화·도표 공작: 도표 1948년 인민 경제계획 숫자, 남면 개답사업, 전기가설에 대한 것
1948.3.29 (30)	군당	농민부	• 군인위 당조에서 남면 관개공사 정형에 대한 정형보고 받을 것.

1948.3.29 (30)	군당	상무위원회	• 남면 관대리 개답공사 진행정형에 대한 보고
1948.3.30	군당	선전선동부	• 남면개답사업과 전기가설사업에 대한 선전계획서를 구체화
1948.3.31	면당	남면당위원회	• 신개답에 쓰일 벼종자를 3월 31일까지 농민들에게 지급할 것을 지시 (면 인민위원장(당원), 농맹위원장, 각 세포위원장 등이 책임)
3월 말 ~4월 초	군인 위	관개관리촉성위원회	• 제2차 회의
1948.4.25	면당	남면당위원회	• 신개답 이앙을 위한 동원문제 논의 (주권기관과 사회단체 내 당원들은 자기 조직을 통해 군중 동원, 축력은 각 세포위원장이, 총책임은 면인민위원장과 면 농맹위원장에게 위임)
1948.5초	인위	중앙전기부, 화천·양 구·인제 3군, 도인민위원회 위원 회의	• 화천—인제간 전기가설공사와 개답공사가 겹쳐 관개공사에 지장을 초래하자 개답공사를 우선하고 전기가설사업 준비를 5월 말까지 하기로 결정
1948.5말	관대리 개답공사 1차 완료 (24정보 개답, 미개답 80정보는 1949년 이앙기까지 개답완료하기로 함)		

출처: 〈인제군당부위원장→각면당부위원장: 토지개혁과 개간사업에 대하야〉(1947) 《北朝鮮經濟資料集
成》 제8권, 157~158쪽; 《北韓關係史料集》 제2~4권, 제15권, 제18권; 〈인제군당 군인민위원회 당
조회의 회의록 제21호: 1947년도 인제군 인민위원회 당조사업 총결보고〉(1948. 1. 23); 〈인제군당
군인민위원회 당조 회의록 제18호: 남면관대리개답공사검열에 대하야〉(1947. 11. 22) 등의 확인
가능한 자료들을 토대로 필자 재구성.

수준에서 개량 가능한 곳의 설계·소요물자·증산수량·몽리면적 등을
조사하도록 하였다.[313] 군당이 인제군 전체의 관개사업을 기획하고,
그 가능여부를 각 면당이 조사·보고하는 과정을 밟은 것이다.

　개량·개간이 가능한 토지가 전반적으로 파악된 후에, 수리사업 실
시 순서가 정해졌다. 당초 남면인민위원장은 관대리와 남전리평야의
개답을 1947년도에 실시하겠다고 했지만, 물자와 노동력의 부족으로

두 곳에서의 개답을 동시에 진행하기는 불가능했다. 그래서 관대리평야의 일부를 먼저 1947~48년에 개답한 후, 그 경험을 토대로 1948~49년에 남전리평야와 나머지 관대리평야를 개답하기로 결정하였다. 1947년 상반기에 인제군 전체의 관개사업이 계획되고 1947년 하반기부터 그 일부로서 관대리 개답사업이 시작했다.

3-3. 관개사업의 집행: 인민위원회

군인민위원회는 주로 실질적인 사업의 집행을 맡았다. 타 조직들과의 논의 결과 관개사업 시행이 결정되자, 군인민위원회는 구체적인 계획안을 마련하였다. 계획안은 소요예산, 자재와 노력 동원, 일시 등에 대한 계획표였다. 기획과나 노동과를 중심으로 계획안을 만들었고 이를 토대로 군인민위원회 상무위원회에서 토론해 결정하였다.

군인민위원회 상무위원회에서는 사업집행을 위해 역할을 분담했다. 우선, 군인민위원회는 예산이나 시멘트, 철근, 목재 등의 물자를 도인민위원회와 조정해 받아오도록 했는데, 농림국에서 관할하던 설비와 자재를 지급받기 위한 것이었다. 기획과, 노동과, 선전과, 교육과 등은 각 부서별 고유의 역할을 맡았고, 하부조직인 면인민위원회는 노력동원 및 숙소준비를 맡았다.

이때의 논의 결과는 〈결정서〉의 형태로 구성부서 및 하부조직에 전달되었다. 며칠 뒤 면인민위원회가 개최되었고, 그 후에는 리인민위원회가 열렸다. 이런 과정을 거쳐 군인민위원회의 결정사항이 각 면별, 각 리별 상황에 맞게 주민들에게 전달되었다.[314] 이후 노력동원 등의 사업이 진행되었다. 그리고 노동과장은 동원상황을 검열 지도하였다.[315]

군인민위원회 산하에는 관개관리촉성위원회(관개관리소)도 만들어졌다. 이는 북조선인민위원회 농림국 산하 관개관리부가 인제군에 설치된 것이었다. 인제군의 관개관리소는 관개시설 건설에 쓰일 물자와 노동력 제공을 군인민위원회에 요청하고, 동원된 노동자들 간에 각종 경쟁운동을 벌여 건설의욕을 발휘하도록 하였다. 노동자에 대한 임금 지급도 관개관리소에서 담당하였다.

이와 같이 군인민위원회 상무위원회는 개답사업과 관련하여 계획안을 마련하고, 적절한 역할분담을 하고, 사업을 추진했으며, 다시 자체적으로 검열 지도하는 방식을 취하였다.

3-4. 관개사업에 대한 방조傍助: 노동당

인제군의 노동당은 관개사업의 추진과 완수를 적극적으로 도왔다. 노동당은 각급 당·단체와 당원들이 타 기관이나 타인의 모범이 되어야 한다고 규정하면서, 각 기관이나 사업소에 소속된 당원들이 해당조직에서 솔선수범해 활동하도록 했다. 관개사업의 경우, 인민위원회 내에 있는 당원들이 해당사업을 적극 방조·협조하도록 했다. 노동당은 사업의 원활한 진행과 완수를 위해 사업의 의의를 선전하고 당원을 노력 동원하는 것은 물론, 당의 입장이 각급 단위의 기관·조직에 관철되도록 했다. 사업완수를 위한 선전과 당원의 노동력 동원이 상대적으로 소극적이고 실무적인 방조라면, 당내 조직들을 통해 당의 입장이 각급 기관에 관철되도록 하는 것은 적극적이고 주도적인 방조라 할 수 있다. 그런데 후자와 같은 역할은 당시나 후대 연구자들에게 노동당과 타 기관의 관계에 대해 많은 오해와 혼동을 낳기도 했다.

우선, 인제군당 상무위원회는 군당·면당위원장은 물론이고 인민위원회·사회단체 간부들도 참석하여 각종 사업에 대한 의사결정을 했다. 관개사업의 경우, 그 진행상황이 청취, 토론, 결정되었다. 또 면당위원회는 상급당인 군당 상무위원회의 지시를 받아 집행했는데, 이때 면 인민위원회·사회단체 책임자와 세포위원장도 참석하여 의사결정 과정에 참여했다.

그런데 군당 상무위원회에 참석한 각 책임자들은 대체로 당조黨組 책임자를 겸했다. 당조는 군급 인민위원회나 사회단체·직장 등에 설치된 당조직이었고, 해당기관의 상무위원회가 열리기 전에 군당 상무위원회의 결정사항을 구체적으로 논의하고, 해당기관의 사업에 노동당의 입장이 관철되도록 하는 역할을 맡고 있었다.[316] 당조가 설치되지 않은 면 단위에서는, 당시 대체로 각 기관의 책임자가 당원이었는데, 면당위원회는 책임자들에게 '당원'이라는 점을 강조하면서, 그들이 각 기관·직장에서 사업을 진행할 때 당의 정책을 반영하도록 요구했다.

관개사업을 비롯해 제 사업을 추진함에 있어, 군당 상무위는 각 기관의 당조책임자에게, 면당 상무위는 당원인 각 기관책임자에게 역할을 분담한 것이다. 이는 군당의 인민위원회나 사회단체에 대한 직접적인 지시라기보다는 당원을 통해 인민위원회나 사회단체에 당의 의사를 관철하려는 모습을 보여준다. 사업추진이 당적 연결선상에서 이루어졌다고 할 수 있다.

그런데 이는 오해나 혼동의 소지가 많았다. 얼핏 보면, 군 단위에서는 군당이 군인민위원회를, 면 단위에서는 면당이 면인민위원회를 지배하고, 당이 인민위원회 사업을 집행하는 것 같이 보이는 것이다. 당시 당간부들도 헷갈려하곤 했다. 때로는 당간부가 인민위원회나 사회단체, 직장 등의 사업을 대행하거나 간섭하는 일들도 벌어졌다. 때문에 북한지도부는 노동당이 타 기관을 지배하는 관계가 아님을 아래와 같이 거듭 강조했다.

인민위원회를 적극적으로 내세우며 모든 법령의 구체적 실시에 힘써야 한다. 그런데 아직까지 인민위원회를 대신하려 하고 독차지하려 하는 당원이 있다. 인민위원회는 공산당의 인민위원회가 아니며 로동당·민주당·청우당·기타 전조선 인민들의 인민위원회이다. ……어떤 동무들은 우리 로동당만이 사회단체를 영도해야 된다는 인식을 가졌는데 이것은 옳지 못하다. 우리 당이 사회단체를 독차지 할 것이 아니라 우리 당 당원들이 사회단체 내에서 가장 모범적인 작용을 함으로써 사회단체를 옳은 길로 인도해야 한다.[317]

노동당이 지도적 역량을 가진 당 중의 하나라고 해서 당이 직접 국가기관의 정권을 실시한다는 것을 의미함이 아니다. 당의 지도적 역할과 국가정권은 동일하지 않고 서로 상이하다. ……당단체(당세포)가 직장 내 행정당국의 직무상 처리에 직접 간섭하며 행정당국의 권리를 남용하라는 것이 아니라, 당세포는 직장 행정당국에 있는 당원들을 경유하여 직장의 사업을 당적 방향에 맞추어 지도 ……당기관들이 정치적 지도기관의 의의를 망각하고 인민위원회나 기타 경리기관들의 권리를 남용하지 말라는 것을 의미함이다.[318]

남면 관개사업은 인제의 모든 조직들이 참여하여 전개되었다. 그리고 각 기관 및 조직 내·외간에 역할을 분담했다. 관개사업에 관한 전반적인 계획은 인민위원회·정당·사회단체 연석회의에서 마련되었고, 이후 군당 상무위원회에서 결정되었고, 인민위원회는 세부 실행안의 마련 및 집행을 담당했다. 사업 진행에 있어서 당은 당적 연결선상에서, 인민위원회는 인민위원회 간에 연결되어 역할분담을 했고, 이것이 각 조직 내부의 종적 연결망이라 할 수 있다. 조직 간 횡적 연결망 하에서도 사업이 추진되었는데, 횡적 연결망이란 당과 인민위원회, 당과 사회단체 간의 관계를 말하며, 그 연결고리는 당조였다.

3-5. 정책 집행과정과 당조의 위상

당조는 1947년 2월 7일 당중앙상무위원회의 결정으로, 각급 인민위원회와 사회단체 등에 설치되었다. 당조는 해당조직의 핵심간부들을 중심으로 구성되었고, 해당조직의 책임자가 당조위원장을 겸하도록 했다. 인제군의 민주청년동맹은 1947년 3월 25일(3월 22일 군당 지시), 여성동맹은 4월 12일, 농민동맹은 4월 15일, 소비조합은 6월 16일, 직업동맹은 3월 30일에 각각 당조를 결성했다.

당조 설치는 타 기관·조직에 대한 당의 영향력을 강화하기 위한 것이었다. 인민위원회나 사회단체 등은 민주주의민족통일전선에 기초해 세워졌으므로, 여기에는 노동당원만이 아니라 타 당원이나 무소속 인사들도 소속되어 있었다.[319] 다양한 사회경제적 배경을 가진 인사들로 구성된 기관·조직에 당조를 둠으로써, 해당조직의 사업추진에 노동당의 입장을 관철시키고자 한 것이다. 인제군의 각 당조는 상급 당의 지시를 연구하고, 당의 정책을 자체조직 내에 침투시키며, 상급 당 결정의 집행상황을 검토함으로써 해당조직의 사업을 당 차원에서 보장하는 기능을 하도록 요구받았다. 이는 '통일전선'을 바탕으로 하는 정치구조를 형성·유지하면서도, 당조를 통해 당의 방침을 관철시키고자 하는 노동당의 의지를 보여준다. 이는 당시 북한이 사회주의가 아닌 인민민주주의체제 구축을 지향했던 상황에서 나올 수밖에 없던 당과 타 기관과의 관계상의 특징이다.

당조 설치는 기본적으로 당, 인민위원회, 사회단체가 각각 고유의 위상과 기능을 갖는 개별조직이었던 데서 생기는 문제였다. 별개의 조직인 인민위원회와 사회단체에 어떻게 노동당의 영향력을 미칠 것인가를 모색하면서 나온 것이었다. 인민위원회와 사회단체에 당원들이 포진해 있었지만, 당시 거의 모든 조직이 통일전선적으로 구성된 상태에서 노동당의 입장을 관철하기에는 역부족이었다. 해당기관에 속한 당원들의 의사를 통일하여 당의 정책이 관철되도록 하는 게 필요했고, 그래서 설치한 것이 당조였다. 이런 측면에서 당이 정권기관을 지배하는 '당—국가체제'의 근거가 되어온 당조는 달리 해석될 여지가 있다. 당시 당조의 설치는 사회주의체제인 당—국가체제 수립의 전제라기보다는 오히려 인민민주주의체제의 근거로 볼 수 있다.

또 어떤 조직의 설치시점과 그 조직의 기능이 원활히 작동하는 시점이 일치하는가도 살펴보아야 한다. 즉 인제군의 각 당조가 1947년 3월부터 설치되었다고 해서 당이 인민위원회와 사회단체를 본격적으로 지배했다고 볼 수 있는가 하는 점이다. 당조를 통한 당의 타 기관 지배여부는 '당조회의'의 실질적인 역할에서부터 파악할 수 있다. 그런데 1948년 1월 23일 열린 군인민위원회 당조회의와 군인민위원회 상무위는 사업의 추진에 있어 당조회의보다 군인민위원회가 더 실질적인 역할을 하고 있음을 보여준다. 우선 당조회의는 해당조직의 상무위원회가 열리기 전에, 비공개로 소집되고 상무위원회의 방침을 사전에 토의하고 결정하기로 되어 있었으므로,[320] 당조회의에서는 그날 있을 인민위원회에서 논의할 사항들을 미리 토의하고 결정했어야 한다. 그리고 그 결정이 인민위원회 회의에 반영되어야 한다. 하지만 이날 당조회의에서 논의된 사항들은 '1947년 인제군 인민위원회 당조사업 총결보고'와 '간부행선불명에 대하여'가 전부였다. 당조사업 총결보고와 그에 대한 결정사항을 지적하면서 개답공사에 대한 간략한 언급이 있을 뿐이었다. 노무 동원을 원활히 하여 6월 말일까지 준공사업을 마치자는 정도이다.[321] 반면, 같은 날 인민위원회에서는 각종 역할분담과 노무 동원 방법 등이 구체적으로 논의되면서 5월 말까지 사업을 마치기로 결정되었다.[322] 관개사업과 관련된 구체적인 안은 인민위원회에서 만들어졌고, 사업의 추진도 인민위원회 중심으로 이루어진 것이다. 이는 인민위원회 당조보다는 인민위원회가 사업추진의 주체였음을 의미한다.

당조 및 당조회의가 부여받은 공식적인 위상은 실질적으로는 거의 작동하지 않았다. 당조회의는 형식에 불과했다. 인민위원회 당조사업은 유명무실했는데, 당조회의에서 취급된 사항이 상무위원회나 집행위원회에서 다루어지지 않거나, 당조회의에서 논의되지 않은 사항들이 집행위원회에서 논의되거나, 당조회의에서 이루어진 결정이 집행위원회에서 번복되기도 했다.[323] 당조는 인민위원회나 사회단체를 '당적으로 보장'해야 한다고 되어 있었지만 반대로 당조가 인민위원회나 사회단체의 결정을 따르는 경우가 많아, '추미주의적追尾主義的 사업작풍'으로 비판되었다.[324] 군당은 인민위원회와 사회단체에 대한 당적 지도를 하고자 했고, 군당위원장도 각 당조책임자에게 당조의 역할을 강조하는 편지를 보내거나 몇 개월에 한 번씩 당조사업을 검열했지만[325] 당조는 군당의 기대에 미치지 못했다.

이와 같이 당조를 통해 당의 방침을 실현시키려는 지향성은 있었으나, 실제로는 관철되지 않았다. 그 원인은 당조의 구성방식에도 있었다. 북한당국은 인민위원회책임자와 당조위원장을 겸하는 것이 업무수행에 효율적일 것이라 기대했으나,[326] 당조원들 스스로가 조직 내 위상을 혼동했고, 군인민위원회사업과 당조사업을 구분하지 못했다.[327] 예를 들어, 군당 상무위원회는 전반적인 문제를 조정하는 역할을 담당했으므로, 군인민위원장 정윤교는 군인민위원회 당조책임자로서 군당 상무위원회에 보고했고, 결정서에도 군인민위원회 당조책임자라고 기록되었다. 그런데 군당 상무위원회 참석자들은 정윤교를 때로는 군인민위원장으로, 때로는 당조위원장으로 지칭했다.[328] 군당 상무위원회에서조차 인민위원장과 당조책임자는 혼동되었다.

당조원들이 당조의 위상이나 역할을 명확히 인식하지 못한 데도 그 원인이 있었다. 자신이 당조원임에도 당조가 무엇인지 몰랐다. 당조를 당의 '프락치'라고 인식한 경우도 있어, 군당 상무위원회는 당조가 "프락치가 아니라, 당의 시책을 구체화하며 주권기관의 결정을 적극 방조하는 사업"이라고 강조했다.[329] 인민위원회나 사회단체의 간부급 구성원들은 자신들이 당원이면서도 당조에 대한 인식이 명확하지 않았으며, 거부감조차 가졌던 것으로 생각된다.

자신이 당조원인지, 누가 당조의 구성원인지조차 모르는 경우도 있었다. 당조의 구성원은 해당조직의 위원장·부위원장·부장들로만 구성되는 것이 아니라, 타 기관으로 이동된 간부도 여전히 당조원일 수 있었다. 예를 들어, 전용순은 군농민동맹 문화부장으로 있다가 면인민위원회 서기장으로 이동되었는데, 그는 이동 후에도 군농민동맹 당조원이라는 직함을 갖고 있었다. 하지만 군농민동맹 당조는 물론 전용순 자신도 군농민동맹 당조원이라는 점을 알지 못했다.[330] 이는 당조를 통한 당의 우위가 보장되기 어려웠음을, 간부급 당원들의 인식 수준도 그리 정밀하지 못했음을 의미한다.

이 시기 당조의 위상은 한국전쟁 후의 당위원회와 비교할 때 더욱 분명해진다. 당의 우위를 보장하기 위한 제도적 장치로서의 당조의 위상 설정이 공식화된 것은 전후복구 이후였다. 당조는 당위원회로 바뀌면서 그 위상이 강화되었다. 도·시·군인민위원회를 비롯한 국가 기관과 모든 단체들이 해당 당위원회의 통제 하에서 활동해야 한다는 원칙이 세워졌다.[331] 따라서 전쟁 이전 당조를 통한 노동당의 타 기관 지배는 불가능했다.

3-6. 조직간 협조관계: 회의, 역할분담, 진행, 검열, 보고

따라서 사업 추진과정에서는 당조보다도 철저한 역할분담이 중요하게 작용하였다. 관개사업 중에 발생한 문제의 해결방식을 보면 이를 더욱 분명히 알 수 있다. 1948년 3월 30일 군당 상무위원회에서 군인민위원장(정윤교)이 관대리 개답공사 진행에 대한 보고를 하였다. 보고 요지는 〈노동력 및 자재 수급과 관련된 계획표 및 진행상황표〉였다. 이에 대해 군당농민부장(오일영), 인제면당위원장(이천수), 군농민동맹위원장(이종명), 군당부위원장(이종빈)이 강하게 비판했다. 기술자의 사업태도, 자재수급문제, 숙박장소·부식물·의료시설의 부족문제 등이 존재함에도 군인민위원장이 제대로 사업하지 않는다는 것이었다. 결국 기술자 검열 독려는 군농민동맹위원장이 맡고, 도인민위원회로부터 중유와 발동기를 가져오는 문제는 군인민위원장이 책임지고 당 차원에서는 군당부위원장이 도당에 건의하여 완수하기로 결정되었다. 그리고 군인민위원장은 사업에 대해 5일마다 1회씩 정기적으로 검열 지도하고 진행 정도를 10일마다 1회씩 보고하도록 정해졌다. 사업의 추진과 그에 대한 책임은 군인민위원회가 지되, 농민동맹위원장이나 군당부위원장도 지도 및 추진업무를 맡게 되었다.

남전리 개답사업의 경우에도 비슷한 방식으로 문제가 제기되었고, 해결되었다. 1949년 1월 28일의 군당 상무위원회는 관개사업에 대한 책임소재를 재확인했다. 관개관리소, 군인민위원회, 군인민위원회 당조 각각의 기본적인 역할은 물론이고, 선동사업 강화와 노동자들의 정치의식 제고를 위한 군당 선전부장과 남면당위원장의 역할 강화, 군당 책임지도부의 수시 검열·지도 등이 결정되었다.

당조의 설치나 문제의 발생 자체보다는, 사업을 진행하고 문제를 해결하는 방식을 주목할 필요가 있다. 관개사업은 거의 모든 조직이 역할을 분담하여 진행했기 때문에 어느 한쪽에서 일이 원만히 진행되지 않으면 공사는 지연될 수밖에 없었다. 남면 개답공사의 진행을 둘러싸고 인민위원회, 인민위원회 내의 관개관리소, 당, 사회단체 간의 상호비판이 이루어진 것은 바로 이런 연유에서였다. 그래서 사업진행 상황을 수시로 보고하고 검열하도록 거듭 강조되었다. 사업의 진행과 문제 해결방식은 '회의, 역할분담, 진행, 검열, 보고의 순환'이었다.

또 노동당(원)이 다른 조직에 비해 상대적으로 '권력'으로 인식되었다 해도 이는 '당의 타 기관 지배구조의 형성'과는 다른 문제다. 당이나 당원이라는 이유만으로 다른 조직(원)을 획일적으로 지배하는 것은 불가능했다. 북한사회는 계급·계층적으로 균일화하는 경향을 보였으나, 지역사회에는 아직 과거의 기득권자가 남아 있었다. 제 조직이 통일전선적 형태를 가질 수밖에 없던 상태였고, 간부 및 당원들도 각자의 역할 및 위상에 대한 인식이 부족했다. 때문에 조직들 간의 긴밀한 협조관계가 강조될 수밖에 없었다. 제 조직들이 사업을 구상하고 추진하는 과정은 곧 '회의—역할분담—진행—검열—보고의 순환'이라는 협조체계의 작동과정이었다.

지금까지 살펴본 바를 정리하면, 해방 이후 인제군의 권력구조는 인민민주주의의 특성을 반영하였는데, 이는 당·정·사회단체의 구성원과 조직들 간의 관계에서 잘 드러났다. 그 구성원의 대부분은 농민 특히 빈농이었다. 토지개혁의 주도적 역할을 한 농촌위원회는 물론 지주·부농도 포함된 농민위원회도 빈농 중심으로 재조직되어갔으며, 결국 농민동맹으로 귀결되었다. 또한 농민은 1946, 47년 도·시·군·면·리인민위원회 선거를 통해 인민위원으로 진출했고, 면·군·도당 대표자로도 활동할 수 있었다. 말단정권기관일수록, 하급당일수록 빈농이 대다수를 차지하였다. 일제 하에서와는 달리 '토지나 지식 등 가진 게 없는' 사람들이 새롭게 지역 권력구조의 한 자리를 차지했다. 그들은 '빈농임'을 자랑스러워했다. 그런데 이들은 이론이나 실무능력이 모두 부족했다. 이에 도당은 사회주의이론을 겸비한 노동자 출신을 군 단위 당·사회단체에 파견하였다. 빈농과 노동자 출신이 지역사회를 주도하는 상황은 과거에는 상상하기 어려웠던 가히 혁명적인 현상이었다.

인제군은 일차적으로는 소수의 사회주의이론가와 대다수의 농민들로 재편되었지만, 일제하에서 관공리 및 유지층으로 역할하며 일제당국에 협력한 사람들에 대한 정리도 필요하였다. 이들은 일제시기 경력이 거의 그대로 인정되어 그와 유관한 기관에 배치되어 활용되었다. 이들에 대한 광범위한 활용이 가능했던 이유는 제한적이었던 친일파 규정, 지방행정에 대한 실무능력 보완 필요성, 신·공 합당에 의한 노동당원화 등에 있었다. 이들도 일제잔재 청산 및 혁명적 분위기 속에서 살아남아야 했다. 당국은 이들을 '국가건설에 참여'하는 '개조된' 인물들이라는 명분으로 활용했고, 이들은 당국에 협력해갔다. 이와 같이 인제군의 당·정·사회단체는 통일전선적 형태로 구성되었다. 이는 과거 인사들의 '협력'과 그에 대한 북한당국의 '수용' 결과였다.

새로운 체제에 대한 과거 기득권세력의 반발과 저항도 있었다. 이는 개별적 혹은 조직적인 반공·반체제 행위로 나타났다. 정감록사상이나 북한체제의 불안정성을 유포하거나 의형제그룹을 조직했다. 민족자결동지회와 같이 38선 이남에 정보를 제공하는 경우도 있었다. 북한체제에 대한 반대·거부 움직임은 38선 충돌로 인해 더욱 동요되었다. 많은 사람들이 정치적·경제적·사회적 이유로 월남하였다. 과거 기득권세력과 중농층은 북한체제에 대한 반발로, 빈농층은 식량부족·생활곤란 등의 사회경제적 이유로 38선을 넘었다. 일제시기에도 인제지역민은 식량문제로 주민이동이 많았는데, 이러한 현상은 북한통치기에도 계속되었다. 38선은 마음만 먹으면 넘을 수 있는 선으로 여겨졌고, 주민들은 정치적 선택의 기착지이자, 가족이나 토지를 찾기 위해, 남북교역을 위해 38선을 넘나들었고, 남북한당국은 주민들을 동원하여 38선 일대에서 군사적 충돌을 벌였다. 인제군당은 민심을 안정화하고 월남을 막기 위해 38선 접경지역 정책으로서 선전사업과 자위대조직을 강화했지만, 38선은 '열린 경계선'이었다. 월남은 결과적으로 주민들의 체제 거부 의사의 표현이었지만, 북한당국의 입장에서는 체제에 대한 불만·저항세력 청산이라는 의미도 있었다.

인제군에서 친일적·반체제적 세력의 청산은 해방 후 5년 동안 서서히 이루어졌다고 볼 수 있다. 1차적으로는 토지개혁을 통해 지주의 경제적 기반이 제거되어 친일적·반체제적 세력의 경제적 기반 청산이 마련되었고, 2차적으로는 북한체제에 반대의사를 가진 인물들이 38선 이남을 택하는 것으로 이루어진 것이다.

새롭게 형성된 제 조직들 사이의 관계를 정립하는 일도 권력구조 재편의 한 문제였다. 인제군에는 군당에서 인민위원회와 사회단체 간부를 비준했고, 인민위원회와 사회단체에 당조도 설치하는 등 인제군 당 및 당원의 위세가 다른 조직에 비해 상대적으로 강한 측면은 있었다. 그렇지만 당이 정권기관과 사회단체를 지배할 수 있는 구조는 아니었다. 당조 설치는 인민민주주의사회임을 반증하는 것이었다. 인제군의 거의 모든 조직이 통일전선적 형태를 갖고 있었으며, 당원들이나 간부들의 인식도 편차가 있던 상태에서, 조직들 간의 긴밀한 협조 관계가 강조될 수밖에 없었다. 인제군의 군 단위 정책 추진은 당·정·사회단체 간의 철저한 역할분담, 진행, 검열, 보고, 회의 등의 순환을 통해 이루어졌다. 장기적으로 사회주의를 지향하지만 당장 사회주의를 실현할 수 없는 상황에서, 제 조직들의 협력관계는 곧 인민민주주의 단계에서 실현 가능한 조치였다.

4

‘인민대중’의
창출과
동원

1-1. 인민에 대한 이념적·제도적 규정

인제지역을 비롯한 38선 이북 주민이 '북한 인민'으로서의 정체성을 형성하는 데는 몇 가지 중요한 과정이 있었다. 인민이라는 이념적·제도적 규정, 북한 주민이 지향해야 할 표준적인 인민의 상像 수립과 확대, 동원이라는 공통된 경험을 바탕으로 한 체제 적응과정 등이 그것이다.

북한은 '인민'을 '주권의 원천'으로 지칭했다. 조선민주주의인민공화국의 수립에 대해서도 "일제총독정치 대신에 조선사람의 정부가 나왔다는 정부의 교체를 의미하는 것이 아니라, 주권의 계급적 성격에 심각한 변경을 가져온 새로운 인민적 민주정체의 확립을 입증"하는 것이라 규정하였다.[332] '인민적 민주정체'란 인민이 선거와 토의를 통해 정권기관인 인민위원회를 조직하고 의사결정기구인 인민회의를 구성함으로써, 주권의 원천인 인민에 의해 국가가 수립·운영됨을 의미하였다. 북한은 지주·자본가계급이 아닌 인민에 의해 민주정이 수립·운영된다는 점에서 '주권의 계급적 성격'이 변경되었다고 강조했다. 이때의 '인민'은 노동자와 농민을 중심으로 한 근로계급이 핵심이고, 민족자본가와 소부르주아지 등이 포괄된 것이었으므로, 북한의 인민 개념에는 계급적 입장을 바탕으로 하면서도 통일전선적인 시각이 반영되었다고 할 수 있다.

북한은 이와 같은 추상적 차원에서의 인민 외에 제도적 개념으로서 공민公民 개념을 설정하였다. 북한의 정의에 의하면, 공민은 '공화정체를 가진 국가에 속하는 주민'들이다. 북한 인민은 공민으로서의 권한, 즉 선거권과 피선거권을 행사할 수 있다.[333]

다만, 북한 주민 가운데 공민으로서의 권한을 부여받지 못한 경우도 있었다. 북한은 친일파와 민족반역자를 '인민의 적'으로 설정하고, 이들을 인민 범주에서 제외했다.[334] 인민 범주 설정에 일제식민지배와 반민족행위자에 대한 인식이 반영된 것이다. 곧 당시 북한의 인민 개념은 '반일'을 중심으로 하는 민족주의적 성격을 포함하였다.

북한은 인민을 남한의 '국민' 및 일제식민지기의 '신민'과 차별화된 존재라고 강조했다. 북한은 일제식민지기의 신민 및 남한의 국민에게는 주권의 원천으로서의 성격이 부여되지 않았으며, 이들에게는 수동성만이 있다고 주장하였다. 그리고 북한은 남한의 국민 개념을 "군주국가에서 인민을 멸시하는 데에 적용하는 개념을 채용해 헌법에까지 규정"했다고 비판하였다.[335] '공민'에 대해서도 "부르주아공화정체 주민을 공민이라고 부르는 경우가 있으나 내용상으로는 군주국가의 신민이나 국민과 차이가 없다"고 주장하였다.[336] 이와 같이 북한은 인민·공민에 대한 개념에 배타성을 두었다.

북한이 상정하는 인민 개념은 수동적 존재로서의 성격도 갖고 있었다. 북한은 이미 '주권의 원천'으로 규정된 인민에 의해 민주정이 수립·운영되고 있다고, 곧 인민의 권리가 기본적으로 실현되었다고 보았기 때문에, 인민에게는 그의 권리보다는 국가에 대한 여러 의무를 요구하였다. 또 일반적인 역사변동이나 전근대의 역사변동의 주체에 대해서는 인민 중심으로 설명했지만, 일제식민지기 이후 특히 해방 이후 시기의 역사 전개에 대해서는 지도자의 역할을 강조하였다. 김일성, 레닌, 스탈린의 예를 들면서, "탁월한 영도자의 지도하에서만이 인민은 자기 역할을 다하게 되는 것"이라고 함으로써,[337] 지도자와 인민의 관계에서 인민을 수동적 존재로 상정했다.

따라서 '북한 인민'은 이념적·제도적 개념상으로 보면, 그것은 '주권자'라는 주체성, 계급성, 민족성, 배타성, 수동성 등을 갖는다고 할 수 있다. 나아가 북한 인민을 이해하기 위해 더 살펴야 할 것은 이와 같은 이념적·제도적 규정이 실제로 행사되는 방식과 '북한 인민'으로서의 의식이 형성되는 문제 등이다.

1-2. 주권의 행사: 첫 보통선거

북한 주민은 선거를 통해 '주권의 원천'으로서 권한을 행사했다. 1946년 11월 3일 도·시·군인민위원회 인민위원 선거, 1947년 2월 25일 리인민위원회 인민위원 선거, 3월 5일 면인민위원회 인민위원 선거 등은 한국 역사상 처음으로 실시된 보통선거였다.

지난 十月 十五일에 발표한 民主선거법의 잇서서은 붉은군대에 덕이며 金日成 將軍의 덕이라고 보며 이것은 가장 민주적 선거을 실시합니다. 이 선거은 二O歲 以上에 公民은 누구을 물논하고 참가하아 선거할 수 잇쓰며 반동파 급 재판소 결정에 의하야 반동분자가 된 사람의 외은 점부 선거권이 잇쓰며 이번 선거은 무기명투표로 선거한다.[338](원문대로)

인제군의 전 주민도 1946, 47년 도·시·군, 면·리인민위원 선거에 참여했다. "과거 五千年 역사에 없든 모든 인민에 권리로 집행해 나가는 사람을" 직접 선거하는 것이었으며, "왜정시대에 국세 五円 이상 二十五才 이상이라야 선거하고 도의원은 면협의원이 선거"했고 "지사·군수는 임명"되었다는[339] 인제면당의 평가는 과장된 것이 아니었다. 일제 하에서 유지층에 의한 간접선거와 임명이 기본이었다면, 인제군의 주민은 부농이나 빈농이나, 노동당원이나 무소속이나 선거에 참여했고 인구별 선거구에 따른 직접선거를 실시했다.

북한 주민은 선거권의 행사만이 아니라 피선거권도 행사하여 인민위원회를 구성했다. 앞서 살펴보았던 것처럼, 1947년 면·리인민위원회 인민위원 선거에서 북한 주민의 대다수였던 농민이 리인민위원 86.7퍼센트, 면인민위원 57.9퍼센트를 차지했는데, 이는 농민이 직접 행정에 참여하게 되었음을 의미하였다. 이들 농민 가운데 빈농 출신이 대다수임은 물론이다.

인제의 첫 보통선거는 지역 권력구조를 획기적으로 변화시켰다. 과거의 소수의 유권자가 아닌, 주민 대다수인 빈농이 후보자로 나선 빈농을 선거하는 일이 벌어진 것이다. 빈농은 정권기관인 인민위원회 인민위원이라는 공식 직함을 가지고 면·리인민위원이 됨으로써 자기 지역의 정권기관에서 직접 정책을 추진·집행할 수 있게 되었다.

북한당국은 면·리(동)인민위원회 인민위원 선거를 통해 빈농 중심으로 인민위원회가 구성된 것을 '말단정권기관의 강화'라 했다. 인제

군에서는 면·리인민위원 선거가 완수됨으로써 '인민주권기관'이 공고히 되었다고 평가했다.[340]

그런데 북한은 이와 같은 인민위원 선거가 "붉은 군대의 덕·김일성 장군의 덕"에 의해 실시된 것임을 강조했다. 토지개혁을 비롯한 민주개혁들의 의의를 평가할 때도 이러한 서술은 빠지지 않았다. 이는 인민에 대한 이념적·제도적 규정 및 인민과 지도자와의 관계 설정에 대한 북한의 인식에서 나온 것이었다. '주권의 원천'이 그 권한을 행사하거나 누린다는 것과 '탁월한 영도자의 지도'는 모순적인 측면이 있었다. 하지만 북한은 인민의 권리 행사를 보장하는 것은 '탁월한 영도자'라고 설정함으로써, 인민의 자율성과 수동성을 결합시켰다. 다만, 해방 이후~한국전쟁 이전의 북한에서는 지도자의 역할이 강조된 측면은 있지만, 개인과의 일체화로까지는 나아가지 않았다는 면에서 해방 이전 일제의 천황제나 1970년대 이후 수령제와는 달랐다.[341]

1946~47년의 도·시·군·면·리인민위원 선거는 '북한 인민으로서의 경험' 면에서도 그 의미를 생각할 수 있다. 북한 주민은 이 선거를 통해 북한식 민주주의를 경험하고 이해해갔다.

1-3. 선거선전·교육

인민위원회 인민위원 선거과정 자체가 북한식 민주주의를 학습하는 과정이 되었다. 인제군에서는 조직적이고 대대적으로 선거의 의의와 방법을 선전했는데, 여기에 수많은 사람들이 선전원으로 참여했다. 군인민위원 선거를 위해 북조선민주주의민족통일전선(민전)은 선전대원을 각 리에 파견하고, 개별방문 해설대를 조직하였다. 인민위원회는 각 리에 수 명씩 선거위원회를 조직하고 선거명부를 작성하였다. 리별 인민대회도 개최하여 군인민위원 선거 등을 선전했다. 민청원은 선거사무를 배우기[請習] 위해 고성군을 방문했다. 학교에서는 상급학생을 각 리에 파견하여 선거의 의의와 방법을 해설하였다.[342]

군인민위원 선거에 이어, 1947년 2월 리인민위원 선거 준비에서도 선거위원회 위원, 선전지도대, 개별방문 해설대 등이 조직되었으며, 선거선전실을 마련하고, 인민대회·세포회의·좌담회 등을 열고, 표어와 포스터를 마을에 게시했다. 인민반장은 선거선전자료집을 열독하였다. 경로회 방문과 여론 파악도 수시로 이루어졌다. 모의투표도 실시했다.[343]

선거선전은 토지개혁을 비롯한 이른바 '민주개혁', 동원 및 재교양 사업, 반일민족주의 등과 결합되어 이루어졌다. 북한은 그동안 진행한 개혁의 성과를 대대적으로 선전하면서 체제에 대한 지지를 호소했다. 특히 1946년에 있었던 토지개혁의 성과를 강조함으로써, 지주와 농민계급의 문제와 토지를 분배받아 자작농이 된 현실을 재인식시키고 그러한 사회가 유지되도록 인민정권 탄생의 의의에 대해 교육하였다. 건국사상운동과 같은 동원운동, 야학·성인학교에서의 문맹퇴치운동 등의 주민 재교양사업과 연결시켜 "인민으로 하여금 선거에 대한 인식을 옳바르게 인식하도록" 했다.[344]

선거선전에는 반일민족주의도 활용되었다. 반일민족주의는 특히 면인민위원 선거에서 부각되었는데, 인제면당은 후보자에 대한 반대율을 낮추기 위한 방안을 강구하면서 반일의식 고취를 떠올렸다. 면인민위원 선거를 일제하의 탄압적 무단통치를 반대한 3·1운동과 결부시켜 선전하는 것이었다. 인제면당은 주민들이 일제시대를 회상하여 반일의식을 고치면 애국심이 생길 것이고, 그러면 정권기관을 구성하는 후보들에 대한 찬성률이 높아질 것이라 보았다. 나아가 선거에서 찬성률을 높이는 것을 노동당의 노선과 주민들이 더 밀착되는 것으로 인식했다.[345]

인제군의 면당들은 면·리인민위원 선거를 "인민의 민주주의적 교육·훈련·조직에 획기적 의의"를 갖는 것으로 평가했다.[346] 당원에게는 정치운동의 경험 및 역량의 축적과정이 되었으며 전체 주민에게는 민주주의에 대한 재교양과정이 되었다고 보았다.[347] 인제 사람들은 선거를 준비, 선전, 진행함으로써, '북한식의 민주주의'를 교육받고 이해해갔다.

1-4. 후보자 선출과 '북한식 민주주의'

북한의 인민위원 선거의 특징 중 하나는 선거가 단일후보에 대한 찬반투표로 진행된다는 것이다. 후보자 선출은 공식적으로 민전이나 사회단체 연석회의 등에서 이루어졌고, 그 후보자에 대한 찬반투표로서 선거가 이루어지는 방식이었다. 인제군민전위원회는 군후보위원으로 이승흠을 제시했고, 각 면의 정당사회단체는 "우리 인민이 구성한 민전에서 낸 동무인 만큼 우리가 낸 것이나 다름없다. 한 사람이라도 흑함에 손이 안 들어가도록 노력하여야 될 것"이라 지지·선전했다.[348] 1947년 2월 리인민위원 선거에서도 민전과 세포위원회가 후보를 제시했다. 각 면·리에서도 이를 지지하는 것이 원칙이었는데, 면·리의 여러 사회단체는 리인민위원 추천에 매우 적극적이었고, 때로는 경쟁적으로 추천했다.[349] 따라서 인민위원 선거에서는 선거 결과에 못지않게 '누구를 후보자로 내세울 것인가'라는 후보자 추천 기준이나 과정이 중요하였다.

그렇다면 어떠한 사람들이 후보자로 선출되었는지, 리인민위원 후보자 추천과정을 구체적으로 살펴보자. 다음 자료는 인제군 남면당 회의에서 논의된 후보 추천 이유와 변경 사유인데, 흥미로운 사실은 말단간부들이 생각한 후보자, 중간간부가 추천한 후보자, 상급당인 군당이나 중앙당의 의도가 모두 달랐다는 점이다.

- 남면당부위원장 심상태, 1946년 3월의 토지개혁, 11월 3일 도시군선거의 승리적 완수, 당증수여사업에 의한 당원의 공고화되었으며, 이번 리 인민위원선거는 더한층 민주주의적인 역할을 해야 한다.
- 면농맹위원장 김금천, 이번 선거를 통하여 하부기관을 튼튼히 하는 데는 대중을 위하여 현실적으로 노력할 사람을 추천하여야 하겠다.
- 남전리2구 세포책임자 김흥수, **사리사욕을 채우는 자를 제외하고 진실한 분자**만으로 추천하여야 한다.
- 관대1구 세포책임자 심덕수, **사상이 공고하고 앞으로 우리 무산대중을 위하야 투쟁하는 분자**만을 추천하라.
- 남전리 2구 세포책임자 이일준, **열성적 일하는 사람**을 추천하는 것이 조타.
- 신월리 외촌세포책임자 김원복, **사상이 공고하고 우리 무산대중을 위하여 투쟁하는 인재**가 가장 적당하다.
- 두무리 하촌세포책임자 이원덕, 오늘날에 있어 하부조직이 미약하다. 그러므로 말단행정기관을 튼튼히 하자면 **무산대중을 위하여 일 잘하는 분자**를 추천하자.
- 신월리 신촌세포 심송운, 민주주의국가를 건설하는 데는 노동자·농민이 주인공이 되어야 한다. 그럼으로 우리는 **노동자·농민으로서 가장 사상이 공고하고 주인공이 될 만한 인재**를 내세워야 한다.

- 시칠리 내촌세포책임자 김재열, **자기 생명 재산을 앗기지 안코 투쟁력이 좋은 인재**를 추천하여야 한다.
- 심상태, 우리 동무들에 단점은 세포책임자로서 당적 입장을 떠났다. 우리는 **모든 일을 하는데 있어서는 노동당원이래야만 일할 수 있다**는 것을 알어야 한다. 동무들의 토론은 막연한 토론이다[350](강조는 필자).

말단세포책임자들은 열성적으로 일하는 사람, 말단기관을 튼튼히 할 사람, 노동자·농민으로서 사상이 공고한 자, 자기 생명·재산을 아끼지 않는 사람 등이 추천되어야 한다고 했다. 그들에 비하면 중간간부인 남면당부책임자 심상태는 '노동당원'이어야 함을 강조했고 그의 의견에 따라 대부분 노동당원이 후보자로 추천되었다.

그런데 군당은 후보자 변경을 요구해왔다. 변경 이유는 면당부에서 노동당원 중심으로 후보자를 추천했다는 것이었다. 군당은 우당인 민주당, 무소속, 여성 등이 모두 적절히 추천되어야 함을 강조하면서, 그 비율까지 제시하였다. 그 비율은 노동당원 40퍼센트, 민주당원 10퍼센트, 비당원 50퍼센트였다.[351]

그 결과 많은 후보자들이 노동당원에서 비당원으로 교체되었다. 남북리1구 당원 박용성은 비당원 박만금으로, 합강리 당원 조병수는 여성이자 비당원인 김일지, 가아리1구 당원 김기원은 비당원 이정삼으로, 가리산리 이성히는 이무봉으로, 덕산2구 당원 최인섭은 비당원 김일선, 원대리 이상호는 비당원 정대봉 등으로 조정되었다.[352]

이는 지역 내 층위별 혹은 간부별로 인민위원회 구성에 대한 인식의 차이가 있었음을 보여준다. 촌락 단위의 세포책임자들은 자신들도 노동당원이었지만, 반드시 당원을 후보자로 선출해야 한다는 생각은

하지 않았다. 그보다는 마치 자신들이 입당추천을 할 때처럼, 조금은 막연했지만 무난한, '열성적이고 사상이 공고한 자'를 생각했다. 말단 세포책임자들의 의견은 평소 그들이 당국으로부터 제시받았던 전형적인 '모범인민'에서 나온 것이었다. 그들에 비하면, 면당위원장은 훨씬 '당적 입장'을 강조하는 편이었다. 노동당의 중간간부 심상태는 '노동당원=후보자'로 생각했는데, 그는 노동당원이 후보자가 되고 나아가 정권기관의 인민위원이 되는 것을 '당적 입장'이라 이해했다. 그러나 당시 상급당의 정책은 이와 달랐다. 상급당은 당원만이 아니라 비당원 모두를 적절히 포괄하여 인민위원을 구성하고자 했다. 이는 인민위원 구성에 통일전선적 입장을 반영하려 했기 때문이었다.

인제의 면·리인민위원 선거 후보자 선정과정은 민전이나 사회단체 연석회의와 추천대회만이 아니라 여러 단계를 거쳤다. 말단조직들 사이에서 추천된 후보자가 상급당의 정책과 부합하지 않을 때, 상급당이 변경을 요청하는 단계가 있었던 것이다. 그 결과 면당부 확대집행위원회 및 세포위원장 회의에서의 복안 마련→상부 보고→상부의 변경 요구→변경→후보자 추천대회→결과보고→후보자 선거위원회 등록의 순서로 진행되었다.

각리에서는 합동연석대회의를 개최하고 그 회의에 통과하여 대중에게 깊이 선전하며 민족통일전선위원회의에서 추천한 후보자를 절대 지지하면서 우리의 후보자는 가장 옳은 일꾼을 추천하는데 있어서는 어떠한 동무가 적당하다 하면 한 동무는 아무끼가 적당합니다 하는 동시 우리 당원 동무들은 박수를 할 것이다. 박수를 한 후는 지지토론을 할 것이다. 당원동무들은 이러한 공작을 하여야 금번 선거가 100퍼센트로 완수될 것은 사실이

다. 그리고 선거장에는 반드시 신임장 없는 동무로서 참석할 수 없다는 것을 알어야 될 것이다.[353]

사회단체들의 추천, 상부의 변경지시, 재논의 등을 거쳐 마련된 복안에 따라 리인민위원 후보자 추천대회(1947. 2. 24)가 열렸는데, 이 추천대회 역시 인제주민들에게는 '북한식 민주주의'의 학습장이었다. 위의 자료에서 보이는 바와 같이, 세포위원장들은 추천대회 진행방식에 대해 미리 교육받았고, 대회에 참석한 그들과 당원은 물론이고 주민들은 추천대회 진행을 지켜봤다. 복안으로 마련된 후보자가 추천되면, 다른 당원들이 지지를 선언하고, 나머지 당원들이 다시 지지박수를 치며, 토론하여 후보자로 확정하는 방식이었다.

선거는 이와 같이 추천·선전된 공동입후보자들에 대한 찬부를 묻는 투표로 진행되었다. 소위 흑백함 투표로 불리는 방식인데, 찬성표는 백함에, 반대표는 흑함에 넣는 실질적인 공개투표였으므로,[354] 반대율이 높게 나오기는 쉽지 않았다.[355] 선거 결과는 당초 추천된 대로 나왔는데, 출신성분으로는 농민·노동자가 대부분을 차지했고, 당적으로는 통일전선적으로 구성되었고, 여성도 인민위원이 되었다.

1946~47년의 각급 인민위원회 인민위원 선거는 38선 이북 중동부 지역이 북한으로부터 벗어난 후 실시된 각종 선거들과 비교되었고, 비교의 경험적 지표가 되었다. 당시의 인민위원 선거를 경험했던 수복지구 주민들은 남북한 민주주의를 비교·평가하면서 이때의 선거 경험을 떠올렸다. 주민들은 북한 인민위원 선거의 특징을 단일후보에 대한 찬반투표로 요약했고, 유엔군정기 이후 실시된 선거의 특징을 복수후보에 대한 투표라고 지적했다.[356]

도·시·군인민위원회 인민위원 선거(원산시, 1946. 11).
출처:《강원도 사진첩》, NARA, RG 242, SA 2010, Box 3, Item 11.

리인민위원회 인민위원 선거(인제군, 1947. 2).
출처: 《강원도 사진첩》, NARA, RG 242, SA 2010, Box 3, Item 11.

도·시·군인민위원회 인민위원 선거(김화군, 1946. 11).
출처: 《강원도 사진첩》, NARA, RG 242, SA 2010, Box 3, Item 11.

모범적 '북한 인민'의 창출

2-1. 모범적 인민의 전형

해방 이후 북한당국은 주민 대다수인 농민에게 토지를 분배했고, 정치적 진출의 기회를 제공했다. 그 결과 농민은 토지를 소유하게 되었으며, 주권의 원천으로서 선거에 참여했으며, 지역사회뿐만 아니라 중앙무대에 진출하여 정치활동을 할 수 있게 되었다. 북한당국은 이러한 물질적·정치사회적 혜택들을 인민민주주의의 실현이라 주장하면서, 주민에게 국가건설에 적극적인 지지자 혹은 협력자가 되기를 요구했다. 그것은 곧 '북한 인민'으로서 사고하고 행동하는 것이었다.

'북한 인민'으로서 사고하고 행동한다는 것은 구체적으로 어떤 것일까. 이는 북한이 '모범'으로 선정한 사람들의 사례를 통해 알 수 있다. 북한당국은 북한체제에 적극적으로 지지를 보내거나 빠르게 적응해가는 사람들을 '모범'으로 선정하면서 '바람직한 인민' 혹은 '인민대중의 표준'으로 제시했다. '모범' 혹은 '표준'은 일반적인 것 또는 보통인 것보다 그 수는 훨씬 적지만, 북한체제를 낯설어하는 대다수의 사람들을 동원하는 데 강력한 효과가 있었다.

소설이지만 해방 이후 북한의 현실을 잘 보여주는 작품인 이기영의 《땅》에 북한이 만들고자 한 모범인민의 전형이 제시되어 있다. 강원도에 살고 있는 주인공 곽바위는 일제시기 머슴이었는데, 농업지도원과 갈등을 빚어 그를 폭행한 혐의로 6년간 감옥살이를 한다. 그는 해방 이후 토지개혁의 수혜자가 되어 머슴에서 자작농이 되는데, 면당위원장의 지원을 받아 네 가지 중요한 과업을 완성한다. 첫째, 지주의 저항에도 불구하고 개간사업을 성공적으로 완수하여 동료 농민들로부터 신뢰를 획득한다. 둘째, 쇠씨레를 비롯한 새로운 영농기술을 개발한다. 셋째, 두레를 조직하여 농민들의 조직력을 강화하고 협동심을 고취시켜 생산성을 향상시킨다. 넷째, 논에서 생산된 알곡으로 제일 먼저 현물세를 낼 뿐 아니라 애국미까지 납부한다. 그는 1946년 11월 선거에서 강원도 대의원에 선출되어 평양을 방문한다.[357]

곽바위의 이야기는 출신성분과 반일민족주의, 계급주의, 애국주의, 집단주의적 사고·행동과 모두 관련된다. 일제식민지배 하에서 '항일' 경험이 있는 '머슴' 출신이었다는 점, 해방 후 토지분배에 감격해 북한체제에 지지를 보내고 창의성을 발휘하여, 개간사업·영농기술을 개발하였으며, 현물세와 애국미를 납부함으로써 '애국'을 실천한 점, 계급적으로 기득권을 유지하려던 '지주와 대립구도'에 섰던 점이 그것이다. 나아가 그는 이 과정에서 패배주의와 개인주의에 빠져있던 농민들을 설득하여 협동심과 집단주의적 태도까지 갖게 했다. 결국 곽바위는 농민들의 전폭적인 신뢰를 얻어 마을의 '영웅'이 되었다. 그는 마을에서 '가장 먼저' 탄생한 인민이었으며, '다른 많은' 인민이 탄생하는 데 모범적인 역할을 한 것이었다.

당시 북한에서 가장 유명했던, 실존인물로서 모범은 김제원이다. 그는 황해남도 재령군의 빈농가에서 태어나, 고용노동과 소작농생활을 거듭했다. 해방 이후 1946년 토지개혁을 통해 자작농이 되었는데, 쌀 30석을 애국미로 인민위원회에 납부했다. 이를 계기로 황해도를 비롯한 북한 전역에서 농민들이 '애국미'라는 이름의 경작물을 납부했다. 1946년 12월 북로당 중앙상무위원회는 절약운동·국가재산애호운동과 더불어 '김제원애국미헌납운동'을 건국사상총동원운동의 일환으로 전개했다.[358] 김제원을 비롯한 전국 농민들이 납부한 애국미는 김일성종합대학과 만경대혁명학원을 건립하는 데 사용되었고, 김제원은 1948년 8월 북한최고인민회의 제1기 대의원이 되었다.[359]

강원도 김화군의 엄원길은 제2의 김제원으로 꼽힌 모범농민이었다. 그가 모범농민으로 선정된 이유는 가마니 1천 장 헌납계획을 세우고, 8백 장에 이어 2백 장을 더 생산했기 때문이다.[360] 가마니를 비롯한 고공품 생산은 호딩나 애국반별로 할당량이 정해져 농민들은 겨울이나 농한기면 고공품을 만드느라 고된 시간을 보내야 했다. 엄원길 가족은 증산이 곧 애국의 길임을, 이를 위해 희생을 기꺼이 감수하는 것이야말로 애국주의적 사고의 증명임을 보여준 것이다.

인제군의 대표적인 모범농민은 서화면 천도리 최창규이다. 그는 빈농출신으로 토지개혁 직후인 1946년 4월에 입당했다. 입당 사실 자체가 이미 모범적인 농민으로 평가받았음을 의미하지만, 당원이 된 이후에도 그는 다시 모범농민으로 선정되었다. 최창규는 농산계획을 보장하기 위해 영세농민의 식량구제대책으로 백미 1가마 5두를 냈는데, 이를 계기로 각급 세포당원들이 종자확보용 벼씨·감자씨를 냈고, 총

감자씨 30두, 벼씨 1두, 옥수수 1두 등이 모아졌다. 이는 '최창규 따라 배우기' 운동(1948. 3)으로 확장되었다. 그리고 이와 거의 동시에 그는 1948년 강원도당 대표자가 되었다.[361] 최창규의 경우, 곽바위처럼 항일경력이 있는지는 확인되지 않지만, 그는 모범이 되기에 필요한 거의 모든 요소를 갖추고 있었다. 빈농이라는 출신성분, 토지개혁의 수혜와 북한의 농업정책에의 지지와 헌납, 선도적 역할과 다른 당원 및 농민들에의 영향, 그 결과 지위상승까지 모범인민의 전형이라 할 수 있었다.

인제의 모범농민들은 대부분 증산과 현물세 및 애국미 납부 등에 열성적으로 임한 경우였으며,[362] 반일민족주의 요건을 갖춘 경우는 잘 보이지 않는다. 아래의 자료는 인제의 모범농민이 농업 증산, 농업 현물세 납부, 가마니류의 고공품 생산 및 헌납에서 '모범적 역할'을 한 사람들로 선정되었음을 보여준다. 리 농민동맹과 농민동맹위원장도 마찬가지였다.

금년도 인민경제발전에 있어 농업 증산에 모범적 활동을 했으며, 농업 현물세를 모범적으로 납부한 열성적이고 모범적인 농민을 다음과 같이 모범 농민으로 결정하고 군 농맹에서 표창하도록 할 것이며, 또 농맹 하부 기관에 불철 주야하고 농맹 사업에 분투하는 모범 리 농맹위원장을 다음과 같이 표창하려 함.[363]

인제면 덕산리 김진호 농민은 현물세 납부에 모범적 역할을 하였고, 서화면 서화리 김환길 농민은 고공품 생산 및 가마니 헌납에 모범적 역할을 했고, 북면 월학리 김순호 농민은 고공품 생산에 모범적 역할을 했으며, 남면

현물세 납부 모습.
사진 하단에 다음과 같은 설명이 기재되어 있다.
"장소: 철원역전. 시일: 1946년 10월 17일. 내용. 철원 우리농민들이 농업현물세제를 기뻐하는 광경.
아직 고지서도 나오기 전에 남자는 지고 여자는 이고 또는 우차, 마차에 실린
김일성장군의 사진을 앞세우고 현물세제의 기빨도 높이.
기세높은 농악대에 마추어 철원군인민위원회 양정부 창고로 가는 도중"
출처:《강원도 사진첩》, NARA, RG 242, SA 2010, Box 3, Item 11.

남전리 농맹과 인제면 상동리 가아리 농맹은 현물세 납부에 모범적 역할을 하였다.[364]

농업 증산, 농업현물세 납부, 고공품 생산 및 헌납 등은 당시 북한당국이 중점적으로 실시했던 농업·세금·동원정책이었다. 당국의 정책에 열성적으로 참여한 농민이나 단체가 모범으로 선정되었다고 할 수 있다. 열성적 참여 혹은 모범적 역할이란 다른 사람·단체에 비하여 빨리·많이 납부함으로써, 자신이 당국의 정책을 지지하고 있음을 드러내고 타인의 동참을 이끌어내는 것이었다.

모범은 자발성과 수동성을 모두 갖고 있었다. 수많은 모범인민의 탄생은 '인민 되기'에 적극적인 사람들이 그만큼 많았다는 측면에서 자발적 성격을 보여준다. 동시에 모범은 북한의 주민들을 인민으로 만들고 동원하는 장치였다는 면에서 수동적 성격을 갖고 있었다.

증산, 절약, 납세, 헌납 등의 강조는 앞장에서 살펴보았던 일제식민지배기 물적 동원을 연상시킨다. 때문에 북한의 주민들에게 이와 같은 동원 구호와 방식은 새로운 것이 아니었다. 그렇다면 북한당국에게는 주민들에게 일제 치하 동원과의 차이 및 정당성 등을 납득시키는 것이 중요해진다.

2-2. 건국과 애국: 국가를 건설하고 국가를 사랑하는 인민

북한당국은 자국이 일제와는 다른 존재임을 강조하면서 그를 구성하는 주민들도 그에 맞는 사상의식과 태도를 가져야 한다고 주장했다. 조선민주주의인민공화국은 저항의 대상이었던 일제와는 다른 인민의 손으로 건설한 국가라는 것이었다. 때문에 일제 때는 식민당국이 부당한 존재였으므로 그에 저항하고 태업하는 등의 행위와 개인주의적 태도가 당연했지만, 인민이 주체가 되는 사회에서는 과거와 같은 행위는 청산되어야 하며, 애국하는 인민이 있을 뿐이라는 점이 강조되었다. 북한은 이를 '새로운 시대에는 새로운 종류의 일꾼'이라 표현했다.[365] 이런 측면에서 모범은 "새로운 나라를 건설하고 그 나라를 사랑하는 새로운 일꾼으로서의 인민"을 만드는 장치였다. 증산과 현물세·고공품 납부에의 열성적이고 모범적인 행동은 곧 국가건설에의 노력이었으며, 국가에 대한 충성과 애국심을 증명하는 길이었다. 이러한 인민의 창출은 북한의 국가건설사업과 직결되었다.

건국사상과 애국은 일제강점기의 사상적 잔재의 청산을 전제로 했다. 북한이 1947년 추진한 '건국사상운동(건국사상총동원운동)'도 그의 일환이었다.[366] 북한은 1946년 1년간 실행한 제도개혁을 통해 법적으로는 일제잔재가 청산되었으나, 간부 및 주민들의 의식 속에는 봉건적이고 식민주의적인 관념이 남아 있다고 보고, 이에 대한 청산을 추진했다. 사상의식의 개조는 기본적으로 반일주의 혹은 일제잔재 청산으로서의 성격을 지닌 것이었다.

건국사상과 애국은 집단주의적 태도와 연결되었다. 새롭게 지녀야 할 사상의식은 곧 국가재산을 아끼는 것, 개인주의적 생활태도의 청산과 단체생활에 대한 도덕, 엄격한 규율과 책임제 실시 등과 같은 것이었다.[367] 개인주의적 태도를 버리고 집단주의적 태도를 보이는 경우에 '진보적 민주주의도덕'을 가진 인민으로 평가되었다.[368]

북한 인민은 건국과 애국에 반대하는 태도와 세력에 대해서는 적대감을 가져야 했다. 북한은 봉건적이고 식민주의로부터 벗어나지 못하는 세력이 곧 이승만과 미국을 지지하며 북한의 국가건설을 방해한다

미군정 반대 시위운동(연천군(현 경기도))
출처:《강원도 사진첩》, NARA, RG 242, SA 2010, Box 3, Item 11.

미군정 반대 시위운동(연천군).
출처:《강원도 사진첩》, NARA, RG 242, SA 2010, Box 3, Item 11.

고 비판했다. 그리고 그들을 '반동파'라 일컬었으며, 그에 대한 경각심을 가져야 한다고 강조했다.[369] 남한의 "김구·이승만과 야합한 미제국주의를 절대반대"하고 그들에 대한 적개심을 제고하는 것도 북한 인민이 반드시 갖추어야 할 의식과 태도로 제시되었다.[370]

북한의 주민은 국가건설사업에 대대적으로 참여해야 했으며 그렇게 건국한 국가에 대해 충성심·애국심을 가져야 했다. 계급의식과 집단의식 등도 수용하고 그에 맞는 생활태도를 가져야 했다. 북한은 이를 사상의식에서의 '봉건적이고 식민주의적 관념과 악습'으로부터 '진보적 민주주의도덕'으로의 변화로 해석했다. 일제와 미제에 대한 적개심을 갖는 것도 물론이었다. 애국주의, 계급주의, 집단주의, 반제국주의 등을 사회주의의 특징이라 한다면, 당시 북한 인민의 정체성은 사회주의적 면모를 갖고 있다고 할 수 있다.

그렇다고 해서, 북한 인민이 곧 사회주의 인민임을 의미하는 것은 아니다. 북한 인민의 정체성에 사회주의적인 면모가 많은 것은 분명하지만, 사회주의적 특성은 북한 인민의 정체성을 구성하는 일부였다. 당시 건국 및 애국심, 계급, 집단, 반제의식 등의 관계를 보면, 이러한 의식들은 건국 및 애국심으로 귀결되었다. 이는 북한 주민의 정체성이 사회주의적 요소를 갖는 조선민주주의인민공화국의 인민이었음을 보여준다.

더구나 북한사람들이 '북한 인민'의 정체성을 갖추기 시작했지만, 획일적이지는 않았다. 북한 인민의 정체성은 만들어지기 시작하는 단계였으며, 그 모습도 다양했다. 곳곳에서 "바람직하지 않다"고 평가되는 다양한 인민의 모습이 존재했다. 1950년 6월 당시까지도 사람들은 "미신을 숭배"했으며, 상두계·결의형제 등을 조직하여 곗돈을 모앉고, 여유곡물을 관혼상례에 사용하거나 술을 빚었고, 새로운 영농법을 수용하지 않고 이전의 영농법인 막조식·판조식으로 이앙을 했다. 인제군당은 이를 봉건적 습성·낡은 도덕·퇴폐한 사상이라 하면서, 이로부터 벗어나 과학적 지식을 갖춘 도덕적 인간으로 태어날 것을 강조했다.[371] 인제에서는 북한당국이 목표로 하는 정체성을 가진 '북한 인민'이 만들어지고 있었으며, 모범인민 탄생과 관련한 수많은 '미담'이 생산되었지만,[372] 이전의 오랜 생활방식과 사고를 바꾸기란 쉽지 않았다.

이와 같은 모습들은 전쟁 전 북한사회의 특징을 반영한다. 경제적으로는 중요산업이 국유화되었지만 일부 자본가나 소상공인의 활동 및 개인소유가 인정되었고, 정치적으로도 통일전선에 입각한 정치연합이 중시되던 사회이다. 정치경제구조가 이렇게 다양할진데, 주민의 의식만 사회주의적이거나 획일적일 수는 없다. 더구나 개인소유의 인정과 통일전선정책이 당시 사람들의 의식이나 상황들을 고려한 데서 나온 것이라면 더욱 그렇다. 계급주의, 집단주의, 반미주의가 인민의 정체성으로 전면화된 것은 한국전쟁 이후이다. 전후, 정치적으로는 김일성과 노동당 중심의 경직된 구조(당—국가체제)가 만들어지고, 경제적으로는 전후 복구사업과 농업 집단화 등을 거쳐 사회주의체제로 나아갔다. 이러한 정치경제구조의 변화와 더불어 철저한 계급주의, 집단주의, 반미주의 등을 내용으로 하는 인민정체성이 확립되어갔다.

2-3. 모범으로서의 당과 당원

노동당과 당원은 '모범자로서 역할'을 요구받았으며, 당원의 행동은 '근로대중의 선봉대'다운 행동이어야 한다고 규정되었다.[373] 정책 수행에서 당원은 적극적으로 나서서 일반 주민들에게 모범을 보여야 했으며, 주민들이 정책을 이해하고 따르도록 선전·선동할 의무가 있었다.

서화리 금수동세포에서는 1947년 8월에 김재열 동무는 매물 1斗, 벼 1斗, 김광용 동무는 감자 5두,…… 계 30斗를 모아서 **당시 가장 빈곤한 빈농가 13戶에 분배하여 구조하였든 것입니다. 이와 같은 사실들은 우리 당의 정책을 군중 앞에 똑똑히 표현시켰으며 당이 인민을 위하여 사업하고 있다는 것을 보여준 대표적인 실례**……

천도촌 여맹분회장 여당원 함태월 동무는 **학교건축에 희사를 하기 위하여 절미운동을 전개**하여 백미 1斗1되6습을 모았으며, 자기 맹원을 발동하여 비누 13개, 손수건 23매를, 서화리 금수동 여맹초급단체 책임자 여당원 유분실 동무는 비누 8개, 손수건 13개를 각각 모아서 인민을 위하여 싸우고 있는 38보안대에게 위로품으로 보내달라고 가져왔던 것입니다.

전체 당원들은 인민교육문제를 크게 관심두었으며 **중학교 건축비로 각 기관일꾼들은 봉급의 반월분을 희사**하였으며 면인민위원장 당원 김춘욱 동무는 5,000원을, 최돈호 동무는 2,000원을 **희사하였던 것입니다.**[374] (강조는 필자)

인제의 노동당원은 "제반 민주과업 실천과정에서 항상 인민의 선두에서 난관을 타개하며 모범적인 역할을 대하야 솔선 지도"함으로써, 주민들이 노동당을 지지하고 입당하는 계기를 만들었다.[375] 춘기파종 시 호상호조운동으로 부락민에게 무상으로 종자를 제공하였으며, 애국미를 헌납함에 따라 북면 애국미운동이 전개되는 데 촉매역할을 하였고, 비당원의 논에 무상으로 이앙을 하여 비당원들의 입당지원 계기를 마련했고, 경비대원들에게 위안품을 보내는 데 앞장서기도 하였다. 앞서 살펴본 서화면 천도리 최창규는 노동당원이 된 후에 북한당국의 농업정책 추진과정에서 솔선했으며, 다른 노동당원들과 주민들에게 영향을 미친 대표적인 예이다.[376]

하지만 노동당원들 간에는 입당경로, 인식, 태도 면에서 많은 편차가 있었다. 입당경로 면에서도 모범적 인민이 되어 입당한 경우가 있는가 하면, 신민당원이었다가 신·공 합당으로 노동당원이 된 경우 등이 있었다.[377] 당원이 된 후의 태도 면에서도 당원으로서의 역할을 인지하고 솔선수범한 경우가 있는가 하면, 그렇지 않아 책벌을 받은 경우도 많다. 그래서 북한은 당원들에 대한 교육을 실시하고, 회의를 통해 문제를 해결하고, 책벌 등의 방식으로 당원이 자신의 위상과 역할을 인지하도록 했다.

모범의 핵심은 북한 인민의 정체성을 갖고 실천하는 인민대중을 만들어내는 것이다. 곧 모범은 '확산'이 중요한데, 그것은 계급·집단·반제국주의적 의식을 가진 애국하는 인민대중의 형성을 의미했다. 모범이 될 대상은 당과 당원만이 아니라 '전 인민'이었다. 때문에 모범 확산을 위한 여러 가지 방법들이 동원되었다.

2-4. 모범 창조

북한당국의 정책을 적극적으로 수행하는 인물이 모범으로 선정되었지만, 한편으로는 당국이 모범을 먼저 지정하고 그 내용을 채우는 경우도 있었다. '모범민주선전실' 설치가 그 예이다. 민주선전실은 면·리·부락 단위로 지역의 문화사업을 하면서도 당국의 정책이나 사업성과표 등을 전시하여 선전하는 역할을 하였다. 인제군당 상무위원회는 인제군의 각 면당위원장이 매월 모범민주선전실 설치에 대한 계획서를 작성하여 사업할 것을 결정하였다. 동시에 각 면에서는 1개월에 1차씩 선전원 강습회를 실행하며 계획적으로 모범선전원을 선정할 것을 결정하였다.[378] 이는 일정한 성과를 거둔 것으로 보인다. 73개의 민주선전실이 조직되었고, 인제군 북면 송학동, 인제면 차평동, 남면 가로 민주선전실 등이 우수한 선전실로 평가받았다. 25개의 민주선전실이 모범민주선전실로서 사업을 전개하였다.[379]

하지만 모범민주선전실로 지정되었다 해서 모두 모범적으로 운영된 것은 아니었다. 남면 모범민주선전실의 경우 파손된 선전실의 정비나 표어와 그림의 교체 등이 잘 이루어지지 않았다. 이에 대한 대책으로 운동기구 및 목욕탕의 설치, 인민들의 생활의욕 앙양과 교양을 주는 장치의 설치, 도서 구비용 자금조달, 도서대출, 각종 서클용 기구 및 오락기구의 완비 등이 필요하다 지적되었는데, 이러한 장치를 농민·노동자 문화인들의 자진 동원으로 해결하도록 하였다.[380]

모범의 적극적 개발은 민청과 소년단에서도 이루어졌다. 인제군민청은 '모범소년단 창조운동'을 전개했다. 민청은 모범소년단을 만들기 위해 교육관계자 연석회의, 소년단 연합대회, 각 학교 출장지도원 강습회 등을 실시했다. 1948년 2월부터 4월까지 약 두 달 간 진행된 이 운동은 일정한 성과를 거두었다고 평가되었다. 소년단원들은 집과 거리에서 경례와 구호를 외쳤고, "나는 새나라 새 일꾼이 되기 위하여 김일성장군 뒤를 따라 힘쓰겠다"는 서약문을 외웠다.[381]

모범창조운동이 전개될 때는 대상 지역 내지 단체의 상층부에서 담당자가 파견되어 지도가 이루어졌다. 예를 들어 모범농민과 모범농촌의 창설에 대해서는 농민동맹이 담당했는데, 농민동맹은 각 면·리에

모범민주선전실(철원군 영중면(현 경기도 포천시)).
출처:《강원도 사진첩》, NARA, RG 242, SA 2010, Box 3, Item 11.

<표 21> 농민동맹위원 지도 구역 담당표

면	분담리	분담자
인제면	하추리, 남북, 귀둔, 북리, 진동, 합강리, 상동리	리한용, 리성규
	덕산리, 고사리, 덕적리, 가리산	전용순, 정광훈
	가아리	권경용
남면	신월리, 두무리, 남전리, 관대리	심원명, 김옥철, 심재락
북면	월학리, 용대리	심청택
	한계리, 원통리	송봉길
서화면	서화리, 서흥리,	리근순
	천도리, 이포리	김만석
	서희리, 심적리	원용주, 장금난
	장승리, 가전리	리학원

출처: 〈인제군 농민동맹 당조 제40차 회의록〉(1949. 3. 1) 《北韓關係史料集》 제4권, 385쪽.

농민동맹위원을 파견하였다(〈표 21〉). 농민동맹위원은 각 담당구역에서 모범농민과 모범농촌 창설을 위해 지도하는 동시에 증산계획을 완수하기 위한 사업도 지도하였다.[382]

모범은 선정되었을 뿐 아니라 창조되었다. 모범은 개인과 단체, 지역과 직장, 당원과 비당원, 직급 등 전 부문에서 발굴되고 만들어졌다. 모범은 인제군 전체 주민과 조직으로 확대될 '표준'이었다.

2-5. 표창과 지위 상승

모범으로 선정되면 몇 가지 혜택이 뒤따랐다. 첫 번째는 표창이었다. 모범으로 선정된 농민·단체(장)들은 소속된 당·정·사회단체로부터 표창을 받았다. 모범 표창은 북한 전역에서 이루어졌다. 5·1절을 기념하여 모범직장과 모범노동자를 표창하였으며, 예정숫자를 초과달성하는 모범일꾼에게도 도위원장상이 수여되었고, 예술부문 노동자에게도 표창장이 증여되었다.[383] 함북의 파괴된 공장·광산 복구 역군에게는 김일성위원장상 및 산업교통국장상이 수여되기도 했다.[384] 모범 선정 및 표창은 제 〈규정〉의 형태로 법령화되었다.[385] 모범기관으로 선정되면 상금이 수여되기도 했는데, 상업성은 매 분기마다 표창을 실시하면서 1등은 15만 원 이내, 2등은 10만 원 이내, 3등은 5만원 이내로 규정했다.[386]

인제군의 경우, 인제면 남북리 여성 마몽실(33세), 덕산리 증을손(56세), 덕산리 양덕순(40세), 남면 남전리 김옥동(51세), 신월리 김승삼(69세), 북면 월학리 최광율(30세), 원통리 임영배(28세), 서화면 서화리 송기수(39세), 서화리 여성 김어분(47세), 모범리 농민동맹위원장으로는 인제면 가야리 오신손, 남면 신월리 전승흠, 북면 원통리 이병열, 서화면 서희리 이병찬, 서화면 서흥리 증시화 등이 1947년도 농민열성자대회에서 표창을 받았다.[387]

두 번째는 노동당 입당이었다. 입당 심사 시 '모범○○'이라는 수식어는 입당 승인을 의미했다. 아래의 심와애는 모범여성동맹원으로서, 이종명은 '모범적 활동가'라는 평가를 받아 입당하였다. 그들은 '앞으로도' 모범적 활동을 할 인민으로 기대되었다. 노동당 차원에서도 모범농민 내지는 모범적인 인물들을 당원으로 받아들여 당을 강화하고자 했다.[388]

- 심와애: **모범여맹원**으로 여맹사업에 노력하며 인민들의 신망이 있으며 사상적으로 무장되었으며 세포학습회에 열성적으로 참가하며 **앞으로 꾸**

표창 받은 노동자·농민·교원의 모습(강원도).
출처:《강원도 사진첩》, NARA, RG 242, SA 2010, Box 3, Item 11.

모범노동자 표창과 그들에게 꽃다발을 전하는 학생들(양구군).
사진 하단에 "민주건국의 투사 모범로동자 표창식"이라 표기되어 있다.
출처:《강원도 사진첩》, NARA, RG 242, SA 2010, Box 3, Item 11.

준히 여맹에서 사업할 동무이므로 세포에서의 입당결정을 승인함[389](강조는 필자).

• 이종명: 1924년생, 부락 내에서 **모든 사업에 모범적 활동**을 하며 사상이 공고하며 **앞으로 열성적으로 사업할 동무**임으로 세포에서의 입당 결정을 승인함[390](강조는 필자).

인제군당 상무위원회 회의록에는 입당 승인 못지 않게 부결된 사례도 매우 많이 등장하는데, 이는 당시 많은 사람들이 노동당에 가입하려던 경향이 있었음을 반영한다. '입당' 혹은 '노동당원'이 신분을 보장받는 길이자[391] 지위 상승의 기회로 여겨졌기 때문이다. 물론 당원으로서의 의무를 '앞으로' '꾸준히' '열성적'으로 행했을 때 면당·군당·도당대표자로 선정될 수 있었다. '최창규 따라 배우기' 운동의 주인공으로, 영세농민에 대한 식량구제를 위해 쌀을 납부하여 모범농민으로 선정된 최창규는 1948년 강원도당 대표자가 되었다.[392]

모범적 활동은 실수를 만회하거나 잘못을 용서받는 중요수단이기도 했다. 일제하 방공초 초장이었던 사실이 인제군당위원장 재직 시 밝혀져 책벌(출당) 받았던 김학성은 고향인 양양군으로 돌아가 '모범적'으로 활동하여 인제군당에서 재입당이 받아들여졌다. 또 인제군 남면당위원장 심덕수는 식량이 없는 농민들에게 대여해야 할 비상미의 일부를 자신이 대여 소비하고 그 대금을 청산하지 못한 바 있었다. 이 때문에 그는 '관료주의' 행동을 했다고 군당상무위원회에서 비판받았다. 그러나 "38선에서 가장 모범적으로 싸워 왔다"는 점과 "반동분자들이 주목하고 있는" 사람이라는 점이 감안되어 책벌이 취소되

었다.[393]

이와 같이 모범의 의미는 개인적 영광 혹은 새로운 기회의 부여와 같은 의미가 있었다. 하지만 모범의 목표는 개인적 차원에 머무는 것이 아니라 집단적 확산에 있었기 때문에, 모범의 발굴·선정에 못지않게 선전이 중요했다.

2-6. 타의 모범

모범으로 선정되면, 지켜야 할 책임도 커졌다. 〈공로메달에 관한 규정〉은 이를 잘 보여주는데, "공로메달을 수여받은 공민은 그의 패용을 영예로 생각하며 공민의 의무를 수행함에 있어서 자각적으로 다른 공민의 선도자가 되어야 하며 국가 의무를 정직히 또 충실히 집행하는 모범을 보여야 한다"고 규정하였다.[394] 모범으로 선정되어 공로메달을 받은 사람은 다시 정책을 더욱 충실히 집행하는 모범인민이 되어 다른 사람들에게 제시되어야 했던 것이다.

모범은 다양한 방식으로 선전되었다. 신문에 모범사례를 싣거나, 군중대회에서 모범을 표창함으로써 주민들에게 직접 선을 보이거나, 따라 배우기운동을 벌이는 등이었다.

《로동신문》에는 연일 '미담'이 기사화되었다. 물자를 아끼고 생산율을 높이고, 종자를 나누고, 많은 노동시간을 투여하여 증산하고, 창의력을 발휘하여 기술을 개발하는 등의 기사가 주를 이루었다.[395] 물자 및 종자 부족을 노동력 동원으로 해결하여 증산하고, 나아가 국가건설을 이루고 있음을 보여주는 기사들이었다. 이는 "각 신문마다 기념 증산운동의 성과와 모범노동자, 농민들의 증산투쟁운동의 경험, 영농경험들을 광범히 수집 반영할 것"[396]이라는 노동당의 방침에 의한 것

3·1절 기념 군중대회(인제군).
출처:《강원도 사진첩》, NARA, RG 242, SA 2010, Box 3, Item 11.

3·1절 기념 군중대회(인제군).
출처:《강원도 사진첩》, NARA, RG 242, SA 2010, Box 3, Item 11.

3·1절 기념 군중대회(철원군).
출처:《강원도 사진첩》, NARA, RG 242, SA 2010, Box 3, Item 11.

3·1절 기념 군중대회(화천군).
출처:《강원도 사진첩》, NARA, RG 242, SA 2010, Box 3, Item 11.

3·1절 기념 군중대회(화천군).
출처:《강원도 사진첩》, NARA, RG 242, SA 2010, Box 3, Item 11.

이었다. 신문만이 아니라 표어, 포스터, 벽보 등에도 각종 모범사례가 게시되었다.[397] 주민들은 신문, 표어, 포스터, 벽보 등의 매체를 통해 일상적으로 모범사례를 접했다.

군중대회 역시 모범 선전의 대표적인 장이었다. 농민열성자대회, 토지개혁 기념대회, 3·1절 기념대회, 5·1절 기념대회, 농민동맹 창립기념보고 등에서는 모범농민·모범노동자 등에 대한 표창이 이루어졌다.

> 이종명이 토론하기를 "우리는 일상적으로 모범적 활동을 한 일꾼들을 제때에 높이 평가하여 일반을 이에 따르도록 함이 가장 좋은 것이다. 이럼으로써 그 표창을 적당하다고 인증하며, 농민열성자 대회에서 표창할 것이다."[398]

예를 들어 토지개혁 2주년 기념대회에서 모범농민, 열성적인 한글학교 강사 및 한글학교에 잘 다니는 농민을 표창했는데,[399] 이는 이중의 효과가 있었다. 모범농민과 강사를 표창함으로써 '바람직한 인민의 상'을 제시함은 물론 토지개혁의 정치·문화적 성과를 선전할 수 있었다. 군중대회 참석자들은 북한체제에 적극적으로 적응해가는 모범인민들의 모습을 직접 지켜보았다. 토지개혁 등의 제반 개혁을 수행한 북한체제, 그에 대한 지지와 협력의 결과가 모범이라는 평가와 표창이라는 것을 인식해갔다.

2-7. 모범 따라 배우기

북한은 '모범'을 매우 적극적으로 확산시켰다. 모범인민의 이름을 따 'ㅇㅇㅇ운동' 혹은 '모범ㅇㅇㅇ운동'이 벌어졌는데, '모범인민 ㅇㅇㅇ를 따라 배우자'는 운동이 대대적으로 전개되었다. 인제군에서 전개된 대표적인 예가 철도노동자 '김회일운동'과 서화면 천도리 모범농민 최창규운동 및 세금선납운동(〈표 22〉)이다. 김회일은 철도기술자로 20년간 근무했는데, 해방 이후 "노동규율을 엄수하는 동시에 쉬지 않고" 일했다고 한다. 김회일운동은 건국사상운동과 결부되어 대중운동으로 전개되었고 당원은 물론 일반주민까지도 열성적으로 건국사업에 참가하도록 독려되었다. 제2, 제3, 제4의 김회일을 '산생産生'하

〈표 22〉 서화면 천도리 모범농민 최창규운동과
세금선납운동에 대한 선전사업계획서

종목	사업내용	날짜	실행자	책임자
경쟁 조직	1. 각 면별로 모범농민 좌담회를 조직하여 그들을 발동시킬 것. 2. 면과 면, 리와 리, 부락과 부락, 개인과 개인 사이에 경쟁운동을 광범히 조직할 것. 3. 각 리별로 군중대회를 소집하여 이 운동에 대한 호응을 실행할 것.	3. 9~ 3. 20	유팽수 이조명 최옥히 이태형	박삼양
선전원 발동	1. 각 면 및 각 리 선전원이 발동되어 이 운동에 대한 선전사업을 조직할 것. 2. 군에서 선전원을 발동시켜 각 면에 파견하여 이 운동 조직을 실지 지도할 것.	3. 9~ 3. 15	인제면· 남면·북면· 서화면 인민위원회· 민청·여맹· 농민동맹	원용선
속보 및 표어 공작	1. 속보판에 계속적으로 미담 또는 돌발사건 등을 게시할 것. 2. 가두, 농촌, 직장에 광범히 표어공작을 실시할 것. 3. 각 직장 및 민주선전실 벽보판을 이용할 것.	3. 9~ 3. 30	각 면당 위원장 군인민위원회	이태형
	1. 일어나는 운동사항을 신문에 보도할 것. 2. 각 면에 통신원을 통하여 그 실지 운동을 매일 일자식 보고할 것.	3. 9~ 3. 30	최종갑	박삼양
	1. 각종 군중집회장에서 2. 연예회 가창대를 동원하여 3. 남면 개답사업 및 농산계획 완수를 위한 경쟁운동과 결부시킬 것. 4. 최창규운동 및 세금선납운동에 대한 구호를 불러 군중들이 호응할 수 있는 조직을 실시할 것.	3. 9~ 끝날 때까지	원용선	김기원

출처: 〈인제군당 상무위원회 회의록 제4호〉(1948. 3. 10)《北韓關係史料集》제2권, 102~103쪽.

기 위한 운동이었다.[400] 또 천도리 최창규는 농산계획을 보장하기 위해 영세농민의 식량구제대책으로 백미 1가마 5두를 냈다. 이를 계기로 각급 세포당원이 종자확보용 벼씨·감자씨를 냈는데, 감자씨 30두, 벼씨 1두, 옥수수 1두 등이 모아졌다.[401] 그리고 서호부락 농민들의 세금선납운동과 상동리 모범농민 박홍균 선납운동을 선전하여 농민들 간에 경쟁적으로 납부운동을 전개하도록 하였다.[402] 이와 같이 모범농민·모범노동자를 선정·선전하고 그를 따라 배우게 하는 식으로 모범을 확산시켰다.

모범의 제시는 경쟁을 유도하는 목적도 있었다.

증수를 위한 로력조직 및 경쟁조직에 있어서 ……현물세 납부에 있어서 선진적 활동을 하는 모범농민, 모범부락을 제때에 □□우고 먼저 익은 곡물을 수확, 탈곡하여 공동포장, 공동납부하는 사업을 각 부락단위로 호소, 호응하여 선납 경쟁조직을 전체 농민들에게 침투시켜 그 결정내용을 모르는 농민이 없도록 할 것이며 경쟁심을 전 농민의 타오르는 승리의 의욕으로서 소정 기일 내에 100퍼센트로 완수하도록 조직, 발동시킬 것[403](원문대로).

각급 당 단체 및 각 기관 선전부문에서 공작하는 당원 일꾼들이 가두 농촌에서 모범농민들을 제때에 내세워 전체농민들의 애국열과 경쟁심을 고도로 발동시켰다.[404]

인제군당은 모범농민·모범부락을 제시하여 주민들이 국가이념·정책 등을 숙지하고, 정책 수행을 위해 경쟁적으로 나서도록 해야 한다고 보았다. 그리고 모범 제시가 일반농민들의 애국열과 경쟁심 발동에 효과적이었다고 평가했다. 모범은 따라 배울 대상에서 나아가 주민들의 애국과 경쟁이라는 '마음'을 움직이는 동원장치였다. 다시 말하면, 모범의 제시와 선전은 주민들이 바람직한 인민의 상을 보고(인지), 따라 배우고(수동적 실천), 경쟁적으로 참여(자발성 유도)하도록 하는 역할을 했다고 볼 수 있다.

2-8. 부월리 모범세포 선정과 취소

그런데 매우 적극적인 모범의 선정·확대는 오류를 낳기도 했다. 양양군 속초의 부월리 모범세포 선정과 확대가 그 예이다. 강원도당 상무위원회는 부월리 모범세포의 성과를 강원도 전 군에 확대할 것을 결정(〈부월리 모범세포에 대한 결정〉 1948. 1. 29)하였다. 강원도당 상무위원회의 이 결정은 인제군당 상무위원회에도 전달되었다. 인제군당 상무위는 동 결정서를 집행하기 위해 부월리세포사업을 배우기 위한 견습원을 파견하고, 도당 상무위원회의 결정서를 모든 면의 전체 세포총회에서 토의하도록 하였다. 그리고 부월리세포 전달 강습회를 조직하되 여기에 세포위원장·학습회 강사·선전원·책임자들이 참석하고, 전 군적으로 부월리 세포상황을 선전하도록 결정(1948. 2. 17)하였다.[405] 그리하여 북면 송학동세포가 부월리 모범세포를 본받아 사업했다고 긍정적으로 평가받았다. 인제군당 상무위원회는 송학동세포의 사업·조직 정형을 각 세포에 지시·전달하여 제2의 모범세포를 산출할 것을 면당에 지시(1948. 3. 30)했다.[406] 속초 부월리세포의 모범적인 예가 인제 북면 송학동세포로 이어졌고, 다시 인제의 각 세포들에 확대되는 방식으로 진행되고 있었다.

그런데 1948년 11월 노동당 중앙본부 상무위원회는 부월리 모범세포 결정을 취소하였고, 이에 근거하여 강원도당 상무위원회도 모범세포 결정을 취소하였다.[407] 1948년 12월 12일 인제군당 상무위원회도 인제군의 전 세포에 발송된 군당 상무위원회 결정서(1948. 2. 17), 즉 부월리 모범세포에 대한 결정서를 회수하였다.[408]

부월리 모범세포 취소사례는 모범사례를 적극적으로 발굴하고 확대하는 과정에서 나온 것이었다. 부월리 모범세포 확대는 강원도 차원의 지시로 군을 거쳐 리 단위까지 일사불란하게 이루어졌으나, 그것이 맹목적인 집행이었음을 반영한다. 상급당의 지시를 절대적인 것으로 수용하고 사업을 진행했던 군당은 스스로 반성할 수밖에 없었다.[409] 그렇지만 군당은 중앙당의 결정 취소라는 지시를 또다시 무비판적으로 수용함으로써, 상급당에 대한 하급당의 수동적 모습을 보여주었다.

이와 같이, '모범'은 북한 인민 정체성의 구체적인 내용과 형성방식을 잘 보여준다. 해방 이후 북한에서는 새로운 체제에 적합한 인간형을 만들고, 주민을 체제에 흡수하기 위해 '모범'을 활용했다. 모범인민의 정체성은 계급·집단·반제국주의적 의식을 바탕으로 건국·애국하는 인민이었다. 그 실천은 대체로 정치적인 면에서는 회의나 강습에 열성적으로 참여하는 것, 경제적인 면에서는 증산을 하거나 물자절약, 기술개발 등을 하고, 현물세·애국미·고공품을 다른 사람들에 비해 앞서서 혹은 많이 납부하는 것이었다. 이러한 모범인민은 북한 사회가 요구하는 표준적인 인민이었다.

북한당국은 모범을 통해 비표준적인 사람들을 표준적인 사람으로 만들어가려 하였다. 모범 발굴·선정의 목적은 모범의 '집단적 확대'에 있었다. 그래서 모범의 발굴·선정 못지않게 창조, 표창, 선전 등의 작업이 중요했다. 모범은 따라 배울 대상이자, 일반 주민들의 경쟁심과 애국심을 발동시키는 주체였다. 이와 같이 해방 이후 북한에서는 표준적인 모범인민이 제시되고, 그를 따라 배우는 인민대중이 확대되어갔지만, 수적으로는 '보통 인민'들이 대다수였다. 이들에게도 인민민주주의국가 건설에의 협력이 요구되었다.

노력 동원

앞에서 살펴본 바와 같이 인민대중의 창출은 북한체제에 속하여 이념적·제도적으로 인민으로 규정되는 것, 그리고 표준적인 인민상을 수립·확대하는 것을 통해 이루어졌다. 나아가 모범[표준적인] 인민이 아닌 평범한[평균적인] 주민들은 '인민으로서의 역할' 수행이라는 '공통된 경험'을 통해서도 '인민'이 되어갔다. 어떤 태도와 모습을 취하는 것이 바람직한 인민의 모습인가를 '모범'을 통해 인지해갔다면, 사업 추진 및 동원의 경험을 통해 북한 인민으로서의 역할을 파악해갔다.

해방 이후 인제군을 포함해 북한 전역에서 국가건설의 일환으로 많은 사업이 전개되었다. 공장이나 운송시설 등의 파괴된 산업시설 복구와 새로운 산업기반 구축, 황폐한 토지 개간과 관개시설의 확대, 공산품 및 농산물 증산, 교육·문화시설 확충 등의 수많은 크고 작은 작업이 전개되었다. 그런데 물적·기술적 자원이 풍부하지 않은 상황에서 이 많은 사업들을 완수하기는 쉽지 않았다. 북한은 이를 해결하는

개간사업을 위한 노력 동원 모습(철원군 화현부락(현 포천시)).
출처:《강원도 사진첩》, NARA, RG 242, SA 2010, Box 3, Item 11.

핵심적인 방안으로 '동원'에 주목했다. 주민들의 노력 동원은 사업추진에 있어 가장 중요한 사안이 되었고, 주민 전체에 대한 조직적·체계적인 동원이 이루어졌다.

3-1. "웃돈이 있는 사람"

하지만 처음부터 북한의 동원이 주민 전체를 대상으로 한 것은 아니었다. 다음 사례는 동원이 제한적으로 이루어졌음을 보여준다. 1946년 10월 남면 각 정당사회단체연석회의는 여러 과제를 추진하고 집행하면서 재정적·기술적 어려움에 직면했다. 그중 하나가 건초 운반에 대한 것이었는데, 남면에서는 "무수한 노력努力"을 동원하기보다는 동리별 우차 동원이나 또 다른 대안들을 모색했다.

> 김금전, 乾草運搬에 대하야 每戶當 빌것이 十一관式인데 인제읍에까지 운반하자면 무수한 努力이 들 것이다. (중략) 여기에 관하야 엇지하면 조흘가.
> 박기영, 洞里別로 牛車를 動員식혀 하는 수밧게는 別도리 없으리다.
> 의장, 그러컨다면 牛車 南面 全體게 三臺 밧게는 없는데 不面何歲內이다. 農盟委員長이 會議에 가신다고 하니 郡會議에 參席하시면 仔細한 것을 打合하도록 하는 것이 죳겠소[410](원문대로).

운동회 비용을 조달하기 위한 다음의 논의는 더욱 흥미롭다. 남면에서는 여성동맹의 사업 추진을 위해 상무위원을 두 사람 임명해야하는데, 그들에게 줄 월급을 계산하니 1개월에 1,200엔円씩 지급해야하고, 손금損金도 1,000엔을 보내야 하는 상황이었다. 더구나 인제군교육과로부터 학교장기운동회를 열라는 통첩을 받았는데 운동회를 시행하자면 최소 1,500엔에서 3,000엔이 들 것으로 예상되었다. 하지만 현 잔액은 2,000엔밖에 없는 형편이었다.[411]

의장(김규환 남면당위원장), 나의 生覺에는 우리 各 團體에서 나와 各里를 巡廻하며 擧□□에게 말하면 누구 다— 낼 것이다. 그러니만큼 四000円에서 버서나지 안을 줄 안다.

우동하 인민위원장, 勿論 當然히 될 것이다. 그러나 人民에게 金錢이 업스니만 道理가 안인가 생각한다.

의장, 金錢에 有無를 막론하고 달라는 것이 안니라 其洞里라면 으든히 있는 사람이 있을 것이다. 其 사람에게 달나면 피해가 없을 줄 안다[412](원문대로).

위 논의에서 주목되는 점은 무엇보다 경제적 사정이 좋지 않은 주민들로부터 운동회 비용을 거두는 것은 "도리道理가 아니"라고 보고, 주민 전반이 아닌 "으든히(웃돈이: 인용자) 있는 사람"으로부터 거두자는 대목이다. 이 회의에서는 인민위원회 회의비용 조달에 대해서도 주민들로부터 거둘 것이 제안되었는데, 우동하 인민위원장은 "인민에게 부과한다면 큰 피해가 있을 줄 안다"면서 전 주민에게 부과하지 말 것을 주장하였다. 대신 "각 사회단체와 연락 진정하여 타처에서 얻어오도록" 할 것을 제안했다. 타처란 양조장과 숯 굽는 곳에서 보조를 받는 것이었다.[413] 건초 운반과 비용 조달의 사례는 적어도 1946년 10월 남면에서는 동원 대상이 전체 주민이 아니었음을 보여준다. 노력 동원의 경우는 우차나 다른 대안을 찾으려 했고, 비용 마련을 위한 물적 동원의 경우는 경제적으로 여유가 있던 사람들에 국한되었던 것이다.

3-2. 건국공작대

동원은 점차 전 주민에게 확대되었으며, 조직화·체계화되어갔다. 노력 동원의 경우, 동원 주체와 동원 대상에 따라 '건국공작대'와 '의무대'로 구분되었는데, 건국공작대는 인민위원회가 주체가 되어 동원된 일반주민이었으며, 의무대는 당·사회단체를 중심으로 동원된 당원·맹원이었다.

먼저, 건국노력 동원은 면별 인구비례로 할당하되, 공사현장과의 거리 등을 고려하여 노무자를 동원하였다. 관개사업의 경우에 인제군의 네 개 면(인제면, 남면, 북면, 서화면) 가운데 인제면, 남면, 북면이 동원되었다. 남전리 개답공사의 경우, 보통노무자(건국대원) 3만 5,900명(연인원)이 필요할 것으로 예상되었는데, 그중 개답공사가 이루어지는 남면에서 1만 명을 동원하고, 나머지 2만 5,900명을 각 면의 인구 비례로 할당하였다.[414] 서화면에서 노무 동원되었다는 자료는 보이지 않는데, 이는 서화면과 남면의 거리가 직접적인 노동력을 공급하기 어려울 정도로 떨어져 있었기 때문인 것으로 생각된다.[415]

관대리 개답사업에 대한 각 면의 동원 비율은 대략 인제면 34퍼센트, 남면 41퍼센트, 북면 3.4퍼센트 이상이었다.[416] 남면과 인제면의 비율이 높은 이유는 관개공사 현장이 남면에 있었다는 점과, 인제면이 인구도 많은 데다 남면과 이웃한 면이기 때문이다. 동원 비율이 30~40퍼센트 이상에 이른다는 것은 인제면과 남면의 청장년 상당수가 개답사업에 노력 동원된 공통의 경험을 가졌음을 의미한다.

하지만 모든 사업에 이렇게 높은 비율의 인원이 동원된 것은 아니었다. 관개사업과 비슷한 시기에 이루어진 화천-인제 간 전기 가설공사에는 인제면에서 102명, 남면 32명, 북면 63명, 서화면 93명, 총 290명

<표 23> 인제군 농가호수 및 인구(1947~1948)

구분	농가호수	공민증해당자			출생증해당자			합계		
		남	여	계	남	여	계	남	여	계
인제면	1,920	3,352	3,128	6,480	2,808	2,664	5,472	6,160	5,792	11,952
남면	657	1,030	991	2,021	867	785	1,652	1,897	1,776	3,668
북면	1,363	2,259	2,103	4,362	1,809	1,700	3,509	4,068	3,803	7,871
서화면	2,201	2,851	2,645	5,496	2,355	2,230	4,585	5,206	4,875	10,081
계	5,952	9,492	8,867	18,359	7,839	7,379	15,218	17,331	16,246	33,577

출처: 〈인제군당 상무위원회 회의록 제2호〉(1948. 2. 17)《北韓關係史料集》제2권, 19~20쪽; 〈인제군당 상무위원회 회의록 제31호〉(1948. 12. 12)《北韓關係史料集》제3권, 24쪽.

비고: 농가호수는 1947년 12월, 인구는 1948년 11월 20일~11월 28일 조사 결과이다. 조사 시기마다 약간의 차이가 있으나, 당시 대체적인 현황을 파악하는 데에는 크게 무리가 없다.

이 전기 가설공사에 동원되었는데, 이는 공민증해당자 대비 약 인제면 1.57퍼센트, 남면 1.58퍼센트, 북면 1.44퍼센트, 서화면 1.69퍼센트이다. 이는 관개사업에 지장을 초래하지 않기 위한 조치이자,[417] 노력 동원이 사안별·지역별로 편차가 존재하는 가운데 이루어졌음을 보여준다.

노동강도는 어떠했을까. 관개사업의 동원 비율로 보면 남면과 인제면에서는 적지 않은 수가 동원되었다고 볼 수 있지만, 동원된 노동자 1인의 노동시간도 고려되어야 한다. 〈표 24〉는 리별로 9일씩 분담하고 있음을 보여준다. 즉 동원된 주민들은 개답사업에 9일씩 노동력을 제공하도록 계획된 것이다. 다만, 맡은 일의 진척도에 따라 출역시간은 단축되기도 했다. 관대리 관개사업은 야간작업을 하여 9일간으로 예정된 일을 2~3일 만에 마쳤다. 관개사업에 동원되었던 한 구술자는 "반나절 걸려 관대리 개답공사에 갔더니 일이 끝나 그냥 돌아왔다"고 증언하였다.[418] 관대리 관개사업의 노무 동원은 적어도 1948년

〈표 24〉 관대리 관개사업에 대한 건국공작대 출역 계획표

면명	리명	할당인원	할당년인원	출근 일할
인제면	상동리	151	1,359	3월 16일~3월 24일
	남북리	200	1,800	〃
	합강리	127	1,143	〃
	덕산리	230	2,070	〃
	고사리	141	1,269	〃
	북리	182	1,638	3월 25일~4월 2일
	귀둔리	300	2,700	〃
	진동리	115	1,035*	〃
	전대리	63	567	3월 16일~3월 24일
	덕적리	173	1,567	〃
	가아리	240	2,160	3월 25일~4월 2일
	가리산리	127	1,143	〃
	하추리	174	1,566	〃
	계	2,223*	20,017*	
남면	관대리	321	2,869	4월 3일~4월 11일
	남전리	211	1,899	〃
	신월리	163	1,467	〃
	두무리	137	1,233	〃
	계	832	7,468*	

출처: 〈인제군당 상무위원회 회의록 제2호〉(1948. 2. 17) 《北韓關係史料集》 제2권, 18쪽을 필자가 재정리함.

비고: ① 이 표의 본 제목은 〈인제면·남면 노무 동원 日割 계획표〉임.

② * 《北韓關係史料集》에는 각각 135명, 2,123명 19,107명, 7,488명으로 기록되어 있으나 여기서는 오타이거나 합계가 잘못되었다고 보고 필자가 수정함.

3월 당시에는 성공적이었다고 할 수 있다.

이렇게 동원된 노무자들에게는 도급제를 적용하였다. 도급제를 실시할 때는 노동자가 작업 시작 전에 작업지시표를 받고 생산책임수량·도급단가 및 실행할 한계를 정하며, 이에 의거해 자기생산책임을

실행했다는 증명을 받은 후에 이를 토대로 임금을 받도록 했다.[419]

관대리 관개사업의 노력 동원은 별 차질 없이 진행되었지만, 모든 노력 동원이 그러했던 것은 아니다. 남전리 개답사업의 경우 노력 동원이 원활하지 않았고 완료시기도 예정(1949년 3월)보다 석달 이상 지연되었다. 이유는 몇 가지 중요한 차이에 있었다. 건국공작대 동원 계획 시 무상동원 비율이 매우 높아졌다는 점—이렇게 동원된 이들은 보통노동자·보통동원이라 불림—, 한 사람당 열흘 이상 동원하도록 한 점, 노무자가 식량 및 부식물을 지참해오도록 한 점 등이었다.[420] 이러한 점들은 노력 동원에 차질을 빚는 원인이 된 것으로 보이는데, 인제군당 상무위원회도 무상동원의 어려움을 인식하였다.[421]

무상동원 비율이 높아진 이유는 〈건국노력동원에 관한 규정〉(1948. 5. 27. 이하 〈규정〉) 때문으로 보인다. 〈규정〉은 곳곳에서 이루어지던 방대한 건설사업을 빨리 추진하기 위해 대중적인 노력 동원을 원활히 하도록 채택된 것이었다. 국가적으로 중요한 건설에 한해서 건국노력 동원을 하되, 1년에 20일로 규정하고, 노력 동원의 시기 및 대상은 도·군인민위원회가 자체적으로 실시하도록 하였다. 동원일수도 오고가는 날짜를 제외하고 실제 작업하는 날짜만 계산하고, 지금까지 동원된 노력일수는 계산에 넣지 않도록 하였다.[422] 〈규정〉 이전에도 〈건국의무노동에 관한 지령〉(이하 〈지령〉)이 있었지만, 〈지령〉에는 1년 20일 규정이 없이 동원의 필요성과 동원 대상을 포괄적으로 다루고 있었다.[423] 〈규정〉은 〈지령〉에 비해 동원에 대한 사항을 구체화했지만, 〈규정〉 이후 주민들은 의무적으로 1년에 20일간 노동력을 제공해야 했다. 노동상 허성택은 공문을 통해 20일 이하 동원 규정을 지키도록 강조함으로써, 그외 노력 동원을 방지하고자 하였으나, 20일 규정은 지역이나 사업에 따라 제대로 지켜지지 않은 경우가 있었을 것으로 보인다.[424] 그리고 〈규정〉 하에 진행된 남전리 개답공사에서도 무상노력 동원은 원활히 이루어지지 않았다.

3-3. 의무대

관개사업·전기시설공사 등의 각종 사업에는 노동당원이나 사회단체원들도 동원되었다. 이는 노동당(원) 및 사회단체(원)의 위상과 연결된 문제이기도 했다. 노동당은 당이 정권기관을 협조하고 당원이 선두에 서서 모범적 역할을 함으로써 군중 동원이나 사업집행을 가능하도록 방침을 세우고 있었다.[425] 사회단체도 '주권기관 협조사업'의 일환으로 참여했다.[426]

의무대에는 초등학생이나 중학생이 포함되기도 했다. 학생은 노동보다는 해설이나 가창대(위안대)에 동원되었다. 해설대는 학생 5~6명 이상이 각 마을(리, 인민반)을 다니면서 각 사업과 관련된 구호를 외치는 식이었고,[427] 가창대는 공사현장에서 노동자들에게 위안공연을 하는 것이었다. 학생들은 이런 경험을 통해 체제에 자연스럽게 흡수되었다.

의무대의 노동시간은 기본적으로 1일 이상이었으나 실제로는 적게는 3~4시간, 많게는 8시간가량 동원되었다. 개답사업의 경우 송학동 노동당 세포당원은 43명이 8시간씩, 원통리 노동당원 및 농민동맹원은 약 3시간씩, 합강리 민주청년동맹원은 94명이 4시간씩 동원되었다. 북면과 인제면 의무대는 평균 3~4시간, 남면의 의무대는 대략 6시간 정도씩 동원되었다.[428] 면리별로 노력제공 시간에 차이가 있는 것은 거리로 인한 이동시간 등을 고려한 결과로 추측된다.

공사현장과의 거리가 멀어 노력 제공이 어려울 경우에는 다른 형태

인제군 인민학교생들의 창가대 모습.
리인민위원 선거(1947)를 앞두고 마을을 순회하고 있다.
출처:《강원도 사진첩》, NARA, RG 242, SA 2010, Box 3, Item 11.

3·1절을 기념하여 그네뛰기를 하는 여성들(양구군).
출처:《강원도 사진첩》, NARA, RG 242, SA 2010, Box 3, Item 11.

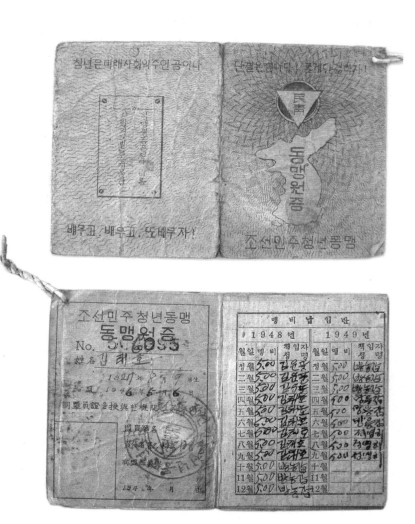

조선민주청년동맹 동맹원증의 표지와 안쪽 면.
출처: NARA, RG 242, SA 2006, Box 14, Item 61.1.

의 동원이 이루어졌다. 남면에서 진행된 관개사업에 서화면의 당 단체는 주로 현물을 원조했다. 삼태기나 가마니 등의 짚으로 만든 주머니나 끈 등을 보냈으며, 현금을 보내기도 하였다.[429]

이와 같은 사회단체와 맹원들의 노력과 현물 제공에 대해서는 자발성의 측면에서 긍정적인 평가가 이루어졌다. 남면 관대리 관개사업에 연인원 1만 4,592명(남자 1만 3,658명, 여자 938명)의 노력을 제공한 군 민주청년동맹과 남전리의 농민동맹·민주청년동맹·여성동맹 등이 '자진적 노력 제공'이라는 평가와 상을 받았다. 하지만 노력 동원과 사업의 완수에는 편차가 있기 마련이었고, 문제는 이런 편차를 극복하고 주민들로부터 자발적인 노동력 제공을 이끌어내는 것이었다.

3-4. 노력 동원의 방법

〈지령〉이나 〈규정〉 등을 통해 의무 동원의 법적 장치를 마련했으나, 법적 장치만으로는 한계가 있었다. 따라서 동원을 원활히 하기 위해 다양한 방법이 강구되었다. 북한은 '자발적 동원'을 강조하면서 다양한 방식으로 노력 동원을 이끌어냈다. 동원을 원활히 하기 위해 거의 모든 조직의 활용, 물적 보상, 각종 회의와 검열, 선전사업, 경쟁운동, 위안활동, 품앗이반의 활용 등이 이루어졌다.

첫째, 앞에서도 살펴보았듯이, 각종 조직을 통한 동원이 중시되었다. 사업의 주체였던 인민위원회가 면·리별로 할당인원을 계획하고, 당과 사회단체는 당원과 맹원을 사업현장에 노력 동원하거나 물적으로 현물·현금 등을 제공했다.

둘째, 노력을 제공한 이들에게는 물적 보상도 이루어졌다. 물적 보상의 대표적인 예는 도급제였다. 물론 앞에서 살펴본 바와 같이, 물적 보상 여부에 따라 유상동원과 무상동원으로 구분되었는데, 도급제가 적용된 것은 유상동원에 해당하였다. 건국공작대는 도급제가 적용되기도 했고 그렇지 않기도 했다. 도급제는 노동능률과 생산성 향상을 목표로 국영기업소 및 철도부문 노동자들에게 적용되었으며 생산정량을 초과하는 노동자에게는 기본배급 외에 특별배급을 실시하도록 되어 있었다.[430] 인제군에서 동원된 이들에게 도급제를 적용했다는 것은 노동능률과 생산능률을 높이기 위한 경제적 보상이 있었음을 의미한다.

다만, 도급제의 적용 정도나 노동자들의 노동법 인식은 편차가 있었다. 관대리인민위원장 홍순태와 관대리인민위원회 부위원장 겸 대흥세포부위원장 심돈섭은 관개사업소에 노무 동원 임금으로 나온 자금을 면 유지세 및 학교비로 지출하여 비판받았다.[431] 남전리 관개관리소 직맹위원장 리병선은 노동자들에게 직맹단체계약이나 노동법령의 혜택 등을 제대로 알려주지 않았으며 도급제를 요구하는 노동자들의 요구도 제때 수용하지 않았다고 한다.[432] 인제임산사업소에서도 노동자들에게 임금을 3개월간 지불하지 않아 문제가 되기도 했다.[433] 이런 사례는 법령은 마련되어 있으나, 각 지역·공장에 따라 도급제의 적용이나 그에 대한 노동자들의 인식에 편차가 있었음을 반영한다.

셋째, 주민들의 자발적 동원을 위해 선전이 매우 중요하게 다루어졌다. 노력 동원을 위한 선전은 물론 이미 동원된 노무자들에 대해서도 선전사업이 전개되었다. 남면 관대리 개답공사를 성공적으로 완수하기 위해 166회 이상의 선전사업에 1만 7,949명이 동원됨으로써 예정보다 앞서 관개공사를 완료했다는 평가가 나올 정도였다.[434]

넷째, 경쟁운동을 벌이기도 했다. 주민들을 공사현장으로 불러내기 위해 그리고 공사현장에서 노력의욕을 고취시키기 위해 경쟁운동이 전개되었다. 각 면당, 각 세포위원장은 인민반을 비롯해 각 단위별로 상호 검열하여 경쟁적으로 동원에 임하도록 했다.[435] 현장에서는 작업 성적표(노력점수)를 작성하였고, 작업장에 벽보판을 설치하여 벽보·속보·만화 등으로 열성노동자를 내세웠을 뿐 아니라 그들에게 물질적 보상을 주어 전체 노동자들에게 건설의욕을 발휘시키도록 하였다.[436]

다섯째, 회의와 검열을 하였다. 사업 진행이나 동원은 최하부 조직인 리당위원장이나 세포위원장에 따라 부락별로 편차가 나타나는 경우가 많았다. 이럴 경우에는 이들 간부들을 면당회의에 참석시켜 비판과 더불어 사업에 적극적으로 참여하도록 독려하고 각자의 책임을 재차 강조했다.[437] 사업 추진에서 부락별·인물별 편차는 각종 회의를 통해 스스로 결의를 다짐으로써 각종 정책과 체제에 익숙해져갔다.

여섯째, 공사현장에서 노동자들을 위안하는 활동도 벌어졌다. 노동능률 제고를 위해 학생 가창대를 조직했고 장기공사의 경우에는 매월 2회씩 위안의 밤을 마련하였을 뿐 아니라, 학생들로 하여금 수시로 위안문을 보내도록 했다.[438]

일곱째, 품앗이반을 통한 파견노무자의 생활을 보장하였다. 관개사업 등에 며칠씩 동원되는 농민의 농사에는 지장이 생기기 마련이므로, 품앗이반을 활용하여 파견노동자의 농사에 지장이 없도록 도왔다.[439]

정리하면, 인제군에서의 노력 동원은 도급제와 경쟁운동 같은 사회주의적인 방식, 회의를 통한 철저한 역할분담, 품앗이반과 같은 전통적인 공동노동조직의 활용 등에 의해 이루어졌다.

3-5. 노력 동원의 결과

노력 동원의 결과는 성과와 부작용 양 측면에서 생각해볼 수 있다. 일차적으로는 수많은 노력 동원이 가져온 부작용이다. 관개시설 건설에서와 같이 대대적인 노력 동원이 또 다른 생산활동에 악영향을 끼쳤을 가능성이 있다.[440] 사료상으로도 관대리 관개사업에 노력이 많이 소비되어 퇴비 증산이 늦어졌다는 예가 보인다.[441]

그런데 이와 같은 악영향을 방지하기 위해 품앗이반이 활용되었다는 점도 주목된다. 품앗이반을 통해 파견노무자의 생활을 보장하는 것이었다. 며칠씩 동원되는 농민의 농사 및 생활에 지장이 생기기 마련이므로, 보통 10호당 1반으로 구성되던 품앗이반을 활용하여 파견노동자의 농사에 지장이 없도록 하였다.[442] 산업도로 건설사업의 경우에도, 산업도로 건설과 모내기가 겹치자 동원된 집에 대해 부락 차원에서 이앙을 도와주었다.[443] 전통조직을 활용함으로써 파견노무자를 배려하는 동시에 동원을 원활히 하려 했던 것이다. 그 결과 1948년 봄에 개답공사와 전기 가설공사 등이 있었음에도 춘경파종이 1947년에 비해 9일 앞서 완료되었다고 한다.[444]

성과 면에서는 첫째, 관개사업의 완수와 식량생산의 증가를 들 수 있다. 인제군의 개답사업은 전 조직과 주민들의 체계적 동원으로 추진·완료되었고 그 결과 1947~49년에 개답으로 인해 확장된 논의 면적은 230정보 내지 265정보 정도로 추측되며, 이는 식량문제 해결에 일정한 효과를 거두었다.[445] 관개사업을 통한 식량문제의 해결은 이북 전 지역에서 이루어졌다. 1947년 한해에 전국적으로 수많은 관개공사가 완공되어 관개면적이 2만 2,300여 정보에 달했으며, 1948년에는 관개면적이 1만 1,776정보에 이르렀다.[446] 1947년도에 곡식 총수확고는 1946년보다 18만 톤 증가되어 1944년 수준을 능가하였으며, 1948년에는 280만 8천 톤으로 일제시기의 최고 수준인 1938년도의 수확고를 10.4퍼센트 초과하였다. 그리하여 훗날 북한에서는 "양곡이 부족하던 지대로부터 여유 있는 지대로 전환"되었다고 평가했는데, 여유 있는 지대라고 보기는 어렵겠으나 상당한 성과가 있었던 것은 분명해 보인다.[447]

둘째, 관개시설이나 신개답지와 같은 결과물의 공동 이용이다. 우선 관개시설은 국가가 관리함으로써 '전체 인민의 소유'로 만들도록 하였다.[448] 그리고 관개시설을 이용하는 토지경작자를 몽리농민이라 했는데, 그들은 정보당 평균 미조곡米租穀 200킬로그램의 시설사용료를 국가에 납부하였다.[449] 관개시설의 복구 및 개량보수 등의 관리비용은 국가가 지출하고, 그 비용은 몽리농민의 사용료로 충당되는 방식이었다.

신개답지 중 일부는 세농민이나 화전민에게 분배되었다. 남전리 개답지의 경우에는 130정보 중 30정보에 세농민 및 화전민이 이주했다. 인제면 10호, 북면 10호, 서화면 20호, 남면 5호 등 총 45호가 이주하여 개답과 경작을 맡았는데,[450] 호당 분배량이 그리 많지 않다. 나머지 100정보에 해당하는 개답지는 기존의 토지 소유자들이 계속 소유·경작하면서 현물세를 납부했다.[451] 관개사업의 효과는 식량난의 해소, 관개시설의 공동 이용, 개답지의 분배 등 인제군 전반에 나타났다. 이는 인제군 전체가 관개사업의 성과를 공유하였음을 의미한다.

셋째, 주민들의 사업성과 공유는 정권에 대한 지지로 나타났다. 관개사업의 경우, 농민들은 그들이 원했던 만큼의 면적에는 상응하지 못했지만 일정정도 개답이 이루어진 데 대해 지지를 보냈다.[452] 관개사업을 보고 감격하여 입당하겠다는 사람도 있었다.[453] 여기에는 북한지도부의 의지도 중요하게 작용했는데, 당국은 각종 정책을 실시하는 데 있어 주민들로부터 지지를 얻으려 했고 그로부터 자신의 정당성을 획득하려 하였다. 공사현장에 동원된 노동자들에게 독보회와 학습회 등의 선전사업을 진행함으로써, 공사의 경제적 필요성만이 아니라 "북조선의 민주건설의 혜택"이라는 정치적 의의를 학습하게 하였다. 또 주로 고용노동자나 빈농이었던 그들을 입당케 함으로써 노동당의 성장을 도왔다.[454]

넷째, 주민들이 공통된 동원 경험을 갖는다는 것은 또 다른 정치적 의미가 있었다. 주민들은 동원되어 사업 추진과 문제 해결을 목도하면서 체제에 익숙해졌다. 특히 그 동원이 일정한 성과로 이어졌을 때 더욱 그러했다. 성공적 완수로 평가받은 관대리 관개사업은 향후 사업 추진에 있어 모델이 되었다.[455] 이는 인제군에서 각종 사업을 추진하는 데 제 조직들의 역할 분담 및 조정, 주민 동원 방식 등에서 전형이 될 수 있음을 시사한다. 인제군의 관개사업을 기획·집행하고 발생한 문제를 조정했던 사람들은 물론, 사업에 동원되어 각종 정치·경제적 의의를 학습 받고 사업 추진과 문제 해결을 목격한 사람들 역시 각자의 역할을 파악하면서 북한체제에 적응해갔다. 인제군과 여타지역 사람들이 북한의 국가건설기에 동원된 경험에 대해 '그때는 그게 당연했다'고 말하는 데는 바로 이러한 배경이 있는 것이다.

북한 인민대중의 창출과정은 다음과 같이 정리될 수 있다. 이념적·제도적인 수준에서 '인민'으로 규정된 주민들이 '모범'을 통해 바람직한 인민의 모습을 인지하고, '공통된 경험'들을 통해 북한체제에서의 각자의 역할을 파악하면서 정치경제적 결과물들을 확인해간 것이다.

인제주민들이 '북한 인민'으로서 갖춰야 할 정체성은 '건국하고 애국하는 '인민'이었다. 노동자·농민·여성이라는 계급·성에 대한 의식, 집단주의적 사고 및 태도, 일본·미국의 제국주의나 남한체제에 대한 적대감, 민족주의 그리고 이 모든 의식의 집결로서의 조선민주주의인민공화국에 대한 충성심과 애국심을 갖추는 것이었다. 이러한 사고는 회의·강습에 열성적으로 참석하고 농산물을 증산하고, 기술을 개발하고, 현물세 및 애국미를 다른 사람에 '앞서서' '많이' 납부하는 등의 실천을 통해 증명되었다.

주민들을 바람직한 인민대중으로 창출·확산·동원하는 과정은 매우 조직적이고 체계적이었다. 모범의 발굴·선정, 표창, 선전, 확대가 대대적으로 이루어져, '모범인민'을 일반인민이 따라 배울 표준으로 제시하고 확산시켰다. 모범적 인물로 인정받는다는 것은 개인적인 체제 적응과 그에 따른 보상이라는 의미를 넘어 타인의 경쟁심과 애국심 등을 유발하는 역할을 했다. 전 사회적으로는 인간형의 균일화가 이루어지는 과정이기도 했다.

또 주민들은 당·정·사회단체 등의 여러 조직들로 망라되었고, 이 조직들에 의해 동원되었다. 동원은 전반적으로 '의무 동원'의 성격을 가졌는데, 국가건설사업의 일환으로 제시되고 전개된 수많은 과제들에 비해 물적·기술적 자원이 풍부하지 않았고, 이러한 상황에서 노력 동원의 원활여부가 사업 완수의 핵심적인 사안이 되었다. 때문에 노력 동원을 위해 매우 다양한 방법들이 활용되었는데, 회의, 선전, 도급제, 경쟁운동, 위안활동은 물론 전통적인 공동노력조직인 품앗이반 등이 그것이다. 대부분의 주민 모두가 동원되어 노동력을 제공하는 과정에서 인민으로서의 역할을 학습해갔다. 노력 동원은 사업의 완수는 물론 주민들의 인민화와도 관련된 것이었다.

인제주민의 북한 인민으로서의 정체성과 동원에는 수동성과 자발성이 혼재되어 있었다. 이는 '주권의 원천'과 '지도자의 역할'을 동시에 강조하는 인민 규정에서부터 배태한 것이었다. 동원의 경우도, 북한은 건국과 애국을 위한 자발성을 강조했지만, 촘촘하게 짜인 조직과 각종 사회주의적 장치들을[456] 통한 동원은 자발적 동원으로만 해석하기 어려운 면이 있었다. 모범인민의 경우도, 자발성과 수동성을 구분해내기가 쉽지 않은 것이었다. 자발성과 수동성이 혼재된 채 북한체제에 순응하는—지지하고 적응하는—인민대중이 형성되어갔다.

한편 북한체제에 반대하거나 적응하지 못하는 사람들도 많았다. 그들 중에는 지역 내에서 반체제적 행위를 벌이거나 월남을 감행하는 경우도 적지 않았다. 특히 월남 이유는 정치·경제·사회적인 여러 요인들이 있었지만, 결과적으로 월남은 북한 인민되기를 거부하는 최종적인 선택이었다.

이와 같이 해방 이후 38선 이북지역에서는 인민민주주의체제가 구축되어갔고, 주민들도 북한체제에 적응하면서 흡수되거나 배제되어갔다. 북한체제는 궁극적으로는 사회주의를 지향하지만 다양한 요소들이 존재하는 다양하고 복잡한 사회였고, 더구나 상대적으로 '열린' 38선을 경계로 벌어지던 남한과의 군사충돌 및 적대적 상황은 인제주민들의 삶의 불안정성을 확대하였다. 사회주의적이면서도 유동적인 상태, 이것이 38선 이북 인제지역(민)의 모습이었다. 이는 한국전쟁을 거치면서 경직적인 상태로 변하였다.

제2부

한국전쟁 이후
인제군의 남한 자본주의체제로의
편입

1

'수복지구'의
탄생

유엔군의 38선 이북지역
점령통치와 행정권 이양

1-1. 유엔군의 38선 이북 중동부지역 점령

인제군을 비롯한 38선 이북 중동부지역이 남한의 영토로 편입된 계기
는 한국전쟁 중 군사적 점령에 의해서였다. 남북 양측이 한반도의 북
쪽과 남쪽을 크게 오르내리며 점령과 피점령을 반복한 후 전선은 38
선 근처에서 형성되었다. 이 과정에서 북한의 통치 하에 있던 인제는
1950년 10월 초 유엔군에 점령되었다가, 12월 말 국군의 방어가 무너
지고 중공군·북한군이 재점령하게 되었다. 1951년 3~4월 다시 유엔
군이 38선 일대로 진출했는데, 인제는 4월 유엔군의 재점령 하에 들
어갔다가 5월 초 중공군·북한군의 점령과 유엔군의 재탈환을 반복했
다.[1] 이후 38선 이북 중동부 지역에서는 정전협정이 체결되기까지 2년
여간 치열한 전투가 벌어졌다. 전투가 정전회담이 진행되던 서부지역
을 피해 중동부지역에서 주로 전개되었기 때문에, 이 지역의 피해는
매우 컸다.

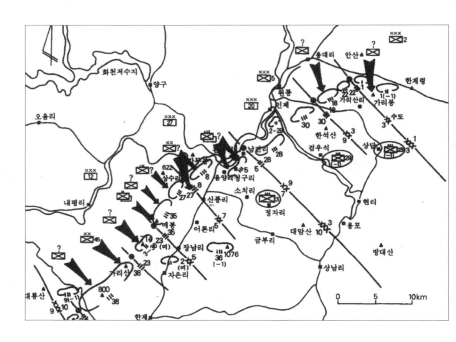

중공군 5월 공세 및 현리 전투(1951. 5. 16).

출처: 채한국·정석균·손문식, 1996《한국전쟁》중, 국방군사연구소, 551쪽.

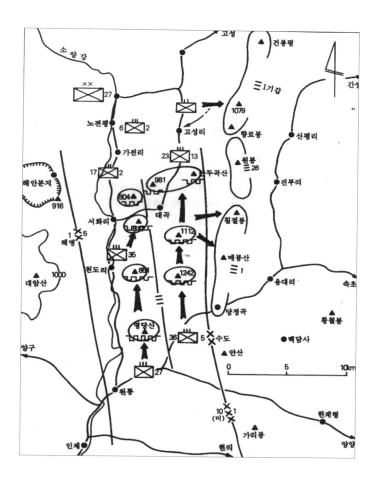

서화리─향로봉 전투(1951. 6. 4~6. 17).
출처: 채한국·정석균·손문식, 앞의 책, 639쪽.

인제지역에서 전개된 대표적인 전투들로는 개전 직후 북한군의 남침 기본구상이 틀어지게 된 결정적인 전투로 평가되는 인제-홍천 전투(1950. 6. 25~6. 30), 1951년 봄 유엔군의 재점령 관련 전투들, 중공군에 의해 국군 제3군단이 와해된 현리 전투(1951. 5. 16~5. 20), 정전회담 기간 중에 전개된 전투들이 있다. 이 중에서도 1951년 봄 유엔군의 재점령과 관련한 주요 전투들은 인제 탈환 전투(1951. 4. 9~4. 19), 매봉한석산 전투(1951. 5. 7~5. 10), 서화면 서화리-향로봉 전투(1951. 6. 4~6. 12) 등이 있다. 인제 탈환 전투는 캔자스 선(임진강-화천호-양구-설악산-양양) 확보를 위해 동부전선의 중요 축선의 하나였던 인제-홍천 간 도로와 그 주변 지대를 확보하기 위한 전투였다. 매봉한석산 전투는 내린천 부근에서 전개된 것으로, 1951년 초반 내내 국군과 북한군이 공방을 주고받았다. 서화리-향로봉 전투는 신캔자스 선(임진강-화천호-해안분지-향로봉-거진)으로 진출하는 과정에서 국군 제5사단이 북한군 제2사단과 교전하여 탈환한 천도리·서화리 일대 전투이다. 이 전투들을 포함하여 38선 일대에서의 격전으로, 1951년 6월 말 전선은 임진강 하구-전곡-철원-김화-화천호-해안분지-향로봉-고성군 거진 북방에 이르렀다.[2]

남북 양측은 더 많은 지역을 점령하기 위한 전투를 계속했다. 이와 같은 각축전은 군사분계선을 "정전협정이 조인될 당시의 접촉선으로 한다"는 정전회담의 가조인(1951. 11. 27) 때문이었다. 유엔군 측과 공산 측은 군사분계선 설정을 둘러싸고 38선으로 할 것인가, 아니면 접촉선으로 할 것인가 논란을 벌였다. 결국 접촉선으로 결정됨으로써, 1953년 7월 27일 정전협정이 체결될 때까지 이 지역은 영토 확보를 위한 공산 측과 유엔군 측의 격전장이 되었다.[3] 38선 이북 중동부지

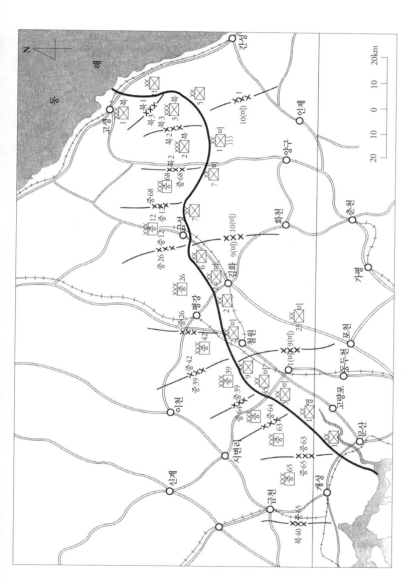

1951년 말 전선 현황. 출처: 제한구·양영조, 1997 《한국전쟁》 하, 국방군사연구소, 230쪽.

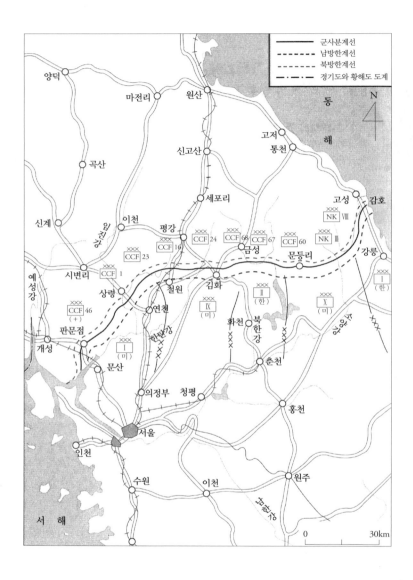

군사분계선 및 비무장지대(1953. 7. 27).
출처: 채한국·양영조, 앞의 책, 598쪽.

역의 경우, 군사전략상의 중요성 외에도 각종 광물자원과 관련한 경제적 측면에서도 매우 주목되었기에,[4] 이 지역 확보를 둘러싼 치열함은 더하였다. 군사점령과 정전협정의 결과 38선 이북 중동부지역은 남한이 확보했고, 개성을 비롯한 38선 이남 서부지역은 북한이 차지했다. 38선이 아닌 접촉선이 군사분계선이 됨으로써, '38선 이북 중동부지역'과 '38선 이남 서부지역'이라는 상대진영에 편입되는 특수지역들이 탄생하였다.

1953년 7월 27일 전투가 중지되었을 때 휴전선 이남에는 미군과 한국군이 함께 주둔했는데, 국군은 미군의 지휘를 받았다. 인제·양구지역에는 미 제10합동군단(한국 제3군단 포함)이 주둔했으며, 연천·철원·김화지역에는 미 제9합동군단(한국 제5군단 포함)이, 화천지역에는 한국 제2군단이, 최동부지역인 양양·고성지역에는 한국 제1군단이, 최서부지역에는 미 1군단이 주둔했다. 1953년 8월 15일 미 제9, 10군단이 철군하면서 인제·양구지역은 한국 제3군단이, 연천·철원·김화지구는 제5군단이, 고성·양양지구는 제1군단이 관할하게 되었다.

1-2. 유엔군정

1953년 7월 27일 정전협정이 체결되고, 미9, 10군단이 철수하면서 중동부지역에는 한국군이 주둔했다. 하지만 이승만정부는 이 지역을 통치하지는 못했다. 이승만정부는 이 지역을 인수하고자 했으나, 유엔군사령부가 자신들의 관할jurisdiction 아래 군정Military Government[5]을 실시하였다. 유엔군사령관은 이 지역 내 군정의 최고사령관이었으며, 유엔군사령부 하의 미 8군사령관, 민사처장, 현지 군단장을 통해 직무를 수행했다. 한국민사원조사령관Commanding General, Korean

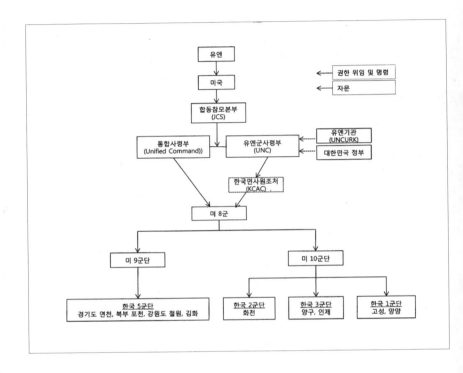

38선 이북 중동부 점령지역에 대한 유엔군정 상위조직체계.

비고: 라종일[1997 〈북한통치의 반성: 1950년 가을〉《한국전쟁과 한반도 통일문제》, 한국전쟁연구회, 360쪽]
의 1950년 가을 당시 북한 통치구조 그림을 참고로, 필자가 중동부 점령지역에 대한 미군과 한국군의
명령체계까지 군정조직체계를 작성함.

Civilian Assistance Command(CG KCAC)이 유엔군사령관의 지시를 받아 한국에서의 모든 민사·군정기능을 관리하고 군단과 사단에 민사군정을 지원했다. 미 8군사령관은 군사문제를 포함하여 모든 민사군정을 관리할 책임을 부여받았다. 그리고 미 8군 민사처Civil Affairs Section가 민사군정 수행을 위한 명령을 계획하고 준비하여 미 8군사령관에게 조언했다. 미 8군사령관은 그의 책임을 다시 각 군단사령관에게 위임했다. 1954년 4월 8군사령관이 미 제9, 10군단장을 군정장관military governor으로 임명하였고, 미 군단장들은 군정장관의 직책을 남한 군단장들에게 위임했다.[6]

군정장관은 군정에 관한 기구·인원 편성, 군정요원 임명, 법령 제정, 입주자의 거주 및 제한, 징세 등에 관한 권한을 갖고 있었기 때문에,[7] 한국의 군단장들은 각 주둔지역에서 상당한 직권을 행사할 수 있었다. 그러나 그들은 미 군단장들의 지시를 받아 군정 임무를 수행해야 했다.[8] 이 지역은 명목상 유엔군사령부의 통제 하에 있으면서, 실질적으로는 미 8군의 계획과 조직을 통해 통치되었고, 한국 군단장을 통해 군정프로그램이 현지에서 집행되는 구조였다.

이러한 중동부 점령지역의 군정체계는 38선 이북지역에 대한 통치권과 연관된 문제로서, 1950년 10월 북한점령 당시의 통치체계와 유사한 면이 있다. 1950년 10월 대한민국정부는 북한지역에 대한 통치권을 주장했으나, 유엔과 미국은 이를 거부하였다. 유엔(영국과 프랑스 등)은 38선 이북지역에 대해 대한민국정부의 통치권이 없으며, 통일은 남북한총선거를 통해 이루어져야 한다고 주장했다. 미국은 38선 이남지역에 대한 대한민국정부의 통치권은 인정하지만, 38선 이북지역에 대해서는 남한의 통치권 확대가 불가하다는 입장이었다.[9] 결국

1950년 10월 12일 한국Korea에 관한 유엔소총회에서 "대한민국의 주권은 38선 이남으로 제한된다. 유엔군이 북한지역에 군정을 실시한다"는 결의안이 통과되었다. 북한지역에 대한 점령통치의 책임을 유엔군사령관이 맡게 된 것인데, 이것이 전후戰後 중동부 점령지역에도 그대로 적용되었다.

1950년 가을 북한지역과 1951년 이후 중동부 점령지역 간에 차이가 있다면 현지 군정장관이 유엔군인가, 한국군인가였다. 전자의 경우에는 대체로 미군이 군정의 책임을 맡았으며, 그 지휘 아래 현지 북한사람들로 지역별 자치위원회가 구성되었다. 한 1군단 민사처장으로서 군정장관을 자처했던 유원식이 뒤늦게 점령해온 미 10군단에 군정을 인계해야 했던 일은 익히 알려진 바와 같다.[10] 하지만 후자의 경우에는 인제군을 비롯한 중동부 점령지역의 군정장관직이 모두 미군으로부터 한국군에게 위임되었다. 이와 같은 양자의 차이는 미국이 중동부 점령지역 정책을 유엔군사령관에의 복종을 전제로 한국군을 활용하는 방향으로 변화시킨 데서 연유했다. 미국은 한국군을 활용하여 점령행정의 효율성을 높이고자 했다.[11]

그런데 한국군단에 의한 군정 실시는 이 지역과 이승만정부가 공식·비공식적으로 연결될 가능성을 만들었다. 이는 국방부장관 손원일이 국무회의 의장에게 보낸 문서에 잘 나타난다.[12] 손원일은 군정 실시와 관련하여 국무회의의 의결을 요청했는데, 이 사실은 손원일이 군정 실시가 국무회의의 의결사항이라고 보았음을 의미한다. 그리고 군정에 대한 기본적인 권한은 군단장이 가지지만, 한국정부에 보고하거나 정부로부터 협조를 받는 사항들이 있었다. 군정계획 및 실시내용은 국방부장관에게 보고되어 그의 승인을 얻어야 했고, 민정관은 내무부장관의 추천에 의해 임명되고 민정관의 급여도 내무부에서 지급하는 방안이 논의되었다.[13] 중동부 점령지역 군정에는 대한민국의 법령이 적용된다는 것이었다. 중동부 점령지역 군정 실시에 대한 결정은 미 국무부와 유엔군사령부에서 이루어졌고 군정에 관한 기본 프로그램도 미군에 의해 작성되었으나, 한국에서는 군정 실시문제를 국무회의의 의결사항으로 다루었던 것이다.

따라서 38선 이북 중동부 점령지역에 대한 점령통치구조는 복잡했다고 할 수 있다. 기본적으로 유엔군사령관이 이 지역에 대한 군사적·행정적 권한을 보유했으며 한국군에 대한 지휘권도 갖고 있었다. 인제·양구지역의 한 3군단장은 이승만정부가 아닌 유엔군사령관의 명령을 받는 미 8군사령관의 지휘체계 아래 있었다. 이는 다른 수복지구도 마찬가지였다. 때문에 이승만정부는 이 지역에 구호품을 직접 전달할 수도 없던 상태였다.[14]

하지만 현지에서는 한국군이 군정의 실무를 담당했고 이때 한국정부의 영향력이 직·간접적으로 미칠 수밖에 없었다. 1950년 가을에도 북한 현지의 행정·치안 등은 남한에서 파견된 사람들에 의해 압도되어 갔었는데, 1954년에는 중동부 점령지역에 대해 한국정부가 관여할 여지가 더욱 많아졌다.

또 점령주체 및 군정체계가 유엔군사령부(사실상 미군)에 의해 주도되었다고 해서 미국이나 유엔(군)이 38선 이북 중동부 점령지역에 대한 통치권sovereignty을 가지고 있던 것은 아니었다. 이 지역 및 군에 대해 유엔군사령부가 부여받은 권한은 어디까지나 군정이라는 임시행정에 국한된, 잠정적인 것이었다. 이 지역에 대한 잠정적·임시적인 군정이 아닌 최종적이고 영구적인 처리문제가 남아있었다.

인제·양구지역 행정권 이양식(한국3군단).
출처: 공보처 홍보국 사진담당관, 1954 《수복지구행정권이양식》, 국가기록원 관리번호 CET0042813.

화천지역 행정권 이양식(한국2군단) 기념촬영.
출처: 공보처 홍보국 사진담당관, 1954 《수복지구행정권이양식》, 국가기록원 관리번호 CET0042813.

북부포천·철원·김화지역 행정권 이양식(한국5군단)과 '북진통일'·'수복재건'을 내건 주민들.
출처: 공보처 홍보국 사진담당관, 1954 〈수복지구 인수식에 참석한 주민들 모습〉, 국가기록원 관리번호 CET0062407.

별지一호서식

○○군행정권인계서

인계자 직명 성명
인수자 직명 성명

一 군읍면별 면적 인구 세대수

二 군정사무종사자 명부 - 학력경력본적연령등명기

三 행정시설및비품상황

四 경리경리상황

五 군정하의 중요시정관계서류

六 기타사항

비고 특히 채권 채무를 명백히 할 것

행정권 인계서 양식.
출처: 〈38도선 이북 수복지구 행정실시에 관한 건〉(1954. 8. 20),
　　　총무처, 1954 《국무회의상정안건철》,
　　　국가기록원 관리번호 BA0084197.

1-3. 행정권 이양

인제군을 비롯한 38선 이북 중동부 점령지역이 남한의 관할 아래 들어오게 된 것은 1954년 11월 유엔군으로부터 행정권을 인수받은 이후이다. 중동부지역 군정에 대한 사실상의 최고 권한을 행사했던 미국은 군정이라는 임시행정이 계속될수록 복잡한 행정적 문제들이 발생한다는 점, 이승만정부가 중동부지역을 편입할 가능성이 높아졌다는 점, 북한이 이미 개성·옹진 등의 38선 이남지역을 편입한 상태라는 점 등을 주목했다. 미국은 이 복잡한 문제들로부터 벗어나면서도 이 지역에 대한 실질적인 영향력을 행사할 수 있는 구조를 만들고자 했다. 미국은 그 방안으로서 중동부지역에 대한 군정의 지속, 남북한과 분리된 유엔의 관리지역화, 남한으로의 이양 등을 고려하다가 결국 남한으로의 이양을 택했다. 그리고 이를 위해 유엔한국통일부흥위원단United Nations Commission for the Unification and Rehabilitation of Korea(UNCURK. 이하 언커크)과 참전 16개국을 지속적으로 설득했다. 언커크는 행정권 이양을 결의했고, 이 결의문을 근거로 이양이 이루어졌다. 언커크의 결의문은 미통합군사령부Unified Command와 한국정부에 전달되었고 이후 한·미 간에 이양 내용 및 절차에 대한 교섭이 이루어졌다. 교섭 초기에 '사실상의de facto 이양이냐, 법적인de jure 이양이냐'는 이양 성격을 둘러싸고 한·미 간 갈등이 있었으나, 곧 합의가 이루어졌다.[15]

또 미국은 유엔군사령관이 38선 이북지역에 대한 군사적 관할권을 보유·행사할 수 있도록 한미상호방위조약의 38선 이북지역 확대적용을 보장받았다. 한국정부는 헌법의 영토조항 등을 이유로 38선 이북지역에 대한 주권을 주장했으나, 결국 군사·경제원조의 확대를 선택

했고 이는 한미합의의사록 체결로 귀결되었다.[16]

이양 절차는 단순했다. 이 지역에 대한 이양·인수는 유엔에서의 논의 없이 현지에서 이승만정부와 군단사령부 간에 이루어졌다. 행정권 인수 이양식은 11월 15~16일 중동부 점령지역 각 군단본부에서 한미 양 당국자들이 참석한 가운데 거행되었다. 한국정부는 현지에서 행정을 인수한 후 유엔군 측과 다시 행정권 인수·이양에 관한 공동성명을 발표하였다(11월 17일 남한·유엔군 합동경축식). 국무총리 겸 외무부장관 변영태와 통합군사령부를 대표하여 8군사령관 테일러가 "대한민국정부와 통합군사령부는 북위38도선 이북지구의 행정사무 이양에 관한 필요와 절차를 완료하고 1954년 11월 17일부터 대한민국정부가 그 행정사무를 개시할 수 있게 되었음을 이에 인정한다"는 공동성명을 발표하였다.[17] 이로써 인제군을 비롯한 중동부 점령지역은 정전협정이 체결되고도 1년이 훨씬 지난 11월 17일에야 〈수복지구임시행정조치법〉의 시행과 함께 남한의 행정 하에 들어갔다.

〈수복지구임시행정조치법〉의 실시

1954년 9월 언커크의 결의로 행정권 이양이 가시화되자, 정부와 국회는 38선 이북 중동부 점령지역에 대한 행정 실시문제를 논의했다. 이는 〈수복지구임시행정조치법〉을 마련하는 방식으로 이루어졌다. 이법은 9월 17일 국무회의 의결을 시작으로, 9월 19일 국회 내무위원회, 9월 24~29일 국회 본회의 등에서 논의되었다. 〈수복지구임시행정조치법〉은 1954년 10월 21일 법률 제350호로 제정되었으며 11월 13일 시행령(대통령령 제957호)이 공포되었으며, 11월 17일 행정권 인수로 시행되었다.

그런데 임시행정조치법에는 이 지역에 대한 남한의 인식 및 현실적·제도적 문제들이 반영되어 있었다. 무엇보다 '수복지구'라는 지칭은 남한의 영토 인식을 반영한 것이었다. 남한은 38선 이북 중동부 점령지역을 '수복지구'라 이름하면서 그동안 통치권이 제약되었던 점보다 '영토를 되찾았다'는 의미를 더 강조했다. 실제로 임시행정조치법의 공포·시행은 남한이 38선 이북인 이 지역에 처음으로 남한이 제정한 법을 시행하게 되었다는 의미가 있었다. 그런데 그동안 남한의 통치가 미치지 못했던 이 지역에 막상 남한의 제도들을 시행하게 되자 여러 복잡한 문제들이 대두되었다.

임시행정조치법은 크게 행정구역 획정과 관치官治 실시 등을 내용으로 했다. 행정구역 획정문제는 8·15 이전 구역으로 환원할 것인가가 주요 쟁점이 되었다. 관치 실시문제는 지방자치제 적용, 즉 각급 행정(군·읍면·동리)·교육의 장 선출·임명 등을 둘러싼 문제였는데, 이때 남한의 제도를 그대로 적용할 것인가가 핵심 쟁점이 되었다. 그리고 이는 모두 38선 이북지역에 대한 특수성 인정 여부와 관련되었다.

2-1. 행정구역 획정

행정구역 획정에 대해 종래의 38선을 염두에 두고 획정할 것인가, 이에 상관없이 획정할 것인가, 현재 입주자는 불과 15만 명에 불과하니 독특한 구역을 새로 설정할 것인가 등의 방안이 고려되었다.

정부는 종래의 38선에 구애받지 않고 8·15 이전의 구역으로 환원할 것을 원칙으로 하고 이에 현격하게 곤란이 생긴 지역만을 추려서 변경하려 하였다.[18] 정부의 안은 철원군과 김화군을 합하여 강원도를 6개 군으로 획정하는 것이었다. 그리하여 경기도 연천군, 강원도 철원군, 화천군, 양구군, 인제군, 양양군, 고성군을 두고자 하였다.

그러나 철원군과 김화군의 주민은 합군에 반대했다. 이를 반영하여 국회 내무위원회는 예외 없이 8·15 이전 구역으로 환원시키자고 주장했다.[19] "수복지구라는 명칭 자체가 우리의 땅을 이제야 찾았다"는 생각에 의한 것이고, 주민도 고향에 돌아가서 고향의 이름을 붙이고

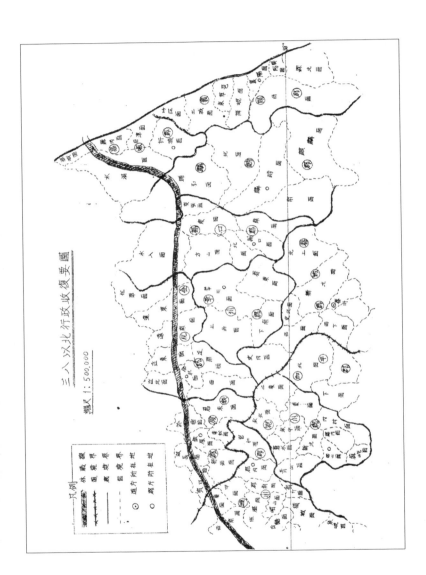

38선 이북 행정수복 요도要圖. 출처: 〈내무부장관→국무회의의장: 38도선이북 수복지구 행정실시에 관한 건〉(1954. 8. 20), 총무처, 1954 《국무회의상정안건철》, 289쪽, 국가기록원 관리번호 BA0084197.

<표 1> 수복지구 행정구역

군명	'수복지구임시행정조치법'(1954. 10. 21)에 의한 행정구역	2009년 현재 행정구역
인제군	인제면, 북면, 서화면, 남면, 기린면, 해안면	인제읍, 북면, 서화면, 남면, 기린면, 상남면
양구군	양구면, 남면, 북면, 동산면, 방산면	양구읍, 남면, 동면, 방산면, 해안면
화천군	화천면, 간동면, 하남면, 상서면, 사내면	화천읍, 상서면, 사내면, 하남면, 간동면
철원군	철원읍, 갈말면, 동송면, 신서면	철원군: 철원읍, 동송읍, 갈말읍,
김화군	김화읍, 근북면, 근동면, 원남면, 원동면, 임남면, 서면, 근남면	김화읍, 근북면, 서면, 근남면, 근동면, 원남면, 원동면, 임남면
양양군	속초읍, 양양면, 손양면, 강현면, 토성면, 죽왕면, 서면, 현북면	양양군: 양양읍, 서면, 손양면, 현북면, 현남면, 강현면
		속초시
고성군	간성면, 거진면, 현내면, 수동면	간성읍, 거진읍, 현내면, 죽왕면, 토성면, 수동면
연천군	연천면, 군남면, 궁인면, 미산면, 전곡면, 왕징면, 중면, 백학면	연천읍, 전곡읍, 군남면, 청산면, 백학면, 미산면, 왕징면, 신서면, 중면, 장남면

싫어 한다는 점을 반영하여 철원군과 김화군을 각각의 행정구역으로 설정하려 하였다. 철원군이나 김화군을 완전히 수복하지 못했지만, 그 군민으로 하여금 이 지역들이 완전히 수복될 수 있다는 의욕을 높이기 위해서라도 철원군과 김화군을 그대로 놔둬야 한다는 생각이었다. 하지만 수복지구 총인구가 15만여 명 정도에 불과하다는 점을 인정하여 군의 명칭은 존치하되 군수나 서장은 동일한 직위에서는 한 군 이상을 겸임하는 방법을 취할 것을 주장했다.[20]

결국 국회의 주장이 수용·채택되었다. 대체로 8·15 이전의 상태로 환원함을 원칙으로 하고, 그중 1개 읍·면을 형성하기 부적당한 지역만을 인접 읍면에 편입시키도록 결정하였다. 38선으로 인해 분할되어 이남·이북으로 각각 편입된 읍·면 중에도 행정상 편의와 교통·경제적 조건으로 현재 구역대로 두는 것이 타당하다고 인정되는 지역은

그대로 유지하기로 했다.[21]

〈수복지구임시행정조치법〉은 수복지구의 행정구역을 "북위38도 이북의 수복지구(북위38도 이남의 행정구역에 편입되는 지역은 제외한다)와 동지구의 행정구역에 편입되는 북위38도 이남의 지역"으로 규정했다. 행정구역은 경기도 연천, 강원도 고성·양양·인제·양구·화천·철원·김화 등 총 8개 군 3읍 42개 면으로 확정되었다.[22]

이 과정에서 38선 이남에 위치하여 홍천군에 속해있던 남면 일부와 기린면 일부가 다시 수복지구 인제군에 편입되었다. 이 지역 주민들은 수복지구 인제군에 환원되는 것을 반대했는데 이는 과거 북한통치를 받은 지역·주민과 동일한 행정구역으로 편제되는 것을 꺼려했기 때문으로 보인다. 38선 이남·이북으로 분단되어 적대적인 관계에 놓였던 기간은 불과 5, 6년이었고 전쟁까지 포함해도 10년이었지만, 주민들은 그보다 훨씬 오랜 시간 동안 동일한 행정구역에서 이루어졌던 역사와 공동체를 거부했다. 이는 남한의 수복지구(주민)에 대한 인식 및 정책이 그만큼 차별적이었음을 의미하며, 때문에 이곳 주민들도 수복지구 인제군의 일부로 소속되기를 반대했던 것이다.

결국 〈수복지구임시행정조치법〉은 인제군의 행정구역을 인제면, 남면, 북면, 기린면, 서화면(가전리, 이포리, 서화리, 장승리, 심적리 제외), 해안면으로 구성했다. 이와 같은 행정구역은 해방 직후 홍천군에 편입되었던 내면이 그대로 홍천군에 남고, 홍천군에 편입되었던 인제군의 남면 일부와 기린면 일부를 환원받고, 양구군 해안면을 인제군으로 편입하여 이루어진 것이다. 38선 이남 강릉군에 편입되었던 양양군의 서면 일부와 현북면도 양양군으로 환원되었다. 반대로 38선 이북지역인 이동면, 영북면, 창수면 등은 38선 이남 포천군으로 환원되었다. 분단 이전 춘성군에 속했던 사내면은 해방 직후 화천군에 편입되었다가 임시행정조치법에 의해 그대로 수복지구 화천군에 속했다. 이와 같이 일부 읍면을 제외하고 수복지구의 행정구역은 38선 분단 이전의 상태로 환원되었고, 분단으로 인해 38선 이남·이북으로 나뉘어 다른 군에 편입되었던 군·읍·면은 하나의 행정구역으로 설정되었다.

2-2. 지방자치제 적용문제

수복지구 행정 실시에서 또 하나의 문제는 여기에 지방자치법을 적용할지 여부였다. 남한의 지방행정제도를 그대로 적용하느냐, 아니면 일정기간 과도조직을 두느냐로 견해가 나뉘었다. 당시 남한에서는 지방자치제가 실시되고 있었다. 그 골자는 교육감 선거에 의한 교육자치와 군·읍·면장 및 면의원 선거, 즉 지방의회 구성을 통한 행정자치였다. 정부의 기본 입장은 남한에서 실시되고 있는 정상적인 행정을 수복지구에 실시하기 어렵다는 것이었다. 북한 치하에 있었고, 전쟁으로 인해 지역이 황폐되어 있으며 주민의 피난으로 인구가 희박한 상태이므로, 주민이 완전 복귀하고 생활이 안정될 때까지 상당한 시일이 걸릴 것이라 보았다.[23] 즉 현실을 고려하여 과도조치가 필요하다고 주장했다. 통신, 교통, 법무 등의 특수행정을 제외하고는 일반지방행정은 거의 군수 휘하로 간소화하고 군수와 읍면·동리장은 임명제로 하여 각종 자치조직과 선거 등은 후일로 미룰 것을 주장했다.

반면, 국회 일부에서는 남한의 지방자치제를 그대로 즉시 실시할 것을 주장했다. 정부의 안에 대해 38선 이남의 다른 지역과의 차등행정이라고 비판하면서 '행정의 후퇴' 혹은 '관치조직의 소생'이라고 혹평하기도 했다.[24] 소선규 의원은 "대한민국은 한반도와 그 부속도서를 영토로 한다고 헌법에 선포되어 있으므로, 대한민국 법률이 그대로 적용되어야 한다. 그런데 정부에서 제안한 〈수복지구임시행정조치법〉을 보면 마치 잃어버린 것을 얻어온 것이거나 식민지를 하나 얻어놓아 법률을 만든 느낌이다. 앞으로도 수복지가 점점 확대될 것을 상정하고 생각해볼 적에 과연 이런 태도가 대한민국이 취할 태도냐?"[25]고 비판하였다. 국회는 수복지구 예산안에 대해서도 38선 이남지역에 비해 과도하다고 하면서, 같은 영토 내에서 차등행정을 취할 수 없다고 주장했다.[26]

지방자치제에 대해서는 정부 안이 받아들여졌다. 지방의회를 중심으로 하는 자치행정은 당분간 실시하기 곤란하다는 것이었다. 수복지구에는 세금 부과가 없을 것이므로 세무행정기관을 별도 설치할 필요가 없고, 교육세 징수도 이루어지지 않으므로 교육위원회 교육감도 설치할 필요가 없고 따라서 교육자치도 할 수 없다는 이유였다. 또 읍면·교육행정 비용을 국고가 전담하는 구호행정이 위주가 될 것이므로 지방자치제는 불가하다고 보았다.[27] 결국 일반행정을 담당하던 군郡이 문교행정과 세무행정을 겸하게 되었다. 그리고 읍·면장 및 면의원 선거를 하지 않고, 면의회의 기능도 군수가 담당하게 되었다. 1954년에 임시행정조치법은 지방자치제를 적용하지 않는다는 것으로 결론지어졌으나, 이후 국회는 수복지구에 지방의회를 둘 것을 여러 차례 제안하였다. 정부와 국회, 그리고 국회 내부에서도 지방자치제라는 법률의 적용시기에서는 의견이 달랐으나, 수복지구에 헌법 영토조항을 적용해야 한다는 점에서는 일치했다.

정리하면, 한국전쟁의 결과 휴전선 이남이면서 38선 이북에 속하는 특수한 지역이 생겼다. 이 점령지역은 유엔군사령부가 관할하다가 남한이 인수하였다. 정부와 국회는 이 지역을 잃었던 땅을 되찾았다는 의미에서 '수복지구'라 부르면서, 당연히 대한민국의 주권이 미친다고 간주하였다. 이 지역에 남한의 제도를 적용하되 어떻게 적용할 것인가에 대해 의견은 나뉘었으나, 동시에 이 지역이 과거 북한지역이었다는 특수성을 고려하지 않을 수 없었다. 이는 '대한민국 영토'라는 인식과 '과거 북한영토'였다는 사실 사이의 간극을 반영했다. 그리고 과거 북한지역에 대한 남한의 통치는 '영토 편입'으로 완료되지 않고, 거의 모든 면에서 현실적·제도적인 문제들을 낳았다. 정부와 국회의 논란은 특수한 성격의 이 지역에 대한민국 법을 적용할 때 생기는 문제와 그에 대한 고민의 반영이었다.

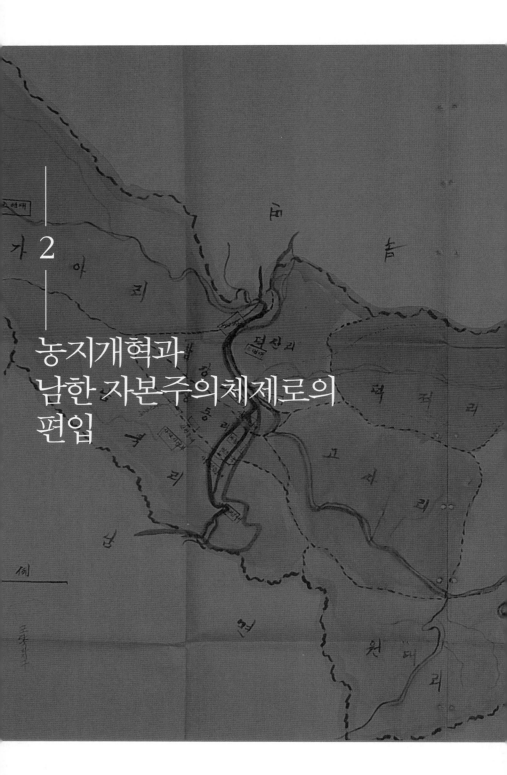

2

농지개혁과
남한 자본주의체제로의
편입

1-1. 복잡해진 소유경작관계

한국전쟁은 인제를 비롯한 38선 이북 중동부지역의 토지소유구조를
뒤흔들었다. 전쟁 전에 토지개혁으로 구축되었던 인민민주주의체제
는 이 지역이 북한으로부터 벗어나자 와해되었다. 전선의 오르내림과
군의 소개령으로 주민들은 월남·월북해야 했고, 지역은 텅텅 비었다.
일부 주민들이 이 일대에 돌아온 것은 유엔군정기였다. 1954년
3월 인제·양구·화천·철원·김화·고성지역에 주민들의 정주가 가능
해졌고, 그보다 먼저 1951년 6월 양양주민들의 정주가 시작되었다.
그와 함께 기존의 소유제도에 대한 인정 및 처리문제가 대두하였다.

하지만 유엔군정 초기의 방침은 소유권의 변경을 꾀하지 않고 기존
의 소유권을 인정하는 것이었다. 현지의 군정당국은 공식적인 민간인
정주가 예측되자 농민의 농지경작 허용원칙을 발표했다. 인제·양구지
역을 관할하던 국군3군단은 "경작을 위해 한정된 인원에게 적절히 농지

를 배정"하되, 소유권 문제에 대해서는 정부에서 확정할 문제로 미룬다는 경작 허용 원칙을 발표했다.[28] 군정은 임시행정이었기에, 소유권의 변화 및 확정에 대해서는 정식 정부의 행정 실시 후로 미룬 것이었다.

이와 같은 방침은 38선 이북지역에 대한 유엔군사령부(사실상 미군)의 기본 점령정책 중 하나였다. 1950년 10월 미군과 국군이 북한지역을 점령했을 때, 미국은 가급적 북한의 체제를 활용하는 방식을 선호하여 행정기구 조직 및 구성에 대해 현지화 정책을 폈다. 토지소유권과 같은 재산권의 변화도 군사점령이 일단락되고 안정화된 상태인 새로운 정부 하에서 이루어질 사안으로 다루었다.[29] 이때의 기본 방침이 1954년 이후 군정이 실시되던 인제 등지에서도 유지된 것이다.

그런데 이 방침은 유지되기 어려웠다. 소유가 아닌 경작을 위한 것이라 하더라도, "적절히 배정"할 기준이 필요했다. 철원·김화지역 등을 관할하던 국군5군단은 '향토를 찾아라', '향토를 가져라', '향토를 지켜라' 라는 방침 하에, 농민 수복 당시 군단장의 거주증명만으로 자기 땅을 찾고 주인 없는 땅이면 논 1천 평, 밭 2천 평씩 경작하도록 하였다.[30] 과거의 소유권자, 군軍에 의해 몰수당한 자, 한국전쟁 전 거주실적이 있는 자, 경작을 희망하는 월남피난민 등의 순서로 반환 혹은 대여한다고 발표하였다.[31] 이어서 국방·내무·사회부 합동회의(1954. 4. 6)에서 수복지구 농민 복귀에 대한 대책을 논의하면서, 농토 할당 순위를 과거 소유권자와 그 지역에 거주하던 자들에게 우선적으로 제공하기로 하였다.[32]

할당 순위가 발표되기는 했으나, 과거 소유권자, 거주실적이 있는 자, 월남피난민 등의 기준설정은 모호했다. 과거 소유권자란 1945년 8·15해방 당시의 소유자와 북한당국이 인정한 소유자 모두를 의미할 수 있었다. 농토 할당은 과거 연고자에 따라 때로는 소유권으로, 때로는 경작권으로 이해될 소지가 다분했다. 증빙문서도 거의 소실된 상태에서 그야말로 연고를 주장하는 농민에게 적당히 배정될 가능성이 컸다. 더구나 군정당국과 농민들 사이에 농토 할당을 취급하는 유사기관類似機關이 생겨서 농토 할당에 대한 권리금을 징수했고, 국방부의 농토 할당 순위와는 다르게 권리금을 내고 농지를 할당받는 경우도 생겼다. 때문에 사회부는 국방부에 진상 조사와 폐단 제거를 요구했다.[33]

농토 할당에 대한 막연한 기준과 유사기관의 설립 폐단이 존재하는 가운데, 농민들은 농지를 경작했고 경작면적은 증가했다.

〈표 2〉는 행정권 이양 직후 조사된 강원도지역의 농경지 현황을 보여준다. 농민들이 경작하고 있는 농지는 총 1만 1,119정보이다. 미경지도 2만 3,474정보에 이른다. 1951년부터 주민들이 복귀하여 군정이 실시되었던 양양지역은 미경지로 파악되는 농지면적이 없다. 당시 수복지구에는 2만 8,968세대가 입주했으므로,[34] 한 세대 당 경작면적

〈표 2〉 수복지구 중 강원도지역의 기경지와 미경지 현황(단위 町)

군명 郡名	기경지旣耕地			미경지未耕地			합계		
	전	답	계	전	답	계	전	답	계
인제	480	251	731	1,076	357	1,433	1,556	608	2,164
양구	240	295	535	980	812	1,792	1,220	1,107	2,327
고성	37	128	165	674	1,239	1,913	711	1,367	2,078
화천	827	611	1,438	2,429	2,475	4,904	3,256	3,086	6,342
철원 김화	605	1,467	2,081	8,873	5,992	14,865	9,478	7,466	16,944
양양	2,272	3,897	6,169	–	–	–	2,272	3,897	6,169
계	4,461	6,657	11,119	12,956	10,518	23,474	18,493	17,533	36,026

출처:《수복지구 지방행정》(철원군 동송면, 1955. 1. 2).

은 0.38정보였다. 점차 경작면적이 확대되어 1956년 수복지구 농지 실태조사(1957년 확정)에 의하면, 총 2만 2,828.3정보에 이르렀다. 이 중 일반인 소유농지가 2만 1,843.3정보로 전체의 95.7퍼센트를 차지하여[35] 농경지 대부분이 일반인 소유농지에 해당하였다.

농민의 복귀·입주와 경작면적의 증가는 자연스러운 현상이었지만, 그만큼 소유·경작권문제도 발생했다. 주민들은 군정을 폐지하고 토지소유관계를 조속히 해결하기를 원했지만[36] 행정권 이양 이후에도 복잡한 소유·경작권을 둘러싼 갈등은 계속되었다.

농토 한 평을 가지고 8·15 이전의 지주 혹은 8·15 당시의 경작자 또는 괴뢰집단에서 분배를 맡은 경작자 또는 군정당시에 분배를 맡은 경작자 이와 같이 땅 한 평에 대해서 3, 4인이 자기의 농토를 만들겠다고 분규를 일으키고 있는 이와 같은 실정에 놓여있는 것입니다. 그럼에도 불구하고 정부에서는 구체적인 아무런 대책이 없고 이에 대한 지시가 없어서 현장에 가보면 참 딱한 사정이 많이 있습니다[37](강조는 필자).

수복지구에 파견되었던 국회나 유네스코학생대도 이 지역의 소유권 분쟁이 심각함을 지적했다. 그 양상은 하나의 농지에 대한 여러 개의 소유권과 경작권이 상충하는 것이었다. 8·15 이전의 소유권을 주장하거나, 토지개혁(1946)으로 분배받은 권리를 내세우거나, 행정권 이양 이전 군정당국이 배정한 경작권을 강조한 경우가 있었다.[38] 일반적인 토지소유관계의 갈등이 소수의 대지주 대 대다수의 소작농 구도로 형성·전개된 반면, 전쟁을 거친 이 지역에서는 동일 토지에 대해 여러 시점의 소유권과 경작권이 상충하는 상황이었다.

1-2. 지주와 소작지의 재등장

여러 개의 권리가 상충할 때에 대부분은 토지개혁 이전인 8·15 당시의 지주가 그 권리를 확보하였다. 토지개혁 때 재산을 몰수당했거나 월남했던 지주들이 나타나 소유권을 주장했다. 1946년에 토지를 분배받았다며 자신의 권리를 주장한 경우도 있었지만 드물었는데, "인공 때 분배받은 내 땅"이라는 말을 하기 어려웠기 때문이다. 가령 인제군과 인접한 양구군의 지주였던 조정웅은 북한통치 하에서 토지를 몰수당했다가 고향에 돌아와서 토지를 되찾았다. 조정웅의 토지를 분배받던 3~4명의 소작인은 토지개혁으로 생긴 자신의 권리를 주장하지 못했다.[39] 심지어 해방 직후이자 토지개혁 이전에 방매放賣했던 지주가 재등장하여 자신이 방매한 토지에 대한 소유권을 주장하기도 했다. '인제 제일 지주'로 불렸다가 월남했던 김기선이 그 좋은 예이다. 인제에 돌아온 그는 해방 직후에 방매했던 토지에 대한 소유권을 주장하며, 주민들에게 그들의 이름으로 등기를 해주겠다며 추가금액을 요구했다. 김기선의 토지를 샀던 사람들은 그의 요구에 응했다.[40] 1946년에 토지를 분배받았던 농민이 그 권한을 계속 행사할 수 있던 경우는 부재지주의 토지일 때 가능했다. 여러 소유·경작권이 충돌하면, 마을에서는 대부분 8·15 이전의 소유자에게 돌아갔다.[41]

농지소유권이 8·15 이전의 소유자에게 되돌아갔음은 지주소작관계의 재현을 의미했다. 소작지가 재등장했는데, 1956년 11월 현재 수복지구의 자작지는 1만 5,376.6정보였으며, 소작면적은 7,452정보로 전 경지면적의 32.6퍼센트를 차지했다.[42]

소작료를 징수하려는 지주와 그것을 불편하게 여기는 경작인 간에 갈등의 소지도 있었다. 토지개혁을 통해 자작농을 경험했던 소작인의 경우 소작료 납부는 선뜻 받아들이기 어려운 측면도 있었다. 하지만 경작자가 소작료 납부를 거부하면, 지주는 소작권을 박탈하거나, 아예 농지를 매매하기도 했다. 지주의 경작권 이동 및 농지매매는 농지를 둘러싼 분쟁을 악화시켰다.[43]

인제가 속한 38선 이북~휴전선 남쪽지역에서 토지소유경작권을 둘러싼 갈등과 지주소작관계의 부활 등은 이 지역이 북한체제로부터 벗어났음을 알리는 현상들이었다. 토지개혁 당시 "남한이나 미군의 지배 하에 들어가면 다 되돌려질 것"이라던 소문이[44] 이 지역에서 현실화되었다고 할 수 있다. 그들은 "지주가 대접받는" 사회로 교육받았던 남한에 편입된 것이었다. 이 지역이 남한에 편입되었다는 사실은 이곳 사람들로 하여금 북한체제 하에서 그들이 경험했던 것들을 부정하도록 만들었다. 북한체제로부터 벗어나자 '혁명 이전'의 상태로 되돌아간 것이었다.

지역에서의 지주소작관계 재등장은 이승만정부의 북한체제 불인정이라는 인식과도 관련되었다. 이승만정부는 이 지역에서 전개되었던 북한 토지개혁의 결과를 인정하지 않으면서, 남한 농지개혁법의 자동적 확대적용을 추진했다.[45] 이는 1946년의 토지개혁은 물론 1945년 해방 시점의 소유경작관계 모두를 부정하게 되는 결과를 낳는 등 모순적인 상황을 만들었다. 이와 같이 행정권 이양 전후부터 지주소작관계가 재등장하고, 소유·경작권을 주장하는 사람들이 증가하는 가운데, 현실과 괴리된 남한당국의 인식까지 겹쳐 소유·경작권문제의 혼란은 더욱 가중되었다.

농지개혁법 적용의 아이러니

이승만정부는 유엔군사령부가 관할하던 38선 이북 중동부지역을 인수하면서 '수복지구'라 명명했지만, 이 지역을 어떻게 재건할 것인가에 대해서는 체계적인 준비가 되어 있지 못했다. 특히 복잡해진 토지소유관계에 대한 이승만정부의 기본적인 접근태도는 반공주의적이었으며, 비체계적이었다. 농지개혁 실시를 통한 토지소유관계 정리까지 3년 이상의 시간이 소요되었다.

그런데 농지개혁 실시에 앞서 아래와 같은 문제들이 발생했다. 본격적인 농지개혁 전까지 토지소유경작관계에는 농지개혁법(1949. 6. 21 공포. 1950. 3. 10 개정법률안 공포·시행)이 적용되는 것인가, 그렇지 않은 것인가. 농지개혁을 실시할 때, 그 법적 근거는 무엇이며, 매수분배를 위한 소유경작권 인정 시점은 언제로 볼 것인가.

첫째, 농지개혁 이전 소유경작관계에 대한 농지개혁법 적용 가능 여부 문제이다. 앞서 살펴본 것처럼, 수복지구에서 지주소작관계의 재등장과 소유·경작권의 충돌현상이 벌어지자, 정부는 지주소작관계를 인정할 것인가, 부정함으로써 소작료 징수 등을 금지할 것인가를 선택해야 했다. 토지소유관계와 관련하여 이 지역에서 가장 마지막에 실시된 법적 조치는 토지개혁법(1946)이었으므로, 이를 기본적인 소유관계로 인정하고 지주소작관계를 금지하는 것도 하나의 방법이 될 수 있었다. 하지만 정부는 농지개혁법을 근거로 지주소작관계를 금지하고자 했다.

행정권 인수 직후 정부가 이를 명시하지는 않았지만, 기본 인식은 지주소작관계 불인정이었던 것으로 보인다. 강원도지사가 수복지구 각 군에 보낸 〈농지경작권 이동방지에 관한 건〉(1955. 2. 13)에서 경작연고권자(군정 시 분배받은 자 포함)의 경작권 이동 방지, 소작제도의 철폐, 매매행위의 금지 등을 지시했기 때문이다.[46] 이 조치를 내린 바탕에는 농지개혁법에 따라 이미 남한 전역에 농지개혁이 실시되었기 때문에 더 이상 지주소작관계를 인정할 수 없다는 인식이 있었다.

정부가 소작료 및 토지 이동 금지의 법적 근거로서 농지개혁법을 제시한 것은 1955년 7월 20일 농림부장관이 경기도와 강원도에 보낸 〈수복지구 농지개혁 실시에 관한 임시조치의 건〉에서였다. 농림부는 경작료(소작료)를 징수할 수 없으며, 이는 농지개혁법 제5조에 의하여 이미 정부에서 취득한 것으로 간주되기 때문이라 하였다.[47]

위의 지시들에 근거하여 수복지구에는 임시조치가 시행되었다. 인제군도 각 면에 1955년 4월 13일자 〈인산 제64호 농지경작이동방지에 관한 건〉을 통해 경작권의 이동 방지, 소작제도의 철폐, 매매행위의 금지 등을 지시했다.[48]

하지만 사법당국은 수복지구에 현행 농지개혁법을 적용할 수 없다며 행정부와 견해 차이를 보였다. 서울지방검찰청 철원지소는 1956년 봄 강원도로부터 경작을 인정받은 현 경작자와 지주로부터 농지를 매입한 자 간의 법적 소송에서 "수복지구에는 현행 농지법이 그대로 적용될 수 없기에 경작권을 인정하지 않는다"는 견해를 발표하였다. 이 발표 이후 지주 측이 농지매매를 자행하여 경작권을 박탈하는 사례가 속출하였다.[49] 농지개혁법의 수복지구 적용 가부可否에 따라, 농지의 매매·증여, 소작권 이동·박탈 등은 물론, 분배·상환, 보상여부도 달라진다. 사법당국의 견해를 따르면, 이상의 모든 행위는 불가능해지고, 농림부의 견해를 따르면, 반대로 모두 가능해지는 상황이 되는 것이다.

이에 1956년 6월 15일 강원도지사는 농림부장관과 법제실장에게 "수복지구에도 현행 농지개혁법을 적용하여 임시조치로 경작권을 부여함과 동시에 경작권 이동 및 소작료 징수 금지 등 농림부장관 지시에 의하여 처리하고 있는데", 1956년 봄 사법당국의 "수복지구에는 농지개혁법이 적용될 수 없다"는 견해로 인해 "수복지구 농지 행정운영에 일대혼란이 야기"되고 있다고 불만을 토로했다. 그러면서 '농지개혁법 통과 이후 농지의 매매·증여, 소작권 이동·박탈 금지'를 명시한 농지개혁법 제27조 규정을 당연히 적용할 수 있지 않느냐고 질의하였다.[50]

이에 대해 농림부장관은 강원도지사에게 수복지구의 농지에도 농지개혁법의 효력이 미치므로 법 제27조가 적용된다고 하였다. 단 수복지구는 법 공포 당시 38선 이북에 소재했기 때문에 '소유권 인정 한계' 및 '수배 농가 순위'에 있어서 수복 후의 실정이 법 규정에 부합치 않으므로 별단의 규정을 하고자 법률안을 심의 중에 있다고 답했다.[51]

법제실장도 원칙적으로 농지개혁법이 당연히 적용된다고 하면서 소유권 인정 한계와 수배 농가 순위 등은 별단의 법 규정이 필요하다고 하였다.[52] 즉 법규의 제정·공포가 지연되어 분배는 실시하지 못하지만, 농지개혁법 제27조에 의해 농지의 매매·증여가 금지되며 동법 제17조 규정에 의해 소작·임대차賃貸借·위탁경영 등도 할 수 없다고 결정된 것이다.[53]

한편, 농림부가 농민들의 농토 분할경작을 허용하면서도 농민들이 지주에 대한 일절의 보상(소작료) 납부를 할 필요가 없다며 소작료 징수 금지 조치를 내리자, 지주들은 반발했다. 지주들은 정부가 일방적으로 지주들의 사유재산권을 침해하고 있으며 농지개혁법에 의거해 토지 분배가 되었으면 당연히 지주들에게 지가증권을 발행하여 보상 조치를 해야 된다고 주장했다. 이에 농림부는 수복농토가 미정리 상태에 있으므로, 보상조치를 취할 수 없으며 토지 상황 정리를 조속히 완료할 것이라 언명했다.[54]

둘째, 농지개혁 시행을 위한 법적 근거가 필요했다. 수복지구 농지개혁 실시를 위한 별도의 법률을 마련하든지, 아니면 이전의 농지개혁법이 자동적으로 확대됨을 규정하든지 등의 근거가 있어야 했다. 전자라면 법률의 제정과 공포 절차가 필요했고, 후자라면 아예 별도의 법률이 불필요하거나 있더라도 간단한 시행령 정도가 있으면 되었다.

이에 대한 남한정부의 인식을 잘 보여주는 것이 바로 농림부가 기초한 〈수복지구 농지개혁 실시에 관한 법률〉(1955. 3. 24)안이었다. 농림부는 분명히 '법률'을 기초했고, 법제실의 수정안(1957. 3. 15)도 이 법률안을 바탕으로 했다. 이는 수복지구에 농지개혁을 실시하기 위해서는 별도의 법률이 필요하다고 보았기 때문이다. 농림부는 수복지구에 농지개혁을 실시하는 것이 당연하지만 이를 법률로 규정해야 한다고 생각하였다. 이는 자연스러운 인식이었는데 38선 이북지역의 농지개혁법 적용을 법으로 규정한 적이 없었기 때문이다.

농지개혁 실시에 대한 당위성과 이를 법률로 규정할 현실적·법적 필요성은 혼선과 모순을 야기했다. '법률' 스스로가 '농지개혁법이 수복지구에 적용되지 않음'을 증명하는 것일 수 있었기 때문이다. 이는 남한 통치권의 38선 이북지역 확대라는 기본 입장과 배치될 수 있었다. 당시 정부는 헌법 영토조항 등을 근거로 북한지역에 대한 통치권을 주장했고 대한민국 법률의 효력이 38선 이북지역에 미친다고 보았다.

반면, 법 관련 부처는 농림부와 견해를 달리했다. 농림부의 법률초안에 대해 법제실은 수정안(1957. 3. 15)을 제출했는데, 법제실은 농림부의 초안에 조항 하나를 추가했다.

> 제6조 수복지구 내의 농지로서 그 소유권자가 자경 또는 자영하고자 할 때에는 당해농지는 농지개혁법 제6조의 규정에 불구하고 매수되지 아니한다.[55]

위 조항은 수복지구 내의 농지 소유자의 권한이나 의사를 비교적 폭넓게 인정하는 것이었다. 농림부가 농지개혁법의 장소 효력을 38선 이북지역에 적용하면서 경작자의 권한을 우선시했다면, 법제실은 기본적으로 농지개혁법의 효력은 38선 이남지역에 국한된다고 보고 소유권자의 권리를 우선시하였다. 물론 법제실도 농림부의 수복지구 농지개혁 실시라는 법률안 제안에 동의함으로써, 장차 수복지구에 농지개혁을 실시할 것을 당연시했지만, 그것이 농지개혁법의 자동적 확대를 의미하는 것은 아니었다. 법제실은 농지개혁법의 장소적 효력 및 소유자의 권한 면에서는 농림부와 견해를 달리하였다.[56]

최종적으로는 "수복지구에도 농지개혁법의 효력이 미친다"는 데에 합의가 이루어져 〈수복지구 농지개혁 시행령 특례에 관한 건〉(대통령령 제1360호, 1958. 4. 10)과 〈수복지구 농지개혁사무처리요강〉(1958. 4. 11), 〈수복지구 농지개혁사무처리요강 보충사항〉(1958. 5. 5) 등이 공포되었다.[57]

남한에서 제정되었던 농지개혁법의 수복지구 적용과 이를 통한 농지개혁 실시는 중요한 의미가 있었다. 이는 38선 이북~휴전선 남쪽 지역과 남한이 대등한 통일을 이룬 것이 아니라, 기존의 남한에 이 지역이 일방적으로 편입되었음을 보여주는 조치였다. 그동안 북한지역에는 남한의 통치력이 미치지 못했으며 당연히 남한의 제도가 북한지역에 시행될 수도 없었다. 그랬던 북한지역에, 일부 작은 지역이지만, 남한의 제도가 확대·적용될 수 있게 된 것이다. 이는 다름 아닌 남한체제의 이식이었다.

이와 같은 귀결은 '북한지역은 대한민국의 영토'라는 인식의 반영이었다. 이승만정부는 헌법 영토조항을 근거로 남한이 38선 이북지역에 대한 통치권을 갖고 있다고 주장하며 북한체제를 인정하지 않고 있었다. 따라서 38선 이북 수복지구를 바라보는 냉전적 사고가 법 적용의 문제로 나타난 것이었다.

셋째, 북한체제의 불인정이라는 원칙은 아이러니하게도 북한 토지개혁 결과를 인정하는 셈이 되었다. 이는 매수·분배를 위한 소유·경작권 인정 시점과 관련된 문제였다. 남한정부는 북한체제를 인정하지 않으려 했기 때문에, 토지개혁 결과로 생긴 소유관계를 부정하기 위해서는 시기를 소급해서, 1945년 8월 15일 시점의 소유관계로 거슬러 올라갈 수밖에 없게 된다. 그러면 1949년 당시의 소유·경작권을 기준으로 하던 기존의 농지개혁법까지 부정하게 되는 결과를 가져오게 된다. 이는 남한정부의 의도와는 정반대로, 남한의 농지개혁법이 38선 이북지역에 미치지 못함을 자인해야 하는 상황에 이르게 되는 것이다.

때문에 특례는 농지개혁법의 효력을 살리는 것을 우선적 목표로 하고 있었다. 정부는 농지개혁법이 이 지역에도 적용된다는 대원칙을 손상시키지 않고자 했다. 이를 위해 소유·경작권 인정 시점을 농지개혁이 수복지구에 실시되기 직전인 1957년 12월 1일로 규정하였다. 1945년 8·15해방이나 1946년 토지개혁 등의 어느 한 시점으로 되돌리기보다는 전쟁을 전후해 복잡해진 소유경작관계를 인정했다. 때문에 수복지구 농지개혁은 주민들의 재정착이 시작(인제 등지 1954. 3, 양양 1951. 6)된 이후부터 1957년 11월까지 지역 내부에서 진행된 소유·경작권 이동을 바탕으로 진행될 수밖에 없었다.

문제는 1957년 12월 1일 현재의 소유경작관계가 어떻게 형성되었느냐에 있었다. 당시 이 지역의 소유형태는 8·15해방 시점의 소유권과 그 이동이라는 과거로의 회귀를 중심으로 만들어졌고, 부분적으로 1946년 토지분배를 받았던 이들의 권리, 군정이나 강원도당국으로부터 인정받은 경작자의 권리, 그들로부터 매입한 소유권과 경작권, 그리고 부재자의 농지 등까지 다양했다. 이는 농지개혁의 진행과 결과에 영향을 미치는 중요한 요인이 되었다.

농지개혁법의 수복지구 적용의 또 다른 함의는 남한 자본주의체제의 이식에도 있었다. 수복지구에도 첫째 3정보 이상 소유 농지에 대한 유상매수·유상분배 방식의 농지개혁을 통한 지주제 폐지, 둘째 자작농 육성과 농가경제의 안정화, 셋째 토지(지주)의 자본(가)으로의 전환이 이루어질 것임을 의미했다. 남한의 농지개혁이 지주제를 폐지함으로써 식민지토지소유구조의 청산과 자본주의화를 꾀했던 것처럼[58] 38선 이북 수복지구에도 동일한 목표가 적용될 것이었다. 이런 측면에서 이 지역에서의 농지개혁은 일제잔재를 청산하고 자본주의를 지향하는 과정이 된다. 하지만 수복지구 인제군의 농지개혁은 다른 양상을 보였다.

3-1. 농지위원회 구성과 소유권 증명

수복지구의 농지위원회 설치는 행정권 이양 직후 이루어졌다. 강원도는 수복지구 각 군에 농지위원회를 구성하여 농지실태를 조사할 것을 지시(1955. 2. 15)했고, 이에 따라 인제군에서는 1955년 3월 1일자로 각 리 농지위원회가 구성되었다. 이때는 〈특례〉가 공포되기 훨씬 이전으로, 농지개혁법 제4조[59]에 근거하여 구성된 것이었다.

〈표 3〉은 인제군 인제면의 농지위원 명단인데, 농지위원회 구성 및 농지위원의 선임·해임사항과 그 특징을 보여준다. 우선 농지위원회는 민관합동으로 구성되었다. 〈농지위원회규정〉(1950. 2. 10, 이하 〈규정〉)에 의하면,[60] 읍면농지위원회는 위원장 1인, 위원 7인을 두되 관청 1인, 민간 6인으로 구성하도록 되었다. 리농지위원회는 위원장 1인, 위원 6인을 두되 민간인으로 구성되며, 읍면·동리위원장은 기관장이 맡고 동리는 구장區長이 맡도록 규정되었다. 〈표 3〉에서 알 수 있듯이,

<표 3> 인제면 면·리농지위원회 구성(1958. 6. 5 현재)

면명	면농지위원장(면장)	면 농지위원
인제면	최규태	이종익, 성기창, 김창현, 심재필, 간사 정필화

리명	리농지위원장(이장)	리 농지위원
상동리	[노병준] 박기운*	[신철우] 최양준, 박기환, 성기창, 김덕순, 권재형, 김ㅁ근
남북리	임장건*	[이종근] 조해수*, 윤치홍, 임장용, 임장실*, 박봉남*
합강리	[최광우] 김창현	[박민균 → 최성옥], [박흥윤 → 심한호], [이재성] 송태익, 정재식, 최칠성, 임일남
귀둔리	이영학*	[이종갑] 차왈인, [이동근] 김구규, 서옥성, 황성열, 차상하
고사리	[맹근생] 최순영	안태근, 이흥근, 김창현*, 임동옥*, 림이남*
하추리	이종헌	최용산, 고태원, 박재영, 조동빈, 지창섭
가리산	[심용흠 → 심재석] 차덕근	[이동암→윤택용], [이동암→최석환], 윤상권, 조광현*, 이원시, 박홍인
관대리	조종구	엄인녕, 심순봉, 조석구, 최병준
가아리	심재석	최석ㅁ, 이변ㅁ, 윤ㅁㅁ, 박문석, 김창수, 김성봉

출처: 〈인제면장→각 리장: 농지위원 결원 및 후임자 조사의 건〉(1957. 7. 5), 인제면, 《1958년도 농지관계철》; 〈농지위원 결원자 위촉발령에 관한 건〉(1957. 10. 25), 인제면, 《1958년도 농지관계철》; 〈수복지구 등기사무에 대한 소유권 증명에 관한 건〉(1958. 6. 5); 〈'38이북' 수복지구에 대한 농지개혁법 시행에 관한 특례 공포 실시에 관한 건〉, 인제면, 《1958년도 농지관계철》; 인제면농지위원회에 대해서는 〈분배농지경작권 이의신청의 건〉(1959. 5. 8), 인제면, 《1959년도 농지관계철》.

비고: ① [성명]은 1955년 3월 1일자로 조직된 각 리 농지위원장 및 농지위원이었다가 해임된 자이고, [성명→성명]은 1955년 3월 1일자로 조직된 자와 1957년 7월 5일자 후임자이다.

② *은 농지수배자農地受配者 및 지주 명단(〈분배통지서 발부에 관한 건〉(1958. 7. 21), 인제면, 《1958년도 농지관계철》]과 비교하여 필자가 동명同名을 표기함.

③ ㅁ는 판독불가.

인제면의 농지위원회는 규정에 따라 면장과 각 리장이 면·리농지위원회의 위원장이 되었다. 규정상 면위원으로는 총 7인 중 관청 1인, 민간 6인으로 구성하게 되어 있었으나 인제면에서는 간사를 포함하여 5인으로 구성되고 관청에서 2명(심재필, 정필화)이 위원회에 포함되었다.

둘째, 농지위원회는 계급적으로 지주·소작인으로 구성되었다. 〈규정〉은 '매수당하는 자'와 '분배받는 자' 반수半數로 구성한다고 명시했는데, 이는 계급적 구성을 의미하며, 따라서 인제면의 각 리 농지위원회는 지주와 수배受配농민이 반수로 구성되어야 한다. 그런데 〈표 3〉에서 인제면 농지위원 명단과 1958년 인제면 통계표(지주와 수배농민 명단)를 비교한 결과, 지주와 수배농민의 수는 10명이다. 나머지 인물들은 지주나 수배농민에 해당하지 않은 자작농민 등으로 추측할 수 있다.

셋째, 농지위원은 〈규정〉에 의하면, "학식과 명망이 있고 공정무사公正無私한 인격人格을 겸비한 관민官民 중에서 선임"되었다. '학식·명망·공정무사한 인격을 겸비한 농지위원'이라는 기준은 모호했지만, 그에 반해 농지위원의 역할은 농지개혁의 성패를 가를 정도로 중요했다. 농지위원은 경작자 순위 판정, 경지실태 조사(농지평가 및 분배농지 일람표 경유), 농지소유사실증명 등의 역할을 맡았다. 토지에 관한 공부·지적이 소실된 상태에서 농지위원회의 판정과 증명은 결정적이었다. 농지위원이 도장을 찍어줘야 소유를 인정받았기에 그의 권한은 매우 강했다.[61] 농지분배는 이들의 손에 달린 것이라 해도 과언이 아니었다.

한 구술자는 "그 동네에서 농지를 가장 잘 아는 사람들, 농사에 대해서도 잘 알고, 지역사회도 잘 아는" 사람이 농지위원이 되었다고 증언했다.[62] 또 다른 구술자는 농지위원 선정 당시에는 "믿을 만한 사람으로 (농지위원을) 했는데, 나중에 몇 해 보니까 '아, 그거 좋지 않다' (한 경우가 생겼다). 사람 사는 사회가 그렇지 않아요?"라며 농지개혁이 진행되는 과정에서 문제가 있었음을 증언했다.[63] "자신과 주변 지인들의 주머니를 채워" 주거나[64] "수복 이후 이장, 조합장 등 주요 요직을 지냈었고, 농지위원장을 하면서 기존 자신의 땅 뿐 아니라 다른 땅들도 많이 챙겼"던 농지위원(장)도 있었다.[65] 이때 농지위원장 및 농지위원이 변경되기도 했다. 농지위원이 공평하지 않다는 문제가 제기되고 마을에서 "농지위원을 바꾸자"는 의견이 있어 해임되거나, 더 적합한 인물이 있어서 본인이 사퇴의사를 밝힌 경우가 있었다고 한다.[66] 문헌자료 상에는 이거移居와 가사형편 등의 이유로 해임되었음이 보인다.[67]

한편 주민들은 농지개혁을 앞두고 회복등기 수속을 서둘렀다. 농지에 대한 회복등기 수속은 대법원고시에 따라 1957년 12월 31일까지 진행되었다.[68] 농민들은 이 과정에서 소유주가 불명확한 농지에 대한 소유권을 획득하고자 했다. 아래의 증언은 등기가 되어 있지 않던 토지에 대해, 과거의 소유주와 해방 직후 매입했던 농민이 회복등기 수속을 앞두고 재거래를 했음을 보여준다. 인제군에서 대지주라 불리던 김기선의 토지는 해방 직후 토지개혁이 당연시되던 분위기에서 그의 관리인이 주민들에게 토지의 일부를 팔았는데, 수복 이후 김기선은 등기를 빌미로 다시 자신의 소유권을 주장하며 추가이익을 취하였다. 그의 토지를 샀던 주민들도 등기를 위해 추가금액을 내는 쪽을 택하였다.

(해방 전에) 김기선이라는 그분은 남면에 가을 되면 쌀가마만 계량하는 사람을 데리고 다니면서 모아둬. 각 마을마다 (그 집 토지가) 다 있어. 소작이지. 대지주야.

(해방되던 해) 우리도 토지를 샀는데, 한 천 평. 그걸(김기선네 토지를) 관리하

던 사람이 팔았어. 김기선이 데리고 다니며 (수확량을) 계량하던 그 사람이 팔데. 해방되던 해 우리도 한 천 얼만가 샀어.

그런데 피난 갔다 수복되어 올라오니까 김기선이 "우리 땅 다시 내놔라. (너희가 우리 땅을 샀으면) 등기가 돼있을 거 아니냐?" 그러니까 주민들이 들고 일어났지. "그놈이 다 돌아다니며 팔았는데, 어떻게 안 팔았다고 그러냐?" 하고 들고 일어나니까, (김기선이) "좋다. 그러면 그 놈이 판 것으로 간주하고, 돈을 더 내라. 등기를 해줄 테니." 우리 같은 네가(사람들이) 가만 보니 등기를 해야 권리 행세를 하지. 등기를 하지 않으면 소유자 행세를 하지 못하니까. (예를 들어, 해방되던 해에) 7, 8백 원씩 주고 팔았어, 아니 샀어. "그러면 (천 원짜리면) 한 3백 원 씩만 더 내라. 그러면 니 앞으로 해주겠다." 한 30프로씩 더 내고 (등기를 했지). (중략) 다시 돈을 더 주고 등기를 한 거야.[69]

인제면에서는 농지소유권 인증에 대하여 각 리에 시달(1956. 8. 23 예규 통첩)하고 리장 회의마다 농지소유권 인증에 대하여 지시했다. 그러나 "일부 부락에서는 정실情實에 흘러 본 사무취지를 망각할 뿐만 아니라 오인誤認으로 인하여 분쟁이 야기되었다."[70]

이는 수복지구의 전반적인 현상이었다. 내무부장관은 농림부장관에게 "수복지구 농지의 대부분이 부역도피자의 토지 및 군주둔기지 등이므로 그 경계선이 확연치 못함을 기화로 한 일부 악질 권리자들은 회복등기를 빙자한 개인명의 수속에 흡급"하고 있다면서 "농지행정이 궤도에 오를 때까지 토지개혁을 실시하지 말고 현상유지를 계속하길 바라는 부민여론이 있다"고 제안하였다.[71]

농지소유권 인증과정에서 발생한 구체적인 문제는 아래의 자료에 잘 드러난다. 인제면에서는 리 농지위원들에게 다음 사항을 주의하도록 하였다.

1. 월북자 소유를 4촌이나 5촌이 자기명의로 한 것을 인증하는 사실.
2. 월북자의 소유를 그 자손이 없다 하여 출가한 여식의 명의로 한 것을 인증하는 사실.
3. 무후자의 분을 타인의 명의로 한 것을 인증하는 것.
4. 농지개혁법 제5조 2항 다호에 해당(3정보 이상 되는 농지)되는 농지 매매를 인증하는 사실.
5. 농지위원의 인증으로 인하여 소유권이 인증되는 것이니 농지위원은 인감이나 인장을 사용할 건.
6. 인장을 구사무소에 모아두고 신청인의 마음대로 날인하는 사실이 있으니 농지위원의 인장은 항상 본인이 보관하고 신청서를 정확히 확정한 후에 날인토록 할 것.
7. 본 증명(농지소유권 증명)은 농지위원의 절대책임이 있으니 유의하시앞.[72]

위의 자료와 비슷한 사례가 다른 수복지역민의 증언에서도 확인된다.

농지위원이라는 게 있죠? 부락단위 리장 농지위원들이 선발되었는데 그 사람들이 양구인이고, 분배를 받는 사람도 양구사람이고. 알면서도 의식적으로 토지주土地主는 이북에 들어갔는데 사촌이나 육촌이 그 토지를 경작하게 되는 거죠. 이 사람들에게 분배하는 경우도 있고 더러 소송제기도 있었고. 때로는 실은 자기 것이 아닌데, 일반 친척이 아니지만 농지위원이

백과사전이 아니니까 잘 모르는 경우도 있는데 내 사촌 것이라고 주장하면 농지위원이 도장 찍어주지 않을 수 없는 경우가 있고. ……농지 등기를 할 적에 농지위원들 도장만 받아서 자기 토지 아닌 것을 등기를 내서 토지대장을 떡 만드니, ……쟁송이 된 경우도 ……"아, 미안하다" 하고 돌리는 것도 있고 토지의 혼란성도 사실상 있었죠.[73]

월북자의 소유지를 친인척이 자기 토지인 양 관리등기를 내고, 이를 농지위원이 인정하는 경우가 많았다.[74]

땅 임자가 이북에 들어가고 땅만 있는 경우는 가까운 친척이 관리하고 있어서 그 사람에게 샀어요. ……여기는 사고팔고 했지, 토지개혁이라는 게 없었어. 여기 들어오니까 땅 임자들이 다 나오더라고. 친척 조카라든가, 아들이라든가, 다 그래도 관리하는 사람들이 다 나오더라고. ……관리등기를 갖고 서로 매매를 한 거지.[75]

위 문서와 구술에서 두 가지 점이 주목된다. 첫째, 소유권 증명에서 월북자의 소유지를 둘러싸고 문제가 발생하였다. 월북자의 소유지를 4, 5촌 되는 친척이 자기 명의로 하거나, 출가한 딸의 명의로 하거나, 혹은 무후자無後者의 토지를 타인의 명의로 하는 등의 문제가 있었다. 월북자의 소유지를 타인이 자신의 소유지로 인정받고자 했고 이를 농지위원이 인정하는 경우가 많았던 것이다. 둘째, 3정보 이상 소유지 매매를 농지위원이 인증하고 있다는 점이다. 〈농지개혁실시사무요강〉에 의하면, 3정보 이상의 농지는 분배대상에 해당하는데, 이를 어기고 매매하는 경우가 있었다. 그리고 이러한 사례를 농지위원이 인증하였다. 이와 같은 과정을 거쳐 회복등기가 이루어진 상태에서 1957년 12월 1일(당시의 관계가 없을 때는 1958년 4월 10일)자를 기준으로 소유·경작권이 인정되었고, 이를 바탕으로 농지개혁이 진행되었다.

3-2. 농지개혁 사무진행

1958년 3월 19일 농림부 농지관리국장은 강원도 산업국장에게 38선 이북 수복지구 농지개혁사업이 곧 공포될 예정이며 아울러 하곡 생산기부터는 분배농지대가 상환액을 수납할 것이라는 점을 알렸다. 이어서 군수가 면장에게, 면장이 각 리장에게 이와 같은 사항을 전달하였다. 인제군의 경우에는 4월 1일 인제군수가 인제면장에게 제 준비를 지시했다. 농지실태조사(생산량조사 포함), 소표 작성, 각급 농지위원회 구성 등의 사업 추진을 준비하고, 농지개혁 실시지역, 면·리(동) 및 지번·지목 등을 상세히 조사하여 시행령이 공포되면 즉시 공고할 수 있도록 준비할 것을 통첩하였다.[76] 1958년 4월 10일자로 〈특례〉가 공포되자, 강원도청에서 농지개혁사무단임자 회의가 개최(1958. 4. 19)되어 농지개혁에 대한 설명작업이 이루어졌다.[77]

수복지구 각 군·면사무소에는 농지개혁사무계획진행표가 송부되었다. 인제면에서는 계획진행표의 건별로 처리상황을 표기했다. 〈표 4〉는 면 단위에서 전개된 농지개혁사무의 구체적인 진행 상황을 보여준다.

인제군으로부터 인제면에 농지개혁사무계획서가 송부되었고, 이에 의거하여 인제면에서는 농지개혁사무를 진행하였다. 진행과정은 지역공고 → 대지조사 및 농지소표 작성 → 분배농지 평가 → 농가별 분배 농지표 종람(분배통지서 송부) → 상환과 증서 발급의 순으로 이루

<표 4> 인제면 농지개혁사무계획진행표(1958)

진행건명	처리요령	보고		처리 결과
		기일	관서	
1. 농지개혁 실시구역	수복지구귀농선 이남 지역 1. 4290년12월1일 현재 농지경작자 대상 2. 4291년4월10일 현재 농지경작자 대상			完
2. 분배실시 지역공고	1. 리동里洞별로 읍면장이 공고 2. 공고상황을 순차적으로 　농림부장관에게 보고	4월25일 4월30일	면· 군·도	完
3. 분배실시 지역약도	식별할 수 있는 약도 비치		면· 군·도	完
4. 대지조사	실시기간 5월1일 5월10일			ㅁ미完
5. 각종 인허신청서 진달進達	1. 법6조 제1항 제4호 내지 제7호 인허신청서 2. 소재지 읍면장에게 신고토록 공고	5월10일 기일 엄수	면· 군·도	完
6. 농지소표 작성	1. 지적원도地籍原圖에 의함. 2. 자작, 소작, 국유, 귀속, 위토, 공공 공용의 　구분은 O표를 표시할 것. 3. 등기부 상의 소유자를 표시 4. 부재지주에 대한 관리인管理人 5. 실제 경작자	4월 말일까지 작성	면	完 5월 13일
7. 대지조사 종료	소표를 지번순으로 편철	5월10일	면	完 5월 14일
8. 분배농지의 평가	필지별 수확량을 조사 9등급으로 구분 결정 5월1일 조사 10일까지	5월1일 5월10일		完 5월20일 면농지위원회 의 회부결정
9. 각급농지 위원회조직 개편	면농지위원회 조직상황 내신內申 보고	즉보 卽報	면·군	
10. 분배농지 등급사정표 보고	1. 리간里間 균형 재검토 후 집계표 첨부, 　군수에게 보고 2. 서식 4, 5호, 3통 작성	5월20일	면	5월21일 完
11. 분배농지등 급사정보고	1. 읍면간 균형 재검토 후 사정표 2통 집계표 2. 등급결정에 대한 의견서 첨부 도지사에 보고	5월30일	군·도	5월21일 完

12. 등급결정의 통지접수	1. 통지서 접수 차제次第 소표에 　필지별 대가를 기입 2. 필지별 대가는 합슴, 　농가대가農家代價는 승升 미만未滿 　사사오입四捨五入			6월14일 접수
13. 농지소표 부본副本 송부	1. 타읍면 거주자의 입경작지入耕作地 　소표부본 작성하여 경작자 거주지 　읍면장에게 송부		당해 읍면 장	完
14. 농지소표 수집 완료	1. 경작자별 분류 2. 읍면농지위원회의 의議를 경経하여 　분배농지결정 3. 국민반 가나다 성姓순위로 농가번호農家番號 4. 농가별 분배 농지표 작성(서식 6호) 　[주] 전답 순위와 지번 순위로 기입하고 　소계를 기입하고 이하 공란한 칸을 두고 　차호次戸로 기입할 것. 5. 20일간 종람할 것	5월20일		1. 6월19일 2. 농가별분 배농지표작성 3. 6월22일 집계표 작성제출 6월20일부터 종람실시
15. 종람기일 결정 공고	1. 20일 이전에 군수 경유 도지사에 보고 2. 공고예정기일 5월15일 3. 종람기간 중 시정요청에 유有할 시, 　이해 당사자간 이의무異議無한 합법적 　사실에 한하여 시정함 4. 종람개시 6월5일부터 6월25일까지	5월17일 6월5일 6월25일	면·군	完 6월20일부터 종람실시
16. 종람 완료	1. 소표 정비 2. 분배농지표 4통 작성 농림장관까지 보고 3. 분배통지서 지주 및 분배농가에게 송부 4. 지주에는 □送 배달 증명으로 송달함. 5. 송달가능한 것은 최후일괄순차 농림부장관 　에게 보고	7월10일 7월30일	면· 군·도	
17. 농지부 작성	1. 리동里洞 단위로 지번수 필지별로 작성하 여 이동異動 상황을 정리할 것			
18. 상환대장 작성	1. 일반방一般方 2. 농지소표와 분배농지표에 의하여 대조작성 3. 분배농지표에 순위에 의하여 대장번호기입	7말일 까지 작성		
19. 농지대가 상환고지서	1. 8월10일까지 고지서 발급 2. 상환곡 수납부에 의거할 것			
20. 상환증서 발급	1. 수배농가별 증서를 발급할 것 2. 증서액은 정조正租로 석石 두斗 승升 　정기입整記로 할 것. 3. 4291년산 추곡 수납 이후 본 증서를 발급할 것.			

출처: 〈인제군수→각 면장: 농지개혁사무계획서 송부의 건〉(1958. 4. 24), 인제면, 《1958년도 농지관계철》.
비고: ① '처리결과'는 본 자료의 진행표 상단에 연필로 표기된 것임. 16. 종람완료~20. 상환증서발급의
　　 건에 대해서는 처리결과가 표기되어 있지 않음.
　　 ② □는 판독불가능.

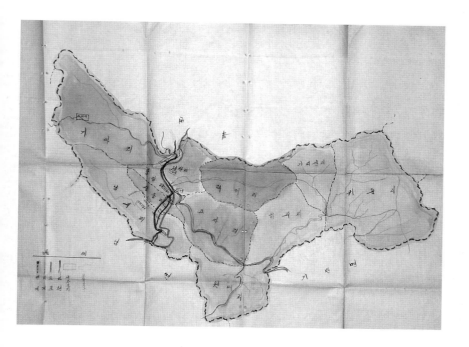

인제군 인제면 농지개혁실시 지역공고.
출처: 〈인제면장→인제군수: 수복지구 농지개혁 실시에 관한 지역공고에 관한 건〉(1958. 4. 23), 인제면,
　　《1958년도 농지관계철》.

어졌다.

〈표 4〉 등을 바탕으로 농지개혁의 진행과정을 구체적으로 살펴보면 다음과 같다.

첫째, 수복지구 농지개혁 실시에 관한 지역 공고는 인제면에서 4월 23일에 이루어졌다.[78] 상동리, 남북리, 합강리, 가아리, 고사리, 원대리, 하추리, 귀둔리, 가리산리, 덕산리 일대가 실시 대상지역에 해당하였다. 다만 38선 이남으로서 1950년에 농지개혁이 실시되었던 원대리의 일부 지역은 제외되었다.[79] 실시 대상지역 약도는 면사무소와 식별가능한 곳에 게시되었다.

지역 공고와 아울러 〈특례〉도 각 리 농지위원에게 배부(4. 25)되었다.[80] 그리고 면 실무자 회의를 통해 농지개혁 실시에 관해 지시가 이루어졌다. 인제면에서는 4월 26일 각 리장 및 리농지위원 연석회의를 개최하였다.[81] 국민반 회의에서는 "지주신고서 및 보상신청서 제출, 인허신청서 제출, 대지조사 및 분배농지의 종람 시 참여" 관련사항을 주지시켰다.[82]

둘째, 이어서 대지조사 및 농지소표 작성에 착수하였다. 인제군은 각 면에 농지소표를 배부했고(4. 22), 인제면은 각 리장에게 농지소표 작성 및 대지조사 요강을 배부했으며(5. 1), 이어서 인제면사무소 직원들이 각 리에 파견되어 대지조사(5. 5~5. 7)를 벌였다.[83]

농지조사는 필지별로 자작·소작·국유·귀속·위토·공공용지 등을 구분하고, 소유자를 표기하되 등기부에 없는 경우에는 실제 소유자를 기입하고, 부재자의 경우 관리인을 소유자란에 부기하고, 실제 경작자를 조사 기입하였다. 그리고 지주는 소유신고서를 면장에게 제출했다.

셋째, 다음으로 분배농지 등급사정은 농지대가를 책정하는 기본 작업으로 상환과 관련한 작업이었다. 농지의 필지별 수확량을 조사하여 이를 9등급으로 구분했는데, 농지의 지질·수리상황, 종전의 소작료 상황, 토지수득세 부과상황, 다른 농지와의 균형 등을 고려하여 등급을 매기도록 하였다.[84] 인제면 분배농지 등급은 각 리별로 조사 수집된 것을 면에서 취합해 군에 보고하였다(1958. 5. 21). 군은 이를 결정하여 면에 통지했다(6. 13).

인제면에서 당초 조사된 분배농지는 총 555필(전 459필, 답 96필)이었으나,[85] 농지개혁과정에서 수정되어 1958년 8월 30일 현재 총 499필(전 418필, 답 81필)로 감소되었다.[86] 불과 2~3개월 만에 56필이나 감소된 것인데, 이는 분배대상에서 제외되었음을 의미한다. 그리고 인제면의 경우 1~3등급에 해당하는 분배농지는 없으며, 4~9등급 농지만 존재하였다. 전은 7~8등급이 가장 많았고, 답은 7등급과 9등급이 대부분을 차지했는데,[87] 농지상태가 매우 좋지 않은 상황을 반영한다. 그런데, 1년 뒤인 1959년 도道 집계에서는 9등급에 해당하는 필지가 없으며, 전·답 모두 7, 8등급의 필지가 대부분인 것으로 처리되었다. 수복지구 전체 분배농지등급은 답이 7,923필지 중 7등급지의 비중이 41.1퍼센트를 차지하고, 전이 7,980필지 중 7, 8등급의 비중이 높았는데, 전·답 모두 대부분의 필지가 6등급 이하로 평가되었다.[88] 따라서 인제면을 비롯한 인제군 전체에서도 9등급의 전답은 없는 것으로 평가되면서 상향조정되었다.

넷째, 다음으로 농가별 분배농지표 종람(분배통지서 송부) 작업이 시작되었다. 인제면에서는 농가별 분배농지표를 종람하도록 했는데,[89] 농가별 분배농지표 종람기일은 당초 6월 5일~6월 25일, 20일간으로 결정하고 공고하였다. 그러나 강원도 내 전체 분의 등급 사정에 상당한 시일이 소요될 것이 예측되어, 종람기일을 6월 20일~7월 9일로 연기하였다.[90] 종람장소는 각 면사무소(면농지위원회)였으며, 종람하지 않으면 이의 없는 것으로 간주되었다.[91] 분배통지서의 발부는 더 늦어져 7월 20일부터 이루어졌다.[92]

인제면의 분배농지 집계는 일차적으로 6월 26일에 이루어졌으며, 인제면은 분배농지집계표를 6월 26일 인제군에 제출하였고, 이후 이의신청에 의한 조정본을 7월 15일 보고했다. 다시 8월 21일에 분배결과의 전반적인 개황을 보고하고, 8월 30일 총결보고가 이루어졌다.

인제면의 농지개혁은 당초 농림부와 도에서 계획한 일정과 약간의 차이는 있으나 비교적 계획에 맞추어 진행되었으며, 다른 수복지구도 대체로 일정상의 계획에 따라 진행되었다. 다만, 상환은 어려움이 많았던 것으로 보인다.

다섯째, 분배대상 농지의 종람 완료(종람기일 7월 9일) 즉시 분배통지서를 배부함과 동시에 수배자별 1958년 상환고지서를 발급하고 하곡을 수납하도록 되어 있었다. 인제면에서는 상환업무와 관련하여 수납독려반을 편성하였는데, 면장의 모든 책임 아래 각계 주무자, 기관장 또는 기관장을 대리하는 직원으로 구성하였다. 각 부락에는 각급 수납독려편성반의 수납독려사항을 실천하기 위하여 부락 담당직원을 주재시켰다. 부락에서는 담당직원이 중심이 되어 구장, 반장, 농지위원장 등 5인 이상이 합동하여 1일 수차례 상환불납償還不納 농가를 호별 방문하여 독려하기로 계획하였다.[93]

1958년도 상환량을 완납한 수배농가에 한하여 상환증서가 발급되었으며,[94] 상환증서에는 상환 완료 때까지 연도별로 상환량이 표기되었다. 1962년까지 상환을 완료하고 농지개혁사무를 완료하기로 계획되었으나, 그 후에도 상환이 계속되는 경우가 있었다. 시간이 흐를수록 물가 및 곡가穀價가 상승하자 상환 초기에 비하여 상환하기가 쉬워졌다고 한다.[95]

3-3. '주인 없는 땅'의 매수·분배

수복지구 농지개혁에서 또 하나 주목할 점은 매수 및 분배 대상 농지이다. 이는 소작지로 파악된 농지 규모를 통해 파악할 수 있는데, 수복지구 농지개혁의 성격을 파악하는 데 중요한 단서를 제공한다.

〈표 5〉에 의하면, 수복지구의 농지 중에서 자작지가 67.4퍼센트를 차지하고, 소작지가 32.7퍼센트를 차지하고 있다. 대체로 소작지가 분배 대상이 될 것이라고 보면 매수·분배 대상농지는 32.7퍼센트에 불과하며, 자작지로 파악된 규모가 상당히 크다. 어떻게 이러한 결과가 나오게 되었는지 인제군 인제면의 사례를 통해 살펴보자.

농지개혁 당시 인제면의 토지소유상황은 대부분 자작지와 자작농

〈표 5〉 수복지구 농지실태조사 자·소작지 면적(1956. 11. 1 현재)(단위 反)

	자작지						소작지					
	답	전	과수원	桑田	기타	계 (비율)	답	전	과수원	桑田	기타	계 (비율)
경기도	7,435	5,925			104	3,464 (43.8)	11,889	5,391			26	7,306 (56.2)
강원도	76,210	63,515	313	68	196	140,302 (71.0)	30,158	26,724	101	1	230	57,214 (29.0)
계	83,645	69,440	313	68	300	153,766 (67.4)	42,047	32,115	101	1	256	74,520 (32.7)

출처: 〈수복지구 농지실태조사보고의 건〉(경기도지사, 1957. 3. 5); 〈수복지구 농지실태조사보고의 건〉(정정보고, 경기도지사, 1957. 3. 20); 〈수복지구 농지실태조사보고의 건〉(강원도지사, 1957. 3. 4)[김운근·이두순·조일환, 앞의 논문, 150쪽의 표를 발췌 인용].
비고: 계의 (비율)은 자작지와 소작지의 비율(퍼센트).

〈표 6〉 인제면 농지면적(1958. 8 현재)(단위 反)

구분	분배면적									자작농지	기타농지	계	합계
	매수농지			귀속농지			계						
구역	전	답	계	전	답	계	전	답	계				
상동리	21	7	28	2	0.3	2.3	23	7.3	30.3	474	5	479	509
남북리	74	13	87	2	0.3	2.3	76	13.3	89.3	220	45	265	354
합강리	69	12	81				69	12	81	517	28	545	626
가아리	42	12	54				42	12	54	430		430	484
고사리	92	9	101				92	9	101	771	7	778	879
원대리	104	7	111				104	7	111	1,679		1,679	1,790
하추리	5	4	9				5	4	9	1,068	4	1,072	1,081
귀둔리	349	45	394				349	45	394	2,029	105	2,134	2,528
가리산리	214	11	225				214	11	225	634		634	859
계	970	120	1,090 (12.0)	4	0.6	4.6 (0.1)	974	120.6	1,094.6 (12.0)	7,822 (85.9)	194 (2.1)	8,016 (88.0)	9,110 (100)

출처: 〈인제군수 대리 내무과장 주사 윤정모→각 면장: '38이북 수복지구 농지개혁 실시의 건〉(1958. 8. 19), 인제면, 《1958년도 농지관계철》; 〈인제군수→면장: '38이북 수복지구 농지개혁 실시의 건〉(1958. 8. 21), 인제면, 《1958년도 농지관계철》; 〈인제면장→인제군수: 38선이북 수복지구 농지개혁사업 통계에 관한 건〉(1958. 8. 30), 인제면, 《1958년도 농지관계철》.

비고: 계의 ( )는 전 농지면적 대비 해당 농지면적 비율로 필자 산출.

가로 파악되었다. 인제면의 일반 분배면적은 109정보이며, 자작지 면적은 782.2정보로 각각 12퍼센트와 85.9퍼센트를 차지하고 있다. 이는 농지개혁이 매우 부분적으로 전개되었음을 의미한다.

농가당 농지소유면적은 토지개혁(1946) 때와 비교할 수 있다. 인제면의 일반 분배농지는 전·답 합계 109정보인데, 일반 분배농가는 215호이므로, 호당 평균 0.5정보를 분배받았다. 이는 토지개혁 당시 소작인이 분배받은 면적 호당 0.5정보와 같은 면적이다. 그러나 토지개혁에서 고농이 호당 1.77정보, 토지 적은 사람은 1.53정보를 소유하게되었던 점까지 고려하면, 농지개혁의 호당 분배면적은 매우 작다. 반

⟨표 7⟩ 인제면 농가호수별 농지개혁 실시상황(1958. 8 현재)(단위 戶)

구분\구역	분배농가 수				자작 농가 수	기타 농가 수	계
	일반분배	순귀속 농가 호수	매수귀속 겸 농가 호수	계			
상동리	17	2		19	44		63
남북리	37		2	39	52		91
합강리	20			20	114		134
가아리	11			11	56		67
고사리	25			25	21		46
원대리	13			13	115		128
하추리	4			4	69		73
귀둔리	55			55	60	9	124
가리산리	33			33	28		61
계	215 (27.3)	2	2	219 (27.8)	559 (71.0)	9 (1.1)	787 (100)

출처: ⟨인제군수 대리 내무과장 주사 윤정모→각 면장: 38이북 수복지구 농지개혁 실시의 건⟩(1958. 8. 19);
⟨인제군수→면장: 38이북 수복지구 농지개혁 실시의 건⟩(1958. 8. 21), 인제면, 《1958년도 농지관계
철》; ⟨면장→인제군수: 38선이북 수복지구 농지개혁사업 통계에 관한 건⟩(1958. 8. 30), 인제면, 《1958
년도 농지관계철》).
비고: ① 기타 농가라 함은 자작농가가 아닌 것으로 법6조에 의하여 매수분배에서 제외된 농지를 경작하는
농가를 말함. 농가가 자작·분배·기타 중 어느 것을 겸작兼作할 때에는 농가 수효 거듭 기입. ② 계
의 ( )는 전 농가수 대비 해당 농가 비율로 필자 산출.

⟨표 8⟩ 인제면 지주 수(1958. 8 현재)

구분\구역	자연인				문교관계 재단법인
	도내거주자	도외거주자	부재자	계	
인제면	85 (39.5)	8 (3.7)	122 (56.7)	215 (100)	6

출처: ⟨인제군수 대리 내무과장 주사 윤정모→각 면장: 38이북 수복지구 농지개혁 실시의 건⟩(1958. 8. 19);
⟨인제군수→면장: 38이북 수복지구 농지개혁 실시의 건⟩(1958. 8. 21), 인제면, 《1958년도 농지관계철》).
비고: ① 부재자라 함은 월북 및 기타 사정으로 주소 불명한 자를 말함. ② ( )는 비율로 필자 산출.

<표 9> 인제면 농지개혁 실시상황(1958. 8 현재)

매수대상 농지를 소유한 지주(명)		농지면적(정보)		농가(호)		호당 소유면적	
강원도 내외 거주 지주	부재자	분배농지*	자작농지	분배농가**	자작농가	분배농지/분배농가	자작농지/자작농가
93 (43.2)	122 (56.7)	109 (12.0)	782.2 (85.8)	215 (27.3)	559 (71.0)	호당 0.5정보	호당 1.4정보

출전: 〈표6〉, 〈표7〉, 〈표8〉을 토대로 작성함.
비고: ① 하단의 ( )는 각 항별 비율(퍼센트).
　　　② *매수농지 **일반분배

면 자작농지면적은 토지개혁과 농지개혁 결과 비슷하였다. 토지개혁 당시 순자작농지로 호당 평균 1.33정보를 인정받았고, 농지개혁 당시 에는 호당 1.4정보(559호에 782.2정보)를 인정받았기 때문이다. 그리고 19.4정보의 농지(9호, 호당 2.1정보)가 농지개혁법 제6조에 의해 매수 분배 대상에서 제외되었다.

매수분배 대상 농지는 도내·외 거주 확인 가능한 지주의 농지와 월 북 등으로 거주 확인이 불가능한 자의 농지였다. 농지소유자 가운데 월북 및 기타 사정으로 확인되지 않은 자가 122명, 확인 가능한 도내· 외 지주 수가 93명, 합계 215명이다. 이 215명의 지주 농지가 매수분 배대상이었다. 그런데 이 가운데 확인 가능한 지주(43.2퍼센트)보다 부 재자(56.7퍼센트)의 비율이 13.5퍼센트 높다.

이는 원주민 중에 월북자가 많을 수밖에 없는 수복지구의 특성에 의한 것이다. 인제군이 유엔군의 점령 하에 들어갈 때 북으로 소개疏 開되거나 피난한 사람들이 있었는데, 그만큼 생사여부 및 소재를 파 악할 수 없는 사람들이 많았다. 그들이 다름 아닌 '부재자'였고 그들 의 땅은 국가 소유가 되어 매수 대상에 포함된 것이었다. 현지 주민들도 농지개혁이 북한 토지개혁과 같이 전면적인 방식이 아니라, 소유주가 불확실한 경우나 월북한 사람들의 농지를 가지고 실시되었음을 증언했다.

㉮ (북한의 토지개혁 당시 토지와 가옥을 일체 몰수당했던 길호일네는) 전쟁 나고 수복되고 다시 돌아왔지. 신월리로 다시 들어온 거야. 소작 주던 건 주인한테, 지주한테 다시 다 준 거야. (이 분이 다 찾으신 건가요?) 그럼. 농지개혁은, 대한민국의 농지개혁은 본인이 지주가 있고 그런 거는 강제로 나눠 주지는 않았어. 예를 들어서, **그 사람이 지주가 불확실하다든가, 그 땅을 남한테 좀 줘도 괜찮겠다 하는 거만 하고 본인을 그대로 다 인정을 해줬지,** 그럼[96](강조는 필자).

㉯ 농정관계를 아는 사람들을 부락단위로 선발해서 농지위원회를 구성해서, **거기서 이북에 들어간 사람들의 농토·소작 등과 관련하여 농지개혁을,** 그 사람에게 분배를 해서……[97](강조는 필자).

㉰ 농지개혁은 대대적으로 하지 않고 **일부만 했다**[98](강조는 필자).

㉮와 ㉯는 농지개혁 대상이 월북자나 부재자의 토지였음을 보여준다. 그래서 ㉰와 같이 대대적인 농지개혁이 아니라, 일부만 했다는 반응이 나올 수 있는 것이었다.

주된 매수 대상농지가 부재자의 것이었다는 점은 수복지구에서의 농지개혁의 성격이 지주제 폐지보다는 다른 데 있었음을 의미한다. 물론 북한으로부터 벗어나자마자 지주소작관계가 부활했고 이로 인한 폐단이 있었으며, 농지개혁이 이런 갈등을 해소하는 역할을 한 측면도 있다. 하지만 통계와 증언으로 보았을 때 부재자의 농지가 매수 분배의 주된 대상이었으므로, 국가가 농민에게 분배하고 상환을 요구한 농지는 바로 부재자의 농지였던 것이다.

㉑ **임자 없는 땅일 경우** 그 땅 소작인에게 소유권을 인정하는 식으로 했다. **관리등기란 것을 통해 친인척이 자기 땅인 양 소유권을 주장**할 수 있었다[99](강조는 필자).

㉺ **땅 임자가 이북에 들어가고 땅만 있는 경우는 가까운 친척이 관리하고 있어서 그 사람에게 샀어요.** ……여기는 사고팔고 했지, 토지개혁이라는 게 없었어. 여기 들어오니까 땅 임자들이 다 나오더라고. 친척 조카라든가, 아들이라든가, 다 그래도 관리하는 사람들이 다 나오더라고. ……**관리등기를 갖고 서로 매매를 한 거지**[100](강조는 필자).

㉻ **건봉사의 경우** 소유 토지가 수십만 평에 달했는데, 소작자들이 많이 차지했다. **건봉사에서 관리하는 사람도 없었을 뿐더러, 관련 문서도 없어서 소작인들이 그냥 자신의 땅으로 해버리고 농지위원도 그냥 인정하는 경우가 많았다**[101](강조는 필자).

대부분의 농지가 자작지로 파악된 것 역시 부재자 농지와 관련이 있었다. 부재자 농지를 자작지로 만드는 방법은 그리 어렵지 않았다. ㉑·㉺와 같이 부재자의 농지를 그의 친척이 관리등기를 내어 소유권을 행사하거나, ㉻와 같이 과거의 소작인이었던 이들이 자신의 명의로 등록했다. 자작지로 인정받으면, 상환을 피할 수도 있었고 매매를 할 수도 있었다.

이렇게 부재자의 토지가 자작지로 될 수 있던 것은 농지위원과 지역주민들의 묵인이 있었기에 가능했다. 농지위원과 마을 사람들은 월북자의 토지가 "국가 땅이 될 바에는 이웃사람들에게 주는 게 낫다"고 생각했다.[102] 농지개혁의 절차상 국가는 지주와 농민 사이에서 매수와 분배, 보상과 상환을 중개한다. 국가가 부재자의 농지를 매수한 후에 농민에게 분배하고 농민은 국가에 그에 대한 대가로 상환을 하는 것이다. 부재자의 농지는 국가소유를 거치는 것이었다. 그러니까 국가가 '주인 없는 땅'을 농민에게 주면서 상환을 요구하는 셈이다. 마을 사람들은 그럴 바에야 '우리끼리 나눠 갖자'는 생각을 할 수 있었다. 이를 농지위원이나 마을 사람들이 공식적으로 합의한 것은 아니었지만, 사람들의 정서는 '이웃사람들에게 주는 게 낫다'는 쪽으로 기울었다. 그래서 친인척이나 동네사람들이 소유하는 것을 농지위원은 인정하고 주민들은 묵인하였다. 농민들은 부재자의 농지를 소유함에 있어 국가의 개입 단계를 거치지 않고 바로 자신들의 것으로 만들었다.

이는 대체로 월북자 등의 부재자 농지를 중심으로 농지분배가 이루어졌음을 의미하며, 그것도 친인척이 농지위원의 인정 하에 소유등기를 함으로써 자작농으로 인정받거나 그것을 다시 매매하는 방식으로 이루어졌음을 뜻한다. 그리고 일부 3정보 이상 토지소유자의 소작지가 분배되는 정도였음을 나타낸다.

주민들은 농지에 대해 분배나 보상보다는 자작지로 인정받고자 하는 경향이 강했다. 국가가 농지개혁법의 적용문제에 집착하는 동안 현지에서는 '3정보 이상을 소유한 지주들의 농지'가 매수대상에서 제외되어갔다. 농지개혁법에 의하면, 특별한 이유가 아니면, 지주의 3정보 이상의 농지가 매수대상이었다. 지주는 해당 농지를 매수당하고 보상을 받도록 되어 있었다. 그런데, 지주들은 매매를 통해 농지를 처리하거나 갖은 방법을 동원하여 자신이 계속 소유하는 쪽을 택했다. 지주들의 노력은 성과를 보았다. 수복지구에서 분배대상지로 예상된 7,000정보는 1958년 7월 현재 2,500정보로 크게 감소했는데, 농지개혁 진행 중에 4,500정보의 농지가 지주와 경작자 간에 매매계약된 것이다.[103] 분배농지 취소 사례도 발생했는데 분배되었던 농지가 자작지로 환원되었다.[104]

지주들의 노력은 농지위원들과 법이 뒷받침해주었다. 행정문서상 면장은 리농지위원들에게 3정보 이상인 농지 매매를 인증해서는 안 된다고 지시했지만,[105] 농지위원은 이를 눈감아주었다. 농지개혁 실시 중임에도 많은 지주와 마을 사람들 사이에서 농지가 거래되었다. 서화면의 몇몇 농지위원들은 "자신과 주변 지인들의 주머니를 채워" 주는 등 "병폐가 심했다."[106] 또 법은 지주들의 농지 소유를 가능케 하였다. 농지개혁법(제6조 및 제25조 2항)은 매수 대상 제외농지에 대해서도 규정했는데, 지주들은 이를 이용했다. 그들의 토지는 위토位土나 교육·연구를 위한 특수목적변경농지 등으로 인정받음으로써 매수대상에서 제외되었다.[107] 1958년 현재 수복지구에서 그렇게 제외된 농지는 1,351.5정보였다.[108] 수복지구 전체의 분배농지가 3,784.4정보였던 데 비하면, 매수대상제외농지는 분배농지면적의 35.7퍼센트에 해당할 만큼 넓은 면적이었다. 주민들은 농지를 다양한 방식으로 매수대상에서 제외하려 하였고, 이는 법적으로 뒷받침되었음을 알 수 있다.

인제군에서도 사용목적변경농지로 인허를 받고자 하는 사례가 있었다.[109] 인제면에서는 인제고등학교와 초등학교 교장이 농지사용목적 변경 신청서를 제출했다. 그러나 지주들의 동의서 미비로 농림부에서 반려되었다.[110] 비록 서류 미비로 반려되었으나, 학교장이 소유자의 주소가 불명확하거나 월북자의 농지, 사용목적변경 동의를 거부한 농지, 경작자 미상의 농지, 즉 소유자·경작자 확인이 불가능한 토지를 학교부지로 신청하려 했다. 그리고 월북자의 소유지를 인제초등학교 가아리분교장 대지로 변경하고자 하는 신청서에 가아리 농지위원회가 확인서명을 함으로써 지주의 신청서를 인증했다.

때문에 매수분배농지는 매우 적었다. 농지개혁법이 매수 대상으로 규정했던 3정보 이상 농지는 매매되거나 매수제외농지로 인허받았다. 대부분의 분배농지는 부재자의 농지에서 발생했지만, 그것도 농

〈표 10〉 수복지구 분배농지면적(1968. 12. 31 현재) (단위 反)

		매수농지			귀속농지			합계		
		답	전	계	답	전	계	답	전	계
경기	연천	5,500	6,307	11,807	133	453	586	5,633	6,760	12,393
	포천	1,066	2,614	3,680	40	19	59	1,106	2,633	3,739
	계	6,566	8,921	15,487	173	472	645	6,739	9,393	16,132
강원	춘성	249	55	304	30	64	94	279	119	398
	철원	3,390	8,209	11,599	881	806	1,687	4,271	9,015	13,286
	화천	1,523	549	2,072	184	164	348	1,707	713	2,420
	양구	1,901	800	2,701	7	11	18	1,908	811	2,719
	인제	1,686	358	2,044	5	1	6	1,691	359	2,050
	고성	467	1,882	2,349	99	202	301	566	2,084	2,650
	양양	196	497	692	174	328	502	369	825	1,194
	계	9,411	12,350	21,761	1,380	1,576	2,956	10,791	13,926	24,717
합계		15,977	21,271	37,248	1,553	2,048	3,601	17,530	23,319	40,849

출처: 〈농지개혁사관계자료보고서〉 경기도지사(1969. 8. 18), 강원도지사(1969. 7. 10)[김운근·이두순·조일환, 앞의 논문, 153쪽 재인용].

지의 관리인임을 자처하는 사람들이 자작지화하거나 매매했다. 더구나, 후술하겠지만, 많은 군부대의 주둔과 민간인통제선 설정도 농지부족을 악화시켰다.[111]

농지매수·분배에 대한 현지주민들의 구술은 흥미롭다. 농지개혁 실무를 담당했던 이들은 다양한 문제들이 있었음을 증언했지만, 그 외의 (대체로 자신의 땅을 되찾은) 사람들은 농지개혁이 원만히 진행되었다고 구술했다. 그들은 "대대적인 농지개혁이 아니었다"거나 "간혹 농지 분쟁이 일어났으나, 큰 문제없이 해결되었다"[112]는 정도로 설명했다. 그런데 그들의 구술은 토지개혁과의 비교를 염두에 둔 것이기도 했다. 그들은 전면적인 토지개혁과 부재자 농지를 중심으로 이루어진 농지개혁을 비교한 것이었다.

3-4. 지체되는 상환·보상

수복지구에서는 상환과 보상도 중농 수준의 자작농 육성과 토지의 자본화·지주의 자본가화라는 농지개혁의 기본 취지에 부합하지 못했다. 이는 매수·분배농지의 양과 질에 관련되었기 때문이다. 양질良質의 많은 농지가 매수되어 농민에게 분배되었다면, 농민은 그것을 토대로 농사를 지어 수확물을 거두고, 그중에 일부를 상환할 수 있었을 것이다. 그러나 분배농지면적은 호당 0.5정보로 매우 적었을 뿐 아니라, 농지의 질도 그다지 좋지 않아 애당초 많은 수확물을 기대할 수 없었다. 그러니 상환은커녕 자급자족하기에도 급급한 상태에 머물렀다. 오히려 분배받은 농지에 대해 상환해야 하는 부담이 클 수밖에 없었다.

농지대가 상환곡 수납실적은 매우 부진했다. 첫 상환연도인 1958년

8월 말 하곡 수납 당시, 수납계획량은 692말임에 비해 수납곡량은 17 말밖에 되지 않았다.[113] 인제면은 상환곡 수납의 부진 이유로 풍수재해로 인해 검사불합격품이 많았음을 들었다. 이는 다른 지역도 마찬가지여서 강원도는 상환곡의 등외품 수납을 허용하기에 이르렀다.[114] 풍수재해 외에도 상환곡 미납사유로는 절량농가, 행방불명, 사망절가 등이 지적되었다.[115] 상환곡 수납을 독려하기 위해 인제면은 추곡상환 수납 시에 면사무소 직원이 리별 담당구역을 맡고 수납책임제를 실시하여 상환을 독려해도[116] 사정은 나아지지 않았다. 5년 후인 1962년까지 상환을 완료하기로 계획되었으나, 상환은 지체되었고, 그것은 어쩌면 당연한 결과였다.

상환곡 수납이 어려움을 겪자, 일부 신문에는 대금상환代金償還이 타당하다는 논설이 실리기도 했다. 이는 면·리의 상환곡 수납에 혼란을 가져오기도 했다. 정부는 도·군·면에 현곡상환이 "정부의 기본 방침으로서 농지개혁 이래 현재까지 실시해온 것이며 앞으로 계획을 변경할 의사가 없다"고 지시했지만,[117] 인제면의 〈농지대가 하기 수납상황표(1958. 8)〉에는 '하기 수납량' 부분에 '대금' 항목이 포함되어 있었다.[118] 상환방침 상으로는 현곡상환을 원칙으로 하면서도, 수납상황표에는 대금상환 항목이 표기되어 있어, 행정실무상 혼란을 낳았을 것으로 보인다.

보상도 원활히 이루어질 수 없었다. 매수대상 농지의 대부분이 부재자의 농지였기 때문이다. 절차상으로, 지주는 1958년 7월 30일까지 농지소재지 도지사에게 매수된 농지에 대해 보상신청서를 제출하고, 정부로부터 보상증서로서 지가증권을 발급받아야 했다. 신청서를 기일 내에 제출하지 않을 때에는 그 권리를 주장할 수 없도록 되어 있었다.

그런데 지가증권 발급은 지체되었다. 1958년 10월부터 1959년 2월까지 수복지구에서 지가증권의 발급건수는 159건에 불과했으며, 1960년 말까지 총 발급건수는 450건으로 31만 7,401두斗에 해당하는 지가증권이 발급되었다. 이 지가증권의 발급실적은 수복지구에서 파악된 지가증권 발급예정건의 16퍼센트에 불과하였다.[119]

지주의 보상신청이 늦어진 이유는 지주의 소재불명과 그들의 무관심에 원인이 있기도 했지만,[120] 뒤늦게 매수분배 사실을 알게 된 후에도 그들은 보상보다는 토지를 소유하려는 경향을 보였기 때문이다.

이는 인제에서 남한농지개혁의 기본 취지 중의 하나인 '토지(지주)의 자본(가)로의 전환'이 큰 성과를 거두지 못했음을 의미한다. 그러지 않아도 평야가 적은 지역인 데다가, 이미 부재자 농지에 대한 자작지화가 이루어짐으로써 불과 12퍼센트의 농지가 매수분배되었다. 더구나 부재자의 농지가 주된 매수대상이 됨으로써 보상을 받을 지주가 없었던 것, 거주 확인 가능한 3정보 이상을 소유한 지주의 경우에도 보상보다는 토지를 소유하려는 경향을 보인 것 등이 그 이유였다. 농지개혁으로 농지를 매수당한 지주는 토지에 기반한 경제적 기득권은 박탈당하더라도 보상을 받아 다른 형태로 전환이 가능했지만, 인제군을 비롯한 수복지구의 지주들은 보상을 받으려 하기보다는 토지를 소유하려는 경향을 보였다. 지주들은 여전히 토지를 소유했고, 토지를 기반으로 하는 자산을 이용하여, 고등교육을 받고 관료로 진출하는 쪽을 택했다.

3-5. 지주제의 법적 폐지와 의식 잔존

농지개혁의 결과 인제군을 비롯한 수복지구에서 지주제는 적어도 법적으로는 폐지되었다. 인제면의 경우 71퍼센트의 농호가 85.9퍼센트의 자작지를 인정받음으로써, 호당 1.4정보의 면적 소유를 인정받았다. 그리고 27.3퍼센트의 농호가 12.0퍼센트의 소작지를 분배받음으로써 호당 0.5정보의 면적을 소유할 수 있게 되었다. 이와 같이 자작지를 인정받은 경우가 대다수이며 분배농가 및 분배농지면적이 적었지만, 법적으로는 매수와 분배를 통한 자작농화가 이루어졌다.

이는 해방 전부터 한국사회의 중요한 과제로 제기되어오던 '경자유전의 원칙'의 실현으로 볼 수 있었다. 전쟁 직후 수복지구에서는 지주제의 회복 움직임이 강했고, 이에 대해 정부는 남한농지개혁법에 따라 불가입장을 보였고, 1958년 농지개혁을 실행한 것이었다. 그런데 이전의 개혁(1946년의 토지개혁)을 불인정하고 남한방식의 개혁을 통해 그것을 이루려했다는 점에서 반공주의적이었다.

또한 제도적으로는 가 폐지되었지만, 지주와 소작인으로서의 관계 및 의식이 잔존하였다. 우선, 매수제외농지규정에 따라 많은 농지가 매수에서 제외되어 합법적으로 농지를 소유할 길이 열려있었고, 농지개혁법에서 소유권 처분제한을 명시했으나[121] 상환 완료 전에 농지의 이동이 많았던 점 등은 토지소유·집중을 통한 지주소작관계의 유지 가능성을 보여준다.

(매수대상은 어떤 것이었나요?) 여기 안 사는 사람들 것은 다.

(여기 사는 사람들 것은 어떻게 처리되었죠?) 여기 사는 사람들은 자기가 다 갖는 거죠. 농사를 짓고 있으니까.

(소유면적에 관계없이 계속 소유할 수 있던 건가요?) 그것도 3정보라는 제한은 있어요. 그리고 **자경으로 하면 되니까. 소작인이 '내가 가서 일만 해요. 그**

집 거예요' 한다고요. 풍속으로 넘어가는 거라고요. 꼬득여봐야 밥 자리를 잃으니까.

(차라리 소작하는 게 낫다고 생각한 건가요?) 그렇죠[122](강조는 필자).

위의 자료는 면사무소에서 농지개혁 실무를 담당했던 이의 증언이다. 그는 토지를 계속 소유하려는 지주에 대해 소작인이 소작 사실을 밝히고 농지를 분배받아 상환하기보다는 소작료를 납부하는 쪽을 택했다고 증언했다. 이는 농지개혁 실시 이후에도 지주소작관계가 유지되면서 소작료를 납부하는 사례가 계속될 여지를 만들었다. 또 다른 구술자는 정부에 상환곡을 납부하지 않고 주인에게 줬다고 하면서, "소작인이니까 당연히 주인에게 줘야 한다"고 강조했다.[123] 이는 농지개혁과정에서 그리고 그 이후에도 지주소작관계 및 그 의식이 존속하고 있음을 보여준다.

1946년 토지개혁과 1958년 농지개혁이라는 두 번의 지주제 폐지에도 불구하고 지주소작인 의식이 잔존했다고 할 수 있다. 소작인 역시 지주소작관계나 의식으로부터 벗어나기 어려웠다. 그들은 과거에 '지주가 대접받는 남한'이라 교육받았던 남한체제 하에서 살아가야 했다. 농민으로서의 권리를 주장하는 것은 곧 북한 인민의 흔적을 보여주는 것이자 남한 국민이 될 수 없음을 의미했다.

또한 농지 분배 이후 과거의 지주나 소유자가 나타났을 때 지주의 소유권이 인정되는 사례도 있었다. 농지분배 이후 '농지분배정증 신청과 분배농지경작권 이의신청' 절차가 있었는데,[124] 이때 문제가 된 것은 토지를 분여받아 경작·상환을 하는 중에 과거의 지주가 나타났을 때였다. 분배자는 국가에 보상비(상환)를 내고 분배를 받았다고 주장하고, 과거의 지주는 소유권을 주장하여 팽팽히 다투는 경우도 있었다. 이때 일반적인 해결방식은 당사자끼리 합의하는 것이었다. 농지위원 및 주변의 이야기를 들어 그 지주의 토지가 틀림없다고 하면 분배받은 자는 "내가 국가에 포기서를 내고 상환금은 내지 않겠다. 당신(지주) 소유로 등기를 내서 토지대장을 만들어서 가져라"고 하고, 대신에 지주는 개간비를 좀 주는 식"으로 해결하였다.[125] 이때 "지주의 자경지인데 분배되었다"는 이유를 들어 농지분배정정신청을 하여, 지주는 자경지로 인정받게 되었다. 그러나 이 사례는 〈수복지구 농지개혁실시사무요강〉 통칙 제1항에 맞지 않는다. 사무요강에 따르면 소유자를 알 수 없을 경우 1958년 4월 10일 당시의 경작자에게 권한이 있었기 때문이다. 그럼에도 이해 당사자 간에 해결이 이루어질 때에는 지주의 소유권을 인정하는 방식으로 처리되었던 것이다.

하지만, 군 단위의 관의 개입이 이루어질 때에는 당사자간 해결방식과는 다른 결과가 나왔다. 〈표 11〉은 "자작지인데도 분배되어 분배 취소하려 하니 그 수속절차를 교시해달라"는 인제면장의 질의와 그에 대한 인제군수의 답신이다.

㉮는 분배취소 결정이 받아들여진 경우이고, ㉯와 ㉰는 분배조치가 타당하다고 결정된 경우이다. ㉯는 〈수복지구 농지개혁실시사무요강〉에 의거하여 매수·분배시점이 1958년 4월 10일로 되어 있다는 점에서 과거 소유지주의 권한을 인정하지 않았다. ㉰는 1958년 4월 10일 시점의 부재자였을 뿐 아니라, 자식 중 딸에게는 소유권이 없다는 점 때문에 소유권 주장이 받아들여지지 않았다. 결국 ㉯와 ㉰는 인제군에서 분배조치가 타당하다는 결론이 났다. 그러니까 면 단위에서는 "도의상 분배취소"를 주장함으로써 분배자의 권리보다 과거 지주(소

〈표 11〉 분배 취소에 대한 인제면장의 질의와 인제군수의 답

인제면장의 질의	인제군수의 답
㉮ 금년 19세의 서자庶子농지를 세대주인 서부庶父의 소작으로 조사 착오되어 분배된 것.	농지개혁법 제1조 영32조에 의거 이미 정정조치를 취하여 처리함에도 불구하고 본 사무 취급에 소홀함이 시인되오나 법22조에 부의하여 시정함이 타당함.
㉯ 6.25사변 이후 가족 전원 행방 불명임으로 월북자의 농지로 인증하고 분배조치하였든 바 군에 입대하였다 금년 5월 20일자 제대除隊하여 우 농지를 자경하겠다고 하였으나 기히 춘경과 묘대를 하였기 때문에 금년만 양인이 공동경작하고 명년에는 지주가 전경키로 되었음을 대지조사 착오로 분배된 것.	법11조 영32조 및 33조에 의하여 처리할 것이며 수복지구 농지개혁실시요강 제1항과 4291년 4월 10일 현재로의법 분배조치할 것.
㉰ 6.25사변 이후 전 가족의 행방불명임으로 경작인에게 분배키로 결정, 보고와 동시 지주의 여식女息이 1.4후퇴 당시 월남하여 남원南原지구에 있다 38이북의 농지개혁 실시의 소문을 듣고 비로소 고향에 주민이 거주함을 알고 귀농할 의사로 귀향한 바 기히 분배키로 결정되어 종람완료됨을 원망하며 자경토록 요망하니 이는 도의道意상 분배취소함이 가可할 줄 사료되는 바 귀견 여하이온지 하교하여 주심을 경망하나이다.	법 11조 영 32조 법 12조에 의거 분배조치가 타당함.

출처: 〈인제면장→인제군수: 분배농지 취소에 관한 질의 건〉(1958. 10. 15), 인제면, 《1958년도 농지관계철》; 〈인제군수→인제면장: 분배농지 취소에 관한 건〉(1958. 11. 4), 인제면, 《1958년도 농지관계철》.
비고: 강조는 필자.

유자)의 권한을 우선시한 반면, 군 단위에서는 법에 의거하여 분배가 타당하다는 견해를 보였다. 이는 행정말단일수록 소작인·분배자보다는 지주의 소유권을 인정하는 경향이 강했음을 보여준다.

3-6. 농가경제의 불안정성과 영세성 심화

수복지구 농지개혁은 농가경제를 안정화하는 데도 큰 역할을 하지 못했다. 자작지를 인정받은 농민이나 농지를 분배받은 농민 모두 영세성을 면하기 어려웠다. 그 이유는, 인제면의 경우 각각 소유면적이

1.4정보와 0.5정보 내외였기 때문이다. 이 정도의 농지로는 자립이나 재산 축적은커녕 식량을 안정적으로 확보하기도 어려웠다.

농지부족을 더 악화시킨 것은 휴전상태였다. 휴전선이 인제군의 최북단인 서화면을 관통했는데, 이로 인해 인제군은 군사지대가 되었다. 수복지구는 군사적인 이유로 개발이 제한되었을 뿐 아니라, 국군이 징발한 농지면적도 매우 넓었다. 인제면만 살펴봐도, 비행장, 병기중대, 통신중대, 헌병대, 27사령부, 사단통신대, 운전교육장, 사단병참부, 27수송대대, 사단공병대, 8외과병원, 후송중대, 27의무중대, 관측포대, 77연대, 포사격장, 병참부, 2832부대 등의 많은 부대가 주둔했다.[126]

<표 12> 인제면, 국군징발 농지사용 실태 조사표(단위 평)

소재지	면적			연도별 사용기간							
리	전	답	계	50~53	1954	1955	1956	1957	1958	1959.2	계
상동리	113,706	15,318	129,024	–	22,004	22,004	22,004	22,004	20,504	20,504	129,024
남북리	499,550	67,494	567,044	–	93,585	97,302	97,302	97,302	97,302	84,251	567,044
합강리	3,659,346	156,181	3,815,527	–	594,028	624,967	649,133	649,133	649,133	649,133	3,815,527
가아리	449,598	234,000	683,598	–	113,933	113,933	113,933	113,933	113,933	113,933	683,598
계	4,722,200 (1,574.0)	472,993 (157.6)	5,195,193 (1,731.7)	–	823,550 (274.5)	858,206 (286.0)	882,372 (294.1)	882,372 (294.1)	880,872 (293.6)	867,821 (289.2)	5,195,193 (1,731.7)

출처: <인제면장→인제군수: 국제연합군 및 국군징발농지 사용실태 조사의 건>(1959. 4. 11), 인제면,
《1959년도 농지관계철》.
비고: ( )는 평을 정보로 필자가 환산.

수복지구 전체로는 1959년 8월 현재 약 1,500만 평의 토지가 징발지로 추산되었다.[127] 〈표 12〉에서 보듯이, 인제면의 경우 국군징발 농지면적은 1954~1959년 평균 288.6정보이다. 1958년 농지개혁 당시 분배면적이 109정보, 자작인정면적이 782.2정보였다는 점에 비추면, 288.6정보는 인제면에서 꽤 많은 면적이다. 농지개혁으로 호당 0.5정보씩 분배받은 215호가 1정보 이상 분배받을 수 있는 면적이다. 국군의 농지 징발이 농가의 영세성을 가속화하는 데에 영향을 끼쳤다고 볼 수 있다.

군 징발지가 넓었던 반면 군 징발지에 대한 보상 및 해결은 오랫동안 미뤄졌다. 군 징발지에 대한 보상은 국가로부터 채권을 받는 것으로 이루어지거나, "아무 말 하지 못하고 참아야" 했다. 1967년에 불만을 제기했던 한 인물은 군대에 끌려가 "호되게 맞고 돌아왔다."[128] 국가를 상대로 한 소송도 벌어졌다. "네가 경작하면 네 것"이라는 군청의 말을 믿고 지뢰지대인 지역에서 때로는 부상도 당하면서 심혈을 기울여 경작했음에도, 소유권을 인정받지 못한 경작자가 국가를 상대로 경작노력비 내지는 보상비를 요구하는 소송을 제기하기도 하였다. 특히 양구군의 해안면은 이러한 분쟁이 심했는데 해안면이 인제군에 속했다 양구군에 속하기도 해서 분쟁이 더욱 많았다.[129]

영세성을 면치 못하던 농민 중에는 상환을 포기하고 농지를 국가에 반납했다. 아예 농업을 포기하고 산으로 들어가 화전을 경작하기도 했다. 화전개간의 증가는 산림황폐와 자연재해의 이유가 되었고, 1960년대 중반 화전정리사업의 주된 배경이 되었다. 화전정리사업으로 화전민은 약간의 생계비를 받아 춘천이나 경기도 등의 타 지역으로 이주되었다. 일제하의 열악한 농가경제와 불안정성은 농지개혁 이후에도 계속되었고 1960년대 중반 화전정리사업으로까지 이어졌다.

요약하자면, 수복지구가 된 인제군에서 농지개혁(1958)은 토지소유·경작관계가 매우 혼란스러운 상태에서 실시되었다. 유엔군정기 '토지소유권의 변경은 꾀하지 않는다'는 원칙이 있었지만, 일부 지역의 군軍은 민간인을 입주시킬 때부터 부분적으로 토지소유권과 경작권을 인정·부여하였다. 이 과정에서 토지소유권과 경작권은 복잡해졌는데, 농지개혁은 이를 수습하는 차원과 '대한민국 법'을 관철시킬 목적으로 실시되었다.

농지개혁은 농지위원회가 실행주체가 되어 법령(《특례》)을 집행했다. 리농지위원회는 이장과 민간인, 면농지위원회는 면장·면직원·민간인 등으로 구성되었다. 법령에 의하면 민간인은 '분배당하는 자'와 '분여받는 자' 반수로 한다고 되어 있었으나, 인제면에서는 여기에 자작농까지 포함되었다. 북한의 토지개혁에서 농촌위원회를 계급적인 측면에서 구성한 것과 달리 농지개혁에서는 관민 합동으로, 지역의 토지내력을 잘 아는 민간인들로 구성하였다. 농지위원은 토지소유권 인증 권한을 가졌을 뿐 아니라 국가와 촌락민을 연결하는 매개였으므로 그들에 따라 농지개혁의 성격이 좌우되었다.

법령은 분배대상 농지를 3정보 이상의 소작지로 규정했다. 이는 토지개혁의 몰수기준(5정보·소작지)에 비해 적은 면적이었다. 몰수·매수 기준 면적은 북한에 비해 남한의 법령이 더 좁게 정하고 있었지만, 토지를 매수당한 지주는 토지에 기반을 둔 경제적 기득권은 박탈당하더라도 보상을 받아 다른 형태로 전환이 가능했다. 이는 지주층의 이해를 반영하는 조치였다. 그러나 인제군의 경우 지주들은 보상을 받으려 하기보다는 자작지로 인정받으려는 경향이 강했다.

인제군 인제면에서는 농지분배 결과 71퍼센트의 농호가 85.9퍼센트의 자작지를 인정받았는데, 호당 1.4정보의 면적을 인정받은 것이었다. 그리고 27.3퍼센트의 농호가 12.0퍼센트의 소작지를 분배받았는데 호당 0.5정보의 면적이었다. 분배면적이 이렇게 작은 이유는 군징발지가 매우 넓었고, 대부분 자작지화하여 분배대상에 속하는 농지가 거의 없었기 때문이다. 분배받은 농호는 상환 중인 상태에서도 타인에게 양도를 하고 정부에 반환하기도 했다.

이승만정부는 이 지역에 남한의 농지개혁법을 관철시키고자 했다. 정부는 농지 소유·경작문제 해결을 대한민국정부의 정통성 특히 북한지역에 대한 남한의 통치권 확대문제로 접근했고, 그 과정에서 농지문제의 해결을 더욱 복잡하게 만들었다. 국가가 정통성을 주장하는 가운데 지역사회에서는 국가권력의 손길이 닿지 않는 곳에서 주민들의 자작지화가 진행되었다. 과거의 소유권을 찾은 지주는 보상을 받아 자본가로 전환하기보다는 농지소유를 원했고, 주민들도 무연고권자의 토지소유를 묵인했다. 상환·보상에 의한 토지경작자와 소유자의 일치 그리고 토지(지주)의 산업자본(가)화라는 농지개혁의 취지는 수복지구에서는 큰 의미가 없었다. 혼란스러워진 토지소유관계를 남한의 농지개혁법에 의해 수습·정리하는 차원에서의 농지개혁이었다.

韓國戰爭
收復地區

—3—

지방행정조직과
주도세력의
재편:
군·관·민

1-1. '톱질전쟁'과 피난

한국전쟁기 인제지역의 권력구조 재편은 주민들의 피난으로부터 시작되었다. 전선이 오르내림을 반복하는 과정에서 이 지역민들은 남북으로 흩어졌다. 전쟁 발발 직전 38선 접경 지역민의 일부가 북쪽으로 소개되었다. '38선 연변에 거주하는 주민들의 이주정책'(1950. 4. 27. 인제군당)에 의해, 38선 경계선에서부터 4킬로미터에 해당하는 남면 신월리와 남전리의 626호와 인제면의 원대리 등 724호가 이주되었다.[130] 38선에서의 격화된 충돌로 인해 피해를 입은 주민들에 대한 소개이자, 전쟁 개전에 대한 대비였다. 하지만 개전 직후에는 북한이 우세했기 때문에 인제주민의 이동은 많지 않았다. 뿐만 아니라 북한이 남한지역을 점령하자, 분단되었던 인제군은 일시적이지만 다시 합쳐졌다.

이후 전세가 역전되면서 1950년 9월 말~10월 초 인제주민은 후퇴하는 인민군을 따라 북쪽으로 피난하였다. 인민군과 지역 내무서원들은 주민들을 북쪽방향으로 피난하도록 했는데, 주민들은 '국방군'에 대해 좋지 않은 소문이 들리자 그들을 피해 '아군'인 인민군을 따라 갔다. '북피北避'였다. 인제면이나 북면 사람들은 서화면 이포리로 피난을 갔고, 다시 더 북쪽인 회양군 등지로 향했다.[131] 북피한 사람들을 대신하여 인제에 들어온 사람들은 전쟁 전 월남했던 이들이었다. 남한과 유엔군이 38선을 넘어 북한지역을 점령해가자 자신의 고향으로 돌아온 것이었다.

1950년 12월 말 유엔군이 평양을 비롯한 북한지역에서 철수하자 다시 북한주민 일부가 유엔군을 따라 남쪽으로 피난하게 되었다. 월남 피난민들은 유엔군이 조직적으로 남쪽으로 소개시킨 이들과[132] 북한체제로부터 벗어나려는 사람들, 그리고 대대적으로 전개되던 유엔공군의 폭격과 공습을 피하려 했던 사람들이었다.[133] 월남피난민의 상당수는 처음에는 부산을 비롯한 경상남북도지역에 머무르다가 전선교착 후 북한이 가까운 전선 근방의 경기도와 강원도지역으로 이동했다.[134]

인제지역에서는 남한의 군경軍警이 주민들에게 남쪽 방향으로 피난할 것을 종용했고, 주민들은 인제지역에서 비교적 남쪽에 위치한 신남면으로, 다시 강원도 원주 등지로 피난을 떠났다. 반대로 북한 인민군과 중공군이 남하하여 인제를 재탈환하자 북피했던 사람들이 인제로 돌아왔다. 하지만 인제에 돌아온 사람들은 크게 줄어있었고, 치열한 전투와 폭격 등으로 파괴된 마을이 남아있을 뿐이었다.[135]

이후로 전세는 역전을 거듭했고 1951년 봄 인제는 북한군·중공군과 국군·유엔군 사이에서 밀고 밀리는 전투가 계속되는 격전지가 되었다.[136] 그럴 때마다 인제주민은 북으로 남으로 피난을 떠나야 했고,

아예 고된 피난길을 포기하고 인근산과 방공호 등에 숨어 지내기도 했다.[137]

결국 유엔군이 중동부지역을 점령하면서 전선교착상태에 이르자, 인제지역을 비롯한 중동부지역은 남측의 전투지구로 분류되었고 주민 거주도 금지되었다. 인제주민은 1950년 가을 서화·회양 등지로 북 피했다가, 1950년 겨울 고향으로 돌아왔고, 다시 1951년 봄에 원주 등지의 피난민수용소로 소개된 것이다. 주민들이 인제에 정식으로 돌아온 것은 1954년 3월 이후였다[주민 수복].

1-2. 피난민수용소

수복지구에 해당하는 북경기·북강원지역 주민들은 경기도와 강원도 피난민수용소에 모여 있었는데,[138] 경기도 포천과 강원도 원주에 주로 수용되었고, 충북 청주 우암동에도 일부 수용되었다.[139] 인제, 양구, 철원, 김화, 화천, 춘천 등 38선 이북 강원도 지역민의 대부분은 원주 수용소에 집결되어 있었다.[140] 강원도청이 피난해 있던 원주는 피난민으로 가득했는데, 흥업, 부론, 판부, 귀례, 문막 등에 피난민수용소가 있었다.[141] 원주의 학교가 대부분 수용소로 활용되었고, 산을 깎아 수용소를 새로 만들기도 했는데 피난민들이 직접 공사에 참여하기도 했다.[142] 수용소마다 몇 천 명에 달하는 피난민이 함께 생활했다.[143]

인제 출신 주민들은 주로 원주 부론면 개치수용소에 모여 있었으며, 원주 향교골 수용소에는 양구피난민들과 함께 수용되었다.[144] 인제·양구·화천지역 피난민들은 충북 괴산 수용소에도 있었는데, 원주에 있던 피난민 일부를 이동시킨 것이었다.[145]

피난민수용소는 수용소(장), 군민회郡民會, 군부에 의해 운영되었다.

도에서 파견된 소장이 수용소 전반을 관리·통제했고,[146] 소장 아래에 출신지역별 군민회가 조직되어, '원주수용소 인제군민회' 등으로 명명되었다. 각 군민회는 수용소에서 해당 지역민들을 관리했고, 원주민의 고향 복귀 때에는 원주민 여부를 확인하는 등의 역할을 했다.[147]

군민회는 군민회장, 통장, 반장 등으로 구성되었다. 원주 수용소에 있던 인제피난민의 경우에는 약 열 집 정도를 하나의 반으로 묶어 반장을 두고, 열 개의 반을 묶어 통장을 두었다.[148] 괴산 수용소에서 양구피난민의 편제는 1개 반이 150명 정도에 12개 반이었다고 한다.[149] 반장이 자신이 맡고 있는 집에 대해 자손子孫, 성별 등 기본조사를 해서 통장에게 제출하면, 통장이 군민회장을 거쳐 수용소장에게 제출하였다.[150]

군민회장, 통장, 반장 등은 대부분 각 군의 원주민이 맡았다. 그들은 일제 때의 관료·유지층이었거나 북한통치기 반공활동을 했거나, 전쟁 중에 대한청년단원이었던 경력을 갖고 있었다. 증언에 의하면, 과거 관직에 있었거나 "학식 있는", "글 알고 셈 할 줄 아는" 사람들이 반장이나 통장이 되었다고 한다.[151]

인제군민회장 김진용과 양구군민회장 염현택의 예를 살펴보자. 김진용은 일제시기 인제군의 대표적인 유지급 인물이다. 그는 인제군 북면 출생으로 춘천공립고등보통학교를 졸업하고 전주관립사범학교 강습과를 수료한 후 조선공립소학교 훈도를 지냈으며, 1943년 인제군 북면 부면장으로 임명되었다. 그의 한국전쟁 전 월남 여부는 문헌상으로 확인되지 않지만, 그는 피난민수용소에서 인제군민회장에 두 번 피선되었다.[152] 원주 흥업 피난민수용소의 양구군민회장 염현택은 북한통치기에 양구경찰서(내무서) 경비과장을 하다가 데모를 하고 청

년들을 데리고 월남했다고 한다. 그는 양구군 수복 후 군정이 실시되었을 때 군민정관이 되었다.[153]

피난민수용소에서는 대한청년단도 주도적인 역할을 했다. 전쟁과 피난 중에 많은 청년들이 대한청년단에 가입했는데, 그 가운데는 전쟁 전에 월남해 서북청년단 등에 가입하고 반공활동을 벌였던 이들도 있었다. 청년단원부터 조직부장, 선전부장, 단장까지 맡아 군경의 보조역할을 한 이들도 많았다. 그리고 이들은 군정기간 및 행정권 인수 이후에도 지역사회에서 주도적으로 활동했다. 인제군 대한청년단장 민영찬과 군민회장 김진용은 처남·매부관계였는데,[154] 대한청년단과 군민회는 익히 안면이 있는 사람들로 구성되었고 그 관계 또한 밀접했다.

피난민에 대한 구호는 일차적으로 유엔군사령관이 미 8군으로 하여금 남한 내 전역의 민간원호사업 책임을 맡게 했다. 미 8군사령관은 피난민 구호를 위한 기구를 설치했는데, 전투지구 인접지대에서의 민간원호사업은 각 군단 또는 각 사단에 소속된 민간원호과에서 책임지고, 38선 이북지구에서는 유엔민간원호사령부UNCACK가 맡았다.[155] 그리고 피난민수용소에 대한 물자 수급·배급 등은 유엔민간원호사령부에 소속된 한국군 민사처가 맡았다.

피난민에 대한 배급업무는 군민회를 중심으로 이루어졌다. 군단·사단과 연결되어 구호품을 받아 피난민들에게 배급했기 때문에 수용소피난민에 대한 그들의 권력은 막강했다. 뿐만 아니라 배급업무를 담당했던 이들에게 수용소는 "살 만한" 곳이었다. 수용소의 간부급은 "거기(수용소) 가서 아주 잘 살았다." 구호물자로 나오는 것 중에 양복이나 구두까지 우선적으로 받았고 "쌀도 얼마든지 가져다 먹었다."[156]

반면, 수용소의 일반 피난민들의 형편은 매우 열악했다. 1년 정도 무상배급을 받았지만, 여의치 않았다. 땅 두어 평 정도를 나눠 받아 집을 짓거나 농사를 짓기도 했다. 수용소 시설이 열악한 탓에 장질부사·천연두·호열자·디프테리아 등의 전염병이 유행하여 많은 사망자가 발생했다.[157]

　이런 상황에서 피난민들은 군의 소위 후생사업에 이용되기도 했다. 원주 수용소에 수용되었던 인제의 구술자는 피난 직전 곡식·탈곡기·재봉틀 등을 땅 속에 묻어두었는데, 특무대 소속 문관들이 그것을 파오는 것을 용인해주는 대신에 50대 50으로 나눌 것을 제안했다고 증언했다. 국군들이 수용소에 대한 구호원조사업을 넘어 전쟁 중에 장사를 한 것인데 이는 당시 금지된 일이었다.[158]

　인제를 비롯한 중동부 점령지역민의 피난민수용소 생활은 권력구조 재편의 첫 계기였다. 전전 북한통치 하에서 구축된 권력구조는 피난민수용소에서 찾아보기 어려웠다. 피난민과 피난민수용소에 대한 상위 관리체계는 미 8군사령부가 중심이 되고, 여기에 한국정부가 부분적으로 간여하는 식으로 구성되었다. 피난민수용소 현장의 권력은 군과 연결되어 물자를 배급하고 피난민을 관리하던 일제시기 관료·유지급 인사나 반공청년들이 장악했다. 한국전쟁 중 피난민수용소체계는 인제지역 권력구조가 재편되는 출발점이 되었다.

군軍의 관리·통제

2-1. 원주민 복귀와 군軍

1951년 6월 전선교착 이래 인제지역을 비롯한 중동부지역은 전투지구로 분류되어 비상계엄령이 선포되고 주민 거주도 금지되었다. 하지만 군의 허가 아래 비공식적으로 원주민들이 거주하기 시작했다. 이 지역에 원주민이 귀환한 시기는 지역별로 차이가 있는데 빠른 지역은 1951, 52년부터 다시 입주가 이루어졌으며, 공식적으로는 1953년 겨울 언커크와 미8군의 결정 후 1954년 봄부터 본격화되었다.

인제지역에 원주민이 복귀한 것은 1953년 말부터이다. 군단이 피난민수용소에 있던 청년들을 선발하여 입주 영농하도록 하거나 인접 지역에서 매일 통농通農하도록 허가한 것이 그 시작이었다. 청년들은 민간인 신분이었지만 군복을 입고 군대조직과 같이 편성되어 지휘계통에 따라 움직였다. 농경대農耕隊[農政隊, 農戰隊] 조직은 지역에 따라 1952년부터 만들어진 곳도 있으며, 그 수도 지역별로 차이가 있었는

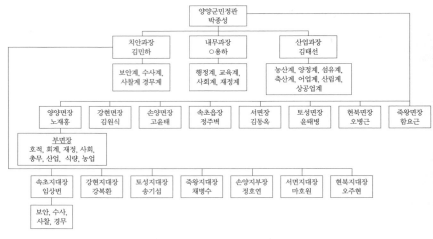

민정조직도(양양).

출처: 〈UNCACK KANGWON DO Provincial Sub-Team, Semi-monthly Activities Report(1-15 Dec 51)〉(15 December 1951), RG 554 Records of General Headquarters, Far East Command, Supreme Commander Allied Powers, and United Nations Command, UN Civil Assistance Command, Korea(UNCACK) Adjutant General Section, Unit Reports, 1951-1954, Semi-Monthly Activity Reports, Nov 1951 to Dec 51, Entry A-1 1309, Box 103.

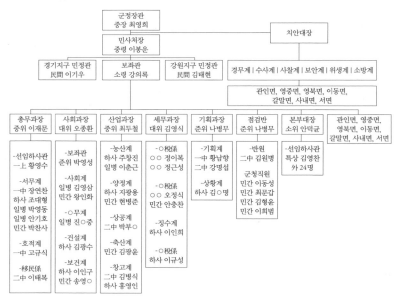

군정기관 기구표(연천, 철원, 김화).

출처: 경기도 건설국 지역계획과, 1954《사무인계(수복지구행정권이양인계서)》, 국가기록원 관리번호 BA0173414.

비고: ○는 판독 불가능.

데 몇 천 명에서 2만여 명까지 되었다. 군대식 집단작업이 이루어졌고 군단의 지휘 아래 반半 자주적으로 운영되었다. 이와는 별도로 자유영농자인 영농대와 군단직영농장도 있었다.[159]

이 일대의 농민 입주는 한국정부의 요청에 의한 것이기도 했다. 정전협정 체결 이후 한국정부는 군단 인근지역에 농민이 입주해야 한다고 주장했다. 정부와 해당 군단장의 회담을 통해 원주와 춘천 등의 피난민수용소에서 복귀를 기다리고 있던 원주민들을 입주하도록 했다. 단 입주자의 선정은 원주민을 원칙으로 하여 엄선하도록 했으며 그 책임은 강원도가 지고 해당 피난민수용소의 군민회와 긴밀한 연락 하에 입주영농하도록 했다.[160]

농민의 복귀는 귀농선歸農線(38선으로부터 10킬로미터 이북까지의 선)까지 가능했고, 가족과 함께 입주영농할 수 있었다. 귀농선 외에 영농선營農線(귀농선으로부터 10킬로미터 이북까지의 선)을 설치하여 가족은 귀농선 내에 두고 남자들만 집단통농集團通農하도록 했다.[161] 영농경작지는 입주영농자 자신의 농지를 경작하는 것을 원칙으로 하되 적절히 조정되었다. 농민은 농업에 필요한 종자, 도구, 식량, 비료, 의료를 군으로부터 지급받은 대신 수확량의 7할을 군에 납부했다.[162]

그런데 이 지역에 대한 농민의 입주·영농문제는 논란의 소지가 있었다. 왜냐하면, 한국 군단이 정부의 요청을 받아 민간인의 출입 영농을 허가한 이 곳은 공식적으로 유엔군사령부(사실상 미군)의 관할 아래 있었고, 유엔군사령부의 허가 없이 농민을 입주시킬 수 없었기 때문이다. 그래서 국군은 미군에게 농경대원들을 '군속軍屬'이라 가칭했다. 정부는 이 지역에 대한 행정권을 인수하기 훨씬 이전부터 한국군과 연결되어 민간인을 입주·통농하도록 했던 것이다. 유엔군사령관과

언커크에 의해 민간인 복귀가 공식 결정된 것은 1953년 겨울이었다.

피난민수용소 인제군민회는 1953년 겨울 수복사무를 실시하였다. 수복사무의 첫 번째는 입주영농증의 발급이었다.[163] 수복사무 관련 임시사무실은 원주경찰서에 있었는데, 신분문제의 취급이라 경찰서가 담당했다고 한다.[164] 두 번째 수복사무는 수송업무였다. 1953년 겨울 대한청년단을 중심으로 선발대가 조직되었고, 이후 1954년 3~4월 원주민 복귀가 이루어졌다. 군단장의 재가를 받아 민사처장이 부대별로 농민 수송 차량을 배정했다.[165] 1954년 11월까지 재정주계획 하에 인제지역에는 7,000여 명이 귀환했고, 수복지구 전 지역에는 15만여 명이 귀환했다.[166]

2-2. 군정軍政과 민정부民政部

인제군을 비롯해 수복지역(민)에 대해 군軍의 관리·통제가 절정에 달했던 것은 군정 기간이었다. 군은 지역을 관리했으며, 주민에 대한 행정을 실시하였다. 중동부 점령지역의 행정구역은 군단·사단 등의 군 편성에 따라 구획되었다. 행정권 이양 직전, 인제·양구지구에는 한국 제3군단이, 양양·고성지구에 제1군단, 화천지구에 제2군단, 철원·김화지구에 제5군단이 각각 주둔하여, 군단별로 군정을 실시했다.[167]

군정 실시시기는 지역마다 약간의 차이가 있었는데, 양양지역은 1951년 8월부터, 인제, 양구, 고성, 화천 등은 1954년 4월부터였다. 경기도 포천북부와·연천지역은 1951년 5월 국군과 유엔군의 진주와 동시에 유엔군 관리 하에 군정을 공포했으나 전국戰局의 불안정으로 본격적으로 추진되지 못하다가 철원·김화와 함께 1954년 4월부터 군정이 실시되었다.[168]

군정 하의 권력구조는 구체적인 현지 군정조직을 통해서 알 수 있다. 인제지역의 군정조직체계에 대한 문헌자료는 확인하기 어려우나, 양양지역과 철원·김화 등지의 예와 구술자료를 통해 유추 가능하다.

인제지역에서 군정이 전면에 등장한 것은 한국 제3군단 군정사령부였다. 군단장이 군정장관을 겸하여 군정에 관한 기구·인원 편성, 군정요원 임명, 법령 제정, 입주자의 거주 및 제한, 징세 등의 권한을 행사했다. 군정장관의 보조기관으로, 민사처장을 중심으로 민사팀이 구성되었는데, 민사담당관 대부분이 민간통치의 사전훈련을 받지 않은 직업군인이었다. 그리고 민사팀 아래 민정부가 설치되었다. 민정부는 군·읍·면 민정관과 내무과·산업과·교육과·세무과 등으로 구성되었다. 민정부 자문기관으로 군협의회·읍면협의회·군민회 등도 있었다. 민정부 소속 일반행정요원은 군민정관과 군민회가 추천하였다.[169] 민정관은 사단장·군단장·민사참모들과 연결되어 군부에서 주택건설을 위한 건축자재를 받아오는 역할을 했다.[170] 주민들은 군정장관을 보조하면서 민정부와 직접 접촉하는 민사팀을 '실세'로 여겼다.[171] 치안대는 군민정관 또는 군정장관 휘하에 설치되었다. 치안대는 귀농지에 거주하는 30세 이상의 남자들을 선출하여 배치하고, 치안대장은 군단장이 헌병장교 가운데 임명했다. 각 지대장은 치안대장의 추천을 받아 군단장이 임명했다.[172] 치안대는 "오열五列의 색출, 잔비殘匪의 준동봉쇄" 등에 앞장섰다.[173]

민정관 임명은 지역별로 약간의 차이가 있었지만, 대체로 군민사팀이나 군단장(군정장관)에 의해 이루어졌다. 군민정관은 각 지역에 주둔한 사단장이나 민사처장의 추천을 받아 임명되었다.[174] 이때 형식적이나마 민정관 선출임명 공고절차를 통해 지역주민의 의사를 반영하는 경우도 있었다. 군민정관의 행정적 권한이나 역할은 군의 지시·명령 하에 가능했다. 다만, 제5군단 관할구역 중 강원도지역을 담당했던 철원군민정관은 대통령명령으로 내무부장관 승인 하에 강원도지사가 임명함으로써,[175] 타 지역과 차이를 보였다.

임명권자가 군단장인가, 강원도지사인가는 중요한 문제였다. 전자라면 미 8군 나아가 유엔군사령관의 지휘 아래 있는 것이고, 후자라면 이승만정부가 개입한 것으로 볼 수 있기 때문이다. 38선 이북 중동부점령지역에 대한 최종권한과 군정의 상위지휘체계상 군단장은 미 8군사령부의 지휘를 받는 구조였으므로, 이승만정부는 민정관을 임명할 수 없는 상황이었다. 이렇게 철원지역이 예외가 된 이유를 정확히 알 수 없으나, 이승만정부의 행정력 확대 시도로 생각해볼 수 있을 것 같다. 하지만 군정조직체계, 즉 행정권 이양 당시 작성된 〈군정기관 기구표〉(연천, 철원, 김화)에 의하면, 철원군민정관은 제5군단의 지휘를 받고 있었다.

민정관은 원칙적으로 현지 원주민이어야 했다. 이는 미국의 38선 이북 점령지역에 대한 민사정책에 의한 것이었다. 미국은 1950년 가을부터 38선 이북지역 행정조직 구성 시, 민정관은 현지인에 한하며, 그 민정관은 현지인들에 의해 선출되고, 최종적으로 군정장관이 임명하도록 하였다.[176] 〈표 13〉이 보여주는 바와 같이, 중동부지역 군민정관은 대부분 해당지역 출신자들이었다. 인제와 화천만이 원주민이 아닌 인접지역 출신이었다. 인제 원주민이 아닌 홍천 출신이 인제군민정관에 임명된 데에는 일화가 있다. 인제 주둔 사단장이 민정관을 임명하기 위해 지역 유지들에게 공고하였는데, 피난민수용소 시절의 군민회장 김진용과 대한청년단장 민영찬이 갈등하고 경합을 벌였다. 이

<표 13> 군정 하 군민정관 배치상황

군명	성명	생년	출신지	출신교	경력	임명자	부임일
인제	이승춘	1904	홍천	춘천농업학교	면장 부면장 10년, 면 2년, 금융조합 7년, 기타 2년	제3군단장	1954. 4. 15
양구	염현택	1910	양구	상해중학 중퇴	청년단장 3년, 면의원 3년	제3군단장	
화천	유병하	1913	춘성	소학 졸업	郡口民처장 기타 8년	제2군단장	
철원 김화	김태현	1897	철원	와세다대학 중퇴	교원 12년, 회사 10년, 기타 9년	강원도지사	1954. 7. 13
양양	김주혁	1893	양양	춘천농업학교 졸업	도군道郡 21년, 군수 8년, 읍장 4년, 기타 1년	제1군단장	1951. 7
	박증길 (부군수)	1909	양양	경성명륜전문학교	부군수 2년 5월, 주사 5년, 도의원 2년, 회사 8년	제1군단장	
고성	장명준	1891	고성	원산광성중학 졸업	금융조합장 4년, 면장 6년	제1군단장	1954. 8. 15

출처:《수복지구 지방행정》(1955. 1. 2);〈수복지 고성군수 장명준씨 취임〉《동아일보》1954. 8. 21;〈인제지역 민정관 이승춘씨가 부임〉《조선일보》1954. 4. 28.

비고: ㅁ는 판독 불가능.

에 20사단장은 그가 익히 알고 지내던 당시 홍천군 두촌면장 이승춘을 제3군단장에게 추천했고, 그렇게 이승춘이 인제군민정관으로 임명되었다고 한다.[177] 따라서 중동부 점령지역 민정관은 1950년 10월 미국의 북한점령지침의 연장선에서 현지인들로 구성되었지만, 38선 이남 출신이 임명된 인제지역은 예외적이었다.

민정관 등의 민정부 구성 시 현지주민의 의사 수렴은 제한적이었던 것으로 보인다. 읍·면민정관 선출 시 동리장이 선출하거나(양양) 지역 유지에 공지를 하고 그들의 의견을 참고한 경우(인제)도 있었지만, 이는 매우 부분적이었다. 전 주민이 참여한 선거는 없었으며, 대부분은 사단장·민사처장과의 친분관계로 선출되었다. 주민의 의사를 묻는 절차가 있었다면 그것은 유지층이나 일부 주민에 제한된 것이었으며 형식적인 수준에 그친 것이었다.

이렇게 선출·임명된 군민정관의 이력을 보면, 군정 하 중동부지역의 권력구조는 해방 이전 상태로 돌아간 듯했다. 학력 상으로는 중등 이상 고등학력자였다. 인제 이승춘, 양양 김주혁은 춘천농고 출신이었고, 철원 김태현은 와세다대학早稻田大學 중퇴, 박종길은 경성명륜전문학교 출신이었다. 그들은 일제시기 읍면장 내지는 군수·금융조합장·면의원·도의원 등의 관료나 공직 경력을 가진 지역유지였다. 1950년 10월 평양시위원회 위원들도 자신들이 일제 때 유지였으며 반공주의자임을 미 대사관에 주장했었는데,[178] 중동부 점령지역 군민정관들의 이력과 유사하다.

이렇게 군정 하 중동부 점령지역의 권력구조는 기본적으로 군의 막강한 지휘 하에 일제 하 관료·유지들로 짜였다고 할 수 있다. 현지 행정운영의 책임을 갖고 있던 군정장관(군단장), 민정부와 군을 연결하던 민사팀, 군의 지시를 집행하던 민정부 등이 행정권 이양 전까지 이 지역의 대표적인 권력기관으로 작용했다. 그리고 이들 사이에 끈끈한 관계가 유지되었다. "당시 유력인사들 대부분이 군부랑 관련이 깊었는데, 그렇지 않고서는 살기 힘든 곳이 이곳이었다."[179]

군단과 민정부는 주택 및 공공시설을 건설하고, 농지를 복구·경작했다. 주택 및 공공시설 건설은 미 8군 프로그램에 따라 자금과 자재를 받아 한국 군단의 공병대가 건설했다. 각 지역의 군청·읍면사무소, 교량, 인제성당, 화천발전소, 양구의 '북진촌' 및 타일공장, 주택, 학교 등이 건설·복구되었다.[180]

2-3. 주둔부대와 지역사회

군부대의 지역사회에 대한 영향력은 행정권 인수 이후에도 지속되었다. 휴전선 인접지역이므로 많은 부대가 주둔해 있었다. 한국 제1, 2, 3, 5군단이 각각 고성·양양, 화천, 인제·양구, 철원·김화에 주둔했는데, 군단사령부를 비롯해 각 예하부대가 마을 곳곳에 배치되었고 군사 시설물들이 설치되었다. 예를 들어, 제3군단사령부가 인제군 기린면 현리에 주둔했고, 인제면 하나에 비행장, 병기중대, 통신중대, 헌병대, 27사령부, 사단통신대, 운전교육장, 사단병참부, 27수송대대, 사단공병대, 8외과병원, 후송중대, 27의무중대, 관측포대, 77연대, 포사격장, 병참부, 2832부대 등의 많은 부대가 배치되었다.[181]

정부에 의한 행정이 실시되었지만, 주민은 항시적으로 군대의 출입통제를 받았다. 군수郡守도 민간인 통제에 관해 군부에 의존해야 했다.[182] 3군단장은 인제·양구지역을 '숙영지대·전투지대'라고 표현했다. 주민들은 보초를 선 군인과 경찰에게 경례를 하고 다니는 등 행동하나하나에 제약이 따랐다. 한 국회의원은 이에 대해 "방에서의 일을 제외하고 모든 일반주민은 일거일동을 허가받는 생활을 하고 있다"고 표현했다.[183] 이 지역은 '군·관·민 혼연일체'를 이루었다고 평가될만큼 군대의 영향력이 절대적이었다.[184]

인제군에는 군인을 상대로 한 지역경제가 형성되었다. 군인을 상대로 한 산업이 증가했으며, 호황을 이루기도 했다. 반대로 군과 관민官民 사이에 갈등이 생겼을 경우, 군은 군인의 외출외박 금지조치를 내려 지역 상인들에게 타격을 주기도 했다.[185] 군부대의 외출·외박 조치에 따라 지역경제가 좌우되는 구조가 만들어진 것이다. 관민은 원활한 지역경제를 위해서라도 군에 의지해야 했다.

인제지역 사회에 대한 군의 영향력은 선거에도 작용하였다. 1950년대 후반에는 군인이 자신이 복무하는 지역의 해당 후보자에게 투표를 했다. 수복지구에서는 유권자 중 군인이 적게는 50퍼센트에서 많게는 80퍼센트 정도를 차지했다. 인제군은 1958, 59년 민의원 선거 당시 유권자 3만여 명 중에 민간인이 1만 6,000명, 군인이 1만 8,000명으로 군인표가 52퍼센트를 차지했다.[186] 양구군도 군인표가 70퍼센트에 이르렀으며, 화천군도 총 유권자 6만 4,294명 중에 80퍼센트인 5만 828명이 군인이었다.[187] 수복지구에서 군은 선거결과를 좌우할 정도로 그 영향력이 막강했다.

군인표에 의해 당락이 결정되었기 때문에,[188] 여당, 야당, 무소속 등 모든 후보는 군과의 인연을 강조했다. 후보자들은 자신의 과거 군인 경력을 내세웠고, 현역군인이 전역하여 출마하기도 했다. 일각에서는 사병들이 반정부적이며 야당을 지지할 것이라는 기대도 있었으나,[189] 최전방인 수복지구에서 군인들의 선택과 선거결과는 대부분 자유당 지지로 나타났다.

더구나 군은 아주 직접적으로 선거에 개입하기도 했다. 인제지역의 군은 야당 후보와 사병의 접촉을 차단했다. 자유당과 달리 민주당의 경우 군인에게 전단을 보내거나 부대 안에 벽보를 부착할 수 없었다. 선거운동 기간 중에 사병은 외출이 금지되었다. 인제의 중대장급 지휘관들은 노골적으로 선거에 개입했다. 군 지휘관들이 사병의 표를 검사하여 자유당 후보의 표만을 투표함에 넣고, 민주당 후보의 표를 찢어버리기까지 했다.[197] 이런 사례는 철원에서도 보이는데, 철원의 사단장은 군부대 영내에 군인들만을 위한 투표소를 설치하였다. 철원의 사단장은 무소속 후보를 지지했고, 자유당 후보가 이를 고발했지

군축령 비석(1958. 12).
제3군단이 인제읍 신남면 도로 확장공사에 참여한
장병들과 그것을 기념하고자 고개를 군축령이라 명명하고 이 비를 세움.
출처: 《문화재 및 전적기념물 카드》(인제군).

남북통일로 비석(1958. 12).
제3군단 건립. 왼쪽의 사진은 처음 38교 부근에 세워진 모습이며,
오른쪽 사진은 소양댐 건설로 동 지역이 수몰되어 신남1리로 이전된 모습.
출처:《문화재 및 전적기념물 카드》(인제군).

제3군단장 오덕준 송덕비(1959. 1).
남전리 주민들이 건립.
출처:《문화재 및 전적기념물 카드》(인제군).

만,[198] 결국 무소속 서임수 후보가 당선되었다. 즉 공개투표와 다를 바 없었던 것이다. 군이 어느 후보를 지지하느냐가 선거결과를 좌우했다.

한국전쟁 시기부터 작용하던 군부의 영향력은 행정권이 이양된 이후에도 지속되었지만 지역사회에 대한 군의 작용방식은 달라졌다. 한국전쟁 시기에는 미군의 지휘 아래서 지역 전체를 관리하며 민간인들의 출입을 통제했고, 군정 시기에는 민간인들에 대한 행정과 지역복구건설의 주체로서 역할을 했다. 행정권 이양 이후에는 임시행정기구 군정부로서의 기능은 벗어났으나 주민들을 통제하거나 지역경제·선거에 영향력을 행사하였다. 지역사회도 군의 지속적인 통제를 받기는 했으나, 복구건설·경제·선거 등 자신들의 필요에 따라 군에 의지했다.

3-1. 이승만정부의 관료 임명: 인수와 파견

1954년 11월 17일 행정권 인수 이후 비로소 이승만정부는 지방행정
조직을 재편하고 관료를 임용할 수 있게 되었다. 〈수복지구임시행정
조치법〉에 따라, 지방행정조직은 군·읍·면(—리) 체계로 짜였고, 각급
행정조직의 장을 비롯해 공무원들이 임명되었다. 동 조치법은 군수에
대해서는 도지사의 지휘감독을 받아 일반지방행정과 기타 사무를 장
리掌理하고, 읍·면장에 대해서는 군수의 내신에 의하여 도지사가 임
명하고, 동·리장은 동·리민 중에서 읍·면장이 임명하도록 규정하였
다. 그런데 각종 관료 임용 시 기존의 민정부 요원에 대한 입장이 정
리되어야 했다. 민정부 성원을 재임용·활용하는 방법과 새로 파견 임
용하는 방법이 있었다. 동 조치법은 유엔군정기 공공기관에서 복무했
던 이들에 대해 군·읍·면 등의 별도의 공무원이 임명될 때까지 계속
그 직무를 수행하도록 했다. 그 결과 수복지구의 행정관료들의 구성

<표 14> 수복지구 군수 명단

시기 / 군별	군정기 군민정관	제1대 군수	제2대 군수	제3대 군수	제4대 군수
인제	이승춘	이승춘 (1954. 11. 11)	김기홍 (1956. 7. 20)	백진용 (1957. 4. 23)	이윤용 (1958. 10. 14)
양구	염현택	박하영 (1954. 11. 11)	지춘식 (1955. 9. 18)	방희석 (1956. 3. 16)	전인걸 (1957. 1. 14)
화천	유병하	김기홍 (1954. 11. 11)	이승춘 (1956. 7. 19)	한영현 (1957. 12. 11)	한우삼 (1959. 2. 4)
철원 김화	김태현	김태현 (1954. 11. 30)	이종호 (1956. 2. 20)	송경서 (1957. 4. 23)	한우삼 (1958. 3. 4)
양양	김주혁	김주혁 (1954. 11. 11)	박하영 (1956. 9. 9)	남원수 (1959. 7. 25)	김연기 (1960. 5. 23)
고성	장명준	김태원 (1954. 11. 17)	이윤용 (1957. 4. 23)	김연기 (1958. 11. 24)	정강시 (1960. 5. 23)
연천	서병의	서병의 (1954. 2. 2)	민병태 (1955. 4. 23)	이규복 (1956. 4. 6)	안승관 (1957. 5. 10)

출처: 《수복지구 지방행정》(철원군 동송면, 1955. 1. 2); 〈수복지 고성군수 장명준씨 취임〉《동아일보》 1954. 8. 21; 〈수복지 연천지구에 민정관 정식 임명〉《동아일보》 1954. 8. 23; 〈인제지역 민정관 이 승춘씨가 부임〉《조선일보》 1954. 4. 28; 각 군청 홈페이지 〈역대군수〉.

비고: ① ( )는 부임일. ② 연천군의 민정관과 제1대 군수는 자료마다 다르게 기록되어 있다. 김동영[(임명 자: 군정관 윤춘근, 1954. 8. 20)—《수복지구 지방행정》(철원군 동송면, 1955. 1. 2)], 이기우[(임명자: 제6군단장, 1954. 11. 17)—〈수복지 연천지구에 민정관 정식 임명〉《동아일보》 1954. 8. 23], 서병의 [(1954. 2. 2)—군청 홈페이지 〈역대군수〉] 등으로 되어 있는데, 여기서는 연천군청의 기록을 따랐다.

은 일차적으로 군정기의 행정요원 인수와 38선 이남지역의 관료 파견을 통해 이루어졌다.

우선 군수의 경우를 살펴보자. 행정권 인수 이후 첫 군수 7명 가운데 4명이 군정 당시 군민정관으로 활동했던 인물들이었다. 인제 이승춘, 철원·김화 김태현, 양양 김주혁, 연천 서병의 등은 각 군의 제1대 군수로 임명되었다. 이들 외에 화천 김기홍, 양구 박하영, 고성 김태원 등이 새로 파견 임명되었다.

이들은 수복지구 내에서 이동 발령되었다. 예를 들어 인제군수 이승춘은 화천군수로, 화천군수 김기홍은 인제군으로, 고성군수 이윤용은 인제군으로, 고성군수 김연기는 양양군으로, 양구군수 박하영은 양양군으로 이동되었다. 이외에도 철원·김화군의 한우삼은 화천군(제4대), 인제군(제6대) 군수로, 한영현은 정선군수와 철원군수로, 이승춘은 홍천군수로 임명되었다.

읍·면장도 유엔군정기 읍·면 민정관으로 활동했던 이들이 거의 그대로 임명되었는데, 그 명단은 〈표 15〉와 같다. 기타 군청과 읍·면 공무원들도 군정 하 민정부 성원들이 그대로 인수되었다. 경찰에도 군정기 치안대원으로 활동했던 이들이 흡수되었는데, 이는 행정권 이양 이전부터 군단이 약속했던 바였다.[192]

정부가 군정기 인사들을 인수한 것은 기존 지역질서를 수용한다는 의미가 있었다. 38선 이남지역에서 모든 관료를 파견 임명하는 것도 지역 현지 실정과 괴리될 수 있었다. 또 앞서 살펴본 것처럼, 피난민수용소와 군정기를 거치면서 북한통치 하에서 구축되었던 지역 내 권력구조는 대부분 반공주의적으로 해체되었다. 때문에 정부는 인수 공무원에 대해 "민주주의사상이 확고하다고 인정되는 유능한 인재를 선발했다"고 발표할 수 있었다. 그러나 일각에서는 이러한 정부의 공무원 임명에 대해 '어떤 기준으로 임명했는지 모르겠다'며 인선에 의문을 제기했다. 아울러 임명된 이들이 군정 하에서 활동했거나 북한통치 하에 있던 원주민 출신이므로 그들에 대해 재교육이 실시되어야 한다는 주장도 제기되었다.[193] 정부는 인수공무원을 대상으로 매주 교양과 장·단기 실무강습회를 개최했다. 반공주의와 행정실무가 주된 내용이었다. 전형고시도 실시하여 군정기의 임시직 공무원을 정식 공무원으로 승진 발령했다.

새로 파견하는 관리에 대해서도 정부는 우수한 인재를 과장급 공무원에 배치하기로 계획하고 1955년 4월 38선 이남 각 도에서 우수한

〈표 15〉 행정권 인수 직후 수복지구(강원도) 읍·면장 명단

군	읍면	읍면장
인제군	북면	김진용
	인제면	최규태
	남면	김승수
	기린면	이기룡
양구군	남면	최례훈
	방산면	윤종구
	양구면	임응모
	동면	김영팔
철원군	철원읍	이의준
	동송면	고희운
	갈말면	전상봉
	신서면	이관병
김화군	근남면	노철수
화천군	상서면	정동열
	화천면	김종태
	간동면	오세구
고성군	간성면	함태운
	거진면	남익현
	현내면	정호수
양양군	양양면	김수선
	서면	김남원
	현북면	김덕환
	강현면	장문환
	토성면	박주걸
	죽왕면	최창길

출처: 《緯北收復地區 地方行政一週年鑑》, 129쪽.

행정경험자를 수복지구 행정계 주무자로 재배치했다고 발표했다.[194]
그러나 정부의 당초 방침과는 다르게 대체로 좌천되는 공무원을 배치

하는 경향이 있었다. 1960년 9월 22일 민의원에서는 수복지구에 유능한 행정관리를 배치할 것을 요구하는 대정부건의안을 제출하였다.[195] 민의원의 대정부 건의안에서 말한 유능한 관리란 실무와 사상적 측면에서 인정을 받는 관리였다. 경찰의 경우에는 "간첩을 잘 잡는, 승진을 보장할 만한 인물, 사상이 무장된 경찰관이나 특무대원·정보대원·첩보대원"을 말했다. 파견공무원의 경우에는 "반공적 첩대疊臺에다 반공적 정신을 강화하는 대한민국의 관리"로서 "이 나라의 민주주의를 보다 낫게 실천"하는 인물을 의미했다.[196]

이승만정부는 수복지구 관료로 실무능력을 갖춘 그리고 민주주의 사상이 확고한 자를 임명했다고 주장했지만, 가장 중시된 것은 반공주의였다. 공산주의자로 지속적인 의심을 받은 인수공무원은 반공주의를 강하게 드러낼 수밖에 없었고, 수복지구 파견을 좌천으로 해석한 공무원은 직무에 불만을 가지면서 반공주의적 시각으로 임할 수밖에 없었다.

3-2. 일제시기 관료층의 복귀

1950년대 인제의 군수와 면장에 대한 이력 분석을 통해 그 특징을 살펴보자. 제1대~제6대 인제군수들은 인제 외에 다른 수복지구 군수로도 부임됐던 인물들인데, 〈표 16〉은 이들의 이력을 정리한 것이다.

〈표 16〉을 통해 몇 가지 특징을 확인할 수 있다. 첫째, 이들의 본적은 한우삼(강원도 고성)을 제외하고 모두 38선 이남지역이다. 강원도 홍천, 춘천, 삼척, 경기도 용인을 본적으로 하고 있다. 행정권 이양 이후 수복지구의 군수는 대체로 38선 이남지역 출신자가 임명되는 경향이 있었음을 보여준다. 38선 이북 출신의 군수는 한국전쟁 전에 이미

<표 16> 제1대~제6대 인제군수

성명	생년	본적	일제시기 학력과 경력	해방 이후 경력
이승춘	1914	홍천군 두촌면	• 춘천공립농업학교 졸업 • 연초경작조합기사, 홍천 두촌면 기수, 홍천□동금융조합서기, 조선금융조합강원도지부서기, 홍천군 두촌면 부면장	홍천군 두촌면장(1954. 10), 인제군 민정관(제3군단, 1954. 4. 14), 인제군수(제3군단, 1954. 5. 16)
김기홍	1898	용인군 원삼면	• 경기공립농업학교 졸업 • 현덕면 기수, 파주군 농회 기수, 안성군 농회 기수, 경기도 산업기수(양평군·가평군·개풍군), 조선총독부 경기도 기수(개풍군)	개풍군 산업과장, 개풍군 군수, 경기도 개성시 시장, 화천군수
백진용	1905	춘천시 소양로	• 춘천공립고등보통학교 졸업 • 춘천군 재무계 고원, 강원도 지방서기(춘천군, 횡성군), 도 지방과 근무	춘천합동임업사 전무 겸 경리 참사(1948), 내무부 지방과(1952), 강원도 지방공무원 교도원 강사, 사무관(강원도 내무국 지방과), 인제군수
이윤용	1909	춘천시 우두동	• 경성제1공립고등보통학교 졸업 • 춘천군 사북면서기, 춘천군 고원, 강원도 지방사회 서기(춘천군), 강원도군속(회양군)	강원도 농무부 농정과, 춘성군 내무과장, 춘성군 총무과장, 춘천시장 서리, 주사(산업국 농지개량), 사무관(강원도 산업국 농무과), 내무부 주최 제1회 지방공무원 훈련을 수료(1955), 고등전형시험 합격(1955), 고성군수(1957. 4), 인제군수(1958. 10. 14)
김좌영	1916	삼척군 북평읍	• 송정공립보통학교 졸업 • 삼척학술강습소 입소·수료, 읍□서기 자격시험합격, 지방갱원양성소 중과 수료, 면서기(1939.10), 삼척군 내무과 고원(1940.3), 보통시험 합격(1942), 삼척군 내무과 고원(1943), 광공부鑛工部 고원(1944.2)	삼척군수실 근무(1946), 삼척군 근무, 평창군 내무과장, 춘천군 호적병무과장, 永年근속자 표창 수여, 내무국 지도과, 내무국 지방과, 내무국 건설과, 물품(원조물자출납공무원), 물품분배출납공무원, 고등전형시험 합격(1959. 7), 강원도 내무국 지방과(1959. 8), 인제군 군수(1960. 5), 삼척군수(1960. 11)
한우삼	1921	강원도 고성군 고성읍 춘천시 효자동	• 총독부 체신관리양성소 입소·시험합격, 고원(고성군), 강원도시행판임관후보자고사 합격, 총독부 江原道郡□(평창군)	평창군 지방행정계장, 조선변호사시험 예비시험 합격(1947. 10), 울진군 산업과장, 강릉내무과장, 춘천시 부시장(1953), 내무부 주최 제7회 지방청 공무원 훈련 수료(1957), 고등전형(군수)합격(1958), 철원군 겸 김화군 군수(1958), 화천군 군수(1959), 화천수리조합장 직무집행(농림부장관 명함, 1959), 강원도 문교사회국 사회과장(1959), 강원도 영월군 군수(1960), 국립공무원훈련원 근무(국무총리, 1960), 인제군 군수(1960), 국토건설 토목사업 인제군분임물품출납공무원제 군분임물품지출원(강원도지사, 1961)

출처:《1962년도 퇴직자이력서철》(인제군) 중 이승춘, 김기홍, 백진용, 이윤용, 김좌영, 한우삼 이력서.
비고: □는 판독 불가능.

남한에 정착한 경우였다. 한우삼은 1947년 제1회 변호사시험에 합격한 후 정선군 내무과장(1948)·사업과장(1949) 등을 역임했고, 양양의 김주혁은 1945년 해방 당시 강원도 양정회사 고성지점장, 1950년 원주읍장 등을 역임했다. 둘째, 학력으로 보면, 대부분 일제시기 공립고등보통학교와 공립농업학교를 졸업했다. 이들은 춘천공립농업학교, 춘천공립고등보통학교, 경기공립농업학교, 경성공립고등보통학교 등 시도별로 손꼽히던 학교의 졸업자로 중등 이상의 학력을 갖고 있다. 셋째, 일제시기 지방행정기관에 임용되었던 경력을 가졌다. 면의 기수·서기는 소수이고, 도·시·군 단위의 고원·서기, 군 농회 기수, 도시군 단위의 조합 서기 등을 역임한 경우가 많았다. 넷째, 수복지구 군수로 임명되기 전, 38선 인접 도시군에서 지방행정을 담당하고 있었는데, 각종 전형에 응시·합격하여 면장부터 도·시·군 과장급의 직책에 있었다.

이승춘의 예를 살펴보자. 이승춘은 홍천군 두촌면이 본적지이고, 홍천의 대표적인 유지이자 관료였다. 그는 일제 때 춘천공립농업학교 졸업 이후 연초경작조합기사와 두촌면 기수, 홍천금융조합 서기와 조선금융조합 강원도지부 서기로 있었으며, 두촌면 부면장직에 있던 중에 해방을 맞았다. 홍천은 38선 이남지역이므로 남한통치 하에 놓였고, 그는 진급하여 홍천군 두촌면장이 되었다.

홍천군과 인접한 인제군이 전쟁 와중에 수복되어 군정이 실시되자, 그는 20사단장의 추천을 받아 3군단장으로부터 인제군민정관에 임명되었다. 홍천군 출신인 그가 인제군민정관으로 추천받은 것은 인제군 대한청년단장과 피난민수용소 인제군민회장 간의 갈등에 기인한 면이 있다. 인제군 원주민인 대한청년단장과 군민회장이 민정관 자리를

<표 17> 인제군 제1대 면장

성명	생년	본적	현주소	일제시기 학력과 경력	해방 이후 경력
김진용	1914	인제군 북면 월학리	인제군 북면 원통리	• 인제공립보통학교 졸업, 춘천공립고등보통학교 졸업, 전주관립사범학교 강습과 입학·수료 • 조선공립소학교 훈도, 인제군 북면 부면장(1943)	• 인제군 군민회장(1951. 12), 인제군민회장 재피선(1954. 1), 인제군 인제면 북면 민정관(1954), 북면장(1954. 11)
최규태	1900	인제군 인제면 합강리	인제군 인제면 합강리	• 춘천공립농업학교 졸업 • 평강군 축산기수, 인제군 잠업기수, 강원도 산업기수(인제군), 인제군 금융조합 서기, 원주금융조합 부이사, 인제금융조합 서화지소 부이사, 화동금융조합 풍암지소 부이사, 정선금융조합 임계지소 부이사, 삼척금융조합 교가지소 부이사, 고성금융조합 장전지소 부이사(1945. 2)	• 고성금융조합 전무이사(1945. 9), 인제금융조합 전무이사(1946. 5), 인제군 군인민위원회 부위원장 1년, 소비조합 식당책임자 • 신민당 입당 • 북면 월학리 신흥촌세포 → 월남 • 홍천군 농회장(1948. 6), 대한농회 해산으로 자연해직(1951. 5), 인제면장(1955. 4)
이기룡	1900	인제군 기린면 북리	인제군 기린면	• 인제공립보통학교 졸업 • 기린면 서기, 목재상, 기린공립보통학교 학무위원, 기린면협의회 의원, 인제군 농회 통상의원, 인제군 학교비 평의원, 기린방공감시초 감독(1941)	• 기린면위원회 위원장(1945. 10), 기린면장(1945. 10), 강원도 선거위원회 홍천군 기린면 연락부장(1948), 인제군 기린면장(1954. 11)

출처:《1962년도 퇴직자이력서철》(인제군) 중 김진용, 최규태, 이기룡 이력서;〈인제군당 상무위원회 회의록 제7호〉(1948. 4. 6)《北韓關係史料集》제2권, 171쪽.

두고 서로 적임자를 자처하다가 20사단장이 홍천에서 잘 알던 이승춘을 민정관으로 추천한 것이다.[197] 행정권 이양 이후 이승춘은 제1대 인제군수로 임명되었고, 이후 화천군수와 홍천군수를 차례로 역임하였다.

이승춘의 경우는 수복지구와 인접한 38선 이남지역의 대표적인 관료·유지가 해방 이후 남한체제 하에서 그 영향력을 지속하다가 군부와 관계를 맺고 전후 수복지구 군수로 임명되는 모습을 잘 보여준다.

그는 1950년대 후반 이승만정권기 수복지구의 군수라는 행정관료를 지내고, 박정희정권기에는 인제·홍천에서 국회의원(민주공화당, 제6대·제7대)에 당선되었다.[198]

이번에는 면장의 경우를 살펴보자. 〈표 17〉은 인제군에 제1대 면장으로 임명된 이들의 해방 전후 이력을 정리한 것으로 그 특징은 다음과 같다. 첫째, 이들의 본적과 현거주지가 거의 일치한다. 해당지역 출신, 즉 원주민이 면장직을 맡았다. 둘째, 공립고등학교나 농업학교 등의 졸업자로 중등 이상의 학력을 가지고 있었다. 이는 앞서 살펴본 군수의 학력 수준과 비슷하다. 셋째, 일제시기의 부면장 혹은 면서기, 축산·잠업·산업 기수, 금융조합 부이사 등의 행정·금융 유경험자가 해방 이후에도 행정·금융기관에서 그 직을 이어가고 있다. 즉 이들은 해방 전에 인제군에서 유지층 내지는 학식이 있는 사람들로 통했던 이들이다. 그들이 전쟁 이후 고향에 수복하여 행정직에 복귀하고 지역사회를 주도해간 것이다.

인제면장 최규태의 경우, 해방과 전쟁이라는 사회변동 속에서 하나의 전형적인 모습을 보여준다. 최규태는 중등 이상의 학력을 가지고, 일제시기 금융조합의 부이사까지 맡았다. 그가 맡은 금융조합 부이사라는 직책은 조선총독이 임명한 관선이사였다. 인제군만이 아니라 강원도 각 군에서도 금융조합의 부이사를 맡아, 인제군 안팎으로 상당한 영향력을 행사하였다. 그는 고성금융조합의 부이사 및 전무이사로 있으면서 해방을 맞이했다. 그의 고향 및 활동무대는 38선 이북지역에 편입되었고, 북한통치 하에 놓였다. 그는 고향인 인제군의 인제금융조합으로 발령받아 돌아왔으나, 곧 직에서 물러났다. 대신 인제군 인민위원회 부위원장으로서 1년간 활동할 수 있었으며, 소비조합 식당책임자도 맡았다. 이는 그의 학력과 과거 이력 등이 어느 정도 인정되었음을 보여준다. 하지만 과거 일제시기 그의 영향력에 비하면 상당히 위축되었을 것임을 짐작할 수 있다. 또 조선신민당으로 가입하였다가 신·공 합당에 의해 노동당원이 되었으나, 모범적인 노동당원이 되기도 어려웠다. 일제시기 금융조합 관선이사 출신인 그는 북한 당국이 요구하는 모범적인 인민보다는 반체제적이고 늘 동요할 수밖에 없는 인민이었을 것이다. 때문에 그는 월남을 택했고, 이후 인제군과 인접한 홍천군에서 농회장을 맡았다. 전쟁이 발발하고, 피난길에 올랐다가 인제군이 수복되자 고향에 돌아온 그는 인제면장에 임명되었다. 인제면장으로서 지역사회에 복귀하게 된 것이다.

이장의 경우도 비슷했다. 수복 후 이장이 된 길호일은 해방 전에 남면 신월리, 부평리, 관대리 등에 5정보 이상의 논을 가지고 있었고, 대부분 소작을 주었다. 그의 토지는 토지개혁 때 소작인들에게 분배되었다. 길호일은 1946년 조선신민당에 입당했는데 이후 신·공 합당으로 노동당원이 되기도 했다. 그는 신민당 입당 시 자신의 성분을 '중농'으로 표기했었지만 노동당에서 결국 출당되었다. 길호일은 월남했고 홍천에서 임시경찰을 했다가 수복 후 인제에 복귀하여 이장이 되었다.[199]

이와 같이 행정권 인수 직후 인제군에 부임한 군수와 면장은 공통적으로 일제시기 행정관료의 경험을 가진 인물들이었다. 차이가 있다면, 군수의 경우에는 38선 이남지역 출신이 대부분이었고, 면장은 인제 원주민이었다는 점이다. 기본적으로 이승만정부는 수복지구에 관료를 임명하고 38선 이남 출신의 군수를 임명함으로써 정부의 행정력을 관철시켰지만, 읍·면장의 경우 군수가 내신하여 도지사가 임명함으로써 면 단위에서는 지역 내부의 질서가 작동할 여지가 남게 되었다.

행정권 이양 이후 인제군을 비롯한 수복지구의 관료층은 일제시기 행정관료 경험자, 군정 당시 민정부에서 활동했던 인물들의 일부, 전쟁 중 반공 경력자, 타 지역 출신으로서 정부에 의해 발령받아 온 인물들로 구성되었다. 이들은 반공적 의식이나 경험을 가졌다는 공통점도 있었다.

자유당과 타지 출신의 민의원

인제의 정당조직도 전전戰前과는 완전히 달라졌다. 노동당 조직과 당원이 사라진 것은 물론이다. 과거 노동당원이었던 사람들은 남아있었지만 그 사실을 밝히는 경우는 거의 없어졌으며, 오히려 '자신은 여러 이유로 노동당원이 되지 못했다'고 말하는 사람들만이 살아갈 수 있었다. 북한체제 하에서 '빈농가 출생에 노동당원'이 신분보장의 길이었다면, 수복 후 그것은 생존을 위협하는 길이 되었다.

노동당(원)을 대체한 것은 자유당과 타지 출신의 인사들이었다. 그 배경에는 자유당이 강원도지역과 국회를 장악하고 있던 상황이 있었다. 자유당은 1952년 6월 강원도당을 결성하였다. 이후 자유당이 강원도에서 아성牙城을 구축하는 동시에 전성시대를 이룬 것은 1956년 정·부통령 선거와 제3, 4대 국회의원선거를 통해서였다. 홍천 출신 이재학이 국회부의장으로 선출되어 자유당의 실력자로 등장했고, 국회 상임위원장 선거에서도 예결·재경·상공·농림 등 4개 원내 요직을 강원도 출신이 차지할 정도로[200] 강원도 출신 의원들이 국회에서 영향력을 행사했다. 자유당은 1955년 12월~1956년 1월 수복지구에 각급 당부를 결성했고,[201] 이외에도 자금, 연고권, 각종 조직(행정관료, 경찰, 군대, 각종 사회단체 등)을 장악하고 있었다.[202] 인제를 비롯한 수복지구의 정치권력은 자유당을 중심으로 재편되고 있었다.

반면, 민주당이 인제를 비롯한 수복지구에 본격적으로 조직된 것은 자유당보다 훨씬 늦은 1958년 5월 2일 민의원 선거를 앞두고서였다. 민주당 강원도당은 1956년 8월에 대통령 선거를 앞두고 결성되었으나, 춘천·원주·삼척·강릉 일부 지역에서 명맥을 유지하다가 1958년 제4대 민의원 선거 때에야 수복지구에까지 후보를 낼 수 있게 되었다.[203]

제4대 민의원 선거(1958. 5. 2)는 인제를 비롯한 수복지구에 대한 자유당의 장악 정도를 잘 보여준다. 제4대 민의원 선거는 수복지구의 첫 국회의원 선거였다. 수복지구의 각 군은 선거구가 없는 유명무명 인사들의 입후보지로 주목받았다. 여느 지역보다 입후보자가 난립했는데,[204] 특히 자유당의 공천을 받으려는 사람들이 많았다. 인제군에는 3명이 자유당의 공천을 받으려 했는데 그중 나상근 후보가 공천을 받았고 나머지 2명은 낙천되자 무소속으로 출마했다.[205] 화천·양양군에도 9명, 고성군에는 3명이 자유당 공천을 받고자 공천쟁탈전을 벌였다.[206] 이는 자유당 공천이 곧 당선을 의미했기 때문인데, 실제로 선거결과 거의 모든 선거구에서 자유당 후보가 당선되었다.[207]

앞에서 살펴본 바와 같이 이승만정부가 임명한 군수·읍면장 등의 관료층과 월남·반공활동을 했던 청년들과 관변반공단체들, 군경이 지역사회를 주도하고 있는 상태에서 선거는 정부여당에 유리할 수밖에 없었다.

그때 자유당이잖아. 자유당은 댕기며 마음대로 선전도 제대로 했는데, 민주당은 제대로 선전도 못했어. 지금은 날짜 장소 정해서 공고를 딱 하고 연설하지만, 그때는 차로 다니며 방송을 많이 했잖아. 그 차를 선관위에 신고를 해야 되잖아. 선관위놈들은 다 자유당 놈들이야. (민주당 유세하는 차가) 몇 일 몇 시에 몇 호차인데 언제부터 유세를 한다고 (선관위가 소식을 준다고. 그리고 민주당 김대중 차가) 홍천 고개 넘어 오면 이놈의 차가 선전을 못하게 고 앞에 큰 차를 앞뒤로 세워놓고 고성을 지르게 했어. 그렇게 탄압을 했어. 자유당 놈들이. 자유당 놈들은 진짜 야당을 어마어마하게 탄압을 한 거지. 주민들한테 홍보를 해서 정당하게 해야지, 앞뒤로 고성을 질러놓고 그렇게 하하. [자유당 세가 그렇게 셌어요?] 그럼. 자유당 말이면 그게 법이야. [여기는 군(부대)도 세잖아요?] 군부대도 다 자유당패지 뭐. 일반 초급 장교들도 근무하다가 자네 야당 집안이야, 그러면 진급이 안 되는데 뭐.[208]

자유당은 군경 등과 결탁하여 상대 후보의 선거운동을 방해했다. 후보자 등록부터 선거운동과정, 투표 당일까지 부정선거를 자행하였다. 인제군은 1956년 정부통령 선거 때부터 여당일색이라는 평을 받았는데, 1958년 민의원 선거과정에서도 민주당 소속 김대중 후보의 입후보 등록을 방해하려는 조직적인 움직임이 있었다. 이는 당시 언론에 '후보 등록 방해사건'으로 기사화되기도 했다. 김대중 후보는 선거법에 따라 주민들의 추천서를 받아 인제군 선거관리위원회에 제출했는데, 추천자가 자유당 후보와 겹칠 뿐 아니라 나중에 작성된 추천서는 무효로 처리된다는 이유로 후보 등록 자체를 하지 못하였다. 인제군청 선거관리위원회, 군청 내무과장, 경찰, 자유당이 조직적으로 민주당 측의 후보 등록을 막은 것이다.[209] 자유당과 정부의 야당후보 선거운동 방해는 양구에서도 비슷했는데, 경찰서의 서장·사찰주임·형사들이 선거에 개입했다.[210] '후보 등록 방해사건'은 결국 민주당 김대중 후보의 10개월에 걸친 공판으로 '전부 무효' 판결을 받아 1959년 6월 5일 재선거가 예정되었다.

인제지역의 권력은 자유당이 장악했을 뿐 아니라, 자유당 인제지역 당부는 중앙당에 대해서도 발언권이 강했다. 이는 선거 공천과 같은 문제에서 두드러졌다. 1959년 6월 민의원 재선거 때 자유당 공천을 둘러싸고 자유당 중앙당과 인제지구당 간에 갈등이 벌어졌다. 중앙당은 나상근을 다시 공천하려 했으나, 강원도당 및 인제지구당은 전형산을 밀었다. 결국 강원도당 및 인제당부의 주장대로 전형산 후보가 공천되었다.[211] 선거결과 전형산 후보가 압도적인 표를 얻어 당선되었다.

그렇다면 나상근, 전형산, 김대중 등은 어떤 경력을 가졌던 인물들일까. 수복지구에서 당선된 '지역과 민의를 대표·반영한다'는 민의원들의 경력을 살펴보자.

〈표 18〉에 의하면, 제4대 민의원 당선자의 대부분은 자유당 소속으로 반공적 성향을 가지고 있다. 철원군을 제외하고 모두 자유당 소속의 후보가 당선되었다. 철원군의 무소속 서임수 당선자도 결국 자유당에 입당했으므로, 결과적으로 수복지구의 민의원은 모두 자유당이 차지하였다.

반면 1960년 12월 실시된 제5대 민의원 선거에서는 대부분 민주당과 무소속 출마자가 당선되었다. 이는 자유당이 장악하고 있던 수복

<표 18> 수복지구 제4, 5대 국회의원 당선자

선거구	성명	성별	생년	본적/주소	학력 및 경력	정당	비고
인제군	나상근	남	1910	평남/인제군 인제면	• 진남포상공학교 졸업 • 대한염업조합연합회장	자유당	제4대 (초선) 선거무효 (1959.3.11)
인제군	전형산	남	1923	강원/인제군 인제면	• 강릉농업학교 졸업 • 일본군 하사관, 해방 후 국방경비대 입대, '공비토벌작전' 때 경찰중대장, 은성무공훈장 수상 • 인제군 농회기수, 고성·인제경찰서장, 제4대 국회의원, 자유당 인제군당위원장	자유당	제4,5대
인제군	김대중	남	1925	강원/서울시 마포구 대흥동	• 건국대학 정경과 3년 중퇴 • 목포일보 사장, 목포상선주식회사 사장, 한국노동문제연구소 주간, 민주당 중앙상무위원, 민주당 목포시당 상무위원, 민주당 도당부위원장	민주당	제5대 보궐선거
양구군	최규옥	남	1901	강원/서울시 성동구 신당동	• 경성의학전문학교 졸업 • 의사, 제헌국회의원, 강원도지사, 농림부장관, 강원도 의사회장, 독촉국민회 춘천시지부장	자유당	제4대 (2선)
양구군	김재순	남	1923	서울/서울시 중구 회현동	• 서울대 상과대학 경제학과 졸업 • 민주당중앙상무위원, 민주당선전외교 부차장, 국제문제연구소 총무 겸 논설위원, 일간 새벽지 주간	민주당	제5대 (제4대 차점자)
철원군	서임수	남	1920	경북/서울시 용산구 후암동	• 성대 정치과 졸업 • 공군 정훈감, 국회사무처 총무국장	무소속	제4대 (초선)
철원군	황학성	남	1917	강원/서울시 성북구 정릉동	• 경성제대 법학과 졸업, 고문시험행정과 합격 • 원주·강릉경찰서장, 국립경찰전문학교장, 강원·충남도 경찰국장, 철원중앙수리조합장	무소속	제5대
김화군	박현숙	여	1896	서울/김화군 서면	• 평양숭의여학교 졸업 • 과도정부입법의원, 감찰위원, 무임소장관無任所長官, 대한부인회최고위원, 자유당중앙위원, 국무위원, 재단법인 숭의학원 이사장	자유당	제4대 (초선)
김화군	신기복	남	1909	강원/김화군 김화읍	• 오산고등보통학교 졸업 • 김화군민회장, 김화군 축산동업조합장, 민주당 김화군당위원장, 김화중학교 사친회장	민주당	제5대 (제4대 차점자)

화천군	박덕영	남	1906	강원/ 화천군 화천면	• 평양광성고등보통학교 중퇴, 일본 경도사립 동명중학京都私立 東明中學校 졸업 • 서북청년회강원도부단장, 자유당 도당 부위원장, 강원도애국단체연합회장, 자유당중앙위원	자유당	제4대 (초선)
	김준섭	남	1923	서울/ 서울시 중구 충무로	• 신의주 동중학교 졸업, 중국 상해上海 호강滬江대학 2년 수료 • 반공학생연맹이사장, 민주당 중앙위원, 통일당위원장, 내외무역內外貿易 경영	민주당	제5대 (제4대 차점자)
고성군	홍승업	남	1917	강원/ 고성군 간성면	• 만주길림성 연길현립사범학교 졸업 • 강원도경찰학교장, 강원도 경무과장, 경찰서장, 자유당 고성군당 위원장, 자유당중앙위원	자유당	제4대 (초선)
	김응조	남	1909	서울/ 고성군 간성면	• 육군대학 졸업 • 華北興亞淸鄕軍사령관, 육군보병제101사단장, 중앙지구정비사령관, 2군정보처장, 제5101부대장(사단장), 준장 예편, 재향군인회사무총장, 전북 경찰국장, 대한상무회 고문	무소속	제5대 (초선) (제4대 차점자)
양양군	이동근	남	1905	강원/ 양양군 속초읍	• 일본도쿄법정대학東京法政大學 경제과 졸업 • 양정고보 교사, 운수부 해사국장海事局長, 경향여객 자동차회사장, 자유당 중앙위원	자유당	제4대
	함종윤	남	1923	강원/ 양양군 현북면	• 중동중학교 졸업, 고려대 정치과 졸업 • 인천대의숙仁川大義塾 강사, 전국대학 생모의국회 초대의장, 고려대 정치학회장, 민주당 양양군당위원장, 민주당 중앙당 섭외부차장, 의회평론사 편집부장	민주당	제5대 (제4대 차점자)
연천군	이익흥	남	1905	연천군 연천면	• 일본 규슈제대九州帝大 법과 졸업 • 헌병사령관 겸 서울특별시 경찰국장, 치안국장, 경기도지사, 내무부장관	자유당	제4대 (초선)
	허초적	남	1912	연천군 연천면	• 배재고등보통학교 중퇴 • 선일물산합자회사 사장, 대한군경가족동지회장, 민주당 경기도당 부위원장	민주당	제5대

출처: 중앙선거관리위원회, 《民議院議員當選者名簿》(1958), 8쪽, 35~36쪽; 《民議院議員當選者名簿》(1960), 79~80쪽, 317~328쪽; 중앙선거관리위원회, 《대한민국선거사》(1968년 증보판), 917쪽, 926쪽, 939쪽, 947~949쪽; 국회의원총람편찬위원회, 《국회의원총람》(2004) 중 제4, 5대 국회의원 명단; 한국정경사, 1967《국회 20년, 1948~67》, 536쪽, 559쪽.

지구에도 1960년 4·19혁명의 영향이 적지 않았음을 반영한다. 제4대 민의원 선거에서 차점으로 낙선하였던 민주당 후보들이 제5대 선거에서는 대거 당선되었다(양양 함종윤, 고성 김응조, 화천 김준섭, 김화 신기복, 양구 김재순). 다만 인제에서는 4·19혁명의 열기 속에서도 자유당 소속의 전형산 후보가 당선된 점이 주목된다. 결국 김대중 후보는 4·19 직후 실시된 7·29총선에서도 낙선하였다가 1961년 5월 보궐선거에서 당선되었다.

그런데 7·29총선 당선자들의 반공주의적 성향도 주목된다. 화천군 김준섭(민주당)은 반공학생연맹이사장을, 철원군 황학성(무소속)은 경찰서장 및 국장을, 고성군 김응조(무소속)는 재향군인회 사무총장 및 강원도 경찰국장 등을 역임한 인물들이었다. 그들은 민주당 혹은 무소속으로 출마하여 4·19의 영향으로 당선되긴 했으나, 반공주의 면에서 자유당 인사들과 크게 다르지 않은 경력과 사상을 가지고 있었다.

그리고 당선자들의 주소는 대부분 출마선거구로 표기되어 있으나, 이들의 출생지나 주요 활동지역은 출마선거구가 아닌 경우가 대부분이었다. 대체로 38선 이북의 평남·평북 출신과 38선 이남 출신이었는데, 해당 선거구가 아닌 타지 출신 인사들이 수복지구에 선거가 실시되자 공천을 받아 출마한 것이다. 연천군의 이익흥 후보는 평북 선천 출신으로 일제시기 평북 박천경찰서장을 하다가 해방 후 내무부장관(1956. 5~1957. 2)을 역임한 인물이다. 김화군의 신기복 후보도 평북 출신인데 수복 이후 김화에 정착하였다. 인제군의 나상근 후보는 평남 진남포 출신으로 제염업을 했으며, 김대중 후보 역시 목포 출신으로 "자유당 일색인 수복지구에서 신개지新開地를 개척해보겠다"면서 인제에서 출마했다.[212] 오히려 인제 태생의 후보는 '이채롭다'고 평가

될 정도로 수복지구 현지 출신의 후보자들은 드물었다.[213]

인제는 김대중 전 대통령이 처음으로 국회의원에 당선된 지역이었는데, 그가 인제에서 출마한 배경이 흥미롭다. 그가 민주당에 입당한 후 정치신인으로 주목받기 시작할 즈음이었다. 그는 1958년 선거에 출마를 결심하고 공천을 받고자 했다. 그런데 그의 고향 목포에는 민주당 정중섭 현역의원이 있었다. 현역의원이 있는 지역에서 정치신인이 공천 경합을 벌이기는 쉽지 않았다. 그렇다고 서울에서 공천받기도 어려운 일이었다. 그렇게 출마지역을 찾던 중 바로 인제가 눈에 들어왔다. 그 스스로도 "인제는 한국전쟁이 끝난 후 남쪽에 편입된 지역"이었다며 "아는 사람 하나 없는 타향"이었다고 회고했다. 그럼에도 그가 인제에서 당선을 기대한 이유는 군인과 군속, 그 가족이 유권자의 80퍼센트 이상이었고, 그들이 부패한 자유당 정권과 군 수뇌부 대신에 야당을 지지할 것이라 믿었기 때문이었다고 한다.[214]

하지만 인제에서의 선거는 그의 낙관과는 다르게 전개되었다. 1958년 민의원 선거 때는 추천서 무효(후보 등록 방해사건)로 후보 등록조차 하지 못한 채 제염업을 하던 나상근(자유당) 후보가 당선되었다. '전부 선거 무효 판결'에 의하여 1959년 재선거가 실시되었지만[215] 일본군 하사관·인제경찰서장 출신의 전형산(자유당) 후보가 당선되었다. 제5대 국회의원 선거(1960. 7. 29)에서도 전형산 후보가 당선되었다. 하지만 그는 3·15부정선거 관련자로서 〈반민주행위자공민권제한법〉(1960. 12. 31)에 의해 의원자격을 상실했다.[216] 결국 김대중 후보는 1961년 5월 실시된 보궐선거에서 당선되었는데, 인제에서 선거에 도전한 지 네 번 만에 이룬 성과였다. 인제도 그렇게 4년 간 네 번의 선거를 치렀다.

네 번의 선거 결과를 두고 당시 인제군에서 선거관리업무를 담당했던 구술자는 "김대중 전 대통령이 당시에 젊고 말도 잘 했지만, 낙선했다"면서 "자유당 시절에 말 잘해도 통하지 않았다. 돈 많이 쓰는 사람이 당선되는 것이다. 제염공사 사장이면 돈 많은 이다(나상근). 또 경찰서장 하던 사람이다(전형산). '고무신 국회의원, 막걸리 국회의원'이라 하지 않는가"라고 증언했다.[217] 즉, 자유당 공천을 받은 그리고 금권과 조직력을 갖춘 사람이 당선되었던 것이다.

이와 같이 수복지구의 민의원은 주로 현지가 아닌 타지 출신의 인사들이었다. 그들은 일제시기 중등교육 이상 고학력자이면서 자유당 정권 하에서 도지사·경찰국장·조합장·장관 등을 역임했었고, 반공사상·경력을 갖고 있거나 그것을 내세운 인물들이었다. 그리고 정치 신인이라 불린 초선도 많았다. 그들이 '수복지역민을 대표하는 민의원'이 되었다.

대한청년단과 지역사회

인제와 여타 수복지구의 지역사회를 주도한 또 하나의 그룹은 대한청년단 출신들이었다. 대한청년단은 남한 내 반공청년단체인 대동청년단, 청년조선총동맹, 국민회청년단, 대한독립청년단, 서북청년단 등이 통합 결성(1948. 12. 19~1953. 9. 17)된 단체였다. 총재는 이승만 대통령, 단장은 신성모 내무장관이었다. 대한청년단의 기본목표는 '공산주의자 처단, 조국통일'이었고, '모병업무, 공비소탕작전, 치안유지' 등 군경의 보조역할을 하는 준군사조직이었다.[218] 대한청년단은 국민회와 더불어 강원도지역에서 최대 정치세력으로 활동하다가 1952년 자유당 강원도당이 결성될 때 흡수되어,[219] 이승만정권의 강력한 지지세력으로 역할을 했다.

이 지역의 청년들은 전쟁 전에 북한의 민주청년동맹에 가입했어야 했다면, 전후에는 남한의 대한청년단원이 되어야 했다. 대한청년단 가입 경로는 두 가지였다. 하나는 전전 월남하여 서북청년단 등에 가입해 반공활동을 벌였던 이들이 대한청년단 결성으로 통합된 경우였다. 또 하나는 전시 남한(유엔군)의 점령 하에 들어갔을 때 지역별로 치안대나 자위대 등을 조직하거나 군경에 협조하여 반공주의자임을 증명하는 것이었다. 전쟁과 피난 중에 많은 청년들이 대한청년단에 가입했는데, 그들은 단원부터 조직부장, 선전부장, 단장까지 맡아 군경의 보조역할을 했다. 그리고 군정기간 중에, 그리고 행정권 인수 이후에 고향인 혹은 고향과 가까이 있는 수복지구에 들어왔다. 대한청년단원은 자유당원으로 흡수되거나 대한민국 공무원 등으로 임용되었다.

대한청년단 활동을 했던 청년들이 공무원으로 임용되는 과정은 행정권 이양 전후에 읍면사무소에서 임시직으로 근무하다가, 군郡인사위원회의 전형고시에 응시하여 합격하고, 공무원 장·단기강습을 수료하는 것이었다. 예를 들어, 인제군의 한희원은 해방 직전에는 홍천군 농회 기수였다가 1949년 대한청년단 홍천군 두촌면단부에 속하였고, 전쟁 중에 피난민수용소에서 군민회 조직부장을 맡았다. 군정 당시에는 민정부에서 산업과에 있으면서 건설업무를 맡아 민사처장의 인제읍 도시계획을 도왔으며, 이후에도 인제군청에서 공무원으로 일했다.[220] 또 양구군이 남한에 점령되었을 때 죽공리 치안대 선전부장을 했던 김정호는 인제군에 돌아와서 임시직인 신남리 서기를 하다가, 1961년 5·16군사정변 전후로 청구(촉탁) 발령을 받았고, 공무원 전형을 거쳐 32년간 공무원으로 재직했다.[221] 양구군의 유성주는 원주피난민수용소에서 대한청년단 총무를 했다가 양구군 수복 이후 이장과 면사무소 재직 후 1970년에는 농협 단위조합에 창설멤버로 들어갔다.[222]

이와 같이 유엔군정 당시 민정부에서 "한자리씩 차지한"[223] 대한청년단원들은 군정기 각급 기관의 요원들을 인수한다는 정부 방침에 의해 행정권 인수 이후에도 대개 군청·읍면사무소 공무원 등으로 임명되었다. 그런데 양구군의 경우 대한청년단원들은 "(전쟁 전에) 월남한 사람들로 이루어졌기에 권력인양 으스대는 경우가 많았다."[224] 군정당시 양구군 민정관이었던 염현택은 북한통치기에 양구경찰서 경비과장을 하다가 데모를 하고 청년들을 데리고 월남했다고 한다. 그는 전쟁 중에 원주 흥업 피난민수용소에서 양구군 책임자로 있다가, 군정 당시 군민정관이 되었다.[225] 그는 한국정부의 행정권 인수 직후 군수로 임명되지는 못했으나, 이후에도 지역사회의 여론을 주도했다.

이후 그들은 20~30여 년간의 공무원 생활을 마치고, 현지의 행정동우회·바르게살기운동협의회의 회원 및 간부, 향교 전교 및 총무, 문화원 원장 및 총무 등을 맡아 현재까지도 지역사회에서 영향력을 행사하고 있다. 반공·우익계 인사들이 지역의 행정을 비롯해 역사와 문화 영역도 주도하고 있는 것이다.

수복지구 원주민은 인공 치하에 있었다는 것만으로도 부역 내지는 노동당원의 혐의를 받았다. 반공활동을 했거나 월남했던 경우가 아니면, 경계의 대상이 되었다. 자신의 고향이자 터전을 지켰던 그들은 38선 획정에 의해 이북에 속했고 휴전선의 획정으로 이남에 편입된 것이었으나, 연좌제에 묶였다. 때문에 수복지구 원주민이 군수 급으로 임용되는 경우는 드물었다. 다만, 반공활동 경력이 확인되는 경우에 행정관료에 임용될 수 있었다. 38선 이남 출신이어도 반공사상이 뚜렷해야 했다. 그리고 행정실무 능력을 갖춘 자가 고용되었는데, 그것은 일제시기 중등 이상의 학력과 행정기관 임용 경력 등으로 증명되었다.

정리하면, 한국전쟁은 북한통치기에 구축된 지역사회의 권력구조를 해체했다. 전선의 급격한 오르내림 속에 이 지역민들은 월북하거나 월남하는 등 흩어졌으며, 일부 원주민이 원주 피난민수용소에 집결했다. 피난민과 피난민수용소에 대한 상위 관리체계는 미 8군사령관이 유엔군사령관의 명령을 받아 유엔민간원호사령부와 각 군단·사단을 지휘하고, 여기에 한국정부가 간여하는 식으로 구성되었다. 피난민수용소 현장에서는 일제시기 유지층이나 반공청년들이 군軍과 연결되어 물자를 배급하고 피난민을 관리했다. 한국전쟁 중 피난민수용소체계는 지역 권력구조 재편의 시작이었다.

원주민이 지역에 정주定住하면서부터 지역사회는 군軍과 관官, 그리고 자유당 및 우익계 인사들에 의해 장악되었다. 인제군을 비롯한 수복지역에 가장 먼저 들어간 것은 군이었으며, 군의 영향력이 정점에 달했던 것은 유엔군정 기간이었다. 각 지역별로 군단이 주둔하여 각 군단장이 군정장관이 되었다. 사단장이나 민사처장의 추천을 받아 군정장관으로부터 임명받은 민정관의 권한행사도 어디까지나 한국정부가 아닌 군의 영향력 하에 이루어졌다. 입주민 허가, 공공시설의 건설, 구호물자의 배급 등은 모두 군의 주도 아래 이루어졌다. 행정권 이양 이후, 이승만정부에 의한 행정이 실시되었으나 항시적으로 관민은 군부의 통제를 받았다. 지역 유권자 가운데 군인이 50~80퍼센트를 차지했으며, 지역경제도 군에 의해 좌우되는 경우가 많았다. 이 지역은 군·관·민이 일체되었다는 표현이 있을 정도로 군의 영향력이 막강했다. 한국전쟁 시기부터 작용하던 군대의 영향력이 행정권 이양 이후에도 지속된 것이다. 하지만 지역사회에 대한 군의 영향력이 작용하는 방식은 달라졌다. 한국전쟁 시기에는 미군의 지휘 아래서 지역 전체를 관리하며 민간인들의 출입을 통제했으며, 군정 시기에는 민간인들에 대한 행정과 지역 복구건설의 주체로 역할했다. 행정권 이양 이후 행정기구로서의 기능은 벗어났으나 여전히 주민들을 통제하거나 지역경제나 선거에 개입했다.

1954년 11월 17일 행정권 이양 이후, 한국정부가 군수·읍면장 등의 관료를 임명하여 지역사회에 행정력을 미치면서 이 지역사회에는 또 하나의 권력기구로서 관이 등장했다. 군청과 읍면사무소 등으로 행정기관이 재편되고 여기에 군수·읍면장·기타 공무원이 정부로부터 임명되었다. 인제군에 임명된 공무원들은 38선 이남 출신의 파견 공무원과 유엔군정 하의 행정요원들을 수용한 인수공무원으로 이루어졌다. 군수와 면장의 경우에는 중고등학력자이면서 일제시기 도의원·읍면장이나 고원·금융조합장 등을 역임했고 한국전쟁 전후前後 반공경력을 가졌거나 내세웠다는 공통점이 있었다. 특징적인 점은 군수급은 대체로 수복지구 출신이 아닌 38선 이남 출신인 반면, 읍·면장은 인제 원주민이면서도 북한통치기 당·정·사회단체에 속했다가 월남한 경력을 가졌다는 것이다. 이는 정부가 지역사회에 영향력을 행사하기 위해 관료를 임명하고 38선 이남 출신의 군수를 임명했지만, 말단행정의 경우에는 부분적이나마 고유한 지역질서를 인정·활용하지 않을 수 없었음을 의미한다.

주민들 사이에서 지역사회를 장악한 것은 반공우익계 인사들이었다. 북한통치 하에서 월남했거나 전시 대한청년단원이었던 이들이 행정조직에 들어가 관료가 되고 각종 사회단체에서 활동하면서 지역의 행정은 물론 사회문화 영역까지도 주도해갔다. 그리고 자유당이 군·관·반공단체들과 연결되었으며 조직과 금권 등을 장악했다. 이를 기반으로 타지 출신의 인물들이 지역민의를 대표하는 민의원 후보로 출마하거나 당선되었다. 그 결과 인제군을 비롯한 수복지구에는 군부대의 영향력이 지속적으로 작용하는 가운데, 반공사상을 가진 과거의 유지급과 전쟁 중 대한청년단 활동을 한 인물들을 중심으로 재편되면서, 군수와 민의원급은 타 지역 출신들로 구성되었다.

韓國戰爭
收復地區

4

'국민'으로의
재탄생

1-1. 인구·주민 구성 변화

한국전쟁 전후 인제를 포함한 수복지역의 인구와 주민구성은 크게 변화했다. 해방 직전(1944), 해방 후 북한통치기(1946), 행정권 인수 직후(1954)로 구분하여 살펴보자.

〈표 19〉는 인제의 인구가 분단과 전쟁을 거치면서 급감했음을 보여준다. 인제의 세대수는 해방 이전 1만 2천여 세대에서 해방 이후 6천 5백여 세대로 5천 5백여 세대가 감소했고, 전후에는 또 1천여 세대가 감소했다. 전후 세대수는 해방 이전의 절반이 된 것이다. 인구도 7만 6천여 명에서 해방 이후 3만 7천여 명으로 절반 가까이 감소했고 전후에는 약 2만 6천여 명으로 해방 이전의 3분의 1에 불과했다. 이는 수복지구 전 지역의 변화양상과 비슷하다. 세대수는 1944년 약 12만여 세대에서 1946년 11만여 세대로, 1954년 3만 6천여 세대로 급감했다. 전후 세대수는 해방 전의 30퍼센트, 인구는 해방 전의 27.6퍼센

<표 19> 수복지구의 인구 변화(1944~1954)

郡名	연도		세대수	인구수		
				남	여	계
인제	1944		12,012	29,671	46,492	76,463
	1946		6,586	19,422	18,384	37,806
	1954.11	38이북	1,662	3,974	3,801	7,775
		38이남	3,627	8,603	9,685	18,288
양구	1944		10,488	28,988	28,518	57,306
	1946		9,784	29,453	28,007	54,460
	1954.11		2,403	5,698	6,205	11,903
화천	1944		8,815	24,190	22,429	46,619
	1946		9,390	26,281	25,495	51,776
	1954.11	A	3,341	7,942	8,455	16,397
		B	960	2,175	2,□94	4,469
철원	1944		21,469	55,969	54,518	110,487
	1946		25,516	67,129	64,814	131,943
	1954.11		2,508	6,276	6,237	12,623
김화	1944		20,367	54,711	53,422	108,133
	1946		19,440	54,861	52,715	107,576
	1954.11		412	987	927	1,914
양양	1944		15,792	43,068	41,044	84,112
	1946		12,122	33,022	32,349	65,371
	1954.11	38이북	14,645	33,145	36,048	69,193
		38이남	1,089	3,078	3,728	6,806
고성	1944		15,724	40,654	49,686	80,220
	1946		14,357	39,161	38,838	77,999
	1954.11		3,073	6,820	8,252	15,072
연천	1944		15,□87	40,696	40,940	81,636
	1946		13,204	36,159	35,193	71,352
	1954.11		3,042	-	-	13,131
계	1944		약 120,000			644,976
	1946		110,399			598,283
	1954.11	38이북	32,010	산출불가	산출불가	152,457
		38이남	4,716			25,094

출처: 1944년—조선총독부 편, 《1944년 5월 인구조사결과보고》(서울대학교·아시아태평양교육발전연구
단·자료총서 4, 선인), 3쪽, 15~16쪽.

1946년—북조선인민위원회 기획국 편찬, 1947 〈1946년도 북조선인민경제통계집〉《북한경제통계
자료집(1946·1947·1948년도)》, 한림대 출판부, 26~27쪽.

1954년 11월 현재 〈경기도〉—〈날로 발전하는 수복지, 어제 행정권 이양 1주년 기념식〉《동아일보》
1955. 11. 18; 〈강원도〉—《수복지구 지방행정》(철원군 동송면, 1955. 1. 2).

비고: ① 1944년 통계 수치에서는 자료의 인쇄상태가 좋지 않아 오기誤記가 있을 수 있음을 밝힌다. 판독
하기 어려운 수자는 □로 표기하였다. 합계를 산출할 수 없는 경우 '산출불가'로 표기하였다.

② A—화천군 본래 지역, B—전 춘성군 사내면으로 〈수복지구임시행정조치법〉에 의해 화천군 사
내면으로 편입된 지역.

트에 불과했다. 성비의 증감은 지역에 따라 편차가 있어 그 경향성을 뚜렷하게 파악하기 어렵지만, '전쟁미망인'이 모여 사는 마을이 생길 정도로 지역 내 공간상의 변화가 나타났다.[226]

이러한 인구 급감의 원인은 분단과 전쟁이었다. 해방 직후 인제지역이 38선 이남과 이북으로 분단되었던 것, 전시 '월북'을 포함하여 전선 교착지역이어서 많은 주민이 피난·소개되거나 인명피해를 입었던 것, 전후에도 다시 휴전선 접경지역이 되어 인제군이 온전히 회복되지 못하고 분단된 채로 남아있게 되었던 점 등이 그 이유였다.

그런데 정부는 감소인구의 주된 원인을 월북으로 보았다. 정부는 60~70퍼센트가 월북하고 30퍼센트 내외만이 남았다고 파악했다.[227] 월북자의 대부분은 북한체제 하의 당·정·사회단체에서 주도적인 역할을 했거나 북한의 후퇴기 인민군과 내무서원의 종용에 의해 북피했던 이들이었다. 전선이 오르내리는 와중에 남북 상호 간에 갈등과 학살이 광범했기 때문에[228] 남한의 점령과 잔혹행위를 피하려 했다. 이렇게 반세기 이상 분단이 지속될 것을 예측하지 못하고 일시적으로 북한으로 간 사람들도 있었다.[229] 이들은 북한군의 후퇴를 따라 함께 후퇴·피난했고, 이것이 결국 월북한 셈이 되었다. 반면, 북한체제에 지지를 보냈지만 미처 북피하지 못한 극소수, 북한체제의 적극적인 협력자는 아니었다 하더라도 제 조직의 구성원으로서 활동한 이들, 반공활동을 했던 이들이 현지 원주민으로 남았다.

인제의 인구는 대폭 감소했으나, 수복 초기의 주민구성은 균일했다. 수복지구 입주의 일차적 대상이 원주민으로 제한되었기 때문에 원주민이 절대다수를 차지했다. 인제주민은 유엔군과 국군에 의해 피난민수용소 등지로 소개되었다가 고향으로 복귀했다. 주민들은 군부

나 경찰의 심사를 거쳐 입주영농증을 받아 고향을 되찾기 시작했다.[230]

그런데 점차 인제의 주민구성은 복잡해졌다. 원주민에 이어 점차 다른 지역의 피난민들도 입주하기 시작한 것이다. 38선 이북에 고향을 둔 함경도, 평안도, 황해도 출신의 사람들이 고향과 비교적 가깝다고 생각되는 수복지구에 터전을 잡았는데, 그들은 산발적으로 정착하거나 집단거주지를 형성했다.[231] 군정이 가장 먼저 실시된 양양지역의 경우 1953년 9월 10일 현재, 6만 5,126명의 인구 중 원주민이 3만 9,065명, 피난민이 2만 6,045명으로 구성될 정도로[232] 타지 출신의 피난민 수가 많아졌다. 수복지구의 인근 지역인 포천, 춘천, 홍천, 인천 등 경기·강원지역 사람들은 물론 충청 이남지역 사람들도 들어갔다.[233]

정부당국은 수복지구 입주계획을 세우고 남한의 빈민층이 들어가 살도록 했다. 1955년 4월 말 당국계획의 85퍼센트인 4,722세대, 2만 5,875명이 입주했다. 지역마다 입주상황에 차이가 있었는데, 인제·양구는 계획의 60퍼센트 정도가 입주했고, 양양·화천은 계획보다 더 많이 입주한 반면, 고성은 계획의 20퍼센트에 불과한 정도만이 입주했다.[234] 입주정책 이후 인구는 빠르게 증가했다. 1954년 행정권 이양 직후 인구는 경기도 연천지역 1만여 명, 강원도지역 14만여 명으로 총 15만여 명이었는데, 1년 후 경기도 연천지역은 3만여 명으로(1955년 11월 현재), 강원도지역은 18만여 명으로(1956년 3월 현재) 증가했다. 1년간 6만여 명이 늘어나 총 21만여 명이 되었다.[235]

시간이 지날수록 수복지구에는 원주민보다 외지인의 비율이 높아졌다. 1968년 조사에 의하면, 인제지역에는 원주민이 37퍼센트, 외지인이 64퍼센트를 차지했고, 철원지역의 경우 원주민이 40.7퍼센트, 외지인이 59.3퍼센트를 차지했다.[236] 일반 농어촌의 경우 원주민 비율이 높다는 점을 감안하면, 인제를 포함한 수복지역에는 외지인의 비율이 상당히 높았다.

수복지역구에 대한 이주·정착은 1970년대 초까지도 계속되었다. 그리고 이곳에 정착한 38선 이남 출신의 외지인들은 대체로 빈민이나 실업자들이었다. 그들은 군부대를 상대로 다방, 음식점, 주점, 여인숙 등에 종사하기 위해, 수복지구의 '주인이 없는 토지'를 경작하기 위해 모여들었고, 각종 개발공사현장에 투입되었다가 그대로 정착했다.[237] 그들의 수복지구 정착 이유나 경로는 다양했겠지만, 수복지구가 일종의 기회의 땅이 될 수 있다는 인식은 공통적이었을 것으로 보인다.

예를 들어 화천군에 정착한 한 충남 논산 출신의 인물은 1970년대 초, 목돈을 마련해보고자 춘천 소양강댐 건설 현장에 노무자로 참여했다가 수복지구에 정착하게 되었다. 장남이었던 그는 부모님이 계신 고향을 두고 새로운 기회를 찾아 '땅이 넓은 반면 사람들이 없는' 수복지구 양구에서 정착의 기회를 엿보다 산업구조상 정착에 유리할 것으로 판단된 화천에 뿌리내렸다.[238] 그의 사례는 수복지구로의 이주가 1970년대 초에도 이루어지고 있었다는 점과 당시까지도 '무주공산 수복지구'라는 인식이 존재했음을 보여준다. 그의 수복지구 화천 정착이 새로운 곳에서 새생활로서 가계를 일구겠다는 개인적인 이유로부터 시작되었지만, 그것이 다른 도시 지역이 아니라 수복지구가 된 데에는 '무주공산'이라는 당시의 정치사회적 인식 및 배경이 작용한 것이었다.

재난민도 정부에 의해 이주되었는데, 1959년 철원군 민간인통제선

지역으로 이주한 울진군의 사라호 태풍 유민 66세대 364명이 그 예이다. 태풍으로 집과 땅을 잃은 그들에게 경상도당국은 "주인 없는 수복지 논밭이 널려있다"하면서 "소출 나올 때까지 도에서 배급도 해준다"고 하며 이주를 권했다.[239] 이렇게 전쟁과 월북 등으로 생긴 빈 공간을 채운 것은 외지인들이었다.[240]

1-2. 남한사회의 수복지역민 인식

남한의 38선 이북 중동부지역민에 대한 인식은 복잡했다. 첫째, 남한은 동 주민들이 '붉은 학정 아래서 착취'를 당했다고 보았다. 남한은 북한통치기를 학정과 착취의 시기라 보았으므로, '북한 인민'이었던 주민들의 의식이나 생활수준도 개선된 적이 없고, 의식 수준도 현저히 낮다고 보았다. 때문에 '붉은 학정'에서 '낙토樂土대한'으로 들어온 그들을 의식적으로 계몽시켜야 하며 생활개선운동도 전개해야 한다고 보았다. 그 대표적인 예가 유네스코한국위원회의 생활계몽운동이었다. 유네스코한국위원회는 방학을 이용하여 전국대학생대표 약 50~60명으로 조직된 학생건설대를 수복지구에 파견하여 현지 농민들에게 생활계몽운동을 전개했다. 특히 "농민에게 희망을!", "보다 더 낳은 생활을!" 등의 구호 하에 이상농촌건설과 농민생활의 과학화를 강조했다.[241]

둘째, 남한은 이 지역 주민들을 '부역자'로 보았는데 '붉은 학정 아래 살았던' 것 자체를 부역행위와 동일시했다. 남한당국(치안국장)이 행정권 인수를 앞두고 수복지구 주민들의 신분을 보장하겠다고 밝혔던 것, "과거 괴뢰의 오열행위와 부역을 하였다 해도 이를 일체 불문에 붙이겠다"고 언명한 것은[242] 부역자라는 인식을 전제로 한 발언이었다.

신분 보장을 언명한 것은 나름 의미가 있었지만, 실제로는 많은 감시와 차별이 이루어졌다. 남한당국의 '신분보장' 발표에도 불구하고 북한통치 하에서 월남하지 않았던 많은 원주민들은 불안과 감시 속에 살 수밖에 없었다. 이미 유엔군정기부터 '과거부역자를 대상으로 하는 자수설정기간'이 시행되거나 공비토벌·살상에 대한 소식이 지속적으로 들려왔다.[243] 대부분의 원주민들은 과거 '괴뢰집단'의 영토 안에서 살아오던 사람이라는 '약점'을 의식하면서 살았다.[244] 더구나 월북한 친인척이 있을 경우에 연좌제를 통한 감시와 차별이 더했다. 하지만 소위 '월북' 친인척을 둔 원주민은 본래 38선 이북에 있던 사람이 38선 이북 어느 곳에 간 것이 왜 월북이며, 또 고향에 남은 자신들이 그 연좌제의 차별을 당해야 하는지 억울할 수밖에 없다.

셋째, 수복지구 원주민에 대해 과거의 부역행위자라는 인식을 넘어 아예 간첩이 있다고 보는 경우도 있었다. 국회의원 중에는 이 지역민들이 "공산교육을 6년 동안 받아왔기 때문에 머릿속에는 공산주의사상이 침투"되어 있다고 보고, '공산오열의 침투'와 '공산주의 사상'에 대한 대책을 강조했다. 더구나 수복지구 주민 중에 남한의 징병·징용 기피자나 도망자 등도 포함되어 있다고 보았다.[245] 원주민은 물론 남한출신의 이주민들에 대해서도 불신한 것이다. 국회는 수복지구에서 교육이나 치안문제가 중요하게 다루어져야 하며, 상호 감시·통제를 위한 국민조직이 필요하다고 강조하였다.[246] 수복지구 주민은 곧 감시와 통제의 대상으로 인식된 것이다.

넷째, 남북체제 대결 및 통일의 관점에서 주민들을 바라보기도 했다. 국회와 언론은 이 지역 주민이 남북한 정치를 비교할 수 있다고 인식했다. 국회는 북한체제와 미군정(유엔군정)을 겪어본 수복지역민이 공산정치와 민주정치를 '저울질'할 수 있기 때문에, 그들에 대해 대한민국의 행정을 실시하고 각종 정책을 취할 때 신중을 기해야 하며, 민주정치가 공산정치보다 낫다는 인식을 줘야 한다고 강조했다.[247] 특히 공무원 채용과 과세문제에 신중해야 한다고 주장했다.

그들은 붉은 학정虐政아래서도 살아보았고, 또는 미군정 밑에서도 1년유여 있어보았다. 그래서 쓴맛·단맛을 다 본 그들에게 구미를 맞추려면 그야말로 행정기술면의 진선眞善·진미眞美를 다 하지 않아서는 그들의 압증壓症을 사게 될 것은 두말할 것도 없고, 자칫하면 도리어 반항심을 일으키게 할는지도 모르는 매우 까다로운 그들이라는 것을 명간銘肝해야만 되겠다. ……이것(공무원 채용과 과세문제의 신중한 처리와 균등한 혜택 등 – 인용자)이 없이는 그곳 주민들에게서 민국에의 충성을 바라기커녕, 까딱잘못할 때엔 그들로 하여금 '남·북한을 저울질하는 두 갈래 마음'으로부터 피어오르는 위험한 결과를 초래케 할 것.[248]

국회와 언론은 남한체제의 우월함을 보여주는 행정이 필요함을 강조했다. 그리고 수복지구에서의 남한체제 우월성 입증은 미래 통일과정에 영향을 줄 것이라는 인식으로 이어졌다.

이 지역은 후일의 남북통일을 하는 날을 위한 시험지역이 될 것이오니 이 지역에서 민주정치의 진면목을 보여주지 못하고 흔히 있을 수 있는 여러 가지 실패를 거두게 되면 후일의 남북통일의 대업을 수행함에 있어 큰 지장을 가져오리라는 것입니다.[249]

언론은 수복지구가 남북통일의 시험지역이므로, 이 지역에서 민주정치의 성공이 중요하며 만약 그것이 실패하면 통일대업에도 지장을 초래하게 될 것이라고 지적했다. 이는 한반도의 통일문제가 평화적으로 해결되어 북한 전역에 총선거가 실시된다면 수복지구에 대한 행정 성과여부가 국토통일에 긍정적 영향을 줄 것이라고 보는 견해였다.[250] 하지만 무력통일이나 전투 발발 가능성을 높게 보는 측에서는 수복지구는 언제 다시 군사적 적대행위나 전쟁의 폐허가 될지 모르는 불안정한 곳이었다. 국회 예결산위원회에서는 수복지구에 많은 예산을 들여 공공기관 등을 건축할 필요조차 없다는 논의가 오갔다.[251]

남한사회는 대체로 수복지구의 중요성을 강조했지만, 그 내용은 막연했으며, 그에 걸맞는 정책도 미흡했다. 수복지구의 행정, 식량, 생활형편은 열악했다. 각 군청은 군정시대의 부채를 안고 행정을 시작했다. 3군단의 군정 하에 있던 인제군은 군정 당시 민정부의 민정관과 직원들에게 월급개념으로 쌀, 사무비, 운영비 등의 명목으로 지출한 금액이 3백만 환이 넘었다. 행정권 인수는 빚의 인수이기도 했다. 군정비용이 군청의 빚이 된 것이다.[252]

당국의 구호양곡 배급계획도 제때에 수립되지 않았을 뿐 아니라,[253] 행정 이양 이후 구호양곡 배급량은 종래의 3분의 1로 줄었으며, 그것도 수송이 원활하지 않아 배급 중지상태에 이르렀다. 당국이 긴급대책회의를 열어 구호양곡 3,300톤을 급송하기로 했으나, "당해지구의 행정관리들이 바르게 배급하느냐에 민심의 귀추가 달렸다"고 할 정도로 배급과정에서 공무원들의 부정이 많았다.[254] 수복지구에 농기구를 비롯하여 농우도 배급되었는데, 농경에 비적합한 농우가 배급되는 등 수복지구 지원은 제대로 이루어지지 않았다.[255]

남한은 북한체제를 불인정했다. 이 지역민의 북한체제 하 인민 경험에 대해서도 인정되고 존중되기는커녕 불신으로 가득했다. 착취당했다는 것은 의식·생활수준이 낮다는 것으로, 5·6년간 부역자였다거나 세뇌당했기에 불순분자가 있다는 것, 남북한을 저울질할 것이라는 것은 결국 이 주민들에 대한 불신이었다. 주민들은 계몽·감시·통제의 대상에 불과했던 것이다. 단적으로 수복지구 주민들의 일제 치하 관료 경험 등이 인정되었던 점을 상기하면, 북한체제 하의 인민 경험은 불인정되었고 지워져야 할 대상이 되었다.

남한의 이러한 인식 속에서 주민들은 자신들의 북한체제 경험을 '착취·혹사'로 정리하고, 반공주의적 사고와 경험을 강조하고, 남한체제가 북한체제보다 우월하다는 집단기억을 형성해갔다. 그리고 그들은 북한체제 경험을 떠올리는 '수복지구'·'수복민'이라는 언급 자체를 꺼려왔다. 그들이 '수복지구'를 말하기 시작한 것은 2000년대 들어서였다. 남북관계가 개선되고 남한사회에서 냉전적 인식 및 정책이 완화되자 비로소 자신들의 경험을 반추하고 털어놓을 수 있게 되었다.

제도적 편입:
국민의 의무와 권리 부여

2-1. 주민 파악과 의무 부과

남한에 편입된 인제주민은 제도적으로 대한민국 국민이 되어갔다. 정부는 주민들을 파악하고 이를 바탕으로 의무와 권리를 부여하였다. 가장 먼저 이루어진 주민 파악 및 통제는 군부에 의한 입주영농증과 치안국에 의한 도민증 발행이었다. 입주영농증은 출입영농증으로도 불렸는데, 유엔군정 당시 비상계엄령 하에 계엄사무소장이 발행한 계엄지구 출입증명서였다. 유엔군정 당시 수복지구는 작전지구로서 비상계엄령이 선포되자마자 계엄사무소가 설치되었다.[256] 입주영농증의 발급업무는 특무대가 담당했으며 원주민 심사 통과자에게 발급되었다. 입주민은 '군복 입은 사람'들로부터 수시로 입주영농증 제시를 요구받았다. 당시 입주영농증은 오늘날 주민등록증 이상의 절대적 신분 보장권으로서 의미가 있었다고 한다.[257] 이는 행정권 인수 이후 도지사가 발급하는 도민증으로 대체되었으나, 민간인통제선 이북의 영농을 위해서는 도민증 외에 입주영농증(출입영농증)을 소지해야 했다.

그런데 입주영농증(출입영농증)을 부여받아 재정착한 주민들의 법적 지위는 분명하지 않았다. 그들이 마지막으로 부여받은 법적 지위는 북한의 공민이었지만, 실제로 북한당국의 관할이나 보호를 받지 못하는 상황이었다. 남한의 통치가 미치지 못한 것도 앞서 살펴본 바와 같다. 유엔군사령관의 관할 아래 있었지만, 그렇다고 유엔군사령부가 주민들에게 어떤 법적 지위를 부여할 수 있던 것도 아니었다. 이는 국방장관 손원일이 미 8군사령관 맥스웰 테일러Maxwell D. Taylor에게 보낸 편지에서 잘 나타난다. 손원일은 유엔군사령부 통제지역 내 거주자, 특히 8군 프로그램 하에 재정착한 농민들의 법적 지위문제를 제기했다. 그는 대한민국 헌법에 의해, 이 지역은 남한영토의 일부이며 남한통치권의 지배를 받지만, 유엔군정이 사실상 이 지역에 적용되고 있다는 점을 인정했다. 손원일은 편지에서 영토의 반환을 요구하지 않았지만, 거주자들의 법적 지위를 명확히 해줄 것을 요구했다. 미 대사관은, 이 편지가 최소한 이 지역 거주자에 대한 행정적 권한을, 최대한으로는 영토의 한국으로의 완전한 법적 이양을 직접적으로 요구하고 있다고 해석했다.[258] 따라서 유엔군정 하에 있던 이 지역민들의 법적 지위는 군사적 영토점령·통치권 문제 등과 연결되어 매우 애매한 상태였다고 할 수 있다. 행정권 이양 이전까지 그들은 '북한 인민'도 '남한 국민'도 아니었으며, 어디까지나 유엔군정 하에 놓인 '주민population'이었다. '북한 인민'에서 '남한 국민'으로 바뀌는 과도기였다.

행정권 이양 이후에야 이곳 사람들은 신분증으로 도민증을 발급받았다. 도민증은 도지사가 발급했는데, 실무는 치안국이 담당했다. 그런데 이때 원주민은 별도로 구분되었다. 치안국은 〈수복지구의 경찰

시책 요강〉을 발표(1954. 11. 20)했는데, 원주민 즉 한국전쟁 전까지 현지에서 거주한 층과 전입자로 구분하여 동태를 파악한 후 발부했다.[259] 1954년 12월 1일부터 도민증 발급사무를 개시하여 1955년 1월 말 발급 완료했다. 이로써 총 7만 7,520명의 수복지구 주민이 도민증을 받아,[260] '대한민국 강원도민'으로 인정된 동시에 '수복지구 원주민'으로 분류·관리되었다.

인제를 비롯한 수복지구는 별도로 관리·통제되었다. 타지의 공무원이나 민간인이 수복지구를 출입할 때도 별도의 증명서가 필요했다. 공무원은 소속장관의 출입증명서를, 민간인은 거주지 소재 경찰서장의 여행증명서를 소지해야 했다. 주민들은 도민증만으로 수복지구를 왕래·여행할 수 있기를 바랐다.[261] 여행증제도는 1955년 2월 10일 폐지되어 도민증으로 출입·여행이 가능해졌지만,[262] 검문과 도민증 제시는 일상적이었다.

수복지구 주민이 대한민국 국민으로 인정받아 재산권 등을 행사할 수 있게 된 것은 호적 및 등기 복구사업을 통해서였다. 전쟁의 와중에 호적부 및 등기부가 소실되었기 때문인데, 1955년 1월 대법원에서는 호적 복구사무 및 가옥·토지 등의 복구 등기사무를 개시하기로 결정했다. 가옥·토지 등기는 재산권의 행사가 법적으로 가능해짐을 의미했고 농지개혁의 기초자료가 될 것이었다. 호적 복구는 국민으로서의 의무와 권리 부여 등의 바탕이 될 것이었다. 그러나 예산관계로 청사가 미정되어 수복지구 현지의 호적·등기 복구 사무는 1955년 5월에야 개시되었다.[263]

호적 복구는 원호적原戶籍 복구와 가호적 작성 두 측면에서 이루어졌다. 원호적 복구는 수복지구 원주민에 대해 이루어진 것이었고, 가

호적은 북한에 편입된 38선 이남 옹진·연백·개성·개풍·장단·판문 일대 출신과 수복지구 이외의 38선 이북 출신자를 대상으로 작성된 것이었다.[264] 가호적자들은 정전협정 제59조 '실향사민'으로 분류되어 북의 고향으로 귀환될 가능성이 있는 사람들이었다.[265]

(호적 복구사업은 어떻게 진행됐나요?) 호적 복구는, 원호적부가 법원에 있는 건 그걸 토대로 할 수가 있었는데, 완전히 소실되고 없는 건 가호적 신청을 해 주소, 아버지 이름, 어머니 이름, 본인 이름, 생년월일, 출생, 결혼은 아무개와 며칠 혼인했는지 등을 본인이 '신분표'라고 작성해서 2부를 내. 그러면 면호적계장이 호적부를 만들어서 1부는 면사무소에 넣고, 1부는 법원에 보내면 그게 호적이야. 본인이 그게 호적이라고 신분표를 내면 그게 호적이야. 그게 맞냐 안맞냐는 ……그러니까 그게 실질적인 사실과는 다르지.

(나이를 늘리거나 줄이는 이유는 뭐예요?) 늘리거나 줄이는 이유는 군대 갈 적 령기야. 내가 세 살 내지 네 살 늘렸다 하면 징집대상이 아니란 말이지. 그러면 군대를 안 가지. (줄이는 이유는요?) 줄이는 거야, 그것도 이유가 있겠지. 당장에 군대에 가야할 때면 한 3, 4년 미루는 거지. 주로 군대와 관련해서 나이를 늘기고 줄이고 그랬어.[266]

호적 복구는 군 입대와 직결되었다. 때문에 호적 복구 당시 출생연도를 3, 4년 늦추거나 당겨서 나이를 줄이거나 늘린 경우가 비일비재했다. 이때 호적을 복구한 수복지구 원주민 대부분은 실제 출생일과 호적상의 출생일 두 가지를 갖고 있다. 이는 입대를 피하기 위해서였다.[267]

호적 복구와 아울러 병적 등록도 추진되었다. 정부의 병적 등록을 중심으로 한 병역의무의 부과는 매우 빠르게 이루어졌다. 국방부는 행정권 인수 직후부터 제2국민병 등록을 계획했으며, 등록 기간을 이듬해 1월 4일부터 2월 3일까지로 잡았다. 대상은 수복지구에 거주하고 있던 만 17세에서 40세에 해당하는, 38선 이남·이북 출신 장정 모두였다. 전국 각지로부터 병역기피자 또는 동원기피자들이 수복지구에 운집하여 군속軍屬을 빙자하고 있는 경우가 있었는데, 병무국은 이들까지도 파악하여 병역의무를 지우고자 했다. 이어서 징소집徵召集 해당자의 신체검사를 실시(1955. 4)했다.[268]

병적 등록을 통해 수복지구 주민들은 국방의 의무를 지게 되었다. 남한의 병역법이 수복지구 주민들에게 적용되었으며, 이곳 주민들은 대한민국 제2국민병 및 재향군인으로 등록·파악되어 언제든지 병력 등에 동원될 수 있게 되었다. 아울러 정부는 수복지구 주민에게 "국민의 신성한 국토방위의무에 대한 계몽"을 실시했다.[269] 언론은 "수복지구 주민들에 대하여 국민의 三大 의무의 하나인 병역의무가 드디어 부과케 되었다"고 의미를 부여했다.[270]

수복지구에는 납세의무도 부과되었다. 정부는 행정권 인수 직후 이 지역에 대한 모든 조세를 감면할 계획이었으나, 결국엔 세금을 부과하였다. 그 이유는 정부의 재정여건상 수복행정비를 전적으로 감당하지 못한다는 점, 양양군과 같이 비교적 주민이 일찍 복귀하여 어느 정도 기반이 정비된 군·면의 경우 군정 당시 이미 군정령軍政令에 의해 조세를 과징했다는 점, 모든 국민에게 응분의 과세를 해야 한다는 조세원칙 등을 이유로 경감하는 정도에서 조세를 부과하였다.[271]

2-2. 제한된 주권: 선거 실시와 지방자치제 제외

수복지구 주민에게 대한민국 국민으로서 정치적 권한이 인정된 대표적인 조치는 이 지역에서의 선거 실시와 주민들에의 (피)선거권 부여였다. 인제를 비롯한 38선 이북 중동부지역이 남한에 편입된 후 실시된 첫 선거는 1956년 정·부통령 선거였다. 정부는 1955년 4월 22일 〈참의원의원 및 민의원의원 선거에 관한 종합법안〉을 국회에 제출했는데, 동 법안은 38선 이북 수복지구에도 8개 선거구를 증설하여 민의원 선거를 실시한다는 규정을 보충하였다.[272] 이 법안에 의해 수복지구에는 1956년 정·부통령 선거와 1958년 제4대 민의원 선거가 실시되었다.

정부와 국회를 비롯해 언론도 선거의 수복지구 실시에 대해 "38선 이북 땅에 첫 선거," "수복지구의 주민들이 처음으로 대한민국 치하에서 실시되는 선거에 참여"했다는 의미를 부여했다. 민의원 선거에 대해서는 "처음으로 선량을 뽑아 의정단상에 보내는 선거"라는 의의를 강조했다.[273] 북한체제 하에서 선거가 실시되었던 사실을 인정했으나, 그때의 선거는 형식에 불과했다고 평가하고, 남한에서 실시되는 선거가 진정한 민주선거라고 남한체제의 우월성을 주장했다.

그러나 인제의 선거는 관권개입과 부정선거로 진행되어 "선거를 했다기보다는 모의선거 연습을 한 것"에 불과하다는 평가를 받았다.[274] 특히 야당은 수복지구에서의 정·부통령 선거 및 민의원 선거는 정부 여당이 득표를 위해, 또 1958년 5·2선거 때 국회의 개헌선을 확보하기 위해 졸속으로 실시한 것이라 비판했다. 숙영지·군사지대에서의 선거라는 점도 충분히 고려되지 않았다고 비판했다.[275]

실제로 수복지구의 선거 실시는 정부 여당에 유리하게 작용했다.

북한체제의 부역자로 의심받던 이곳 주민들이 의심으로부터 벗어나고 남한 국민이 되는 방법 중 하나는 이승만정권을 지지하는 것이었다. 더구나 반공교육을 중심으로 한 민심계도사업이 진행되고 인근에서 간첩 침투 소식이 간간이 전해지는 상황에서 선거가 실시되었다. 선거에 대한 자유당과 군경의 조직적 개입과 더불어 반공주의는 주민들로 하여금 이승만정부와 자유당에 표를 던지게 했다.

그런데 선거는 지역민들 간에 갈등이 표출하는 계기도 되었다. 갈등구도는 원주민과 외지인 간에, '월남파'와 '잔류파' 간에 형성되었다. 특히 1958년부터 1961년까지 민의원 선거만 네 번을 치룬 인제지역은 그 갈등이 더욱 치열하였다. 인제의 원주민과 외지인은 선거과정에서 자유당과 민주당으로 나뉘었다. 양조장 사장(이진숙), 양복점 사장(원상포), 약방 사장 등은 원주민이 아닌 외지인들이었는데,[276] 이들은 선거운동과정에서 민주당 김대중 후보 측에 섰다. 1958년 김대중 후보가 후보 등록조차 하지 못하게 되자, 그들은 선거결과를 인정하지 않고 군청을 습격하여 투표함을 불태우고 당선자를 감금했다가 투옥되기까지 했다. 1959년 재선거와 1960년 7·29총선에서도 원주민들은 "토박이임을 내세운 후보에게 몰표를 줬다." 강원도를 본적지로 하고, 일제 때 인제군농회 기수를 지내고 일본군 하사관이었다가 해방 후 고성과 인제의 경찰서장을 역임한 자유당의 전형산 후보가 "아무런 연고도 없는 김대중에게 왜 표를 주느냐"며 선전했다. 이때 김대중 후보는 인제군 5개 면에서 근소한 차이로 이겼으나, 토착민이 많은 한 면에서 몰표가 나와 1,000표 차이(전형산 7,556표, 김대중 6,538표)로 패했다고 한다.[277] 타지 출신의 유·무명 인사들이 수복지구에 '깃발'을 꽂는 것처럼 출마를 하고 당선된 경우가 많았지만, 인제의 선거는 여당 토박이 대 야당 외지인의 대결에서 전자의 승리로 귀결되었다.

또 원주민이라 하더라도 '월남파'와 '잔류파'로 나뉘어 그 갈등이 선거에서 표출되곤 하였다. 월남파란 전쟁 전에 월남했던 이들을 가리키고, 잔류파는 전쟁 전에 지역에 남아 계속해서 북한통치를 받았던 이들을 지칭했다. 대체로 잔류파는 반공경력이 명확히 확인되지 않는 한 지역사회에서 발언권을 회복하기가 쉽지 않았다. 양구지역의 잔류파 중에는 일제시기 유지급 인사들이 있었는데 여러 가지 이유로 월남하지 못하고 북한체제 하에 있었다. 그들은 전쟁 중 국군에 의해 소개되었다가 전후에 지역에 복귀하였다. 월남파는 전쟁 전 월남하여 서북청년단 등의 반공단체에 가입했던 이들이다. 대한청년단을 중심으로 한 월남파는 잔존파를 '무시하면서' 지역사회를 주도하려 했고, 잔존파도 지역사회에 대한 과거의 권위를 회복하고자 했다. 이들 모두 자유당에 속했지만, 자유당 내에서 자신들의 입장을 대변할 인물을 공천하고 당선시키고자 했다.

그런데 인제 등의 수복지구에는 당시 남한의 모든 선거가 적용·실시되지 않았다. 앞서 살펴본 것처럼 정·부통령 및 민의원 선거는 진행되었지만, 지방의회 선거는 실시되지 않았다. 직접적으로는 〈수복지구임시행정조치법〉 때문이었는데, 동법은 '관치官治'를 명시했기에 지방자치를 위한 선거가 실시될 수 없었다. 국회 및 수복지역민들은 동법을 개정하거나 폐기하여 지방자치제를 실시할 것을 여러 차례 주장하였다. 동 법 개정안은 함재훈(자유당) 외 30인이 처음으로 〈수복지구임시행정조치법중개정법률안〉(1956. 2. 27)을 제안했다. 동 개정법률안은 현행법의 제8조 단서를 삭제함으로써 38선 이북 수복지구에도 지방의회를 구성토록 하자는 것이었다.[278] 그러나 동 개정 안은 통과되지 않았고, 1956년 지방의회선거에서 수복지구는 제외되었다.[279] 1957년에도 홍창섭(자유당) 외 22인이 〈수복지구임시행정조 치법폐지에 관한 법률안〉(3. 14)을 제출하였다. 홍창섭은 정부가 수복 지구를 이양 받은 지 3년 이상이 경과되어 행정이 본궤도에 올랐으므로 전기 법률이 필요하지 않다고 하면서 38선 이북 수복지구민에 대해서도 지방자치법을 적용해야 한다고 지적하였다.[280]

1960년에는 12월로 예정된 지방선거를 앞두고 국회에서 동 법의 폐기 논의가 활발했다. 홍승업(자유당, 고성군) 외 21인도 〈법률350호 수복지구 임시행정조치법의 폐기법률안〉(1960. 5. 30)을 제안하였다. 홍승업 등은 전쟁으로 인한 세원 고갈과 주민들의 민주훈련 결핍 등을 이유로 관치를 한 것인데, 동 법이 시행된 지 6년이나 되면서 지역 민의 담세擔稅능력이나 민주의식이 크게 높아졌기 때문에 임시조치법을 폐기해야 한다고 주장했다.[281]

1960년 8월 18일 신기복(민주당, 김화군) 외 13인도 임시조치법을 폐기하는 법률안을 제안했다.[282] 민의원의 지방자치개정안 기초위원회가 이 안을 통과시켰고(9. 16)[283] 민의원 본회의도 수복지구임시행정 조치법폐지법률안을 통과시켰다(9. 28). 이로써 1954년 11월 이래 관 치상태이던 경기도의 1군(연천)과 강원도의 7개 군(철원, 김화, 화천, 양 구, 인제, 양양, 고성)은 1960년 12월 지방의원 선거에서부터 자치를 실 현할 수 있을 것으로 기대되었다.[284] 그러나 참의원 내무위원회는 민 의원에서 송부한 수복지구임시행정조치법폐지법률안을 "본회의에 부의하지 않기로" 결정하였다.[285] 내무부장관도 1960년 12월 실시 예 정인 지방선거에서 수복지구를 제외한다는 담화를 발표했다.[286]

수복지구 주민들은 지방자치제를 실시하지 않는 것을 차별로 받아들였다. 양양군 주민들은 수복지구 자치제 실시 촉진 성토대회를 개최하여 정·부통령 선거를 비롯하여 민·참의원 선거까지 실시하면서 자치를 실시하지 않는 것은 이치상 맞지 않는다고 비판하였다.[287] 1960년 11월 7일 수복지구 7개 군의 실무자가 시군선거실무자회의에 참석해 지방자치허용대책을 강구했다.[288] 자치권 요구 시위도 잇따랐다. 11월 4일 양양, 11월 7일 화천, 11월 8일 양구에서 군민궐기대회가 열렸다.[289] 12월 5일 7개 군 대표 30여 명이 민의원의사당 앞에서 자치참여권 부여를 요구하는 시위를 벌였다.[290]

국회에서도 〈수복지구임시행정조치법〉 폐지를 둘러싸고 의견이 분분했다. 함종찬은 임시행정조치법이 폐지되어야 할 이유로 대한민국의 주권 행사를 들었다. 그는 수복지구가 국제법상 교전지역으로 되어 있으며 엄격히 따지면 대한민국의 주권이 완전하게 행정에 적용되지 못하고 있다고 하면서 완전히 주권이 미치기 위해서는 모든 지방의원 선거도 실시해야 한다고 주장했다.[291] 반면, 신인우는 임시조치법도 대한민국에서 작정한 법률로, 주권 행사에 의해 작정한 법률이므로 임시조치법 존속과 주권 행사는 관계가 없다고 주장했다.[292] 결국 임시조치법폐기안은 부결되었는데, 그 이유는 임시조치법이 폐기되면 행정구역상에 혼란이 생긴다는 이유였다. 임시조치법은 행정구역문제와 지방선거 제외 모두를 규정하고 있었으므로, 임시조치법을 폐기하여 지방선거를 실시하면서 행정구역을 그대로 두는 것은 불가하다는 것이었다.[293] 결국 수복지구에는 1960년 12월 지방선거가 실시되지 않았다.[294]

지금까지 인제를 비롯한 수복지구 주민이 제도적 조치에 의해 남한

국민으로 편입되는 과정을 살펴보았다. 원주민들은 유엔군정기 입주 영농증을 발급받아 재정착할 수 있었지만, 법적 지위가 애매한 '주민'이었다. 행정권 이양 이후 도민증의 발급으로 '강원도민'으로 인정되었다. 이후 남한은 호적 복구사업을 통해 지역주민에 대해 기초적인 파악을 하고 이를 바탕으로 각종 의무와 권리를 부여하였다. 이곳 주민들은 대한민국 국민으로서 납세와 병역의무를 가졌으며, 대통령과 민의원 선거에서 투표권을 행사할 수 있었다. 하지만, 정부와 국회는 이 지역민의 담세 및 자치능력, 행정구역문제 등을 이유로 지방자치제를 실시하지 않았다. 이는 정부가 이 지역에 대해 과거 북한통치 하에 있었다는 특수성을 고려한 조치였지만, 그렇기 때문에 이 지역민이 자치를 실현할 수 없다는 차별적 인식을 보여준 것이기도 했다.

반공적 '모범국민'의 형성

3-1. 유공자와 주민계도

인제주민은 사상·의식적으로도 '남한 국민'이 되어갔다. 주민들에게는 모범적인 국민의 상(像)이 제시되었으며, 주민통제를 위한 조직이 편성되었고, 계도·계몽·사상정화라는 이름으로 각종 교육과 선전사업이 진행되었다.

주민들에게 '모범국민'으로 제시된 사람들은 군부·공무원·일부 민간인이었다. 이승만정부는 행정권 인수 이후 수복지구 관련 유공자를 선정하고 표창했는데, 군부, 정당, 사회단체, 민간인 등이 지방행정체계 확립, 전재부흥, 난민구호, 복귀농민정착 및 치안확보 등에 지원협조를 했다는 점에서 도지사로부터 표창을 받았으며, 공무원은 여러 난관을 극복하면서 수복행정에 노력하여 괄목할 만한 성과를 거두었다는 이유로 내무부장관의 감사장을 받았다.[295]

군부 인사로 표창 받은 인물은 연합참모본부 의장 이형근, 1군사령관 백선엽, 2군단장 함병선, 3군단장 송요찬, 5군단장 최영희를 비롯하여 각급 사단장, 참모장, 민사부장, 특무대장, 대대장 등 78명이었다. 공무원은 인제군수 이승춘, 양구군수 박하영, 철원군수 겸 김화군수 김태현, 화천군수 김기홍, 고성군수 김태원, 양양군수 김주혁 등 군수 전원과 군청 직원, 읍면장, 읍면사무소 직원 등 총 122명이 표창받았다. 경찰 87명, 교육구 77명, 학교장 및 교감 6명, 기타(양구우체국, 양구금융조합 이사) 2명 등도 표창받았다. 군수 겸 군교육감으로 중복 수여된 7명을 제하면, 총 532명이다. 민간인으로는 주로 자유당과 국민회, 대한청년단 출신의 우익 인사가 표창을 받았으며, 각 면별로는 5, 6명씩 총 166명이 선정되었다.[296] 그들 대부분 반공사상과 경력을 가진 인물들이었다. 원주민 가운데는 과거 유지 출신이거나 남한 체제에 적극적으로 편입된 인물들이 모범적 인물로 선정되기도 했지만, 38선 이남 출신의 관료나 군의 간부들이 '수복지구 재건'의 공로를 인정받았다.

이는 북한의 모범인민 선정 및 표창과 비교되는 면이 있다. 양측이 모두 상대에 대한 적대적 사상을 갖춘, 자신의 체제에 대한 지지자와 협력자를 모범 혹은 유공자라 칭한 것은 유사하다. 또 모범 및 유공자에 대한 표창은 주민들에게 선전의 효과가 있었다. 유공자 표창을 통해 주민들로 하여금 남한에 편입되었음을 재차 인식하게 했고, 군관은 물론 반공적 정당사회단체에 속하거나 적극 협력해야 함을 보여준 것이었다. 하지만 북한의 모범인민 표창이 주로 일반대중으로부터 모범을 만들어내는 데 초점이 있었다면, 남한 편입 이후의 유공자는 군·관·민의 주요 간부급들이었다. 그리고 그들은 주로 이승만정부로부터 파견되어 지역을 관리·통제한 인사들이었다.

물론 일반주민을 반공국민으로 만드는 작업도 진행되었다. 주민 통제 및 계도를 위한 행정말단조직이 편성되었고, 각종 교육·선전 등이 전개되었다. 첫째. 주민들은 지역 최말단에서 국민반으로 통제·동원되었다. 국민반은 〈강원도규칙 제131호 국민반운영규칙〉에 의해 1955년 12월 말 편성 완료되었다. 매월 말일 반장회의와 매월 1일 반상회를 열고, 각 면 단위로 반장대회를 개최하기도 했다. 1956년 3월 29~30일 수복지구 전 면장회의를 개최하여 국민반운영강화책을 기도했다.[297] 주민들은 국민반으로 편제되어 정부정책을 전달받고 그에 대한 지지를 요구받았다.

그런데 이 지역민은 북한체제 하에서 인민반으로 편제된 바 있었다. 인민반은 대개 10~20개 호당 하나의 반으로 편성되었는데, 매월 1일씩 인민반회의를 통해 행정업무 보조의 일환으로 정부정책을 전달하고 지원했으며, 노력 동원되기도 했다.

더 거슬러 올라가 일제식민지시기에는 애국반으로 편제되어 통제된 적이 있었다. 애국반은 전시체제 하에 10호 단위로 조직된 국민총력연맹의 말단 기초조직이었다. '황국정신의 현양' 등을 조직적으로 실현하고 감시·통제하는 역할을 담당하면서, 신사 부지를 청소하거나 도로 수리 등의 공동노동을 통해 전쟁수행을 위한 조직으로 기능했다.[298] 따라서 이 지역 주민들은 촌락의 최말단 조직으로서 애국반에 이어서 인민반으로도 편제되었고 다시 국민반으로 편제되어 각 통치당국이 요구하는 이념과 정책을 수용·집행해야 했다.

둘째, 반공교육을 중심으로 하는 민심계도사업의 전개였다. 정부당국은 "적오열의 부단한 침투"가 예상된다면서 주민에게 "진정한 민주주의의 체득과 반공사상의 고취로 국가관을 확립함이 수복행정의 선

결요건이며 민심계도사업의 필수"라고 하였다.[299] 그리고 민심계도사업은 "북진통일에 대비하여 정신무장과 국론통일을 기하는 방향으로" 전개되었다. 이는 다름 아닌 반공교육이었다. 더구나 인근에서 '공비토벌'이나 간첩 침투사건이 자주 발생하는 상황에서[300] 반공은 더욱 강조되었고, 주민들에게는 대한민국에 대한 지지가 요구되었다. 또 주민에게 방공防空의식을 주입하여 그 실태를 파악하고, 방공호 및 대피호를 구축하였다.[301]

일제 하에서 '공산주의사상·운동의 박멸과 황도정신 선양'을 선전·교육받았던 이 지역 주민들은 바로 '박멸의 대상이던 공산주의'의 통치를 받아 반일·반제를 외쳤다가, 남한에 편입되어 다시 반공교육을 받았다. 주민들의 체제 적응과 정체성 형성은 구체제의 부정을 통해 이루어질 수밖에 없었다.

수복지구 각 군에는 민심계도사무전임촉탁이 배치되었다. 시국계몽강연대, 국민사상정화 만담대회, 계몽영화반의 순회, 좌담회 등도 실시했다. 선거에 대비하여 문맹퇴치, 자치정신 함양, 민주사상 보급 등을 내용으로 성인교육을 실시하였다.[302]

수복되고 나서는 이동영화를 가지고 다니면서 많이 했지. 대한뉴스라고 해서 현재 정부가 하는 뉴스가 짤막하게 나오고 그리고 반공에 대한 자료로 계몽을 많이 했지. ……처음에는 경찰, 군청, 이렇게 합동으로 나가는 게 있어. 그때 만해도 어수선하고 그러니까 정부에서 인정할 때 혹시라도 불순분자가 있지 않을까 해서 경찰들이 군청(직원)하고 같이 나갔어. 오지마을 같은 데도 나가고. 촌사람들이 그때 만해도 텔레비전이 없으니까 많이 모여. 노랫소리 들리면 계몽영화 왔구나 하고 저녁시간에 다 나와. 강제

동원 안 시키고 마이크 소리 나고 음악소리 들리면 다 나와. 산골마을까지 다 가지.[303]

그런데 '계몽' · '사상정화'는 북한 이념으로부터 벗어나 남한 이념을 받아들이는 것이었으며, 반공주의를 바탕으로 김일성 · 노동당이 아닌 이승만 · 자유당을 지지하는 것이었다. 북한체제 하에서도 북한이나 소련 사회주의방식의 민주주의가 선전되었던 점을 생각하면, 남북한이 주민에게 강조한 민주주의란 결국 자신의 체제와 집권정부여당을 지지하는 것과 다르지 않았다.

남한은 '북한 인민'을 인정하지 않았다. 남한은 한국전쟁 이후는 물론이고 1948년 대한민국 정부 수립 전후부터 '좌익'을 국민으로 인정하지 않았다. 반공국민만이 국민의 자격을 얻을 수 있었다.[304] 과거 '북한 인민'이었던 주민들에게는 두 가지 선택의 길이 있었다. 하나는 의심을 받지 않기 위해 철저하게 침묵하는 것이었다. 그들은 정부정책이나 지역사회의 변화에 대해 "좋은 일이나 나쁜 일이나" 반응을 보이지 않다.[305] 아니면 더욱 철저하게 국민으로서 태도를 보이는 것이었다. 제도적으로 국민이 된 그들은 정치적으로도 반공을 표방한 정부여당을 지지함을 보여야 했다. 5년간의 인민 경험을 부정하도록 하는 남한의 인식과 제도들은 이곳 주민들을 국민으로 재탄생—북한 표현으로는 갱생—시켰다.

3-2. 인민에서 국민으로: A주민과 B주민의 사례

인제군의 A주민[306]은 열두 살에 해방을 맞았다. 해방되고 북한체제 하에서의 변화는 뚜렷했다. 동네에는 일제 때는 보기 힘들었던 중학교와 고등학교가 들어서기 시작했다. 각 면별로 중학교가 생기더니 인제면에 고등학교도 하나 생겼다. 일제 때 부잣집은 중고등학교 기숙사로 바뀌었다.

그는 중학교와 고등학교에 진학할 수 있었고 러시아어 등을 배웠다. 여느 학생들과 마찬가지로 소년단과 민주청년동맹 활동도 했다. 방과 후에는 정기강연, 예술활동, 노래하고 춤추는 가창대 등의 활동이 이어졌다. 실수가 있을 때는 자아비판을 했고, 자아비판을 하는 소년단원을 향해 선배들과 간부급의 소년단원들은 답변하기 어려울 정도로 질문을 해댔고 겨우 다시는 하지 않겠다는 다짐을 받고서야 용서를 하는 식의 자리가 만들어졌다. 그러다가 또 실수를 반복하면 소년단에서 제명되고 그러면 상급학교 진학이 어려워지게 되었다.

"순수했던" A주민은 소위 사상적으로 무장되었다. 북한은 "조국과 민족을 위해 내가 희생해야 한다는 의식 개혁"을 요구했다. 그는 1950년에 고등학생이 되었고 민청원의 간부로서 벽보를 붙이고 관리하는 등의 역할을 맡기도 했다. 그는 북한체제 아래서 비교적 잘 적응하면서 열심히 활동했다. 학교 성적이 우수하고 민주청년동맹 활동을 제대로 하면 대학교 가는 것은 무료였다. 만약 그 체제가 요구하는 대로 따라가지 않으면 "발전할 수 없었다. 살아갈 수가 없었다." 만약 실수를 한 경우라면 만회하기 위해 엄청나게 노력해야 했다.

그는 군당의 핵심간부였던 친척형의 영향을 받기도 했다. 그 형은리 단위에서는 최고 엘리트였다. 한국전쟁 때 남한점령지역에 나가 선무공작을 하기도 했는데, 인민군의 후퇴 시 북으로 갔다.

전쟁에 대해서는 탱크가 내려오는 것부터 다 볼 수 있었다. 1950년 6월 24일 토요일 오후 인제고등학교 수업을 마치고 합강교 아래로 친구들과 놀러나갔다. 기마병과 사이드카 등의 기동병이 며칠 전부터 내려왔고 마지막으로 전차가 열 대 내려와 합강교 밑 아카시아 밭에 숨어 있었다. 그러더니 일요일 새벽 남쪽 편으로 벌건 화광이 보이고 "웅"하는 소리도 들렸다. 그게 전쟁의 시작이었다. 시간이 지나니 "인민군이 남한 어디를 해방시켰다, 또 어디를 해방시켰다"는 소식이 들렸다.

개전 직후에는 전시체제 방침에 따라 물적·인적 동원이 많아졌지만, 그래도 북한의 세가 확대되었기 때문에 인제군에서 그대로 생활이 가능했다. 그런데 전선이 오르락내리락 거렸다. 1951년 초봄에 인민군이 후퇴를 하면서 인제군의 주민을 소개시켰다. 그도 서화면 끝 이포리까지 피난하였다. 1951년 5월경 인민군과 중공군이 인제지역을 재확보하고 국군3군단을 패퇴시킬 때, 다시 고향에 들어왔다. 하지만 그것도 잠시, 다시 서화면 끝 부근의 서흥리 골짜기로 피난해야 했다. 인제지역은 총격과 포탄으로 가득하였다.

그와 그의 가족들은 산속에 피신해 있다가 국군에게 발견되었고 남한 어딘가로 소개되었다. 도착한 곳은 원주시 명륜동 피난민수용소였다. 언덕진 곳을 깎아 수용소로 만들었는데, 피난민 수가 꽤 많았다. 1년간 식량배급을 주더니 점차 자활을 하라며 식량배급이 줄어들었다. 열두 명의 가족 중에 아버지와 형님 등이 사망하고 여덟 명의 가족이 남았는데, 남자인 그의 나이가 열여덟 살로 가장 많았다. 여덟 명의 가족을 부양해야 하는 그 마음의 자세라는 게 너무나 부담스럽고 힘들었다.

그런데 원주 피난민수용소에서 "우리나라 군대의 흑막"을 보고 말았다. 특무대 소속의 문관이 그곳에서 피난민을 상대로 장사를 하는 것이었다. 일제 때와 비슷했다. 일제 때 인제사람들은 공출을 피하기 위해 땅에 식량을 파묻어두곤 했는데, 1944년부터 45년에 관공서와 주재소 사람들이 군사용 식량조달을 위해 그걸 다 찾아 뺏어갔었다. 그도 1950년 가을에 추수한 벼와 탈곡기와 재봉틀을 땅에 묻어두고 피난을 했었다. 그런데 그 사실을 특무대 문관이 알고는 거래를 청해 왔다. 한창 전투가 벌어지던 그곳에 가서 벼를 찾아와서 반씩 나누자는 것이었다. 그는 문관의 말을 따를 수밖에 없었지만, 국군에 대한 부정적 생각이 들었다. '인민군은 절대 그러지 않는데 일본이 하던 짓을 국군이 했다'고 비판했었다 한다. 그는 그때를 "젊었고, 사상적으로 무장이 되었다"고 회고했다.

그는 탈곡기와 재봉틀을 팔아서 원주에서 집 한 채와 식량 등을 구입했다. 겨우 휴전도 되었지만 직장 구하기가 어려웠다. 이런 저런 노동을 하며 연명했다. 그러다가 원주 미군부대에서 일하며 영어를 배우고, 야간고등학교도 한 1년 다녔다.

그런데 가족을 도외시할 수 없어 수복된 인제군으로 돌아왔다. 다만 고향인 북면 원통은 가기 싫어서 서화면으로 갔다. 호적 복구사업이 한창 진행되었는데, 호적을 만들면서 출생연도를 2년 줄였다. 군대를 조금 늦게 가려 했다. 대한민국 군대에 스물세 살에 입대하여 3년 만기로 스물여섯 살에 제대했다. 이후 1959년 강원도에서 진행하던 농촌중견인물강습회를 수료하고 서화면사무소에 임시직으로 들어갔다. 1960년에 시험을 거쳐 '주사보'를 달고 정식 공무원이 되었으니, 꽤 빨리 임시직을 면한 것이었다.

공무원이 되자 잦은 교육이 진행되었다. 교육은 보통 보름이나 한 달 간 진행되었는데, 군대식으로 머리를 깎고 스파르타식으로 기숙사

생활을 했다. 매일 새벽 5, 6시에 운동을 했다. 교육실에 들어간 처음부터 시험을 보기 시작하여 매시간 시험이 진행되었다. 행정실무교육 중에 '운영계획'을 배웠는데, 이미 군대에서 다 배운 것이어서 수월했다.

공무원으로 계속 진급할 수 있었지만, 농사짓고 사업하는 쪽을 택하고 1965년에 퇴직했다. 사업 시작 초반이자 그의 나이 30대 중반에는 사업도 꽤 잘되었다. 뒤에는 내리막길을 걸었으나, 나름 지역사회에 상당히 열심히 봉사를 했다. 1970년대에는 민주공화당 당직자가 되어 정부여당의 정책을 수행하는 데 앞장섰다. 인제지역의 각종 건축사업과 예비군 육성, 체육기금 조성 등 정말 일이 많았는데, 정부의 지원이 거의 없었기에, 그의 활동은 "명예가 아니었고 돈벌이도 아니었고 봉사"였다. 이러한 활동으로 1960년대 후반부터 1990년대까지 표창, 감사장, 위촉장 등을 수없이 받았다. 부대 창설 시 군용지軍用地 무상대여(육군준장, 1966), 재향군인회 지역분회장으로서의 모범적 역할(재향군인회 강원지회, 1967), 민주공화당 유공표창(1973), 향토방위와 예비군 육성발전(육군참모총장, 1976), 안보태세 확립, 지역사회 발전에의 헌신적 노력 등에 대한 공을 인정받았다.

현재 그는 과거의 열정적인 정치적 삶에 대해 회한을 보였다. 정치적 격변 속에 적극적으로 편입되어 활동했으나, 지역사회의 진정한 발전여부, 주민과의 유대, 인간적인 삶이라는 면에서 후회하는 심정을 내비쳤다. 아울러 "공산주의는 양심이 없으며, 자신의 목표를 위해 수단과 방법을 가리지 않음"을, 따라서 "북한을 지원해서는 안 된다"고 강조하였다. 그의 사례는 '순수한 청년'으로서 북한체제를 지지했던 '인민'에서 적극적으로 남한체제의 '국민'으로 편입되어간 대표적인 예이다. 그는 정부 여당을 지지하고 반공관련 단체에서 적극적으로 활동하는 것으로 반공의식을 표현했고 지역사회에 영향력을 행사해갔던 것이다.

인제군의 B주민[307]은 1931년에 남면 신월리에서 태어났다. 신월리는 인제군 중에서도 38선에 가까이 인접해 있다. 일제 때 밭 4,000평 이상, 논 2,000평 이상에 임야도 9,000평 갖고 있었기에 형편은 넉넉한 편이었다. 남녀 머슴도 두었다. 이 정도 재산이면 중류층에 속할 수 있었고, 할아버지는 '유권자'로 대접받으며 면의원 선거에 다니곤 했다.

일제 때 국민학교가 남면 관대리에 있었기 때문에 6~8킬로미터 되는 거리를 걸어 통학했다. 국민학교 때 조선어제도가 폐지되고 일본어만 사용하게 되었다. 학교에서는 친구들 사이에서도 조선어를 사용하지 못하게 조선어벌칙카드를 주고받게 했고 그것을 성적에 반영했다. 신사는 군소재지에 하나 있었고, 일제 말년에는 집집마다 '천조대신 아마테라스 오미카미' 위패를 두고 참배하게 했다. 1945년 3월 졸업을 했지만 진학을 하려 해도 가까운 곳에 학교도 없었고 교통도 불편했기에 집에서 농사를 지었다. 관대국민학교 졸업 시 같은 반 친구들 중에 상급학교 진학자가 한 명도 없을 정도로 상급학교 진학은 드물었다.

그런데 상급학교에 진학하지 못한 애들은 징용으로 끌려가게 되었다. 졸업생은 일주일에 하루, 이틀 모교에 모여 군사 훈련을 받았는데, 훈련 중에 징발되곤 했다. "싱가포르를 함락시키는 등 대동아전쟁에서 다 이기고 있는데, 지원해서 갈 사람?" 하면 다들 고개를 숙였다. 교사가 학생들 하나하나를 불러 심사를 했는데, 그는 할아버지와 할머니 부양을 이유로 징용대상에서 제외되었다. 그와 마을사람들은 신월리도로가에 모여 징용자에게 잘 다녀오라며 일장기를 흔들었다. 해방을 불과 몇 달 앞둔 때였다. 해방 이후 그들 중에 3분의 1밖에 못 돌아왔다.

그는 열다섯 살에 해방을 맞았다. 춘천에서 신월리를 거쳐 인제로 들어가는 일본인들을 봤다. "인제사람들이 일본놈을 못살게 군다"는 낭설이 돌아서 일본인들이 트럭을 타고 깃발을 흔들며 들어가던 길이었다. 그러더니 일본 망했다, 해방됐다는 소식이 확 퍼졌다. 그런데 해방 직후 혼란한 틈을 타서 보천교라는 종교가 확 일어났다. 그도 마을 사람들과 함께 보천교를 찾았다. 본부에서는 떡을 해놓고 부적을 써놓고 주문을 외웠다. 북한은 종교를 믿지 말라 하였고 세포의 감시도 있었으나, 사람들은 세포를 피해서 보천교를 찾았다. 그러다 38선을 넘는 월남을 생각했다. 사람들도 38선을 넘어 남한으로 가곤 했다. 소련군이 보초를 서 있었지만, 초기에는 마음만 먹으면 월남하는 것이 그리 어렵지 않았다. 그런데 그는 조그마한 재산을 처분해서 가져가봤자 이남에서 살 길이 막막했다. 그래서 다시 고향 신월리에서 살기로 마음먹었다.

북한에는 가입해야 할 조직들이 정말 많았다. 그는 농민으로서 농민동맹에, 청년으로서 민주청년동맹에, 남자로서 반일투사후원회에 가입했고, 자위대원으로서 경비 서는 일까지 했다. 계급, 성별, 나이에 따라 단체에 가입하다보면 이렇게 여러 단체에 가입하게 되었고 거의 매일 회의를 했고, 동원되었다. 당원은 되지 않았다. 할머니가 천도교 청우당에 가입해 있어서였는지, 지주계급이라 해서였는지, 암암리에 반동분자라는 낙인이 찍혔는지, 신민당과 공산당 어디에도 가입되지 않았다.

1950년 4월 북한은 38선 경계선에서부터 4킬로미터에 해당하는 지역의 주민들을 이주시켰다. 신월리 주민들도 이주대상이었다.[308] 1급 당원은 원산조선소로, B급 당원은 안변 석황사 근처 개척지로, 나머지는 자유롭게 이주하도록 했다. 그는 친척들이 모여 살던 양구 죽공리로 이주했다. 8촌형이 죽공리농민동맹위원장이었다. 그 형은 일제 때 구장도 했고 똑똑했다. 그의 소개로 짐을 싣고 간 우차, 소 두 마리, 베 20필, 괘종시계, 재봉틀을 팔아, 논 800평과 밭 1,500평을 살 수 있었다. 죽공리의 자위대장이 우차벌이를 한다고 하며 그것을 샀다. 밀매였다.

전쟁이 터졌다. 1950년 가을 북은 후퇴하고, 국군과 유엔군이 점령해 들어왔다. 그는 죽공리에서 우익 치안대를 조직했다. 경기중학교 나온 이가 치안단장, 또 다른 이가 부단장, 그가 선전부장을 맡았고, 치안대 사무실은 그의 집에 차려졌다. 사랑방이 사무실이었고, 아치도 세워 그럴싸했다.

어느 날 인민군인지 군인이 새까맣게 내려왔다. 양구읍에서 오는 사람들이 "인민군이 해방시켜줬다"는 소식도 전해왔다. 그는 아치를 넘어뜨리고 단장·부단장과 솔밭으로 피신을 했다. 며칠 있으니 양구에 주재소와 군인민위원회 등이 재조직되고 질서가 잡히는 소식이 들렸고, 자수를 하면 살려주겠다는 소식도 들려왔다. 8촌형이 "대한청년단 선전부장을 맡은 것은 가짜고, 양구의 비밀사항을 알아내 나를 통해 인민군에 첩보원 노릇을 한 것으로 하면 살 수 있을 것이다. 너와 내가 사상적으로 다르지만 너는 외아들이고 외손자인데, 네가 죽으면 씨가 마른다. 불쌍해서 살려준다"며 자수를 권했다. 그는 그렇게 목숨을 건졌고, 자위대 보초를 섰다. 하지만 남한에 부역행위를 했다고 매타작을 당하기도 했다.

다시 전세가 역전되었다. 조부모와 처와 아이는 모두 이북으로 "끌려갔다." 그는 북에 갈 경우 대한청년단 선전부장을 했던 이력 때문에 목숨이 위태로울 것이라 생각하고 차라리 인민군을 지원했다. 월남 기회를 보기 위함이었다. 인민군14단에 배속되어 강릉에서 전투 중에 박격포탄을 맞아 부상당했는데 국군에게 발견되어 거제도 포로수용소에 들어갔다. 1953년 반공포로 석방 때 수용소에서 나와 원주 흥업 피난민수용소로 갔다. 그렇게 죽을 고비를 여러 번 넘겼다.

그는 1954년도 수복될 때 고향 신월리로 돌아왔다. 토지도 다시 다 찾아 농사를 짓다가 1955년 봄 재혼했다. 신월리는 반공사상과 조직이 통제했다. 동네에서는 이동영화 상영이 잦았다. 대한뉴스와 반공에 대한 자료로 계몽을 많이 했는데, 그도 마을사람들과 함께 계몽영화를 봤다. 동네에 불순분자가 있지 않을까 해서 경찰과 군청이 합동으로 다녔다. 외지 빈민들도 인제에 들어왔다. 선거도 치러졌다. 자유당 말이면 법이던 시절이었고 민주당 지지자라는 게 알려지면 특히 군軍이나 경찰에서는 진급되기 어려웠다.

그는 '앞으로 공무원을 만들어주겠다'는 신남리장의 말을 듣고 리서기로 들어갔다. 한 3년 리 서기를 하다가 1961년 5월 15일 공무원 시험에 합격했고, 대한민국 공무원으로 30여 년을 봉직한 뒤, 1992년 퇴직했다. 퇴직 후 행정동우회와 바르게살기운동협의회 등의 우익 관변단체 간부를 맡아 활동하였다. 그는 "아, 그래도 시험을 봐서 30여 년 공무원 생활을 할 수 있었기에 대한민국에 감사하는 마음은 이루 헤아릴 수 없다"고 회고를 마무리했다.

위 두 주민의 사례는 해방 이전부터 전쟁 전까지는 출신성분이나 당국에 대한 인식·태도 면에서 차이가 있었지만, 한국전쟁 이후 비슷한 길을 가게 되었음을 잘 보여준다. A주민은 전쟁 이전의 북한체제에 긍정적인 인식을 가지고 있었고, B주민은 북한체제에 순응하기는 했으나 부정적인 생각을 갖고 있었다고 구술했다. 전자는 북한의 의무교육 혜택으로 중학에 진학하여 러시아어를 배우고 민주청년동맹원으로서 활동했다. 후자는 북한의 개혁 중에 재산일부를 몰수당하는 등 '갱생되어야 할 인민'에 속했다. 하지만 그들은 모두 전쟁의 와중에 군경이나 반공청년단에 몸을 담거나 협조하여 반공 경력을 확보하고, 고향에 돌아와서는 말단행정조직에 들어가 시험에 응시·합격하여 행정관료가 되었다가 이후에도 관변 반공우익단체 활동을 계속 했다.

정리하면 다음과 같다. '북한 인민'이 되어갔던 38선 이북 중동부지역 주민들은 법적 지위가 애매한 유엔군정의 '주민'을 거쳐 '남한 국민'이 되었다. 이 지역이 유엔군사령부의 점령통치를 거쳐 남한에 편입되자, 주민들의 지위도 달라진 것이다. 전쟁으로 인해 많은 원주민이 월북하거나 실종된 가운데, 복귀한 나머지 원주민에 대해 남한은 복잡한 인식을 드러냈다. 수복지역 원주민에 대해 남한은 그들이 북한정권에 부역했거나 공산주의사상을 가졌을 것으로 의심하면서도 그들이 북한체제·미군정·남한체제를 비교할 것이므로 남한의 우월성을 보여줘야 한다고 인식했다. 하지만 '남북통일의 시험지역으로서의 이상촌 건설'은 구호에 그쳤다.

남한은 그들을 국민으로 편입하는 여러 조치를 취하였다. 정부는 지역주민들에게 도민증을 발급하고, 가호적 및 호적을 복구했으며, 병역 및 납세의 의무를 부과하고 투표권을 부여하는 등 일련의 국민으로서의 제도적 편입을 완수했다. 하지만, 당시 남한에서 실시되던 지방자치제는 이 지역에 적용되지 않았다. 주민들은 이를 차별이라면서 지방자치제의 적용을 주장했다. 주민 개개인에 대해서는 국민으로 받아들이면서도 주민들의 정치적 자치활동에 대해서는 인정하지 않은 것이다. 이렇듯 남한의 수복지구 주민 편입정책은 이중적이었다.

제도적으로 국민이 된 수복지역민들은 대한민국 국민으로서의 이념을 지녀야 했다. 반공교육을 중심으로 한 민심계도사업이 진행되었다. 정·부통령 선거와 민의원 선거는 이곳 주민들이 반공주의로 무장하고 있으며 북한이 아닌 남한을 지지하고 있음을 입증하는 계기가 되었다. 반공주의와 더불어 자유당과 군·경의 선거에 대한 조직적인 개입은 주민들로 하여금 정부 여당에 표를 던지게 했다. 선거에서 정부 여당에 대한 지지를 나타내는 것은 어려운 일이 아니었으나, 선거는 지역사회의 주도권을 둘러싸고 '월남파'와 '잔류파', 외지인과 원주민 간에 갈등이 표출되는 계기가 되기도 했다.

인제를 비롯한 수복지구 주민들은 남한체제 편입 이후에도 북한체제에서와 같이 '모범'에 대한 표창을 받았다. 남한정부는 '수복지구 재건에 공이 있는' 유공자를 선정하여 체제 선전과 교화의 수단으로 활용하였다. 유공자로 선정되어 주민들에게 모범국민으로 선전된 이들은 군·관·민의 간부급 반공우익 인사들이었다.

휴전선도 과거의 '열린' 38선과 그 모습 및 성격이 달랐다. 38선을 경계로 했던 남북관계와 한국전쟁 이후 휴전선을 사이에 둔 남북관계는 비교할 수 없을 정도로 적대적이고 경직되었다. 지역사회 내부적으로도 상당수의 주민들이 월북 또는 북피한 가운데 지역에 남은 반공우익계 인물들을 중심으로 재편되었다. 또 반공교육과 통제가 지속적으로 이루어졌다. 따라서 이 지역민들은 남한체제에 적극적으로 편입되는 것 외에는 선택의 여지가 없었다. 이러한 구조적인 상황과 제

도적 조치, 주민들 자신의 전전~전시 경험 등으로 그들은 '북한 인민'
에서 '남한 국민'으로 다시 태어났다.

集合人員數 550

결론

체제 전환과 토지·권력·정체성의 변화

해방과 한국전쟁을 전후로 수복지구 인제는 급격한 체제 전환을 경험했다. 일제식민지배, 북한인민민주주의체제, 유엔군정, 남한자본주의체제로의 전환은 구체적으로 토지소유구조, 지역권력구조, 국가구성원으로서의 정체성 면에서 변화를 가져왔다. 이를 토지, 권력, 정체성으로 나누어 정리하면 다음과 같다.

1-1. 토지

일제식민지기 인제군의 토지소유구조는 지주제를 바탕으로 했다. 1930년 현재 1.8퍼센트의 지주와 53.4퍼센트의 소작농(자소작 포함), 33.9퍼센트의 자작농으로 구성되었으며, 일제 말기로 갈수록 소작농의 비중이 증가했다. 자작농의 비중이 타 지역에 비해 높았지만, 산림지대였던 인제지역에는 농경지가 부족했고 농가의 경제형편은 매우 열악했다. 인제주민은 잦은 수해와 기근의 발생에 따라 다른 지역으로의 이주를 반복하는 등 불안정한 삶을 이어가고 있었다.

지주제가 처음으로 폐지된 것은 해방 이후 북한의 토지개혁(1946)에 의해서였다. 북한은 일제식민통치의 근간이자 전통시대부터 오랫동안 이어오던 토지소유구조에 대한 본격적이고 전면적인 재편을 시도했다. 민족반역자의 토지와 소작을 주던 지주들의 토지를 몰수함으로써 그들의 사회경제적 기반을 박탈했다. 일부 지주는 다른 지역으로 이주되었다. 대신 소작농은 무상으로 토지의 주인이 되었고, 그동안 토지를 적게 소유했던 자소작농도 추가로 토지를 분배받았다. 토지개혁은 인제군에서 그야말로 계급의 혁명적 변화를 가져왔다.

그런데 인제지역에서 몰수된 대부분의 토지는 대지주가 아닌 중농 수준 지주의 것이었다. 때문에 인제지역에서 토지몰수에 대한 반감은 극소수의 대지주만이 아니라 중농 수준의 지주들에게서도 광범하게 존재했다. 토지개혁의 혜택을 본 소작농도 빈농 수준을 벗어나기 어려웠다. 북한지도부는 토지개혁을 통해 빈농의 중농화를 꾀했지만, 농지면적이 적었던 인제지역에서는 농가경제의 영세성이 지속되었다. 열악한 생활을 견디지 못하던 농민은 분배받은 토지를 두고 월남했고, 이로 인해 토지의 분화(이동)도 잦을 수밖에 없었다. 또 공식적으로 '봉건적이고 식민잔재'라는 지주제는 폐지되었지만, 마을 안에서는 토지개혁에 사적 관계가 작동하고 부정몰수·분배들도 발생했다. 따라서 인제군에서의 토지개혁은 토지소유구조를 일제식민지기와는 질적으로 다르게 재편했지만, 오랜 동안 이어져오던 영세함과 유동성, 사적 관계와 의식을 완전히 해체하지는 못하였다.

한국전쟁으로 인제군이 북한으로부터 벗어나자, 이 지역의 토지소유관계는 매우 혼란스러워졌다. 1946년에 토지를 몰수당했던 지주들은 자신의 땅을 되찾아 지주소작관계를 부활시켰고, 일부 주민은 1946년 분배받은 토지를 계속 소유하려 했고, 일부 주민은 군정軍政당국으로부터 임시로 인정받은 경작권을 주장했다. 게다가 남한에서는 1950년에 농지개혁을 실시하여 지주제를 인정하지 않고 있었기 때문에, 수복지구 현지의 혼란이 가중되었다.

이에 대한 이승만정부의 접근방식은 일차적으로 북한통치 하에서 만들어진 토지소유구조를 인정하지 않고 남한의 농지개혁법(1949년 제정, 1950년 개정)을 수복지구에 적용하려 하였다. 38선 이북인 이 지역에 남한의 법이 적용가능한가에 대한 논란이 있는 와중에 정부는 남한의 제도를 수복지구에 이식하려 했다. 남한 농지개혁법의 취지는 국가가 3정보 이상을 소유한 지주의 농지를 매수하여 소작농에게 유상분배함으로써 토지(지주)를 산업자본(가)으로, 소작농을 자작농으로 전환시키는 것이었다.

인제군에서는 1958년 농지개혁을 실시하고 유상매수(보상)·유상분배(상환)를 통한 지주소작관계의 정리작업에 들어갔다. 그런데 인제군의 농지개혁은 부재자의 농지를 중심으로 이루어졌다. 전쟁 중에 피난하거나 월북한 사람들의 토지가 '주인 없는 땅'이 되어 있었는데, 남한정부가 이 부재자 농지를 농민에게 분배하면서 상환을 요구한 셈이 되었다. 이때 마을 사람들은 부재자 농지를 국가의 개입단계를 거치지 않고 바로 자신들의 소유로 만들어버렸다. 주민들은 무연고자의 토지소유를 묵인했고, 지주는 보상을 받아 자본가로 전환하기보다는 토지를 계속 소유하고자 했다. 따라서 매수·상환에 의한 토지경작자와 소유자의 일치 그리고 토지(지주)의 산업자본(가)화라는 농지개혁의 기본취지는 수복지구에서는 큰 의미가 없었다. 혼란스러워진 토지

소유관계를 법에 의해 수습·정리하는 차원에서의 농지개혁에 불과했다. 지주소작인으로서의 관계와 의식의 해체도 어려웠다. 이곳 주민들은 이미 북한에서 '농민보다는 지주가 대접받는 남한사회'에 대한 교육을 받았었고, 남한에 편입된 이상 '남한방식'에 따라야 한다고 생각했으며, '느슨한 제도'는 그것을 뒷받침했다. 또한 인제군에서의 농지개혁은 농가경제를 안정화하지 못했고, 이러한 영세함은 휴전상태로 심화되었다.

1-2. 권력

일제 하 인제군의 권력구조는 식민지 지방관제와 관료·유지를 중심으로 짰였다. 식민지 지방관제에 따라 군청과 면사무소를 비롯해 관공서와 각종 단체가 조직되었는데, 군청이 각종 정책을 총괄했고, 면이 면민과 직접 대면하면서 정책을 집행했다. 일제 말 이들 관공서와 단체는 총동원체제에 맞추어 저축, 공출, 헌납 등의 모집에 주력했다. 인제군의 지역주도층은 관료와 경제적 부와 사회적 명망을 쌓은 유지층으로 구성되었다. 유지층의 경우 경제적 부를 바탕으로 공직公職에 진출하는 경우가 많았다. 그들은 지방공공사업 등과 관련하여 도·군에 진정서를 제출하거나 기부를 함으로써 지역사회의 발전을 도모하기도 했지만, 식민통치를 안정화·지속화하는 데 역할을 하였다.

해방 이후 북한통치 하에서는 새로운 조직들이 지역의 권력기구로 부상했다. 노동당은 인제군의 핵심권력으로 등장했는데, 군·면·리와 각 직장·단체에 세포를 조직했다. 정권기관은 인민위원회였는데, 군·면·리에 조직되어 행정을 담당했다. 사회단체는 농민동맹·직업동맹·민주청년동맹·여성동맹 등으로 망라되어, 맹원을 동원하고 인민위원회의 행정을 도왔다.

무엇보다 놀라운 변화는 이들 당·정·사회단체를 구성한 대부분이 농민 특히 빈농이었다는 것이다. 농민은 1946, 47년 도·시·군·면·리 인민위원회 인민위원 선거를 통해 인민위원으로 진출했고, 도·군·면 당 대표자로도 활동할 수 있었다. '토지나 지식 등 가진 게 없는' 사람들이 권력구조의 한 축을 차지한 것이었다. 이제 '빈농'이라는 출신성분은 권력에 접근할 수 있는 통행권과 같은 것이 되었다. 그런데 이들은 이론이나 실무능력에서 부족했고, 이를 보완·지도하기 위해 강원도당은 사회주의이론을 겸비한 노동자 출신을 군 단위 당·사회단체에 파견했다. 이와 같이 인제 지역사회는 일차적으로는 외부에서 파견된 소수의 사회주의 이론가와 현지의 대다수 농민들로 재편되었지만, 한편으로는 일제하의 관공리 및 유지층도 활용되었다. 이들은 일제시기 경력이 거의 그대로 인정되어 그와 유관한 기관에 배치되었다. 북한당국은 이들을 '국가건설에 참여'하는 '개조된' 인물들이라는 명분으로 활용했고, 이들도 일제잔재 청산 및 혁명적 분위기 속에서 살아남아야 했다.

당·정·사회단체 간의 관계를 정립하는 것도 권력구조 재편을 위해 중요한 문제였다. 인제군당은 인민위원회와 사회단체 간부를 비준했고, 인민위원회와 사회단체에 당조黨組도 설치했는데, 이는 사회주의 국가에서 당이 정권기관과 사회단체를 지배하는('당—국가체제') 하나의 장치였다. 하지만 인제군의 조직들 간에는 지배관계보다는 긴밀한 협조관계가 강조되었다. 실제로 정책의 추진 및 완료는 여러 조직들 간의 철저한 역할분담, 진행, 검열, 보고, 회의 등의 순환을 거쳐 이루어졌다.

이러한 권력구조 재편에 대해 과거 기득권 세력은 부적응하거나 반발했다. 그들은 정감록 사상이나 북한체제의 불안정성을 유포했고, '봉건적인' 의형제 그룹을 조직했고, 남한에 북한의 정보를 제공했다. 과거 기득권세력과 중농층은 북한체제에 대한 반발로, 빈농층은 식량난·생활난 등의 사회경제적 이유로 38선을 넘었다. 일제시기에도 인제지역민은 식량부족문제로 이동이 많았는데, 이러한 현상이 북한통치기에도 계속되었다. 38선은 '마음만 먹으면 넘을 수 있다'고 여겨지는 체제 선택의 선이자, 남북한이 서로 만나고 충돌하는 남북교역의 장·군사적 충돌의 공간이었다. 월남자 중 상당수는 38선 이남의 접경지역에 거주하면서 경찰이나 서북청년단에 가담하여 반북활동을 벌였고, 면사무소 직원·학교 교원·금융기관 직원 등의 유관기관에 자리를 잡기도 했다. 월남은 결과적으로 주민들이 북한체제를 거부한 것이었기에, 북한당국은 월남을 '도주'라 규정했지만, 다른 한편으로는 반공·반체제세력 청산 및 체제 안정화라는 효과도 있었다.

한국전쟁 이후 인제군이 남한으로 편입되자, 지역 권력구조는 '반공적 군軍·관官·민民'으로 재편되었다. 인제군이 북한으로부터 벗어났을 때 이 지역사회에 가장 먼저 영향력을 행사한 것은 군이었다. 인제군을 비롯한 수복지역(민)에 대한 군의 영향력이 정점에 달했던 것은 유엔군정 기간이었는데, 각 지역별로 군단이 주둔하여 각 군단장이 군정장관military governor이 되었다. 행정권 이양(1954. 11. 17) 이후, 한국정부에 의한 행정이 실시되었으나 항시적으로 관官과 주민은 군대의 통제를 받았다. 지역 유권자 가운데 군인이 50~80퍼센트를 차지했으며, 지역경제도 군에 의해 좌우되는 구조가 만들어졌다.

한국정부가 행정력을 미치자, 이 지역사회에는 또 하나의 권력기관으로서 관官이 등장했다. 북한의 인민위원회는 군청과 읍·면사무소 등의 행정기관으로 바뀌었고, 여기에 군수·읍면장·기타 공무원이 한국정부로부터 임명되었다. 군수와 읍면장의 경우에는 중고등학력자이면서 일제시기 도의원·읍면장이나 고원·금융조합장 등을 역임했고 전쟁 전후前後 반공경력을 가졌다는 공통점이 있었다. 더욱 흥미로운 것은 군수 급은 38선 이북 수복지구 출신이 아닌 38선 이남 출신자였던 반면, 읍·면장은 인제 원주민이면서도 북한통치기 당·정·사회단체에서 활동하다가 월남한 경력을 가진 이들이었다. 남한체제는 일제식민권력 협력자를 행정 관료로 우대했고, 반공이라는 구호 아래 관료사회에 들어가도록 용인했다.

인제지역은 반공적 우익계 인사들로 채워졌다. 북한통치 하에서 월남했거나 전쟁 당시 대한청년단이나 치안대에 가담했던 이들이 공무원으로 임명되거나 관제조직들에서 활동하면서 지역사회의 행정과 여론 등을 주도했다. 그리고 이승만정권의 자유당이 군·관·민간사회단체와 연결되어, 조직과 금권을 장악했다. 때문에 1950년대 후반 민의원 선거에서도 자유당 후보가 당선되기 쉬웠다.

그 결과 인제군을 비롯한 수복지구의 권력구조는 군부의 영향력이 지속적으로 작용하는 가운데, 중앙정부에서 파견·임명한 군수 등의 관료들, 반공사상 및 이력을 가진 과거의 유지급 인사들과 청년 등으로 구성되었다. 이러한 구조와 분위기 속에서 일반주민들은 반공 경력을 내세우거나 군軍복무를 거쳐 관공서에 임시직으로 들어갔다가 정식 임용되는 방식으로 생존하거나 지역권력에 접근하고자 했다.

1-3. 정체성

일제는 1930년대 말부터 총동원체제를 구축했고, 이는 산간벽촌이라 불리던 인제군에서도 예외가 아니었다. 인제주민은 '전쟁 승리와 보국保國'을 위한 '황국신민'이 되도록 요구받았다. 그들은 '애국반'으로 편성되어 통제되고, '총후정신·총후보국'과 방공방첩防共防諜 교육을 받았으며, 증산·납세·저축·공출·헌금 납부와 밀랍·가마니 경쟁대회 및 공동판매 등에 동원되었으며, 병력도 제공해야 했다. 인제군의 주민은 근로보국대·보국조, 각종 청년조직과 부인회 등에 가입·활동해야 했지만, 주민들은 이를 통해 신분·계급·성의식 등을 형성했다기보다는 전시 수행에 활용되었다.

'신민'이었던 인제주민은 해방 이후 북한체제에서 '주권의 원천으로서의 인민'으로 규정되었다. 북한은 인민을 일제 하의 신민이나 남한의 국민과 다른 존재로 의미 부여했다. 북한은 일제 때의 신민이나 남한의 국민에게는 수동성만이 있는 반면, 북한의 인민은 '주권의 원천'으로서의 위상을 지니며 정치적·경제적·사회적 권리를 갖는다고 강조했다. 아울러 주민에게 인민으로서 사고하고 행동할 것을 요구했다. 이전의 '봉건적·식민지적' 사고를 버리고 애국주의적 사고를 하는 등 '사상의식을 개조'하라는 것이었다.

'북한 인민'으로서의 정체성 형성은 인민에 대한 이념적 규정과 제도적 조치 외에도 물질적 혜택과 동원이라는 공통된 경험을 통해 이루어졌다. 북한은 인민의 전형 '모범'을 발굴했다. 주민 중 일부는 회의·강습에 열성적으로 참여하고, 증산·물자절약·기술개발 등에 적극적이고, 현물세·애국미 등을 다른 사람들에 비해 앞서서 많이 납부하는 '모범인민'이 되었고, 그들은 평범한 주민들에게 '표준'으로 제시되었다. 수적으로 대다수였던 평범하고도 평균적인 주민들도 매우 조직적·체계적으로 동원되었는데, 이들은 당·정·사회단체에 속하여 각종 회의, 역할분담, 검열 등을 반복하면서 북한체제에 익숙해졌다. 그들은 이러한 경험을 통해 집단, 계급, 민족문제를 인식하기 시작했다. 그것은 개인보다는 집단을, 지주나 자본가보다는 농민과 노동자를, 일본·미국보다는 사회주의 종주국 소련을 우선하는 것이었고, 과거에는 '식민모국'에 저항했지만 이제는 자신의 국가(북한)에 대한 충성심을 갖는 것이었다. 남한의 이승만과 미제국주의를 절대반대하고 그들에 대한 적개심을 높이는 것도 북한 인민이 반드시 갖추어야 할 태도였다.

그런데 북한이 강조했던 식민잔재와 봉건잔재의 청산은 쉽게 이루어지지 않았다. 오히려 북한의 동원방식은 일제의 방식과 매우 유사했다. 일제 하에서 '방공방첩'을 외치던 것에서 이제는 '반일'을 외쳤고, '보국'의 대상이던 일본에서 북한이 '애국'의 대상이 되었다. '보국'과 '애국'을 위해 근검절약저축하고 수시로 물적·인적으로 동원되고 모범신민과 모범인민이 되었던 것이다. 이런 면에서 인제군에서의 북한체제는 기본적으로는 '혁명'이었지만, 동시에 부분적으로 일제의 연속이기도 하였다. 또 주민들의 생활이나 사고 속에는 소위 '봉건적 습성·낡은 도덕·퇴폐한 사상' 등이 존재했다. 1950년 6월까지도 주민들은 '미신을 숭배'했으며, 상두계·결의형제 등을 조직하여 곗돈을 모았고, 여유곡물을 관혼상례에 사용하거나 술을 빚었고, 새로운 영농법을 수용하지 않고 이전의 영농법을 고수했다. 인제주민은 한편으로는 북한체제가 요구하는 건국하고 애국하는 인민이 되어갔지만, 다른 한편으로는 그들의 오랜 생활방식과 사고를 유지하고 있었던 것이다. 이와 같이 다양하고 복합적인 태도와 정체성이 당시 인제지역 '인민'의 모습이었다.

한국전쟁의 결과 남한에 점령된 수복지구 주민들은 제도적·사상적으로 '남한 국민'이 되어갔다. 그런데 남한의 이곳 주민들에 대한 인식과 국민으로의 편입정책은 이중적이며 차별적이었다. 남한정부는 전쟁 전에 북한 인민이었던 수복지구 원주민을 북한정권에 부역했거나 공산주의 사상을 가졌을 것으로 의심하면서도, 그들이 북한체제·미군정·남한체제를 비교할 것이므로 남한의 우월성을 보여줘야 한다고 생각했다. 그리고 그들을 국민으로 편입하는 제도적 조치를 취했는데, 도민증道民證을 발급하고, 호적을 복구했으며, 병역 및 납세의 의무를 부과하고 투표권을 부여했다. 하지만, 당시 남한에서 실시되던 지방자치제를 이 지역에 적용하지 않았다. 주민 개개인에 대해서는 국민으로서의 제도적 편입을 완료했으나, 주민들의 정치적 자치활동능력 미비 등을 이유로 지방자치제를 실시하지 않은 것이다.

제도적으로 '대한민국 국민'이 된 수복지역민들은 이제 '대한민국 국민'으로서의 사상을 지니고 표출해야 했다. 가장 중요한 것은 반공주의였다. 반공교육을 중심으로 한 민심계도사업이 진행되었고, 지역주민은 각종 선거에서 이승만정부·여당에 대한 지지를 표현했다. 이제 '모범'은 반공사상과 경력을 가진 군부, 자유당과 국민회 등의 우익 인사, 공무원들이었다. 일제 하에서 방공防共의식을 선전·교육받았던 이 지역 주민은 바로 그 방공의 주된 대상이던 '(북한)공산주의'의 통치를 받아 반일·반미·반이승만 등을 외쳤다가, 남한에 편입되어 다시 반공의식을 구축해간 것이다. 더이상 계급이나 집단은 강조되지 않았다. 그들은 계급주의나 집단주의 대신에 반공주의를 통해 대한민국 국민으로 재탄생[更生]했다.

남한이 과거의 '인민'을 인정하지 않았기 때문에, 주민들은 북한 인민이었다는 사실을 '약점'으로 여길 수밖에 없었다. 주민들이 보인 태도는 다음과 같았다. 첫째 철저하게 침묵하는 것이었는데, 그들은 정부정책이나 지역사회의 변화에 대해 '좋은 일이나 나쁜 일이나' 반응을 보이지 않았다. 둘째 과거 인민이었던 서로의 과거를 묵인하는 것이었다. 당원·맹원·모범인민이었던 사람들이 지역(고향)에 남아있었지만 '그때는 그게 당연했다'는 시대적 불가피성을 역설하며, 현 체제의 지역사회 구성원으로서 적극적으로 역할을 하였다. 셋째 북한체제 하 인민 경험에 대한 기억을 지우거나 착취·혹사로 정리하고 남한체제가 북한체제보다 우월하다는 집단기억을 형성하는 것이었다. 넷째 철저하게 이승만정권에 대한 지지와 반공주의적 사고와 태도를 표현하는 것이었다. 5년간의 인민 경험을 부정하도록 하는 제도와 분위기 속에 수복지구 주민들은 '국민'으로 '다시 태어났다.'

1-4. 구체제와의 단절·연속

수복지구의 체제 전환은 구체제와의 단절과 연속의 과정이었다. 구체제와의 단절을 위한 국가의 정책이나 의지에도 불구하고 지역에서는 구체제와의 연속적인 모습이 나타나기도 했다.

해방 이후 인제에서의 북한체제 구축은 일제시기에 만들어진 경제적 소유관계·정치적 권력구조·신민의 부정을 통해 이루어졌으나, 한편으로는 일제시기의 유산이 이어지기도 했다. 토지개혁은 기본적으로 지주의 경제적 권리를 박탈하고 대다수 소작농·고농을 자작농으로 만듦으로써 평등을 추구한 것이었지만, 그러면서도 5정보라는 꽤 넓은 토지를 자작한 경우에는 몰수하지 않거나, 타군에서 2.7정보의 토지를 분여받아 '갱생'할 기회를 제공함으로써 과거 유산자층을 북한체제에 포섭하려 했다.

지역의 정치권력구조도 기본적으로는 빈농을 중심으로 새롭게 짜였고[계급] 일제잔재와 반민족행위자의 철저한 청산[민족]이 부르짖어졌지만, 한편으로는 일제시기 관료·유지층이 과거 그들이 맡았던 분야와 비슷한 곳에 배치됨으로써, '갱생'할 수 있었다.

한편, 주민은 '인민'으로서 기본 권리를 행사할 수 있게 됨으로써, 일제식민지기의 '황국신민'과는 전혀 다른 존재가 되었다. '보국' 대상이던 일본은 청산대상이 되었으며, 건국·애국할 북한이 존재할 뿐이었다. 소련이나 사회주의 사상은 '방공·방첩'의 대상이 아니라, '해방군'으로서 우호관계를 맺은 대상이자 도달할 목표가 되었다. 계급의식과 집단의 중요성도 깨우쳐갔다. 하지만 그 방식이 너무 유사했다. '보국'과 '애국'을 위해 근검절약저축하고 수시로 물적·인적으로 동원되는 등의 모범신민과 모범인민이었다.

따라서 인제군에서의 북한체제는 기본적으로는 혁명이었지만, 부분적으로 일제로부터 연속되었다. 상호모순적으로 보이는 혁명과 연속이 동시에 이루어질 수 있게 한 것은 '갱생'이었다.

인제를 비롯한 38선 접경 이북지역이 남한으로 편입되었을 때의 구체제와 신체제의 관계는 조금 더 복잡했다. 북한체제에 대한 부정과 연속, 일제잔재의 부활, 남한체제의 이식 등이 얽혔다. 이 지역이 북한 통치로부터 벗어나자마자 나타난 현실은 경제적인 측면에서 토지개혁의 부정과 지주소작관계의 재등장이었다. 북한당국이 청산하려 했던 구체제의 부활이었다. 이승만정부는 북한의 토지개혁을 인정하지 않고 남한의 농지개혁법을 적용하는 방식으로 이를 해결하려 했다.

정치적인 측면에서는 북한통치 하에서 구축되었던 노동당·인민위원회·사회단체들은 그 존재가 있었는지조차 의문이 들 정도로 사라졌다. 그것을 처음으로 대체한 것은 군軍이었으며, 군이 지역사회에 대한 영향력을 행사하는 가운데, 일제시기 관료·유지층이 당당히 재등장하였고, 여기에 월남했거나 대한청년단에 속했던 반공경력자들이 한 자리씩 차지하였다.

여기에 더하여 북한체제에 적극 협력했던 많은 주민들이 북으로 후퇴·피난한 가운데서도 과거 당원·맹원·모범인민이었던 사람들이 현지에 남아있었는데 그들은 남한 편입 이후 '남한 국민'이자 지역사회의 구성원으로서 적극적으로 적응·역할했다. 이는 과거 인민이었던 그들이 서로의 과거를 묵인했기에 가능했다. 남한이 그들을 공산주의자로 의심하고 통제하면서도 '북한통치 5, 6년간 신음한' 주민들로 인식하는 등 이중적이면서도 차별적으로 접근했기 때문에 주민들도 과거의 인민 경험을 신음·고통의 경험으로 기억·서술하면서 그들 서로의 과거를 묵인하는 방식을 택할 수밖에 없었다. 더구나 그들은 과거를 들추는 것이 지역사회에도 서로에게도 아무런 도움이 되지 않는다고 판단했다. 주민들은 북한체제 하의 반일·계급·집단·애국주의 대신에 반공주의를 표현함으로써 북한으로부터 벗어났음을 그리고 적극적으로 남한 국민이 되었음을 증명하고자 했다.

이처럼 지역 권력구조 재편의 메커니즘은 반공주의였다. 북한처럼 갱생이라는 표현은 쓰지 않았지만, 그들은 반공주의를 통해 대한민국 국민으로 재탄생했다.

수복지구에서 구체제의 제거와 신체제의 구축은 일제식민잔재와 북한체제의 청산, 남한체제의 구축 등이 결합되어 이루어졌다. 북한 통치기 구체제는 일제식민구조 및 잔재였으며, 남한 편입 이후의 구체제는 북한체제였다. 북한의 인민민주주의체제 구축이 일제식민구조 및 잔재 청산을 바탕으로 했기에, 유엔군과 남한이 북한의 일부였던 이 지역을 점령·편입했을 때에 북한체제에 대한 인식과 태도는 일제잔재 청산에 대한 남한의 인식 및 태도와 연결되었다. 때문에, 수복지구가 남한에 편입된 이후의 구체제는 북한체제가 되었기에 제거될 구체제 역시 일제식민잔재가 아니라 북한체제가 되었다. 이와 같이 수복지구에서 일제식민잔재의 재등장은 남한의 냉전적 인식·태도에 기인했다.

수복지구를 둘러싼
중층적 분단구조와 그 극복

2-1. 국제적 역학관계

수복지구 인제군의 체제 전환은 국제적 역학관계, 남북관계, 국가와 민의 관계 등이 복합적으로 작용하여 이루어졌다. 우선, 강원도 인제 지역이 수복지구가 된 것은 세계냉전체제의 결과였다. 제2차 세계대 전 후 미국과 소련은 한반도를 38선을 기준으로 분할 점령했다. 북위 37도39분부터 북위 38도30분에 위치한 인제군은 그 지역의 대부분이 38선 이북에 위치한 가운데, 남북으로 나뉘었다. 또 한국전쟁 정전회 담에서 유엔군 측과 공산 측은 군사분계선을 본래의 38선이 아닌 전 선으로 결정했다. 때문에 38선 인근지역은 양측이 더 많은 영토를 차 지하기 위한 치열한 교전지가 되었다. 이후 38선 이북이면서 군사분 계선 남쪽이라는 특수한 지역 속에 인제지역도 포함되었으며, 유엔군 사령부에 의한 점령통치가 이루어졌다.

38선 이북지역에 대한 남한의 통치권 주장을 유엔이 받아들이지 않앉기 때문에, 중동부 점령지역에 대한 통치는 유엔군사령부가 맡았다. 그 기간은 정전협정이 체결되고도 1년 이상이었다. 유엔군사령부와 미국은 중동부 점령지역에 대한 군정의 지속, 남북한과 분리된 유엔의 관리지역화, 남한으로의 이양 등의 방안을 모색하다가, 중동부 지역에서 터져 나오는 복잡한 행정적 문제들과 북한이 38선 이남지역인 개성 등을 이미 편입했다는 점 등을 이유로 남한에 이양했다. 이로써 1954년 11월 17일 남한이 중동부 점령지역을 인수할 수 있었다. 이와 같이 인제지역에서 38선 및 군사분계선에 의한 분단과 유엔군사령부의 점령통치는 이 지역 주민들의 이해관계가 아닌 강대국들의 이해관계 속에 이루어진 것이었다. 미·소 대결이라는 국제적 냉전체제는 수복지구라는 '38선 이북~군사분계선 남쪽 지역'을 탄생시켰다.

2-2. 남북관계

수복지구의 체제 전환은 남북한 양측의 냉전적 관계가 표출된 것이기도 했다. 남북한이 교류·대결·경쟁을 반복하듯, 수복지구 인제 역시 그러했다. 해방 직후 인제는 38선 접경지역으로서 교류와 대결이 공존했다. 적대적 남북한이 마주한 38선 접경지역 인제에서는 경제적 남북교역은 물론 정치군사적 정보가 오갔다. 인제사람들도 사회경제적 이유로 38선을 넘나들었다. 동시에 적대적 대결과 충돌도 빈번했는데, 남북의 인제는 서로를 공격하여 물적·인적 피해를 발생시켰다. 1949년에는 북의 인제가 남의 홍천군에 속한 인제를 점령하기까지 했다.

전후, 남한으로 편입되었을 때에는 남북관계의 체제경쟁적인 성격이 강하게 나타났다. 남한은 기존의 북한통치 하에서 구축된 체제를 인정하지 않았고, 남한의 체제를 이식하려 했다. 남한은 인수한 중동부 점령지역을 '수복지구'라 지칭했다. 이는 남한이 헌법 영토조항을 바탕으로 '본래 대한민국의 영토'라는 인식을 반영한 표현이었다. 이러한 남한의 인식은 수복지구에 대한 법 적용문제에서도 동일하게 나타났다.

남한은 38선 이북~비무장지대 남쪽 지역을 인수하면서 수복지구라 명명했지만, 이 지역을 어떻게 편입·재건할 것인가에 대해서는 체계적인 준비가 되어 있지 않았다. 특히 복잡해진 토지소유관계에 대한 이승만정부의 접근 태도는 반공주의적이었으며, 비체계적이었다. 농지개혁 실시를 통한 토지소유관계 정리까지 3년 이상의 시간이 소요되었다. 결국 수복지구에 농지개혁법을 적용하는 방식으로 토지소유관계를 정리하기로 결정했고, 1958년 4월에 〈수복지구 농지개혁 시행령에 관한 특례〉가 공포되기에 이르렀다.

남한에서 제정되었던 농지개혁법을 수복지구에 적용하는 방식으로 수복지구의 토지소유관계를 정리하는 것은 중요한 함의가 있었다. 이는 38선 이북~비무장지대 남쪽 지역과 남한이 대등한 통일을 이룬 것이 아니라, 기존의 남한에 이 지역이 일방적으로 편입되었음을 보여주는 단적인 조치였다. 그동안 북한지역에는 남한의 통치력이 미치지 못했으며 당연히 남한의 제도가 북한지역에 시행될 수도 없었는데, 그랬던 북한지역에, 일부 작은 지역이지만, 남한의 제도가 확대·적용될 수 있게 된 것이었다. 이는 다름 아닌 남한의 제도 이식 혹은 체제 이식이었으며, 이 지역에서는 이와 같은 남한으로의 편입이 진행되었다.

그런데 냉전적 사고에 의한 남한제도의 이식은 큰 성과를 거두지 못했다. 북한으로부터 벗어나자 일제잔재들이 재등장했으며, 그에 대한 남한의 정책은 수습차원에 그쳤다. 일제잔재 청산은 북한체제와 동일시되었기 때문이다. 농지개혁이 실시되었지만, 지주소작관계가 잔존했다. 제도는 이식되었으나, 그 성과는 미미했다.

2-3. 국가와 민

수복지구 인제의 체제 전환은 기본적으로 국제관계와 남북관계 속에서 형성되었다. 38선 분단과 한국전쟁의 와중에 지역주민의 의사와 관계없이 강제된 것이었다. 그 과정에서 남북 두 국가는 자신의 체제를 이 지역에 구축·관철하려 했고, 지역주민은 그에 대응해야 했다. 그들은 냉전적 국제질서와 남북관계가 가하는 충격에 빠르게 대응(적응)하며 마을 내부의 은밀한 관계들을 이용하였다.

남북 양 국가는 자신의 체제를 구축하기 위한 여러 정책을 시행했다. 토지개혁이나 농지개혁의 실시, 지역 권력구조의 재편, 바람직한 인민·국민 만들기 등은 각 국가가 지역사회에 행사할 수 있는 법적·제도적·사회적 조치들이었다. 법이 시행되고, 권력구조가 재편되고, 주민들은 인민이나 국민이 되었다. 남북 양 국가는 이 조치들을 통해 체제 정당성을 확보하고 지역주민들로부터 지지를 얻으려 하였다.

전쟁 전후의 분단상황도 주민들의 대응방식에 영향을 주었다. 인제군 주민들은 북한통치기 매우 체계적으로 조직·동원·흡수되었음에도 불구하고, 동요하거나 이탈하는 경우가 많았다. 그리고 한국전쟁 이후에는 북한통치 하에서 만큼 체계적으로 조직·동원되지는 않았지만 주민들은 동요하거나 이탈하기보다는 침묵하거나 체제에 적극적으로 흡수되어갔다. 전전 38선 충돌이라는 국지전이 전개되고 제한적이지만 남북왕래가 가능하던 상황 속에서 북한 인민으로 살아가기와 극단적인 전면전을 겪은 후 남한 국민으로 살아가기는 차이가 있을 수밖에 없었다.

기본적으로 남북한의 체제는 지역(민)에 강제되었지만 그것이 지역사회에 일방적으로 관철된 것만은 아니었다. 인제지역 권력구조 면에서 보면, 남북한 통치권력이 지역사회에 직접적인 영향을 미칠 수 있는 단위는 군郡까지였다. 이는 군 단위의 주요기관에 책임자를 임명하는 것으로써 가능했다. 북한통치기에 인제군의 군 단위 당·단체 간부는 강원도에서 파견되었다. 이들은 인제군당 상무위원회에서 제 간부들을 지도했고, 촌락 단위에서 전개되는 많은 문제점들까지도 파악하고 있었다. 그러나 면 이하로 내려가면 지역별로 사안별로 편차가 존재했고, 오히려 면이 군과 리를 연결하는 데 시간의 지체만 가져오는 것이 아닌가 하는 문제도 발견되었다.[1] 이는 1952년 북한이 행정구역을 군·리 단위로 개편하는 하나의 배경이 되었다. 남한통치 하에서도 정부는 이 지역을 직접 관리하고 통제하고자 했으나, 지역질서를 인정할 수밖에 없었다. 군수에는 타지 출신의 관료를 발령하면서도 읍·면장에는 원주민을 임명했다.

경제적으로도 중앙의 법적 조치가 지역사회에서 비틀어지는 과정을 겪었다. 중앙의 남북한당국은 법과 제도로 지역사회에 영향력을 행사했지만, 촌락 단위에서는 고유한 경험을 바탕으로 한 사회적인 관계와 전통적인 인식이 여전히 존재했기 때문이다. 북한통치기 촌락 말단의 부정처리까지 파악·개선될 정도로 당·정의 행정력이 작동했지만, 토지몰수 및 분배의 과정에서 개인의 사적 이익이나 관계가 작동하는 경우도 많았다. 또 토지개혁법령에 의해 지주제가 해체되었음에도, 과거의 소작인이 지주에게 남몰래 쌀을 가져다주는 등지주소작인 간의 사회적 관계가 잔존했다. 토지개혁 이후 인제지역의 농민은 염원하던 토지를 소유하게 되었음에도 생활 곤란 등을 이유로 월남하였다. 마찬가지로 농지개혁 당시, 지역민들은 부재자의 토지가 국가 땅이 될 바에야 이웃 땅이 되는 게 좋다고 생각하면서 주민의 자작지화를 묵인하였다. 지주들은 보상을 받아 자본가로 전환해야 했으나 토지를 소유하는 쪽을 택했다.

남북한의 체제 관철(의지·정책)에 대한 지역민의 대응은 '체제의 비틈'이라 할 수 있을 것이다. 기본적으로는 순응하지만, 부적응하며 국가권력이 미치지 않는 수준에서는 자기방식으로 수용하는 식이다.

우리는 냉전적인 국제적 역학관계와 남북관계 속에서 불과 10여 년 만에 체제 전환을 겪은 지역민들의 삶을 이해할 필요가 있다. 그들이 자발적으로 체제를 선택한 경우도 있지만, 대개는 국제관계와 남북관계 속에서 벌어질 수밖에 없던 문제들이었다. 그들의 삶은 분단과 전쟁으로 인해 강제된 체제에 적응하기 위한 노력들로 이루어졌다. 인제군을 비롯한 수복지구는 이러한 공동의 경험과 상처를 역사로 가지고 있다. 이것이 '분단의 경계지대'에 처한 수복지구(민)의 모습이었다.

2-4. '분단의 경계지역'에서 '남북통일의 시험지역'으로

수복지구의 역사는 남북한 양 체제 경험은 물론, 북한체제에서 남한체제로 편입된 경험을 갖고 있다. 남북분단으로 인해 발생한 '복수의 역사경험'을 축적한 지역이다. 이는 통일과정과 이후에 대한 귀중한 자산이 될 수 있다. 국제적 층위, 한반도 남북관계 층위, 남북 양 국가와 민의 층위라는 중층적이며 총체적인 차원 모두에서 시사하는 바가 크다.

현재 38선 이북 수복지구에는 남한의 통치권이 행사되고 있으나, 그것이 국제적으로 인정받은 바 없다는 점을 직시할 필요가 있다. 38선 이북지역에 대한 통치권문제는 1948년 대한민국 정부 수립 때부터 국제적으로 논란이 되어왔던 사안이다. 1948년 12월 12일 유엔결의안은 대한민국 정부의 수립을 인정하지만, 1947년 11월 14일 유엔이 결의했던 '남북통일정부 수립'이라는 과제가 이루어진 것이 아님을 명시했다.[2] 때문에 1950년 10월 남한·유엔군이 북한을 점령했을 때, 유엔은 북한점령지역에 대한 남한의 통치권을 인정하지 않았다. 38선 이북~휴전선 남쪽 지역에 대한 법적 통치권문제도 그 연장선에 있었다. 수복지구가 유엔군사령부(사실상 미군)로부터 남한으로 이양될 때, 남한은 이 지역에 대한 사실상의de facto 행정권을 인수했지만, 법적de jure 통치권문제는 보류되었으며, 군사적 관할권은 유엔군사령관이 보유하기로 했었다. 북한의 유사시 혹은 통일과정에서 쉽게 대한민국의 통치권이 미치기 쉽지 않다는 점을 인식해야 한다.

남북관계 면에서도, 상호체제에 대한 역사적 이해와 인정이 필요하다. 38선 이북 중동부지역에 대한 남한의 기본 인식과 태도는 북한체제에 대한 불인정과 남한체제의 이식이었다. 그런데 대한민국의 정당성을 바탕으로 한 농지개혁법을 이식하기까지 3년 이상의 시간이 소요되었다. 이는 아이러니하게도 남한의 의도와는 다르게 북한토지개혁 결과를 부분적으로 인정하는 결과를 가져왔다. 또 그 사이 지역에서는 혼란이 발생했고, 지역민들이 국가권력을 소외시키는 현상도 나타났다. 지역사회의 권력구조 면에서도 타 지역 출신들이 '주인 없는 땅'에 '깃발 꽂듯이 파견되어 지역사회를 주도·재편했던 것도 지양해야 한다. 수복지구 사례는 기존의 체제와 지역민들의 삶을 이해하고 인정하는 바탕에서 법과 제도가 마련되는 것이 중요함을 잘 보여준다.

다만 상호체제의 역사적 특수성에 대한 이해가 차별로 나타나는 것은 경계해야 한다. 수복지구에서 북한 인민이라는 특수경험에 대한 인정은 주민들을 '민주주의 운영능력이 미비한' 계도계몽의 대상이자 북한과 경험적·지리적·인적으로 연결된 감시·통제의 대상에 불과한 존재로 만들었다. 때문에 주민들은 이를 차별로 느낄 수밖에 없었다.

남한이 수복지구 편입에서 기존 체제를 인정한 측면들도 있다. 지역 말단의 면·리단위의 질서, 과거 인민 흡수 등이 그렇다. 남한의 '수복지구 편입'은 38선 이북의 일부 작은 지역에 그쳤지만, 향후 분단 극복은 남북 양 체제라는 구체제들이 만나 그야말로 새로운 신체제를 만드는 것이라는 점에서 더 주의가 필요하다.[3]

수복지구 주민들은 한반도의 지리적 중심에 위치해 있으면서도 휴전선으로 인해 변방이나 휴양지로밖에 인식되지 않았던 이 지역이 다시 한반도의 남북한을 잇는 중심부로서 역할을 하기를 기대하고 있다. 수복지구 주민이 겪은 복수의 역사경험에 대한 인식이 확산될 때, 수복지구는 '분단의 경계지대'에서 미래지향적인 '남북통일의 시험지역'이 될 수 있을 것이다.

참고문헌

I. 자료

1. 國文

1) 남한 자료(일제하 자료 포함)

(1) 정기간행물·신문

《강원일보》, 《대학신문》, 《동아일보》, 《매일신보》, 《신한민보》, 《조선일보》, 《조선중앙일보》, 《思想彙報》, 《한국일보》

《지방행정》(대한지방행정공제회)

· 김향, 1954 〈수복지구인상기—철원, 금화, 화천〉《지방행정》 제3권 제5호
· 신용우, 1954 〈수복지구에 대한 행정수습〉《지방행정》 제3권 5호
· 심현구, 1954 〈강원: 수복지구행정 운영의 구체안〉《지방행정》 제3권 제4호
· 이하영, 1956 〈경기도수복지구행정의 회고와 전망〉《지방행정》 제5권 제3호
· 한외갑, 1967 〈수복지구의 세수의 애로와 개선책〉《지방행정》 Vol.16 No.160

(2) 연감·일지·목록

강원도, 1956 《緯北收復地區 地方行政一週年鑑》, 강원일보사
_____, 1962 《江原統計年報》
국사편찬위원회, 1984 《대한민국사연표》
_____, 1986 《북한관계목록집》
국토통일원, 1987 《6·25 당시 노획한 북한자료 마이크로필름 목록》
방선주, 2003 《북한논저목록》, 한림대학교 아시아문화연구소

(3) 자료집

공산권문제연구소 편, 1968 《북한총감: 1945~68년》

국방부 정훈국 전사편찬회, 1952 《한국전란1년지》, 국방부

_____, 1953 《한국전란2년지》

국방부 정훈부, 1954 《한국전란3년지》

국방부, 1955 《한국전란4년지》

_____, 1956 《한국전란5년지》

국회도서관 입법조사국, 1964 《입법참고자료 제23호: 국제연합한국통일부흥위원단 보고서 1954~
1960》

국회의원총람편찬위원회, 2004 《국회의원총람》

김남식·이정식·한홍구 편, 1986 《한국현대사자료총서》제12권, 돌베개

농림부 농지국, 1969 《농지에 관한 대법원판례집》상–하

육군본부 편찬, 1956 《6.25사변 후방전사(인사편)》, 육군본부 군사감실

외무부, 1962 《대한민국외교연표—부록; 주요문헌, 1948~1961》

조선총독부 편, 《1944년 5월 인구조사결과보고》(서울대학교·아시아태평양교육발전연구단·자료총서
4, 선인)

중앙선거관리위원회, 《民議院議員當選者名簿》 1958·1960

_____, 《대한민국선거사》 1968년 증보판

중앙정보부, 1972 《북한대남공작사》제1권

한국농촌경제연구원, 1984 《農地改革史關係資料集》제1~3집, 한국농촌경제연구원

_____, 1984 《농지개혁사편찬자료》 1·2

한국정경사, 1967 《국회20년, 1948~67》

(4) 정부·국회 회의록

경기도 건설국 지역계획과, 1954 《사무인계: 수복지구행정권이양인계서》, 국가기록원 관리번호
BA0173414

공보처 홍보국 사진담당관, 1954 《수복지구행정권이양식》, 국가기록원 관리번호 CET0042813

공보처 홍보국 사진담당관, 1954 〈수복지구인수식에 참석한 주민들 모습〉, 국가기록원 관리번호
CET0062407

국무총리비서실, 《국무회의록보고철》 1952~1955

_____, 1953 《각부처》

_____, 1954 《내무부》, 국가기록원 관리번호 BA0135206

국회사무처, 《대한민국국회회의록》 1950~1962, http://likms.assembly.go.kr

_____, 《제3대국회 제19회 국회(임시회) 예산결산위원회 회의 속기록》제16호, http://likms.
assembly.go.kr

총무처 의정국 의사과, 《국무회의록》 1952~1955, 국가기록원 관리번호 BA0085166~BA0085175

_____, 1953 《국회 및 국무회의관계서류철》, 국가기록원 관리번호 BA0587731

_____, 1953 《국무회의상정안건철》, 국가기록원 관리번호 BA0084193

_____, 1954《국무회의상정안건철》, 국가기록원 관리번호 BA0084197

(5) 지역사자료(인제군청·국사편찬위원회 소장)

인제군, 1962《퇴직자이력서철》

_____,《문화재 및 전적기념물 카드》

인제군 인제면,《농지관계철》1957~1961

_____,《보존문서 기록대장 1954~1968》

_____,《사령원부 1953년 이강》

인제군 서화면, 1957《統計表綴入帳》

_____, 1957《문서건명부》

철원군 동송면,《수복지구 지방행정》(1955. 1. 2)

_____, 1955《例規文書編綴》

(6) 도지道誌·군지郡誌

강원도 양양군, 1953《躍進途上의 收復地區》

강원도 인제군, 1930《麟蹄郡勢一班》

강원도기획관리실, 1975《江原總覽》, 강원도

강원도사편찬위원회, 1995(a)《강원도사: 역사편》, 강원도

_____, 1995(b)《강원도사: 현대편》, 강원도

강원도지편찬위원회, 1959《강원도지》, 강원도

경기도사편찬위원회, 2002《경기도사: 제8권 해방시기》, 경기도

고성문화원, 1986《고성군지》, 고성군

김영배 편저, 1977《향토지: 철원·김화·평강》, 문화재보호협회 철원군지부

속초시사편찬위원회,《속초시사》상·하, 속초문화원

양구군지편찬위원회, 1984《양구군지》, 양구문화원

연천군지편찬위원회, 2000《연천군지》, 연천군

원주시, 2000《원주시사》, 원주시

이상학, 1956《강원도지》, 동서문화사

이운룡, 1954《收復年鑑》, 강원문화연구사

인제군지 편찬위원회, 1980《인제군지》, 인제군

인제군사 편찬위원회, 1996《인제군사》, 인제군

인제군교육청, 1969《인제향토지》, 조양기업사

철원군지 증보편찬위원회, 1992《철원군지》상·하, 철원군

화천문화원, 1988《화천군지》, 화천군

(7) 회고록·구술자료집·증언

■ 회고록

김대중, 1997《나의 삶 나의 길》, 산하

_____, 2010《김대중 자서전》1·2, 삼인

백선엽, 1989《軍과 나》, 대륙연구소

변영태, 1956《나의 조국》, 자유출판사

■구술자료집

최하종 구술, 한홍구 면담, 2006《비전향장기수구술1 최하종》, 국사편찬위원회

김인수 구술, 한홍구·김귀옥 면담, 2010《비전향장기수구술8 김인수》, 국사편찬위원회

■필자 면담[구술자 성명(이하 모두 가명), 날짜, 장소]

이병희·강호철, 2004. 8. 9, 인제군 인제읍 비봉경로당

윤정현, 2004. 8. 10, 인제문화원

강호철, 2004. 10. 23, 인제군 남면 관대리·남전리 관개사업터 답사와 남면 자택에서 증언

하순영·권순자, 2004. 8. 10, 인제군 북면 원통2리 하순영 자택

장상근, 2004. 8. 10, 인제군 북면 원통2리 종합회관

서정원, 2004. 8. 11, 인제군 남면 가로리 자택

한희원, 2007. 8. 25, 인제군 인제읍 상동리 자택

장헌길 2006. 6. 9, 인제군 인제읍 한국관

장만수, 2006. 6. 9, 11. 10, 인제군 북면 원통리 자택

김정호, 2006. 8. 4, 2011. 11. 10, 11. 16, 인제군 바르게살기운동협의회

장세영, 2006. 9. 28, 인제군 서화면 게이트볼장

신영호, 2006. 8. 4, 인제군 서화면 천도리 자택

신정민, 2007. 8. 24, 인제군 인제읍 남북리 자택

이종헌, 2006. 11. 10, 인제군 인제읍 상동리 송기획사무실

최용수, 2009. 3. 11, 인제군 인제읍 상동리 자택

권준호, 2007. 6. 16, 양구군 양구읍 자택

박세현, 2007. 7. 29, 양구군 팔랑민속관

유성주, 2007. 7. 29, 양구군 남면 자택

박상기·황도연, 2007. 7. 28, 양구군 양구읍 황도연 자택

이현욱, 2007. 7. 28, 양구군 양구읍 자택

김태수, 2007. 7. 16, 양구군 향교

이호선·권영림, 2007. 6. 15, 양구군 남면 용하리 자택

김현기, 2007. 10. 27, 고성군 토성면 자택

장운영, 2007. 10. 7, 고성군 토성면 자택

최상훈, 2007. 10. 1, 고성군 현내면 자택

윤호태, 2007. 10. 1, 고성군 간성읍 자택

강재준, 2007. 9. 30, 고성군 죽왕면 자택

함주영, 2007. 7. 7, 고성군 죽왕면 자택
양재경, 2007. 7. 7, 고성군문화원
김민수, 2007. 7. 6, 고성군문화원
최종현, 2007. 8. 3, 철원군문화원
김용준, 2007. 8. 3, 철원군문화원
이성민, 2016. 7. 7, 광명시 소하동 카페

(8) 기타

강원대학교 사회과학연구원, 2009 《한국전쟁 전후 민간인 집단희생 관련 최종결과보고서: 강원도 인
　제군》, 진실·화해를위한과거사정리위원회
강원도, 1968 《접적 및 수복지구 실태조사보고서》, 강원도
김영규·조중기·김선미·김용철, 2007 《2007년도 국사편찬위원회 철원군 지역사자료 조사수집 최종
　보고서》(국사편찬위원회 지역조사사업)
유재춘·정치연·황은영·이흥권, 2008 《2008년도 국사편찬위원회 양구군 지역사자료 조사수집 최종
　보고서》(국사편찬위원회 지역조사사업)
한모니까, 2006 〈인제지역 자료 조사·수집의 성과와 과제〉《강원·경기 지역 자료 수집·정리의 성과
　와 과제》(국사편찬위원회, 2006. 11)
한모니까·김재웅·예대열, 2006 《2006년도 국사편찬위원회 인제군 지역사자료 조사수집 최종보고
　서》(국사편찬위원회 지역조사사업)
한모니까·김창회·강민철·이승민, 2007 《2007년도 국사편찬위원회 강원도 수복지구 주제자료 수집
　최종보고서》(국사편찬위원회 지역조사사업)

2) 북한 자료

(1) 정기간행물·사전

《正路》, 《로동신문》, 《강원로동신문》, 《북조선농민신문》, 《전국농민신문》
《강원인민보》, 《근로자》, 《인민》, 《로동자》
농업과학위원회 편, 1960 《농업소사전》 상·하
사회과학원 력사연구소, 1972 《력사사전》, 사회과학출판사

(2) 연감·일지·결정집

리성호, 2002 《조선지명편람(황해남도)》, 사회과학출판사
유문화 편, 1949 《해방후 4년간의 국내외 중요일지》, 민주조선사
조선중앙통신사, 1955 《해방 후 10년일지(1945~1955)》
_____, 1950 《조선중앙연감 1950년판》
_____, 1952 《조선중앙연감 1951~1952》
조선통신사, 1947 《조선연감》

_____, 1948 《조선연감》

《결정집: 1946. 9~1948. 3 북조선로동당중앙상무위원회》

《결정집: 1947. 8~1953. 7 당중앙정치위원회》

(3) 단행본

1958 《우리나라의 인민경제발전: 1948~1958》, 국립출판사

국가계획위원회 중앙통계국, 1961 《인민경제발전통계집》, 국립출판사

김승준, 1988 《우리나라 농촌문제 해결의 력사적 경험》, 사회과학출판사

김일 외 13인, 1981 《붉은 해발아래 창조와 건설의 40년(1945. 8~1950. 6)》, 조선로동당출판사

김일성, 1979 《김일성저작집》 제3권, 조선로동당출판사

_____, 1994 《김일성선집》 제8권, 조선로동당출판사

김한길, 1983 《현대조선역사》, 사회과학원역사연구소

김한주, 1954 《토지개혁 후 조선농촌의 토지소유관계》, 조선로동당출판사

리기영, 1948 《땅》[이기영, 1992 《땅》 상·하, 서울: 풀빛 재간행]

리정현 편, 1965 《해방후 우리나라에서의 로농동맹》, 조선로동당출판사

사회과학원 력사연구소 편, 1981 《조선전사》 24~27, 과학 · 백과사전출판사

손전후, 1983 《우리나라 토지개혁사》, 과학백과사전출판사

(4) 논문·보고·연설

〈권두언: 대중과의 긴밀한 연락은 간부의 지도적 중요요소이다〉《근로자》 1947. 10

〈권두언: 세포생활의 강화를 위한 몇 가지 문제〉《근로자》 1947. 9

강진건, 〈1947년도 농업증산과 농민동맹〉《인민》 1947. 4

김승준, 1958 〈우리 나라 농촌 경리의 발전〉《우리 나라의 인민 경제발전 1948~1958》, 국립출판사

김일성, 〈민주주의조선임시정부수립에 관하여 각 정당들과 사회단체들은 무엇을 요구할 것인가: 북조선민전 산하 각 정당 사회단체 열성자대회에서〉《근로자》 1947. 6

_____, 〈북조선정치정세: 전조선제정당사회단체대표자연석회의에서 진술한 보고〉《근로자》 1948. 5

김장열, 〈2개년 인민경제계획과 로동규율〉《인민》 1949. 9

리수태, 〈1948년도 인민경제계획 실행에 있어서의 새 경험과 과업(二)—농림수산부문〉《인민》 1948. 9

리순근, 〈1947년도 농산계획과 그 실행에 대하여〉《인민》 1947. 4

_____, 〈북조선 농업발전을 위한 제문제〉《인민》 1946. 11

리신형, 〈현 시기 농촌에서의 착취 현상을 근절하기 위한 몇 가지 문제〉, 《근로자》 1957. 8

리청원, 〈건국사상총동원운동의 사회적 근원〉《인민》 1947. 1

박경수, 〈해방 후 10년간의 공화국 농촌경리의 발전〉《인민》 1955. 7

오일룡, 〈노력경쟁의 위대한 역량〉《인민》 1948. 12

정준택, 〈1947년도 인민경제발전에 관한 예정수자 실행에 대한 전망〉《인민》 1947. 4

_____, 〈조선민주주의인민공화국 북반부의 인민경제 부흥발전을 위한 1948년 계획 실행 총 결과

1949~1950년 2개년계획〉《인민》1949. 2

주녕하, 〈면 및 리(동) 인민위원회위원 선거의 총결에 대하여〉《인민》1947. 4

_____, 〈선거운동의 의의와 당의 당면과업〉《근로자》1946. 10

최호민, 〈근로인민의 창발성과 생산경쟁운동〉《인민》1949. 4

한병옥, 〈사무간소화를 위한 몇 가지 문제〉《인민》1948. 9

_____, 〈지방인민위원회사업 강화를 위한 몇가지 문제〉《인민》1948. 7

허가이, 〈2개년 인민경제계획 실행을 위한 투쟁에 있어서 산업부문 내 당단체들의 사업개선방침에 관한 보고〉《근로자》1949. 12

_____, 〈당장성과 당조직 및 당정치사업에 대한 제과업—북조선로동당 제3차 중앙위원회에서 보고〉《근로자》1947. 2

_____, 〈북조선노동당중앙위원회 제3차회의에서 진술한 조선민주주의인민공화국최고인민회의 선거총화와 당단체들의 당면과업에 관한 보고〉《근로자》1948. 10

_____, 〈북조선로동당 하급당단체(세포·초급당·면당)의 9개월간 사업총결에 관한 총화와 당지도사업의 강화에 대하여〉《근로자》1949. 3

(5) 남한·일본에서의 편집물

국사편찬위원회 편, 1982~2004 《北韓關係史料集》 1~47권

국토통일원, 1980 《조선로동당대회자료집》 제1집

정경모·최달곤 편, 1990 《북한법령집》 전5권, 대륙연구소

한림대 아시아문화연구소 편, 1994 《북한경제통계자료집(1946·1947·1948년도)》, 한림대 출판부

鄭在貞·木村光彦 編, 2001 《1945~50年 北朝鮮經濟資料集成》 第6·7·8卷, 日本: 東亞經濟研究所

(6) 미국립기록관리청NARA 소장 북한노획문서

RG 242, Records Seized by U. S. Military Forces in Korea, Captured Korean Documents

·〈관개사업 예정지구 일람도〉, SA 2006, Box 14, Item 66A

·〈국민회 기린면지부 체계도〉, SA 2012, Item 4-128

·〈길호일〉, SA 2007, Box 349, Item 1.3

·〈리원갑〉, SA 2007, Box 350, Item 1.3

·〈북조선로동당 강원도 인제군당 제2차 대표자회의 면 군 도당 대표자 명부 및 통계〉, SA 2007, Box 6, Item 9

·〈심일록〉, SA 2007, Box 351, Item 1.5

·〈이종해〉, SA 2007, Box 351, Item 1.5

·〈전선에 출동하는 표무원·강태무 부대〉, SA 2009, Box 9, Item 74

·〈정윤교〉, SA 2007, Box 350, Item 1.4

·〈조선민주청년동맹 동맹원증〉, SA 2006, Box 14, Item 61.1

·〈강원도 사진첩〉, SA 2010, Box 3, Item 11

·《강원도 인제군 남면당 세포책임자 및 청년당원 열성자대회 회의록》 1946~1947

· 《강원도 인제군 남면당 위원회 회의록》 1949. 1. 5~1949. 12. 26
· 《강원도 인제군 북면당 위원회 회의록》 1946. 8. 12~1949. 12. 21
· 《강원도 인제군 인민위원회 당조 회의록》 1947. 6. 5~1949. 12. 21
· 《이동증철: 他郡에서 온》(1947), SA 2006, Box 13, Item 49
· 《이동증: 他郡에서 온》(1948), SA 2006, Box 13, Item 49
· 북조선로동당중앙본부, 《조직사업에 관계되는 참고자료철》, Doc 201206, Box 53
· 중앙선거위원회, 1947 《북조선 면 및 리(동) 인민위원회 위원선거에 관한 총결》, SA 2005, Box 3, Item 43
· 허성택, 〈건국노력동원에 관하여〉(1948. 9. 25), SA 2009, Box 2, Box 164

2. 외국문

1) 미간행자료: 미국립기록관리청 소장

RG 59, Department of State, Decimal File
· 795A 시리즈 : 1950-54, Despatch from Seoul to Department of State: Soviet Rule in North Korea
· 1950-54, 794.002 시리즈
· 1950-54, Relating to Korea(Excerpt), Box No. 1302, from 320.22/1-1854 to 325.84/1-350
RG 59, General Records of the Department of State, CHINA, JAPAN & KOREA LOT FILES #3, Records of the Division of Research for Far East-Lot File 58D245, Box 5
RG 84, Seoul Embassy, Entry Seoul, Korea, 1950-55, Box 12, 322.3: UNCURK 38th Parallel, 1953-55
RG 407, Army-AG Command Reports 1949-54, Eight Army(EUSAK), Quarterly Historical Report, Box 1481-1484
RG 554, Records of General Headquarters, Far East Command, Supreme Commander Allied Powers, and United Nations Command, UN Civil Assistance Command, Korea(UNCACK) Adjutant General Section
· Unit Reports, 1951-1954, Weekly Activity Reports, Aug 1951 to Aug 1951, Entry A-1 1309, Box 97
· Unit Reports, 1951-1954, Semi-Monthly Activity Reports, Nov 1951 to Dec 51, Entry A-1 1309, Box 103

2) 간행자료

U.S. Department of State, *Foreign Relations of the United States*, 1950 Vol. VII: KOREA
_____, *Foreign Relations of the United States*, 1951 Vol. VII: KOREA AND CHINA
_____, *Foreign Relations of the United States*, 1952-1954 Vol. XV: KOREA

3) 기타

森田芳夫·長田から子 編, 1964 《朝鮮終戰の記錄》 第1卷, 巖南堂書店

II. 연구성과

1. 단행본

강만길, 1978 《분단시대의 역사인식》, 창작과비평사
강원의병운동사연구회 편, 1987 《강원의병운동사》, 강원대학교 출판부
강정구, 2002 《민족의 생명권과 통일》, 당대
경남대학교 북한대학원, 2003 《북한연구방법론》, 한울아카데미
교수신문 엮음, 2003 《오늘의 우리 이론 어디로 가는가: 현대 한국의 자생이론》, 생각의나무
국방부 전사편찬위원회, 1967 《한국전쟁사》 1
_____, 1968 《한국전쟁사》 2
기무라 미쓰히코 지음(1999)/정재정 감역·김현숙 옮김(2001), 《북한의 경제: 기원·형성·붕괴》, 혜안
김광운, 2003 《북한 정치사 연구 1: 건당·건국·건군의 역사》, 선인
김귀옥, 1999 《월남민의 생활경험과 정체성: 밑으로부터의 월남민 연구》, 서울대학교출판부
_____, 2004 《이산가족, '반공전사'도 '빨갱이'도 아닌: 이산가족 문제를 보는 새로운 시각》, 역사비평
사
김동명, 2010 《독일통일, 그리고 한반도의 선택》, 한울
김동춘, 2000 《근대의 그늘》, 당대
_____, 2000(2006) 《전쟁과 사회》, 돌베개
김민철, 2012 《기로에 선 촌락: 식민권력과 농촌사회》, 혜안
김성보, 2000 《남북한 경제구조의 기원과 전개─북한농업체제의 형성을 중심으로》, 역사비평사
_____, 2011 《북한의 역사 1─건국과 인민민주주의의 경험 1945~1960》, 역사비평사
김성호·전경식·장상환·박석두, 1989 《농지개혁사연구》, 한국농촌경제연구원
김수자, 2005 《이승만의 집권초기 권력기반 연구》, 경인문화사
김연철, 2001 《북한의 산업화와 경제정책》, 역사비평사
김운근·이두순·조일환, 1989 《수복지구의 남북한 농지개혁에 관한 연구》, 한국농촌경제연구원
김지형, 2008 《데탕트와 남북관계》, 선인
김학준, 1989 《한국전쟁: 원인·경과·휴전·영향》, 박영사
김행복, 1999 《한국전쟁의 戰爭指導: 한국군 및 유엔군편》, 국방군사연구소
데이비드 콩드 지음/편집부 역, 1989 《분단과 미국 1945~1950》 1·2, 사계절
도널드 스턴 맥도널드 지음/한국역사연구회 1950년대반 옮김, 2001 《한미관계20년사(1945~1965
년)》, 한울아카데미

동선희, 2011 《식민권력과 조선인 지역유력자—道評議會·道會議員을 중심으로—》, 선인

박명규, 2009 《국민·인민·시민》, 소화

_____, 2012 《남북경계선의 사회학》, 창비

박명림, 1996 《한국전쟁의 발발과 기원》 1·2, 나남출판

_____, 2002 《한국 1950: 전쟁과 평화》, 나남출판

박삼옥 외, 2005 《사회·경제공간으로서 접경지역—소외성과 낙후성의 형성과 변화》, 서울대학교출판부

박은경, 1999 《일제하 조선인 관료 연구》, 학민사

박찬승, 2010 《마을로 간 한국전쟁》, 돌베개

박찬표, 1997 《한국의 국가형성과 민주주의: 미군정기 자유민주주의의 초기제도화》, 고려대학교 출판부

박태균, 1995 《조봉암 연구》, 창작과비평사

방선주, 2002 《미국소재 한국사자료 조사보고 Ⅲ—NARA 소장 RG 242 〈선별노획문서〉 와—》, 국사편찬위원회

백낙청, 1994 《분단체제 변혁의 공부 길》, 창작과 비평사

_____, 1998 《흔들리는 분단체제》, 창작과비평사

북한연구소, 1990 《북한민주통일운동사: 함경북도·경기미수복지구·강원도미수복지구 편》, 북한연구소

브루스 커밍스 외 저/박의경 역, 1987 《한국전쟁과 한미관계 194~1953》, 청사

브루스 커밍스 저/김동노·이교선·이진준·한기욱 옮김, 2001 《한국현대사》, 창작과비평사

_____/김자동 역, 1986 《한국전쟁의 기원》, 일월서각

블루멘비츠/최창동 편역, 1996 《분단국가의 법적 지위》, 법률행정연구원

서대숙 지음/서주석 옮김, 1989 《북한의 지도자 김일성》, 청계연구소

서동만, 2005 《북조선사회주의체제성립사 1945~1961》, 선인

서용선·양영조·신영진, 1995 《한국전쟁연구: 점령정책, 노무운용, 동원》, 국방군사연구소

서중석, 1999 《조봉암과 1950년대》 상·하, 역사비평사

서중석 외, 2010 《전장과 사람들》, 선인

송두율, 1995 《역사는 끝났는가》, 당대

양영조, 2000 《한국전쟁 이전 38도선 충돌 1945~1950》, 국방군사연구소

염돈재, 2010 《독일통일의 과정과 교훈》, 평화문제연구소

옥한석, 1994 《향촌의 문화와 사회변동: 관동의 역사지리에 대한 이해》, 한울

온창일·김광수·박일송·나종남·허진녕·박홍배·장성진·성연춘, 2010 《6·25 전쟁 60대 전투》, 황금알

와다 하루끼 저/서동만 역, 1999 《한국전쟁》, 창작과비평사

윌리엄 스툭 지음/김형인·김남균·조성규·김재민 공역, 2001 《한국전쟁의 국제사》, 푸른역사

_____/서은경 역, 2005 《한국전쟁과 미국 외교정책》, 자유기업원·나남출판

유재인, 1974 《강원도 비사》, 강원일보사

육군본부 작전참모부 군사처, 1963, 《유엔군전사: 낙동강에서 압록강까지》 제1집, 육군인쇄공창
　　[Roy E. Appleman, United States Army in the Korean War: South to the Naktong, North to the Yalu,
　　Department of the Army, Washington D.C., Government Printing Office, 1961]
윤택림, 2003 《인류학자의 과거 여행—한 빨갱이 마을의 역사를 찾아서》, 역사비평사
윤해동, 2006 《지배와 자치》, 역사비평사
이구용·최창희·김흥수, 1992 《강원도 항일독립운동사》, 광복회 강원도지부
이송순, 2008 《일제하 전시 농업정책과 농촌 경제》, 선인
이신철, 2007 《북한 민족주의운동 연구 1948~1961》, 역사비평사
이종석, 1998 《분단시대의 통일학》, 한울아카데미
　　　　, 2011 《북한의 역사 2—주체사상과 유일체제 1960~1994》, 역사비평사
이주철, 2008 《조선 로동당 당원조직 연구 1945-1960》, 선인
이태섭, 2001 《김일성 리더십 연구》, 들녘
임혁백·이은정 공편, 2010 《한반도는 통일 독일이 될 수 있을까?》, 송정문화사
장용운, 2005 《접경지역 평화지대론》, 연경문화사
장정룡·이한길, 2005 《인제뗏목과 뗏꾼들》, 인제군
정근식 외 공저, 2003 《구림연구: 마을공동체의 구조와 변동》, 경인문화사
정병욱, 2004 《한국근대금융연구—조선식산은행과 식민지 경제—》, 역사비평사
정병준, 2002 《해외사료총서 2: 미국소재 한국사자료 조사보고 I: NARA 소장 RG 59·RG 84외》, 국사
　　편찬위원회
　　　　, 2006 《한국전쟁: 38선 충돌과 전쟁의 형성》, 돌베개
정연태, 2011 《한국근대와 식민지 근대화 논쟁》, 푸른역사
　　　　, 2014, 《식민권력과 한국 농업: 일제 식민농정의 동역학》, 서울대학교출판문화원
정용욱, 2003 《미군정 자료 연구》, 선인
　　　　, 2003 《해방 전후 미국의 대한정책》, 서울대학교 출판부
정창현, 2002 《인물로 본 북한현대사》, 민연
　　　　, 2009 《남북 현대사의 쟁점과 시각》, 선인
조동걸, 1979 《일제하 한국 농민운동사》, 한길사
조영갑, 1993 《韓國民軍關係論》, 한원
존 J. 존슨 편저/김유택 역, 1963 《軍과 政治》, 일조각
중앙일보 특별취재반, 1992 《비록: 조선민주주의인민공화국》 상·하, 중앙일보사
중앙일보사, 1983 《민족의 증언》 1~8권, 중앙일보사
지수걸, 1993 《일제하 농민조합운동연구—1930년대 혁명적 농민조합운동》, 역사비평사
찰스 암스트롱 저/김연철·이정우 옮김, 2006 《북조선탄생》, 서해문집
채한국 번역, 1990 《(미국합동참모본부사)한국전쟁》 상·하, 국방부 전사편찬위원회[James F. Schnabel
　　and Robert J. Watson, The History of the Joint Chiefs of Staff: The Joint Chiefs of Staff and National
　　Security, volume Ⅲ: The Korean War, part I·II, Historical Division, Joint Secretariat, Joint Chiefs of Staff,
　　12 April 1978]

채한국·정석균·양영조, 1995 《한국전쟁》 상, 국방군사연구소

채한국·정석균·손문식, 1996 《한국전쟁》 중, 국방군사연구소

채한국·양영조, 1997 《한국전쟁》 하, 국방군사연구소

최창동, 2002 《법학자가 본 통일문제》 I·II, 푸른세상

치스챠코프 외/국토통일원 번역, 1987 《조선의 해방》, 국토통일원

한국군사학회, 2010 《강원·충청 국가수호사적지》, 독립기념관 한국독립운동사연구소

한국사회학회 편, 1992 《한국전쟁과 한국사회변동》, 풀빛

한국은행조사부, 1961 《미국대외원조의 변천과 현행원조계획의 전모》, 한국은행조사부

한국전쟁연구회 편, 2000 《탈냉전시대 한국전쟁의 재조명》, 백산서당

한운석, 2003 《하나의 민족, 두 개의 과거》, 신서원

한표욱, 1984 《한미외교요람기》, 중앙일보사

홍석률, 2001 《통일문제와 정치·사회적 갈등: 1953~1961》, 서울대학교출판부

_____, 2012 《분단의 히스테리: 공개문서로 보는 미중관계와 한반도》, 창비

홍성유, 1962 《한국경제와 미국원조》, 박영사

TAI HWAN KWON, *DEMOGRAPHY OF KOREA: Population Change and Its Components 1925-66*, Seoul National University Press, 1977

W. 버쳇 지음/김남원 옮김, 1988 《북한현대사》, 신학문사

2. 논문

강만길, 1981 〈일제시대의 화전민생활〉 《동방학지》 27·28, 연세대 국학연구원

_____, 2001 〈한반도 통일논의의 쟁점과 과제〉 《한반도 통일논의의 쟁점과 과제》, 한신대학교 출판부

강정구, 1992 〈해방 후 월남인의 월남동기와 계급성에 관한 연구〉 《한국전쟁과 한국사회변동》, 풀빛

_____, 2001 〈남북정상회담과 한반도 통일문제〉 《한반도 통일논의의 쟁점과 과제》, 한신대학교 출판부

고석규, 1998 〈지방사 연구의 새로운 모색〉 《지방사와 지방문화》 1, 역사문화학회

고재홍, 2001 〈1950년 가을 북한지역 통치 경험 고찰〉 《북한조사연구》 제5권 제1호, 통일정책연구소

공제욱, 2006 〈의복통제와 '국민' 만들기〉 《식민지의 일상 지배와 균열》, 문화과학사

곽건홍, 1999 〈일제하의 빈민: 토막민·화전민〉 《역사비평》 46, 역사문제연구

권병탁, 1984 〈농지개혁의 과정과 경제적 기여〉 《농업정책연구》 제11권 1호

권혁범, 2001 〈통일에서 탈분단으로〉 《한반도 통일논의의 쟁점과 과제》, 한신대학교 출판부

기광서, 〈친일파 처리, 그 배제와 수용의 메커니즘〉(2004. 11. 9), 한국역사연구회 웹진 www.koreanhistory.org

_____, 2011 〈해방 후 북한 중앙정권기관의 형성과 변화(1945~1948년)〉 《평화연구》 Vol.19 No.2, 고려대학교 평화와민주주의연구소

김광운, 2002 〈북한 정치체제 형성 관련 1945~50년 출판물에 대하여〉, 정신문화연구원 편, 《해방전

후사사료연구Ⅱ》, 선인

김귀옥, 2000 〈잃어버린 또 하나의 역사: 한국전쟁 시기 강원도 양양군 미군정 통치와 반성〉《경제와
사회》46, 한국산업사회학회

_____, 2011 〈분단선 위를 걷는 사람들〉 한국구술사학회 편, 《구술사로 읽는 한국전쟁》, 휴머니스트

김남식, 1989 〈해방전후 북한현대사의 재인식〉《해방전후사의 인식 5》, 한길사

김동춘, 2000 〈20세기 한국의 '국민'〉《근대의 그늘》, 당대

김명기, 1998 〈1950년 북한점령지역에 대한 미국의 군정정책〉《군사논단》14 · 15, 한국군사학회

_____, 2000 〈북한의 붕괴에 대비한 작전지휘권의 환수방안〉《극동문제》7월호, 극동문제연구소

김명섭, 2001 〈북한에 대한 국가승인 문제〉《한반도 통일논의의 쟁점과 과제》, 한신대학교 출판부

김민철, 2007 〈일제의 농민조직화 정책과 농가 지도(1932~1945)《역사문제연구》18, 역사문제연구소

金甫瑛, 1996 〈8·15직후 남북한간의 전력교역〉《경제사학》20, 경제사학회

김보영, 2008 《한국전쟁 휴전회담 연구》, 한양대학교 박사학위논문

김선호, 2006 〈해방직후 조선민주당의 창당과 변화—민족통일전선운동을 중심으로—〉《역사와 현실》
61, 한국역사연구회

김성보, 1992 〈북한의 민족주의세력과 민족통일전선운동—조선민주당을 중심으로—〉《역사비평》
16, 역사문제연구소

_____, 1995 〈북한의 토지개혁(1946년)과 농촌 계층 구성 변화—결정과정과 지역 사례〉《동방학지》
87, 연세대 국학연구원

_____, 1995 〈소련의 대한정책과 북한에서의 분단질서 형성, 1945~1946〉《분단50년과 통일시대의
과제》, 역사비평사

_____, 1997 〈북한 정치 엘리트의 충원과정과 경력 분석—정권기관 간부를 중심으로(1945~50)—〉
《동북아연구》3, 경남대학교 극동문제연구소

_____, 2004 〈지방사례를 통해 본 해방 후 북한사회의 갈등과 변동: 평안북도 선천군〉《동방학지》
125, 연세대 국학연구원

_____, 2005 〈1900~50년대 진천군 이월면의 토지소유와 사회 변화〉《한국사연구》130, 한국사연구
회

_____, 2009 〈남북국가 수립기 인민과 국민 개념의 분화〉《한국사연구》144, 한국사연구회

김세균, 2001 〈통일문제, 어떻게 대응할 것인가〉《한반도 통일논의의 쟁점과 과제》, 한신대학교 출판
부

김연철, 2001 〈남북관계의 지속성과 변화〉《한반도 통일논의의 쟁점과 과제》, 한신대학교 출판부

김영미, 2010 〈수복지역 양양 주민들의 한국전쟁 경험—어느 한약방 주인의 생애와 선택〉《역사비평》
93, 역사문제연구소

김영윤, 1997 〈북한 토지소유제도 개편과 구토지 소유권 처리 문제〉《북한》303

김용달, 1999 〈'농촌진흥운동기' 조선농회의 성격 변화〉《한국근현대사연구》10, 한국근현대사학회

김용복, 1989 〈해방 직후 북한인민위원회의 조직과 활동〉《해방전후사의 인식 5》, 한길사

김용진, 1967 〈판례연구: 농지개혁법이 38이북의 수복지구에 시행된 시기〉《법조》16-1, 법조협회

김운근·이두순, 1989 〈수복지구에 있어 북한의 토지개혁에 관한 연구〉《농촌경제》12-4, 한국농촌경

제연구원

─────────, 1990 〈수복지구 사례조사를 중심으로 본 북한토지개혁의 재평가〉《농업경제연구》
31-1, 한국농업경제학회

김윤철, 2003 〈백낙청의 '분단체제론'〉, 교수신문 엮음, 《오늘의 우리 이론 어디로 가는가: 현대 한국
의 자생이론》, 생각의 나무

김익한, 1997 〈1930년대 일제의 지방지배와 면 행정〉《한국사론》37, 서울대 국사학과

김재웅, 2006 〈해방 후 북한의 지방 통치체계─1946~49년 강원도 인제군을 중심으로─〉《역사와 현
실》60, 한국역사연구회

김주환, 1989 〈해방 후 북한의 인민민주주의혁명과 사회주의혁명〉《해방전후사의 인식》5, 한길사

김창우, 1990 〈한국전쟁 초기 미국의 전쟁정책과 북한점령〉, 최장집 편, 《한국전쟁연구》, 태암

김태우, 2006 〈1948~49년 북한 농촌의 선전선동사업─강원도 인제군의 사례─〉《역사와 현실》60,
한국역사연구회

김학재, 2010 〈주한유엔민간원조사령부(UNCACK) 자료 해제〉, 서중석 외, 《전장과 사람들》, 선인

나종남, 2000 〈북한지역 점령정책에 대한 평가─한국과 미국의 갈등관계를 중심으로, 1950. 10~
11─〉《한국군사학논집》제56집 3권, 육군사관학교

남정옥, 2001 〈국민방위군〉《한국전쟁사의 새로운 연구》1, 국방부 군사편찬연구소

도진순, 2000 〈분단에 대한 연역과 통일의 전제〉, 한국역사연구회 엮음, 《20세기 역사학, 21세기 역사
학》, 역사비평사

라이 콜모르겐 저/이진일 역, 2013 〈독일 통일 및 동독연구의 담론들: 20년 후의 비판적 회고〉《통일
과 평화》Vol.5 No.1, 서울대학교 통일평화연구원

─────────────, 2013 〈독일 통일: "편입"(Beitritt) 20년: 진행되지 말아야 했을 실험의 결
과〉《백범과 민족운동 연구》10, 백범학술원

라종일, 2000 〈북한통치의 반성─1950년 가을〉, 한국전쟁연구회 편, 《탈냉전시대 한국전쟁의 재조
명》, 백산서당

류길재, 1991 〈북한정권의 형성과정: 인민위원회 조직과 활동에 관한 연구〉《북한체제의 수립과정
1945~1948》, 경남대 극동문제연구소

─────, 1995 《북한의 국가건설과 인민위원회의 역할 1945~1947》, 고려대 박사학위논문

류승주, 2001 〈1946~1948년 남북한 전력수급교역〉《역사와 현실》40, 한국역사연구회

문영주, 2009 〈일제시기 도시지역 유력자집단의 사회적 존재형태─도시금융조합 민선이사·조합장
을 중심으로─〉《사총》69, 고려대학교 역사연구소

박동찬, 2002 〈전쟁기 주한미군사고문단(KMAG)의 활동〉《한국전쟁사의 새로운 연구 2》, 국방부 군
사편찬연구소

박명림, 1997 〈분단질서의 구조와 변화: 적대와 의존의 대쌍관계 동학, 1945~1995〉《국가전략》제3
권 1호, 세종연구소

박찬승, 2001 〈통일, 민족공동체, 그리고 한국사학〉《한반도 통일논의의 쟁점과 과제》, 한신대학교 출
판부

박현선, 1989 〈반제반봉건민주주의혁명기의 여성정책〉《해방전후사의 인식》5, 한길사

박석두, 1988 〈농지개혁과 식민지 지주제의 해체〉, 고려대학교 경제학 석사논문

방선주, 1986 〈노획 북한필사문서 해제(1)〉《아시아문화》창간호, 한림대학 아시아문화연구소

_____, 1986 〈미국의 한국관계 현대사자료〉, 한국사학회 편, 《한국현대사론》, 을유문화사

_____, 1992 〈1946년 북한 경제통계의 일연구〉《아시아문화》8, 한림대학교 아시아문화연구소

_____, 1998 〈미국 국립공문서관 국무부문서개요〉《국사관논총》79, 국사편찬위원회

서동만, 1999 〈북한연구에 대한 반성과 과제: 90년대 연구 성과와 문제점〉《현대북한연구》창간호, 경
남대학교 북한대학원

서중석, 2001 〈통일시대의 역사인식〉《한반도 통일논의의 쟁점과 과제》, 한신대학교 출판부

서희경, 2007 〈남한과 북한 헌법 제정의 비교 연구(1947~1948): 한국 근대국가와 입헌주의의 탄생,
'진정한 민주주의'를 향한 두 가지의 길〉《한국정치학회보》41-2

성윤환, 1994 〈전후 북한수복정책에 관한 연구〉, 연세대 행정대학원 석사학위논문

신기욱, 2004 〈1930년대 농촌진흥운동과 농촌사회의 변화〉, 방기중 편, 《일제 파시즘 지배정책과 민
중생활》, 혜안

안병욱, 1990 〈남북한 역사교류를 위한 5가지 전제조건〉《역사비평》11, 역사문제연구소

_____, 1991 〈민족사의 오늘과 내일〉《역사와 현실》6, 한국역사연구회

_____, 1995 〈오욕된 역사의 청산, 그 대상과 주체〉《역사와 현실》18, 한국역사연구회

_____, 1995 〈한반도 통일국가의 목표와 체제〉《한반도 통일국가의 체제구상》, 한겨레신문사

_____, 1997 〈민족통일과 한국사학의 과제〉, 김용섭 교수 정년기념 한국사학논총 간행위원회, 《한국
사 인식과 역사이론》, 지식산업사

_____, 1997 〈4월 민중항쟁기 진보적인 통일논의와 통일운동〉《국사관논총》75, 국사편찬위원회

_____, 2000 〈20세기 세계사와 한국사회의 변동〉《전환시대의 한국사회》, 학술단체협의회

_____, 2000 《19세기 향회와 민란》, 서울대 국사학과 박사학위논문

_____, 2007 〈2007년 남북 정상회담의 의의와 평가〉《역사비평》81, 역사문제연구소

_____, 2010 〈한국 과거청산의 현황과 과제〉《역사비평》93, 역사문제연구소

안병욱·정병준, 1995 〈남북한의 통일정책과 통일의 과제〉《역사와 현실》16, 한국역사연구회

안자코 유카, 2006 《조선총독부의 '총동원체제'(1937~1945) 형성 정책》, 고려대 사학과 박사학위논문

양영조, 1998 〈38선충돌(1949~50)과 이승만정권의 대응〉《역사와 현실》27, 한국역사연구회

_____, 2001 〈피난민 정책〉《한국전쟁사의 새로운 연구》1, 국방부군사편찬연구소

_____, 2012 〈남한과 유엔의 북한지역 점령정책 구상과 통치-타협과 현실의 괴리〉《한국근현대사연
구》62

양정필, 2007 〈근현대 지역사 연구의 현황과 전망〉《역사문제연구》17, 역사문제연구소

염인호, 1983 〈일제하 지방통치에 관한 연구—'조선면제'의 형성과 운영을 중심으로—〉, 연세대 사학
과 석사학위논문

예대열, 2008 〈해방이후 북한의 노동조합 성격논쟁과 노동정책 특질〉《역사와 현실》70, 한국역사연
구회

오규환, 1986 〈지방사 연구: 그 이론과 실제—영국을 중심으로—〉《대구사학》30

온만금, 1992 〈한국전쟁시 한국과 유엔의 북한 점령정책〉《북한》247·248, 북한연구소

이경란, 2004 〈총동원체제하 농촌통제와 농민생활─마을 사회관계망을 중심으로─〉《동방학지》124, 연세대 국학연구원

이송순, 2002 〈일제하 1930·40년대 농가경제의 추이와 농민생활〉《역사문제연구》8, 역사문제연구소

이용기, 2003 〈1940~50년대 농촌의 마을질서와 국가─경기도 이천의 어느 집성촌 사례를 중심으로─〉《역사문제연구》10, 역사문제연구소

_____, 2009 〈일제시기 지역사회에서 전통적 권위질서의 지속과 변용─전남 장흥군 鄕校 校任 분석을 중심으로─〉《역사문제연구》21, 역사문제연구소

이인희, 1986 〈8·15와 6·25를 전후한 북한출신 피난민의 월남이동에 관한 연구〉《지리학논총》13, 서울대 지리학과

이정복 외 지음, 1999 〈21세기 민족통일에 대한 사회과학적 접근〉, 서울대학교출판부

이종민, 2004 〈전시하 애국반 조직과 도시의 일상 통제─경성부를 중심으로─〉《동방학지》124, 연세대 국학연구원

이주철, 1995 〈토지개혁 이후 북한 농촌사회의 변화: 1946~1948년을 중심으로〉《역사와 현실》16, 한국역사연구회

이주철, 1998 《북조선로동당의 당원과 그 하부조직에 관한 연구》, 고려대학교 사학과 박사학위논문

임대식, 〈1930년대말 경기지역 조선인 大地主의 農外投資와 地方議會 參與〉《한국사론》34, 서울대 국사학과

임영태, 1989 〈북으로 간 맑스주의 역사학자와 사회경제학자들〉《역사비평》6, 역사문제연구소

임종명, 2007 〈설립 초기 대한민국의 북한 실지화(失地化)와 조선민주주의인민공화국 타자화(他者化)(1948. 8~1950. 6)〉《사학연구》88, 한국사학회

_____, 2010 〈설립 초기 대한민국의 전사형 국민 생산과 조선민주주의인민공화국상(像)의 전용〉《한국사연구》151, 한국사연구회

장상환, 2000 〈농지개혁과 한국자본주의 발전〉《經濟發展硏究》Vol.6 No.1

장신, 2002 〈1919~43년 조선총독부의 관리임용과 보통문관시험〉《역사문제연구》8, 역사문제연구소

____, 2003 〈1920·30년대 조선총독부의 인사정책 연구─보통문관시험 합격자의 임용과 승진을 중심으로─〉《동방학지》120, 연세대 국학연구원

____, 2007 〈일제하 조선인 고등관료의 형성과 정체성: 고등문관시험 행정과 합격자를 중심으로〉《역사와 현실》63, 한국역사연구회

____, 2009 〈조선총독부의 경찰 인사와 조선인 경찰〉《역사문제연구》22, 역사문제연구소

전광희, 1992 〈한국전쟁과 남북한 인구의 변화〉《한국전쟁과 한국사회변동》, 풀빛

전용덕, 1997 〈한국의 농지개혁, 소득 재분배, 농업생산, 그리고 거래비용〉《한국경제의 성장과 제도 변화》, 한국경제연구원

전현수, 2002(a) 〈해방 직후 북한의 농업 생산과 분배(1945~1948)〉《한국민족운동사연구》31, 한국민족운동사학회

_____, 2002(b) 〈해방 직후 북한의 토지개혁〉《대구사학》68, 대구사학회

_____, 2002(c) 〈해방 직후 북한의 과거청산(1945~1948)〉《대구사학》69, 대구사학회

정덕주, 2006 〈일제 강점기 세제의 전개과정에 관한 연구—식민지배 정착을 위한 세제 변화를 중심으로—〉《세무학연구》제23권 제4호

정범석, 1972 〈수복지구의 농지개혁에 관한 소고〉《사법행정》13-4, 한국사법행정학회

정범석·정조근, 1972 〈농지개혁법에 관한 고찰—수복지구농지를 중심으로—〉《건대학술지》13

정병준, 1994 〈미국내 한국현대사관련 자료의 현황과 이용법: NARA를 중심으로〉《역사와 현실》14, 한국역사연구회

_____, 2003 〈농지개혁 재검토〉《역사비평》65, 역사문제연구소

_____, 2005 〈탈취와 노획의 전쟁기록〉《역사비평》73, 역사문제연구소

정연태, 1990 〈1930년대 '조선농지령'과 일제의 농촌통제〉《역사와 현실》4, 한국역사연구회

_____, 1994 《일제의 한국 농지정책》, 서울대 국사학과 박사학위논문

_____, 2000 〈21세기의 한국근대사 연구와 신근대사론의 모색〉, 한국역사연구회 엮음, 《20세기 역사학, 21세기 역사학》, 역사비평사

정용서, 2004 〈북조선천도교청우당의 정치노선과 활동(1945~1948)〉《한국사연구》125, 한국사연구회

정태헌, 1995 〈일제하 자금유출 구조와 조세정책〉《역사와 현실》18, 한국역사연구회

조성훈, 2002 〈미국 국립문서 보관소 소장 북한 경제정책(1945~50) 자료 연구〉, 정신문화연구원 편, 《해방전후사사료연구》II, 선인

조수룡, 2010 〈1945~1950년 북한의 사회주의적 노동관과 직업동맹의 노동통제〉《역사와 현실》77, 한국역사연구회

조일환, 1989 〈수복지구에 있어서 두 유형의 농지개혁에 관한 연구〉, 고려대학교 석사학위논문

조형·박명선, 1985 〈북한출신월남민의 정착과정을 통해서 본 남북한사회의 변화〉《분단시대와 한국사회》, 까치

조희진, 2010 〈식민지시기 색복화 정책의 전개 양상과 추이〉《국학연구》16, 한국국학진흥원

지수걸, 2007 〈일제하 지방통치 시스템과 군 단위 '관료-유지 지배체제'〉《역사와 현실》63, 한국역사연구회

_____, 2010 〈지방유지의 '식민지적' 삶〉《역사비평》90, 역사문제연구소

_____, 2010 〈한국전쟁과 군(郡) 단위 지방정치—공주·영동·예산지역 사례를 중심으로—〉《지역과 역사》27, 부경역사연구소

차문석, 1999 《사회주의국가의 노동정책: 소련, 중국, 북한의 생산성의 정치》, 성균관대 박사학위논문

최병택, 2012 〈조선총독부의 화전 정리 사업〉《한국문화》58, 서울대 규장각 한국학연구원

최상철·이영성, 1998 〈통일 후 북한지역에서의 토지소유 및 이용에 관한 연구〉《지역연구》14-2, 한국지역학회

최영수, 2003 〈북한정권초기의 기록관리제도—한국전 노획문서와 관련하여—〉, 서울대 기록관리학과 석사학위논문

하유식, 1995 〈대한청년단의 활동과 조직〉, 부산대학교 사학과 석사학위논문

한긍희 2000 〈일제하 전시체제기 지방행정 강화 정책—邑面行政을 중심으로—〉《국사관논총》88, 국사편찬위원회

한모니까, 2001 〈4월민중항쟁 시기 북한의 남한정세 분석과 통일정책의 변화〉《4.19와 남북관계》, 민연

_____, 2006(a) 〈총론: 강원도 인제군을 통해 본 해방 이후 북한사회〉《역사와 현실》60, 한국역사연구회

_____, 2006(b) 〈1947~49년 인제군 개답開畓사업에 나타난 당·정의 역할과 인민노력동원〉《역사와 현실》60, 한국역사연구회

_____, 2008 〈유엔군사령부의 '수복지구' 점령정책과 행정권 이양〉《역사비평》85, 역사문제연구소

_____, 2010(a) 〈'수복지구' 주민의 정체성 형성과정—'인민'에서 '주민'으로 '주민'에서 '국민'으로—〉《역사비평》91, 역사문제연구소

_____, 2010(b) 〈한국전쟁기 미국의 북한 점령정책과 통치권 문제—평양과 양양 지역의 행정조직 구성 비교—〉《역사와 현실》78, 한국역사연구회

_____, 2012(a) 〈한국전쟁 이후 '수복지구'에서의 농지개혁법 적용 과정과 그 의미〉《한국근현대사 연구》62, 한국근현대사학회

_____, 2012(b) 〈한국전쟁기 남한(유엔군)·북한의 '점령통치'에 대한 연구사 검토와 제언〉《역사와 현실》84, 한국역사연구회

_____, 2013 〈1948년 대한민국 정부 수립과 주한미군의 정권 이양 과정 및 의미〉《동방학지》164, 연세대 국학연구원

_____, 2015 〈남·북한의 '수복지구'와 '신해방지구' 편입 비교—영토 점령과 제도 이식을 중심으로—〉《동방학지》170, 연세대 국학연구원

_____, 2015 〈두 번의 토지개혁과 냉전: 한국전쟁 前後 '38선 이북 수복지구' 인제의 토지소유구조 변화〉《이화사학연구》51, 이화사학연구소

_____, 2016 〈북한의 '신해방지구' 주민 편입 정책과 그 특징〉《역사문제연구》36, 역사문제연구소

한봉석, 2010 〈조선소년단 활동을 통해 본 북한의 "인민화" 과정〉《역사문제연구》24, 역사문제연구소

허수, 2000 〈전시체제기 청년단의 조직과 활동〉《국사관논총》88, 국사편찬위원회

홍석률, 1994 〈이승만 정권의 북진통일론과 냉전외교정책〉《한국사연구》85, 한국사연구회

_____, 2015 〈냉전의 예외와 규칙—냉전사를 통해 본 한국 현대사〉《역사비평》110, 역사문제연구소

홍성찬, 2014 〈근대화 프로젝트로서의 한국 농지개혁과 대지주〉《동아시아의 농지개혁과 토지혁명》, 서울대학교 출판문화원

홍순권, 1995 〈일제시기의 지방통치와 조선인 관리에 관한 일고찰—일제시기의 군 행정과 조선인 군수를 중심으로〉《국사관논총》64, 국사편찬위원회

주석

서론

[1] 이 책에서 '한국'과 '한반도'는 '남북한' 모두를 가리키는 'Korea'를 말한다. 다만 한미관계에서 '한국'은 대한민국을 의미한다. 대한민국과 조선민주주의인민공화국은 각각 남한과 북한으로 표현할 것이다.

[2] '수복지구'와 '신해방지구' 등의 용어는 남북한의 각 지역에 대한 인식과 정책을 반영한다. 남한에서 '수복지구'는 "본래 대한민국의 영토인데 일시 잃었다가 되찾은 지역"의 의미로 지칭되었는데, 이에 의하면 북한지역은 남한이 '언젠가 되찾을 지역'이라는 의미를 갖게 된다. 북한에서 '신해방지구'는 "미제와 이승만정권에서 해방된 지역"을 의미했다. 따라서 '수복지구'와 '신해방지구' 모두 남북한이 상대를 인정하지 않는 일방적인 표현으로, 자기 정부의 통제권 확장과 체제이식을 의도하는 표현이다. 때문에 이 책에서 수복지구라는 표현을 사용하는 것이 적합한지에 의문이 들 수 있다. 하지만 본서에서는 이 지역들이 갖는 복잡한 역사성과 특수성을 더 직접적으로 드러내기 위해 당시에 공식적으로 통용되었던 '수복지구'·'신해방지구'라는 용어를 사용하겠다. 그리고 수복지구의 경우 내용에 따라 '중동부 점령지역'·'유엔군이 통치하고 있는 38선 이북지역'·'38선 이북~비무장지대 남쪽 지역'·'38선 접경지역' 등이라 표현하겠다.

[3] 홍석률은 1970년대 남북한의 유신체제·유일체제 성립을 세계체제가 분단체제를 거치면서 이룬 것으로 설명하면서, '전 지구적 차원'·'한반도 차원'·'분단국가 내부적 차원'이라는 세 층위의 복잡한 관계에 대한 문제를 제기한 바 있다. 홍석률, 2012 《분단의 히스테리》, 창비.

[4] 한모니까, 2008 〈유엔군사령부의 '수복지구' 점령정책과 행정권 이양(1950~1954)〉 《역사비평》 85.

[5] 남북관계는 여러 측면에서 이중적이다. 남북한은 민족공동체의 회복을 지향하면서도, 제도적으로나 의식적으로 서로를 불인정하며 증오심과 적대감을 증폭시켜왔다. 남북의 집권세력은 이중적인 남북관계를 활용하여 각자의 권위주의적인 정치구조를 유지해왔다. 또 남북한은 상호 국가 간 관계이면서도 내부관계라는 이중성도 갖고 있다. 남한과 북한은 각각 유엔에 가입한 독립국인 동시에, 1992년 발효된 남북기본합의서는 남북관계를 "통일을 지향하는 과정에서 형성되는 잠정적인 특수관계"로 규정하고 있다. 이러한 특성의 남북관계는 기존의

연구들에서 '분단질서'(박명림), '분단구조'(이종석) 등이라 명명되었다. 박명림, 1997 〈분단질 서의 구조와 변화: 적대와 의존의 대쌍관계 동학, 1945~1995〉《국가전략》제3권 1호, 세종 연구소; 이종석, 1998 《분단시대의 통일학》, 한울아카데미.

6 '남한체제'·'북한체제'란 "일정한 제도와 재생산구조를 갖추고 유지되고 있는 남북한사회"를 말한다. '남한의 자본주의체제', '북한의 사회주의체제'라고 표현되듯이, 남북한은 각각 자본 주의와 사회주의 이념을 표방하고 그에 따른 정치·사회제도를 갖추고 어느 정도 안정된 질 서를 유지해왔다. '남북한 체제' 개념에 대해서는 백낙청, 1998 《흔들리는 분단체제》, 창작과 비평사, 18쪽; 박명규, 2012 《남북경계선의 사회학》, 창비, 86~87쪽 참조.

7 안병욱, 1997 〈민족통일과 한국사학의 과제〉《한국사 인식과 역사이론》, 지식산업사, 207~208쪽.

8 지금까지는 통일과정과 이후를 준비하자고 할 때 가장 많이 거론된 사례가 독일이었다. 서독 의 통일 노력과 통일 이후의 경제적 부담, 동독의 긍정적 혹은 부정적인 정치경제사회 변화 를 반면교사로 삼아야 한다는 점이 강조되어왔다[김동명, 2010 《독일통일, 그리고 한반도의 선택》, 한울; 염돈재, 2010 《독일통일의 과정과 교훈》, 평화문제연구소; 임혁백·이은정 공편, 2010 《한반도는 통 일 독일이 될 수 있을까?》, 송정문화사 등의 많은 연구들이 있다]. 독일 사례는 우리가 통일을 준비하 면서 반드시 참고해야겠지만, 그에 못지않게 한반도에서 실제 벌어졌던 역사적 경험에 대한 검토가 이루어져야 한다. 그간 독일 사례에 관심이 많았던 것에 비추면 한반도의 역사경험에 대한 연구는 부족했다.

9 〈Embassy, Pusan to The Department of State. Subject: Conditions in Area of North Korea Now Held by ROK〉(1952. 2. 28), RG 59 Central Files Decimal File 795A Series(1950~1954), 795A.00/2-2852.

10 라이 콜모르겐 저·이진일 역, 2013 〈독일 통일 및 동독연구의 담론들: 20년 후의 비판적 회 고〉《통일과 평화》Vol.5 No.1; 라이 콜모르겐, 2013 〈독일 통일: "편입"(Beitritt) 20년: 진행되 지 말아야 했을 실험의 결과〉《백범과 민족운동 연구》10.

11 사회주의에서 자본주의로의 전환이라는 면에서는 동유럽이나 수복지구가 공통적이지만, 그 체제의 성격과 경험 기간 면에서는 차이가 있다. 동유럽의 경우에는 인민민주주의단계를 거 쳐 사회주의를 운영한 것이 40여 년이지만, 수복지구는 사회주의를 구축한 것이 아닌 지향하 는 단계인 인민민주주의를 5년여 간 겪은 것이었다. 그리고 1945년 북한의 통치를 받기 시작 한 때부터 1954년 남한 편입까지, 체제 전환이 이 지역에서는 9년이라는 매우 짧은 시간동안 전개되었다. 전전戰前 북한사회와 전후戰後 1950년대 남한사회를 사회주의와 자본주의가 완 성되었다기보다는 그것을 지향하는 형성 초기단계로 본다면, 수복지구는 각 체제의 '형성 초 기'에 한 체제에서 다른 한 체제로 전환·편입된 것이었다. 전쟁과 유엔군사령부의 점령통치 경험, 남한으로 이양·편입 등도 동유럽 국가들과는 다른 수복지구의 특징이다.

12 〈Embassy, Pusan to The Department of State. Subject: Conditions in Area of North Korea Now Held by ROK〉(1952. 2. 28), RG 59 Central Files Decimal File 795A series(1950~1954), 795A.00/2-2852.

13 김윤근·이두순·조일환, 1989 《收復地區의 南·北韓 農地改革에 관한 硏究》, 한국농촌경제연 구원.

14 1980~1990년에 같은 연구자들에 의해 추가 연구가 진행되었으나, 그 내용은 대동소이하였다. 한편《農地改革史研究》(김성호·전경식·장상환·박석두, 1989 한국농촌경제연구원, 777~790쪽)에서도 부분적으로 수복지구 농지개혁이 다루어졌으나, 김운근·이두순·조일환 등의 연구 내용과 비슷하며, 한국정부의 농지개혁 통계를 재정리하는 데 그쳤다.

15 김성보, 2000《남북한 경제구조의 기원과 전개—북한 농업체제의 형성을 중심으로—》, 역사비평사; 서동만, 2005《북조선사회주의체제성립사 1945~1961》, 선인; 이주철, 2008《조선 로동당 당원조직 연구 1945~1960》, 선인; 전현수, 2002(a)〈해방 직후 북한의 농업 생산과 분배(1945~1948)〉《한국민족운동사연구》31; 한모니까, 2006(b)〈1947~49년 인제군 개답開畓 사업에 나타난 당·정의 역할과 인민노력동원》《역사와 현실》60; 김재웅, 2006〈해방 후 북한의 지방 통치체계—1946~49년 강원도 인제군을 중심으로—〉《역사와 현실》60; 김태우, 2006〈1948~49년 북한 농촌의 선전선동사업—강원도 인제군의 사례—〉《역사와 현실》60.

16 한모니까, 2006(a)〈총론: 강원도 인제군을 통해 본 해방 이후 북한사회〉《역사와 현실》60, 22~23쪽.

17 한모니까,〈인제지역 자료 조사·수집의 성과와 과제〉《강원·경기 지역 자료 수집·정리의 성과와 과제》(국사편찬위원회, 2006); 한모니까·김재웅·예대열,《2006년도 국사편찬위원회 인제군 지역사자료 조사수집 최종보고서》(국사편찬위원회 지역조사사업, 2006); 한모니까·강민철·김창회·이승민,《2007년도 국사편찬위원회 강원도 수복지구 주제자료 수집 최종보고서》(국사편찬위원회 지역조사사업, 2007).

18 한모니까, 2008 앞의 논문.

19 38선 이북 중동부지역의 주민들은 '북한땅', '북한사람'이었다는 점에서 오랫동안 수복지구의 역사와 자신들의 삶을 '약점'으로 생각하여 가급적 드러내지 않으려는 경향이 있었지만, 필자와의 면담과정에서 수복지구라는 자기 지역의 역사와 문화를 '장점'으로 내세울 수 있다는 점을 인식하고, 이후 지역사자료 조사수집에도 적극적으로 나서기 시작했다.
김영규·조중기·김선미·김용철,《2007년도 국사편찬위원회 철원군 지역사자료 조사수집 최종보고서》(국사편찬위원회 지역조사사업, 2007); 유재춘·정치연·황은영·이흥권,《2008년도 국사편찬위원회 양구군 지역사자료 조사수집 최종보고서》(국사편찬위원회 지역조사사업, 2008); 김영미, 2010〈수복지역 양양 주민들의 한국전쟁 경험—어느 한약방 주인의 생애와 선택》《역사비평》93, 역사비평사.

20 다만, 연구 초점과 자료 부족의 문제로 일제식민지기와 유엔군정 시기를 북한과 남한 부분과 같이 독립적인 장으로 편성하여 다루지는 못한다. 이 책은 해방 직후 사회주의를 지향하는 인민민주주의체제를 거쳐 전후戰後 자본주의체제로 전환한 과거 북한통치지역에 대한 연구라는 면에서, 일제식민지기에 대해서는 북한과 남한에서의 체제 변동을 이해하는 기초적인 수준에서 살필 것이다. 전시·전후 미군정시기에 대해서도 남한 편입과정의 전사前史로서 위치지워 살펴보려 한다.

21 이를테면, 일제잔재청산을 내걸었던 북한에서의 일제식민지배 하의 관료·유지층의 동향, 반공주의를 내세운 남한에서의 북한체제 하의 당원·간부였던 사람들의 동향과 같은 것이다.

22 1954년〈수복지구임시행정조치법〉공포 당시 인제군의 행정구역은 서화면, 북면, 인제면, 남

면, 기린면, 해안면으로 구성되었다. 이후 해안면이 양구군으로 이동되는 등의 몇 번의 행정구역 개편을 통해 2012년 현재 인제읍, 서화면, 북면, 기린면, 남면, 상남면(1읍 5면)에 이르고 있다.

23 방선주, 2002 《미국소재 한국사자료 조사보고 III−NARA 소장 RG 242 '선별노획문서' 외》, 국사편찬위원회, 513쪽.

24 인제군지 편찬위원회, 1980 《인제군지》, 인제군, 75쪽.

25 〈天惠福地의 麟蹄郡〉 《매일신보》 1939. 7. 22.

26 브루스 커밍스는, 지역사를 본격적으로 연구한 것은 아니었지만, 남한의 각 군별 지방정치를 분석하여 남한이 계급적으로 혁명성이 고조된 상황이었으며, 한국전쟁은 그 연장선에서 벌어진 것이라 주장했다. 그는 논농사 50퍼센트 이상 지역에 관심을 두고 해방 후 정치적 급진도가 높은 지역들의 요인을 각 군별 인구변동, 소작율, 일제시기 적색농민조합 존재 여부, 해방 직후 인민위원회 존재 여부, 1946년 추수폭동 발생 여부 등을 지표들을 주목했다[브루스 커밍스 지음·김자동 옮김, 1986 《한국전쟁의 기원》, 일월서각]. 지수걸은 신분적·계급적 갈등만을 중시할 경우, 일제시기부터 행해지던 군 단위 관료−유지지배체제와 이런 지배체제에 대항해온 민주부락 중심의 '오랜 투쟁의 역사'를 소홀히 할 가능성을 우려하면서, 전자는 해방 후 우익으로, 후자는 좌익으로 재편되었다고 주장했다. 지수걸은 나아가 민주부락의 역사를 갖고 있던 지역에서 한국전쟁 중 집단학살이 벌어짐으로써, 전후 관료−끄나플 지배체제가 형성되었다고 주장했다[지수걸, 2010 〈한국전쟁과 군郡 단위 지방정치〉 《지역과 역사》 27]. 지수걸의 접근방법이나 논지와는 다르지만, 박찬승도 한국근현대사의 핵심갈등을 계급문제에 두는 점에 대해서는 의문을 제기한다. 그는 마을 내·마을 간 친족, 신분, 종교, 국가권력과 지도자의 영향력 등을 주목한다[박찬승, 2010 《마을로 간 한국전쟁》, 돌베개]. 마을을 연구대상으로 삼은 다른 연구들도 계급이나 이념보다는 혈연이나 지연관계와 같은 "마을 내부의 전통적 권위질서"(이용기), "6·25는 계급투쟁이 아니라 개인적 불화와 카리스마"(윤택림) 등을 주장했다[윤택림, 2003 《인류학자의 과거 여행》, 역사비평사; 이용기, 2003 〈1940~50년대 농촌의 마을질서와 국가−경기도 이천의 어느 집성촌 사례를 중심으로−〉 《역사문제연구》 10; 이용기, 2009 〈일제시기 지역사회에서 전통적 권위질서의 지속과 변용−전남 장흥군 鄕校 校任 분석을 중심으로−〉 《역사문제연구》 21].

27 양정필은 기존의 지역사가 대부분 영남과 호남지역으로 편중되어 있는데, 조선 후기의 지역사는 영남지역을 중심으로 이루어졌으며, 근현대의 경우는 호남·호서지역을 중심으로 이루어져왔다고 분석했다. 양정필, 2007 〈근현대 지역사 연구의 현황과 전망〉 《역사문제연구》 17, 31쪽.

28 이에 대한 논쟁적 정리는 지수걸, 2010 앞의 논문, 5~9쪽 참조.

29 지수걸, 2010 위의 논문, 8~9쪽.

30 일반적으로 지역사 혹은 지방사는 연구자가 선정한 지역을 하나의 독립적인 실체로 보고, 그 지역의 총체적인 역사상 구축을 목적으로 하며, 지역사와 관련한 '전국사'는 '지역화(지방화)된 전국사'로 표현되곤 하는데, 사례연구 혹은 핵심지역 연구로서 한국사 일반의 해명을 목적으로 한다. 지역사와 전국사 개념에 대해서는 오주환, 1986 〈지방사 연구: 그 이론과 실제—영국을 중심으로〉 《대구사학》 30; 고석규, 1998 〈지방사 연구의 새로운 모색〉 《지방사와

지방문화》1; 양정필, 앞의 논문, 16~30쪽 등을 참조.

31 인제군과 관련한《동아일보》등의 기사 검색 및 원문은 국사편찬위원회 한국사데이터베이스(http://db.history.go.kr)와 한국역사정보통합시스템(http://www.koreanhistory.or.kr/)을 활용하였으며,《매일신보》기사 검색 및 원문은 한국언론진흥재단 고신문서비스(http://www.mediagaon.or.kr/)를 활용하였다. 이하《동아일보》와《매일신보》등의 기사를 인용할 때에는 인터넷 주소는 생략하고 〈기사명〉《일간지명》보도날짜로 표기하겠다.

32 방선주, 앞의 책, 513쪽.

33 이 자료들은 정병준 교수가 미국립기록관리청에서 수집하여 필자에게 제공한 것이다. 정병준 교수께 감사하다. 이하 주석에서는 〈문서명〉만 표기한다.

34 鄭在貞·木村光彦 編, 2001《1945~50年 北朝鮮經濟資料集成》第6, 7, 8卷, 日本: 東亞經濟研究所.

35 한모니까, 2006ⓐ 앞의 논문, 20~21쪽.

36 《북조선노동당 강원도 인제군당부 기요과 지령철(1946. 10~1948. 12)》(《北韓關係史料集》제15권, 90~134쪽); 최영수, 2004〈북한정권 초기의 기록관리제도—한국전 노획문서와 관련하여—〉, 서울대학교대학원 협동과정 기록관리학과 석사학위논문.

37 위와 같음.

38 인제군 인제면,《보존문서 기록대장 1954~1968》.

39 《조선일보》는 조선일보 아카이브(http://srchdb1.chosun.com/pdf/i_archive/)를 활용하였다. 기사 인용은 〈기사명〉《일간지명》보도날짜로 표기하겠다.

40 국가기록원 관리번호 BA0173414.

41 한모니까, 2006 앞의 최종보고서.

42 위와 같음.

43 필자는 2006~2007년 국사편찬위원회의 지역자료 조사수집사업에 참여하여 현지 공문서를 수집·활용할 수 있었다. 자료수집 및 연구에 많은 도움을 주신 국사편찬위원회와 강원도 현지 기관 및 담당 공무원 분들께 깊은 감사를 드린다.

44 필자가 수집한 구술자료의 일부가 인제군 지역사자료 조사수집 최종보고서(2006)와 수복지구 주제자료 수집 최종보고서(2007)에 기록되어 있다. 이 보고서에 주요 구술 인물, 주요 내용, 핵심 사실과 개념 등을 작성하면서, 수복지역민들에 대한 본격적인 구술자료 수집이 중요함을 강조했다. 이 책에서는 구술자료 인용의 전거를 구술자 성명, 일시, 장소로 밝힌다. 성명은 모두 가명이다.

45 기존 연구에서는 해방 직후~전쟁 이전 시기 북한사회의 변화와 성격을 반제반봉건혁명, 인민민주주의혁명, 사회주의혁명 등으로 평가한다. 이에 대해서는 사회과학원 력사연구소 편, 1981《조선전사》24~27, 과학·백과사전출판사; 김한길, 1983《현대조선역사》, 사회과학원 역사연구소; 김주환, 1989〈해방 후 북한의 인민민주주의혁명과 사회주의 혁명〉《해방전후사의 인식》5, 한길사; 박현선, 1989〈반제반봉건민주주의혁명기의 여성정책〉《해방전후사의 인식》5, 한길사; 김성보, 2000 앞의 책; 김광운, 2003《북한 정치사 연구 1: 건당·건국·건군의 역사》, 선인; 서동만, 앞의 책; 김성보, 2011《북한의 역사1—건국과 인민민주주의의 경

험 1945~1960》, 역사비평사 등을 참조.

46 손전후, 1983 《우리나라 토지개혁사》, 과학백과출판사; 이주철, 1995 〈토지개혁 이후 북
한 농촌사회의 변화: 1946~1948년을 중심으로〉《역사와 현실》16; 김성보, 2000 앞의 책,
102~150쪽; 전현수, 2002ⓑ 〈해방 직후 북한의 토지개혁〉《대구사학》68; 서동만, 앞의 책,
327~344쪽.

47 북한의 친일파 및 일제잔재 청산은 남한에 비해 훨씬 철저하고 광범위하였다고 알려져 있다.
다만 중앙조직 구성 시 전문지식 및 기술을 요하는 부분에서는 국가건설에의 협력자는 과거
친일행적에도 불구하고 재임용되었다. 북한의 친일파 청산의 특징을 선택과 배제의 방식이
라 해석하기도 한다[김성보, 1997 〈북한 정치 엘리트의 충원과정과 경력 분석―정권기관 간부를 중심으
로(1945~50)―〉《동북아연구》3; 기광서 〈친일파 처리, 그 배제와 수용의 메커니즘〉(2004. 11. 9), 한국역
사연구회 웹진 www.koreanhistory.org]. 그런데 아직까지 지방사회에서의 친일파 처리에 대해서는
밝혀진 바가 거의 없으며, 그것이 중앙에서의 처리방식과는 어떠한 유사함과 차이가 있는지
에 대해서도 알려진 바가 없다.

48 '당―국가체제'란 당이 정권기관을 지배하는 구조를 말한다. 노동당이 정권기관(인민위원회)
및 사회단체의 인사권을 가지고 있었으며, '당조黨組'를 설치하여 당이 타 기관을 지배하는
매개체로 삼았다고 한다(서동만, 앞의 책, 243~245쪽; 이주철, 앞의 책, 232~246쪽). 반면, 당조의
설치 시점이 1946년 4월 10일까지 올라가며, 당조의 설치는 현재의 용례처럼 '해당 기관의
참모부'는 아니었으며 '당―국가체제'로 이행을 위한 제도적 장치 중 하나였다는 주장이 있
다(김광운, 앞의 책, 442~445쪽). 간부 임명에 대한 당의 권한과 당조 설치는 사실이나, 이를 '당
―국가체제'로 해석할 수 있는지에 대해서는 의문이다.

49 김성보, 2009 〈남북국가 수립기 인민과 국민 개념의 분화〉《한국사연구》144; 일반적인 인민·
국민 개념에 대해서는 박명규, 2009 《국민·인민·시민》, 소화를 참고.

50 한모니까, 2010 〈수복지구 주민의 정체성 형성과정〉《역사비평》91.

51 찰스 암스트롱, 2006 《북조선 탄생》, 서해문집, 121~174쪽; 한봉석, 2010 〈조선소년단 활동
을 통해 본 북한의 "인민화" 과정〉《역사문제연구》24.

제1부

1 김성보, 2000 《남북한 경제구조의 기원과 전개―북한 농업체제의 형성을 중심으로―》, 역사
비평사, 54~62쪽.

2 인제는 주민 대부분이 농업에 종사하는 농업사회였다. 1930년 통계에 의하면, 1만 4백여 호
중에 9천 5, 6백 호가 농업에 종사했다. 상업 및 교통업(594호), 공무원 및 자유업(217호), 공업
(81호)에 종사하는 경우가 있었으나, 농업분야 비율이 압도적으로 높았다. 또 인제의 산업구
조는 민족별 대조를 이루었는데, 일본인은 137명 중 114명(36호)이 공무원 및 자유업에 종사
했으며, 농업의 경우에는 1~3호에 불과했다. 나머지 농업인구는 모두 조선인이 차지했다. 강
원도 인제군, 1930 《麟蹄郡勢一班》.

3 인제 토박이 이종직 집안의 경제력과 행정관료로서의 위상은 현재까지도 이어지고 있다. 김 기선은, 후술하겠지만, 해방 직후에는 토지를 방매했고, 전쟁 직후에는 자신이 방매했거나 토지개혁으로 몰수되었던 토지의 소유권을 주장했다. 조홍장은 해방 직후 서울 남대문에 서 적산관리청을 맡았다고 한다. 최용수, 2009. 3. 11, 인제군 인제읍 상동리 자택; 김정호, 2011. 11. 10, 인제군 바르게살기운동협의회.

4 김정호, 2011. 11. 10, 인제군 바르게살기운동협의회.

5 〈표 2〉 38선 이북지역 경영형태별 농가비율(1942, 단위: 퍼센트)

	자작농	자작 겸 소작농	소작농	고용자	화전민	계
강원(북)	21.2	25.2	43.7	2.9	7.1	100
황해	15.4	22.9	58.8	2.1	0.8	100
평남	24.7	22.5	50.4	0.3	2.1	100
평북	24.4	14.3	54.7	0.6	6.0	100
함남	35.3	34.9	28.3	2.2	9.3	100
함북	52.7	25.3	18.4	0.7	2.9	100
북한 전체	26.2	22.1	45.7	1.4	4.6	100

출처: 이순근, 〈북조선 농업발전을 위한 제 문제〉《인민》 창간호(1946. 11), 68쪽; 김성보, 앞의 책, 60쪽에서 발췌 인용.

6 위와 같음.

7 일제는 농업생산력 증대와 농촌재편의 일환으로 〈조선농촌재편성계획〉(1941. 7)을 세웠다가 〈조선농업계획요강〉(1943. 7)으로 후퇴했다[김민철, 2012 《기로에 선 촌락 ―식민권력과 농촌사회―》, 혜안, 72~74쪽].

8 "군의 지도장려계획에 순응하여 갱생농가를 헌신적으로 지도하는 동시에 실천궁행의 범을 시"한 인제면 덕산리 원용국과 김창경이 표창을 받기도 했다(〈麟蹄郡更生部落 成績優良者表彰〉 《매일신보》 1937. 1. 31]. 1930년대 일제의 농지정책(자작농지 설정사업과 조선농지령)도 기본적으 로 체제순응적인 소수 자소작농과 소작농의 성장본보기를 제시하여 일반 농민에게 소부르조 아 의식을 불러일으키기 위함이었다[정연태, 1994 《일제의 한국 농지정책(1905~1945년)》, 서울대학 교 국사학과 박사학위논문, 224~226쪽].

9 〈金組負債만 每戶 百十圓 麟蹄郡 농민의 부채 조사 報償할 方途는…〉《동아일보》 1931. 12. 1.

10 〈麟蹄郡下 要救助者 二萬一千名突破, 군당국이 사후 도청에 진정〉《동아일보》 1932. 1. 26; 〈七百學童中 六百名 滯納 백여처 서당은 폐쇄의 운명〉《동아일보》 1932. 4. 12; 〈식량결핍의 세궁민 75면에 8천 호, 강원도내 16군 촌락의 참상〉《조선중앙일보》 1934. 10. 22.

11 강원도지역의 혁명적 농민조합운동에 대해서는 지수걸, 1993 《일제하 농민조합운동연구― 1930년대 혁명적 농민조합운동―》, 역사비평사, 118~120쪽, 172~173쪽, 413~421쪽 참조.

12 1930년대 농촌진흥운동, 농지령, 지주회 및 소작위원회를 중심으로 한 일제의 농정과 그 성격 에 대해서는 다음의 연구를 참고. 정연태, 1990 〈1930년대 '조선농지령'과 일제의 농정통제〉 《역사와 현실》 4, 238~246쪽; 정연태, 1994 박사학위논문, 154~233쪽; 이송순, 2002 〈일제하 1930·40년대 농가경제의 추이와 농민생활〉《역사문제연구》 8; 신기욱, 2004 〈1930년대 농촌

진흥운동과 농촌사회의 변화〉 방기중 편,《일제 파시즘 지배정책과 민중생활》, 혜안, 336~341
쪽; 김영희, 2003《일제시대 농촌통제정책 연구》, 경인문화사, 75~80쪽, 101~106쪽.

13 〈麟蹄郡更生部落에 農用林地를 設置 郡農會서 起債準備〉《매일신보》1937. 1. 22.

14 〈麟蹄郡各更生部落에 自作農創定企劃 總經費六千六百圓〉《매일신보》1937. 1. 24;〈廿七個
部落에 更生計畫樹立 麟蹄郡新年計畫〉《매일신보》1939. 3. 17.

15 〈麟蹄農振夜學 指導生講習會〉《매일신보》1937. 1. 20.

16 〈麟蹄更生部落 副 競進會開催〉《매일신보》1937. 1. 26;〈三萬七千石目標로 麟蹄産大豆奬勵
改良組合多數設置〉《매일신보》1937. 6. 1.

17 〈地主階級의 協力으로 作人의 生活安定 麟蹄郡地主會서 考究〉《매일신보》1937. 1. 20.

18 정연태, 1990 앞의 논문, 252~261쪽.

19 〈麟蹄郡小作爭議〉《매일신보》1937. 1. 28.

20 〈麟蹄郡小作爭議〉《매일신보》1937. 2. 24.

21 〈麟蹄郡下 要救助者 二萬一千名突破, 군당국이 사후 도청에 진정〉《동아일보》1932. 1. 26;
〈七百學童中 六百名 滯納 백여처 서당은 폐쇄의 운명〉《동아일보》1932. 4. 12.

22 〈식량결핍의 세궁민 75면에 8천 호, 강원도내 16군 촌락의 참상〉《조선중앙일보》1934. 10. 22.

23 〈麟蹄郡內 授業料 滯納額이 千餘圓〉《동아일보》1930. 12. 21.

24 〈麟蹄郡下 要救助者 二萬一千名突破, 군당국이 사후 도청에 진정〉《동아일보》1932. 1. 26;
〈七百學童中 六百名 滯納 백여처 서당은 폐쇄의 운명〉《동아일보》1932. 4. 12.

25 〈雪上加霜의 萬餘火田民, 삼림령 취체와 흉작으로 麟蹄郡에 萬三千名〉《동아일보》1931. 11.
25;〈麟蹄郡南面火田民 七十餘戶生活難 水害 冷害로 糊口漠然〉《매일신보》1937. 1. 28.

26 〈國有林拂下하야 火田民整理, 한곳에 모아 살도록하야, 麟蹄郡의 積極努力〉《동아일보》
1930. 9. 24.

27 〈雪上加霜의 萬餘火田民, 삼림령 취체와 흉작으로 麟蹄郡에 萬三千名〉《동아일보》1931. 11. 25.

28 강만길, 1981 〈日帝時代의 火田民生活〉《동방학지》27, 198~203쪽.

29 〈飢饉民은 어대로! 空家만 三百五十戶, 아프로 류리할 자가 五백여 호〉《동아일보》1932. 4.
15;〈麟蹄郡勞動者 需給數激增 年卅八萬餘名〉《매일신보》1937. 3. 19.

30 일제의 인구 이주정책과 도별 인구 증감에 대해서는 브루스 커밍스 지음·김자동 옮김, 1986
《한국전쟁의 기원》, 일월총서, 91~97쪽 참조.

31 〈麟蹄郡內各鑛山年産數百萬圓〉《동아일보》1938. 10. 11;〈麟蹄郡北面寒溪里鑛山景氣活況〉
《동아일보》1938. 12. 2;〈강원도 린제군 기업조사표〉(1946. 7. 30)《북조선노동당 강원도 인제
군당부 노동부 지령서철》(1946. 3~1947. 8)[《北韓關係史料集》제15권, 57쪽].

32 나아가 해방 직후에는 이전에 유입되었던 사람들마저도 흩어지고, 38선 분단에 따라 지역 인
구도 나뉨으로써, 인구가 감소한다.

33 일제식민지기 지방통치제도에 대해서는 다음 연구들을 참조. 염인호, 1983 〈일제하 지방통
치에 관한 연구—'조선면제'의 형성과 운영을 중심으로—〉, 연세대 사학과 석사학위논문; 홍
순권, 1995 〈일제시기의 지방통치와 조선인 관리에 관한 일고찰—일제시기의 군 행정과 조
선인 군수를 중심으로〉《국사관논총》64; 김익한, 1997 〈1930년대 일제의 지방지배와 면 행

정〉《한국사론》 37, 서울대 국사학과; 윤해동, 2006 《지배와 자치》, 역사비평사, 107~117쪽; 지수걸, 2007 〈일제하의 지방통치 시스템과 군 단위 '관료—유지 지배체제'〉《역사와 현실》 63; 한긍희, 2000 〈일제하 전시체제기 지방행정 강화 정책—邑面行政을 중심으로—〉《국사관논총》 88.

34 강원도 인제군, 1930 《麟蹄郡勢一班》; 〈金組負債만 每戶 百卅圓 麟蹄郡 농민의 부채 조사 報償할 方途는…〉《동아일보》 1931. 12. 1; 〈躍進麟蹄의 全貌〉《동아일보》 1938. 8. 4.

35 《麟蹄郡農振座談》《매일신보》 1936. 6. 7; 〈地主階級의 協力으로 作人의 生活安定 麟蹄郡地主會서 考究〉《매일신보》 1937. 1. 20; 〈麟蹄郡各更生部落에 自作農創定企劃 總經費 六千六百圓〉《매일신보》 1937. 1. 24.

36 한긍희, 앞의 글, 211쪽; 김익한, 앞의 글, 16~20쪽.

37 〈洪川, 麟蹄面長會〉《동아일보》 1938. 5. 14; 〈江原面長一行 內地都市視察〉《매일신보》 1940. 1. 24.

38 김민철, 앞의 책, 136~141쪽.

39 김영희, 앞의 책, 73~74쪽.

40 《麟蹄更生部落 副 競進會開催》《매일신보》 1937. 1. 26; 〈麟蹄雪嶽山蜂蜜을 組合設置코 獎勵 郡農會서 輔助支給〉《매일신보》 1937. 6. 1; 〈三萬七千石目標로 麟蹄産大豆獎勵 改良組合多 數設置〉《매일신보》 1937. 6. 1.

41 《麟蹄郡農會서 皇軍慰問繭募集》《동아일보》 1937. 10. 5.

42 국민정신총동원운동 및 국민총력운동의 지방조직 체계 및 강화에 대해서는 한긍희, 앞의 글; 김영희, 앞의 책, 173쪽과 266쪽; 안자코 유카, 2006 《조선총독부의 '총동원체제'(1937~1945) 형성 정책》, 고려대 사학과 박사학위논문, 90~92쪽, 147~148쪽, 151~153쪽 참조.

43 지수걸, 1999 〈일제하 충남 瑞山郡의 '官僚-有志 支配體制'—《瑞山郡誌》(1927) 분석을 중심으로—〉《역사문제연구》 3; 정연태, 2011 《한국근대와 식민지 근대화 논쟁》, 푸른역사, 318~319쪽.

44 홍순권, 1995 앞의 논문; 장신, 2002 〈1919~43년 조선총독부의 관리임용과 보통문관시험〉《역사문제연구》 8; 장신, 2003 〈1920·30년대 조선총독부의 인사정책 연구—보통문관시험 합격자의 임용과 승진을 중심으로—〉《동방학지》 120.

45 〈李麟蹄面長勇退〉《매일신보》 1937. 1. 28.

46 〈躍進麟蹄의 全貌〉《동아일보》 1938. 8. 4; 〈최규태 《1962년도 퇴직자이력서철》(인제군); 《北韓關係史料集》 제2권, 171쪽; 강원도사편찬위원회, 1995(a) 《강원도사: 현대편》, 강원도, 1354~1355쪽.

47 〈新任麟蹄郡守全在禹氏略歷〉《매일신보》 1936. 6. 9.

48 〈新任麟蹄郡守 金學洙氏赴任 官民歡迎裡에〉《매일신보》 1937. 12. 19.

49 《麟蹄郡下廣院里에서- 豪勢의 鐵鑛發見- 江原道技師가 實測》《매일신보》 1939. 12. 13; 《수복지구 지방행정》(1955. 1. 2). 김주혁은 한국전쟁기 유엔군정하 양양군민정관을, 행정권 이양 이후에는 양양 제1대 군수에 임명되었다.

50 〈躍進麟蹄의 全貌〉《동아일보》 1938. 8. 4.

51 〈當選된 面協議員〉《동아일보》1935. 5. 27; 〈躍進麟蹄의 全貌〉《동아일보》1938. 8. 4; 〈木林組合結成 麟蹄郡에서〉《매일신보》1940. 3. 12; 〈製炭組合을 麟蹄郡서 結成〉《매일신보》1940. 3. 12.

52 〈躍進麟蹄의 全貌〉《동아일보》1938. 8. 4; 동선희, 2011 《식민권력과 조선인 지역유력자 — 道評議會·道會議員을 중심으로—》, 선인, 418쪽.

53 〈躍進麟蹄의 全貌〉《동아일보》1938. 8. 4.

54 임대식, 1995 〈1930년대말 경기지역 조선인 大地主의 農外投資와 地方議會 參與〉《한국사론》34, 서울대 국사학과, 179~180쪽.

55 김정호, 2011. 11. 10, 인제군 바르게살기운동협의회.

56 〈李麟蹄面長勇退〉《매일신보》1937. 1. 28.

57 〈麟蹄郡은 亂戰 原州는 不戰勝? 中途辭退者도 兩名〉《매일신보》1937. 5. 4; 〈麟蹄道議選擧 違反〉《동아일보》1937. 9. 6; 〈道議員 金영제氏 辭任으로 보결선거 실시(麟蹄)〉《동아일보》1938. 1. 15; 〈麟蹄郡道議員 補闕選擧終幕〉《동아일보》1938 2. 25.

58 지수걸, 1989 〈1930년대 전반기 朝鮮人 大地主層의 政治的 動向〉《역사학보》122, 47쪽; 임대식, 1995 앞의 논문, 177~181쪽.

59 〈躍進麟蹄의 全貌〉《동아일보》1938. 8. 4; 〈木林組合結成 麟蹄郡에서〉《매일신보》1940. 3. 12.

60 문영주, 2007 〈금융조합 조선인 이사의 사회적 위상과 존재양태〉《역사와 현실》63.

61 〈躍進麟蹄의 全貌〉《동아일보》1938. 8. 4.

62 〈木林組合結成 麟蹄郡에서〉《매일신보》1940. 3. 12; 〈이기룡〉《1962년도 퇴직자이력서철》(인제군). 이기룡은 1945년 8·15해방 당시 기린면 일부가 38선 이남에 속하였던 관계로 홍천에 편입되었고, 기린면위원회 위원장을 맡았다.

63 최용수, 2009. 3. 11, 인제군 인제읍 상동리 자택.

64 신영호, 2006. 8. 4, 인제군 서화면 천도리 자택.

65 〈麟蹄幼稚園 復活을 要望〉《매일신보》1937. 1. 15.

66 〈麟蹄元通普校 學級增設徹底 期成 地方有志等上道陳情〉《매일신보》1937. 2. 28; 〈內面蒼村 公普 學年增設期成〉《매일신보》1937. 2. 28

67 김정호, 2011. 11. 10, 인제군 바르게살기운동협의회.

68 〈麟蹄郡國語解得者〉《매일신보》1937. 3. 16.

69 윤정현, 2004. 8. 10, 인제문화원.

70 〈躍進麟蹄의 全貌〉《동아일보》1938. 8. 4.

71 〈躍進麟蹄의 全貌〉《동아일보》1938. 8. 4; 〈木林組合結成 麟蹄郡에서〉《매일신보》1940. 3. 12.

72 〈麟蹄駐在所 新築을 陳情〉《매일신보》1937. 1. 15; 〈麟蹄邑麟蹄面서 公醫配置要望〉《매일신보》1937. 2. 11; 〈麟蹄郡內面의 懸案 郵便所設置期成 期成會서 本府에 眞情〉《매일신보》1937. 2. 27; 〈麟蹄元通普校 學級增設徹底 期成 地方有志等上道陳情〉《매일신보》1937. 2. 28; 〈內面蒼村公普 學年增設期成〉《매일신보》1937. 2. 28; 〈躍進麟蹄의 全貌〉《동아일보》1938. 8. 4.

73 〈麟蹄, 麒麟間道路 急速實現要望〉《매일신보》1939. 1. 20.

74 〈義務敎育實施 麟蹄 李性欽氏談〉《매일신보》1938. 5. 10.

75 〈躍進麟蹄의 全貌〉《동아일보》1938. 8. 4; 〈麟蹄郡農振委員會〉《매일신보》1939. 2. 11.

76 〈麟蹄有志들이 節約하여 獻納〉《동아일보》1938. 1. 15.

77 〈銃後報國强調週間 麟蹄, 鐵原 各地서도 十五日부터 貯蓄節約, 生活刷新〉《매일신보》1938. 12. 17.

78 〈防共協會支部 楊口서 組織乎〉《매일신보》1938. 9. 20.

79 김영희, 앞의 책, 165~171쪽과 259~262쪽.

80 김영희, 위의 책, 201~202쪽.

81 박명규, 2009 《국민·인민·시민》, 소화, 97~103쪽.

82 〈午前九時를 期하야 全道民宮城遙拜 江原全域奉祝一色〉《매일신보》1939. 11. 7.

83 김정호, 2011. 11. 10, 인제군 바르게살기운동협의회.

84 〈色衣着用獎勵 麟蹄郡에서〉《매일신보》1937. 1. 22; 〈물드린옷을입자 色服着用宣傳週間을 設定코 江原서 普及에努力〉《매일신보》1939. 12. 6; 공제욱, 2006 〈의복통제와 '국민' 만들기〉《식민지의 일상 지배와 균열》, 문화과학사; 조희진, 2010 〈식민지시기 색복화 정책의 전개 양상과 추이〉《국학연구》16, 한국국학진흥원.

85 김정호, 2011. 11. 10, 인제군 바르게살기운동협의회.

86 〈防共協會支部 楊口서 組織乎〉《매일신보》1938. 9. 20.

87 〈思想國防에 萬全 江原道서 各面을 單位로 하야 防共團擴充을 斷行〉《매일신보》1939. 10. 20.

88 〈防共防諜座談 華川署에서 開催〉《매일신보》1938. 12. 9; 〈麟蹄軍事講演〉《매일신보》1939. 3. 19.

89 김영희, 앞의 책, 266쪽.

90 김영희, 위의 책, 188쪽.

91 김영희, 위의 책, 266쪽.

92 애국반에 대해서는 다음 연구를 참조. 이경란, 2004 〈총동원체제하 농촌통제와 농민생활—마을 사회관계망을 중심으로—〉《동방학지》124; 이종민, 2004 〈전시하 애국반 조직과 도시의 일상 통제—경성부를 중심으로—〉《동방학지》124.

93 〈麟蹄郡下各面愛國班長大會〉《매일신보》1941. 8. 8.

94 허수, 2000 〈전시체제기 청년단의 조직과 활동〉《국사관논총》88, 173~190쪽.

95 〈麟蹄靑年團聯合運動會 來卄九日開催〉《매일신보》1937. 4. 15; 〈郡民大運動會 麟蹄郡서 盛況〉《매일신보》1938. 10. 7.

96 〈麟蹄郡愛婦會分會 各面에 分區設置 一月末頃發會式擧行〉《매일신보》1937. 1. 24.

97 〈麟蹄棉作講習〉《매일신보》1937. 3. 24; 〈麟蹄婦人講習會〉《매일신보》1938. 12. 3.

98 〈麟蹄郡愛婦會分會 各面에 分區設置 一月末頃發會式擧行〉《매일신보》1937. 1. 24. 전시체제기 농업노동력 부족과 부녀노동의 활용에 대해서는 이송순, 2008 《일제하 전시 농업정책과 농촌 경제》, 선인, 233~237쪽 참조.

99 〈麟蹄郡嶐蠟共販 벌서八百斤突破 成績이 道內에서一位〉《매일신보》1938. 12. 17.

100 〈以織競技會 麟蹄郡에서〉《매일신보》1939. 2. 11.

101 〈歲暮의 自肅强調 經濟協調, 食糧充實, 贈答廢止 江原서 具體案協定〉《매일신보》1939. 11. 7.

102 절미운동과 공출에 대해서는 이송순, 앞의 책, 381~385쪽.

103 정태헌, 1995 〈일제하 자금유출 구조와 조세정책〉《역사와 현실》18, 199~300쪽.

104 〈麟蹄納稅宣傳〉《매일신보》1937. 6. 10.

105 〈洪川, 麟蹄面長會 〉《동아일보》1938. 5. 14.

106 정덕주, 2006 〈일제 강점기 세제의 전개과정에 관한 연구─식민지배 정착을 위한 세제 변화를 중심으로─〉《세무학연구》제23권 제4호, 200쪽.

107 정병욱, 2004 《한국근대금융연구─조선식산은행과 식민지 경제─》, 역사비평사, 168~170쪽.

108 정태헌, 1995 앞의 논문, 205쪽.

109 정병욱, 2004 앞의 책, 168~170쪽.

110 〈麟蹄郡內各面에 事務檢閱實施〉《매일신보》1938. 12. 3.

111 권태웅, 1986 〈일제말기 조선저축운동의 실체〉《민족문화논총》7, 영남대 민족문화연구소, 68~70쪽[이송순, 앞의 책, 323쪽 재인용].

112 〈麟蹄郡面長會議〉《매일신보》1938. 7. 1;〈麟蹄報國貯金 四萬餘圓突破〉《매일신보》1938. 12. 3.

113 〈銃後保國强調週間 麟蹄, 鐵原 各地서도 十五日부터 貯蓄節約, 生活刷新〉《매일신보》1938. 12. 17;〈麟蹄郡農振委員會〉《매일신보》1939. 2. 11.

114 〈郡守以下職員들이 皇軍慰問金醵出 – 麟蹄郡廳에서 示範〉《매일신보》1939. 9. 9

115 〈麟蹄精動聯盟–指導者 大會 盛況〉《매일신보》1940. 1. 24.

116 〈麟蹄郡民號–海軍에 基金十萬圓獻納〉《매일신보》1945. 2. 16.

117 〈麟蹄郡民赤誠〉《매일신보》1938. 2. 6.

118 〈事變下 江原道民의 愛國至誠은 燦然 多彩한 獻金美談 片片〉《매일신보》1939. 12. 21.

119 〈全財産 萬圓 獻納–麟蹄郡下에 숨은 愛國翁3의 美談〉《매일신보》1942. 1. 11.

120 〈麟蹄, 麒麟溪間道路 急速實現要望〉《매일신보》1939. 1. 20.

121 국민정신총동원 근로보국운동에 대해서는 김영희, 앞의 책, 216~218쪽 참조.

122 〈麟蹄郡報國隊 小校基地整地〉《매일신보》1938. 12. 17;〈不朽의 功績燦然 各地의 農村功勞者, 篤行者等 紀元節마저 表彰式〉《매일신보》1939. 2. 14.

123 김영희, 앞의 책, 220쪽.

124 〈麟蹄郡報國隊 小校基地整地〉《매일신보》1938. 12. 17;〈不朽의 功績燦然 各地의 農村功勞者, 篤行者等 紀元節마저 表彰式〉《매일신보》1939. 2. 14.

125 지원병 지원자훈련소 입소 지원은 당초에는 17세 이상에, 6년의 소학교 졸업 정도의 학력이 있을 때 가능했지만, 1940년부터는 4년제 졸업 이상자로 지원 가능자의 폭이 넓어졌다. 전기 수료생은 현역 보병으로 2년간 복무했으며, 후기 수료생은 보충병으로 조선 특과 부대에 병과로 2개월 혹은 4개월을 근무했다. 지원병 제도의 실시에 대해서는 김영희, 앞의 책, 223~224쪽.

126 〈志願兵募集協議〉《매일신보》1939. 1. 20.

127 〈불타는 志願兵熱 不合格念慮, 血書로 採用 歎願〉《매일신보》1941. 12. 4.

128 김정호, 2011. 11. 10, 인제군 바르게살기운동협의회.

129 〈不朽의 功績燦然 各地의 農村功勞者, 篤行者等 紀元節마저 表彰式〉《매일신보》1939. 2. 14; 〈紀元佳節表彰者 江原서 人選을 決定−納稅優良團體及納稅功績者〉《매일신보》1940. 2. 11; 〈麟蹄郡總力聯盟役員〉《매일신보》1940. 11. 26; 〈總力運動功績者 − 江原道聯盟에서 表彰〉《매일신보》1941. 2. 9.

130 신영호, 2006. 8. 4, 인제군 서화면 천도리 자택.

131 김영희, 앞의 책, 298~303쪽.

132 신영호, 2006. 8. 4, 인제군 서화면 천도리 자택.

133 김정호, 2011. 11. 10, 인제군 바르게살기운동협의회.

134 〈내지 독립단 소식〉《신한민보》1919. 7. 2.

135 〈朝鮮思想事件判決 人天敎徒의 不穩行動事件〉(1939. 11. 30)《思想彙報》1939년 12월호(제21호), 朝鮮總督府 高等法院 檢事局 思想部.

136 森田芳夫·長田から子 編, 1964《朝鮮終戰の記錄》第1券(資料編), 巖南堂書店, 440~444쪽.

137 정병준, 2006《한국전쟁: 38선 충돌과 전쟁의 형성》, 돌베개, 208~211쪽; 강원대학교 사회과학연구원, 2009《한국전쟁 전후 민간인 집단희생 관련 2008년 피해자현황조사 용역사업 최종결과보고서》, 진실·화해를위한과거사정리위원회, 58~59쪽.

138 인제는 물론 38선 접경지역은 한반도의 가운데에 위치했지만, 분단으로 인해 그 중심부로서 역할하지 못하고 남쪽이나 북쪽 어느 한 곳과만 교류하게 되었다. 일제식민지시기 철도의 부설로 한반도의 남북과 동서를 잇는 교통의 중심지로 기능했던 철원지역 역시 그 역할을 상실했다.

139 김정호, 2011. 11. 16, 인제군 바르게살기운동협의회.

140 정병준, 앞의 책, 186~187쪽.

141 신정민, 2007. 8. 27, 인제군 인제읍 남북리 자택; 김정호, 2011. 11. 10, 2011. 11. 16, 인제군 바르게살기운동협의회.

142 이병희·강호철, 2004. 8. 9, 인제읍 비봉경로당.

143 〈국민회 기린면지부 체계도〉, RG 242, SA 2012, Item # 4−128; 이병희·강호철, 2004. 8. 9, 인제읍 비봉경로당.

144 국민회와 대한청년단에 대해서는 하유식, 1995 〈대한청년단의 활동과 조직〉, 부산대학교 사학과 석사학위논문; 김수자, 2005《이승만의 집권초기 권력기반 연구》, 경인문화사, 57~123쪽.

145 〈정윤교〉, RG 242, SA 2007, Box 350, Item 1.4. 한편 38선 이남에 속한 일부 인제지역에서도 1945년 10월이면 적어도 면 단위의 인민위원회가 결성되고 위원장 등의 인선이 이루어진 것으로 보인다. 기린면위원회 위원장(기린면장)은 이기룡이 맡았다[〈이기룡〉《1962년도 퇴직자이력서철》(인제군)].

146 〈麟蹄黨 指令 第三號: 勞働組合 現狀報告에 關한 件〉(1946. 3. 21)《북조선로동당 강원도 인제군당부 로동부 지령서철》; 〈江道黨 指令 第三二號: 各郡 勞働組合 現狀報告에 關한 件〉(1946. 3. 2)《북조선로동당 강원도 인제군당부 로동부 지령서철》[이상《北韓關係史料集》제15권].

147 〈강원도 린제군 기업조사표(1946년 7월 30일 현재)〉《북조선로동당 강원도 인제군당부 로동부 지령서철》《北韓關係史料集》 제15권, 57쪽].

148 〈協同組合 創立에 關한 件〉(1946. 4. 15)《북조선로동당 강원도 인제군당부 로동부 지령서철》; 〈協同組合創立의 報告〉(1946. 4. 15)《북조선로동당 강원도 인제군당부 로동부 지령서철》; 〈麟黨 第一六九號: 協同組合 組織에 關한 報告의 件〉(1946. 4. 20)《북조선로동당 강원도 인제군당부 로동부 지령서철》; 〈協同組合 組織에 關한 件〉(1946. 4. 9)《북조선로동당 강원도 인제군당부 로동부 지령서철》; 〈강원도당 지령 제四호(勞働): 소비조합의 지도원조에 관하야〉(1946. 6. 12)《북조선로동당 강원도 인제군당부 로동부 지령서철》; 〈麟省 第 號: 消費組合事業 役割에 對하야〉(1946. 7. 9)《북조선로동당 강원도 인제군당부 로동부 지령서철》《北韓關係史料集》 제15권, 5~11쪽, 46~47쪽].

149 〈전국 인민위원회 대표자 대회 의사록〉《한국현대사자료총서》 제12권(김남식·이정식·한홍구 엮음, 돌베개), 489쪽; 류길재, 1995《북한의 국가건설과 인민위원회의 역할, 1945~1947》, 고려대 정치외교학과 박사학위논문, 109쪽. 한편, 1945년 12월 초순 38선 이남 강원도에 미군정청이 체제를 갖추게 된다. 강원도 초대 군정관에 즈비만 중령이 부임했고, 내무·재무·학무·보건 등의 각 부에는 소령급의 고문관이 배치되었다. 미군정 하 초대 강원도지사는 박건원, 내무부장 장치봉, 재무부장 인태식, 학무부장 이재학, 농림부장 이홍, 상공부장 이계록, 보건부장 김영일 등이 임명되었다[강원도사편찬위원회, 1995(b)《강원도사: 현대편》, 강원도, 89쪽].

150 〈麟帝黨 指令 第三號: 勞働組合 現狀報告에 關한 件〉(1946. 3. 21)《북조선로동당 강원도 인제군당부 로동부 지령서철》; 〈江道黨 指令 第三二號: 各郡 勞働組合 現狀報告에 關한 件〉(1946. 3. 2)《북조선로동당 강원도 인제군당부 로동부 지령서철》; 〈麟帝黨 第一六九號: 協同組合 組織에 關한 報告의 件〉(1946. 4. 18)《북조선로동당 강원도 인제군당부 로동부 지령서철》; 〈協同組合創立의 報告〉(1946. 4. 15)《북조선로동당 강원도 인제군당부 로동부 지령서철》; 〈協同組合 組織에 關한 件〉(1946. 4. 9)《북조선로동당 강원도 인제군당부 로동부 지령서철》[이상《北韓關係史料集》 제15권, 3~11쪽].

151 김광운, 2003《북한 정치사 연구 I: 건당·건국·건군의 역사》, 선인, 206쪽, 209쪽, 220쪽. 원대리·구만리사건에 대해서는 정병준, 앞의 책, 208~211쪽 참조.

152 "(38선 교역이라고, 관대리에서 남쪽 물건과 북쪽 물건을 교류하는 시장이 열렸다고 하던데요.) 암암리에 그런 게 있었어. 이북에는 명태가 나잖아. 관대리는 강도 낮고 그래서 밤에 북어를 부평리에 갖다 두면 이쪽에서는 자동차 타이어가 필요했단 말야. 이남에서 자동차 타이어를 가져와 그거와 이북의 명태를 바꾼다고. 내가 직접 해본 건 아닌데, 그렇게 얘기하더라구." (김정호, 2011. 11. 10, 인제군 바르게살기운동협의회); 신정민, 2007. 8. 27, 인제군 인제읍 남북리 자택.

153 강원도사편찬위원회, 1995(b) 앞의 책, 90쪽; 국방부 전사편찬위원회, 1967《한국전쟁사》 1, 424~425쪽.

154 정병준, 앞의 책, 240~257쪽.

155 이병희·강호철, 2004. 8. 9, 인제읍 비봉경로당.

156 원대리사건과 구만리·정고리사건에 대해서는 정병준, 앞의 책, 208~211쪽 참조.

157 인제군지 편찬위원회, 1980《인제군지》, 인제군, 246~247쪽.

158 RG 319, ID file no.630452, Annex #1 to Incl #2. "Statistic Table of North Korean Puppet Troops Invasions on South Korea, From 1 Jan. 1949 to 5 Oct. 1949," P&O 091 Korea T.S(17 Nov. 49) 11~29/900, F/W~18/2, Department of the Army, Plans & Operations Division, Records & Message Branch(정병준, 앞의 책, 263쪽 재인용).

159 토지개혁의 실시 배경에는 토지개혁에 대한 농민들의 열망, 소련이 1945년 말에 토지개혁 방안을 고려했던 점, 무상분배에 대한 북한 지도부의 제안 등이 복합적으로 작용하였다. 역사적으로 더 거슬러 올라가면, 조선 후기 토지개혁 논의, 1930년대 적색농민조합 활동 경험 등을 들 수 있다. 김성보, 2000 앞의 책, 102~150쪽; 서동만, 2005 《북조선사회주의체제성립사 1945~1961》, 선인, 327~344쪽.

160 처음에는 무상몰수·유상분배에 의한 토지사유화와 무상몰수·무상분배에 의한 토지국유화 방안으로 대립되었다가, 무상몰수·무상분배에 의한 토지사유화로 결정되었고, 다시 토지 몰수대상 및 토지소유자의 생활 보장문제나 유상매수 방안도 제기되었다. 김성보, 위의 책, 135~144쪽.

161 김성호, 2001 〈남북한의 농지개혁 비교 연구〉《농지개혁 연구》, 연세대학교 출판부, 254쪽.

162 첫째, 토지개혁에 대한 '아래로부터의' 요구를 북한당국이 적극적으로 수용하고 지도했기에 법령을 채택한 지 "20여일 남짓한 매우 짧은 기간"에 토지개혁을 완료할 수 있었다고 한다. 촌락에서 소수의 반발이 일었지만, 토지개혁에 대한 위아래의 의지를 막을 수 없었고, 그에 따라 토지개혁이 매우 철저하고도 빠른 시일 내에 완료되었다는 것이다[과학백과사전출판사, 1981 《조선전사》 23, 166~169쪽; 손전후, 1983 《우리나라토지개혁사》 과학백과사전출판사, 196~203쪽, 244~249쪽; 김광운, 앞의 책, 288~289쪽]. 앞의 견해가 북한당국의 강력한 의지와 추진을 긍정적으로 평가했다면, 두 번째 견해는 이를 '북한당국의 강력한 통제' 때문이었다고 비판적으로 해석한다. 토지개혁이 "일사천리로 분배"되었는데, "불과 25일 만에 분배한 것은 위로부터의 강력한 통제 없이는 도저히 못 해낼 일"이라는 것이다(김성호, 위의 논문, 252~253쪽). 셋째, 광범한 자치조직의 존재와 저항세력 지주층의 월남 등을 주요 원인으로 보는 견해가 있다(김성보, 앞의 책, 151쪽, 159~161쪽; 서동만, 앞의 책, 344~347쪽).

163 〈토지개혁에 대한 법령〉(1946. 3. 5); 〈토지개혁법령에 관한 세칙〉(1946. 3. 8).

164 손전후, 앞의 책, 145쪽. 현존 자료의 부족으로 인제군 농촌위원회의 자세한 활동상황을 파악하기는 어려우나, 인제지역에서도 농촌위원회가 조직되어 토지 몰수와 분배에 참여였음이 확인된다. 예를 들어 김규환, 박명화, 증기남, 증재원, 김윤용, 박영화 등이 인제군 북면의 농촌위원으로 구성되어 활동했다〈진정내용 청취문〉(1946. 12. 9) 《北朝鮮經濟資料集成》 제8권, 4~5쪽].

165 서동만, 앞의 책, 120~124쪽, 343~345쪽.

166 〈토지개혁법령에 관한 세칙〉(1946. 3. 8) 《北韓關係史料集》 제7권, 345~349쪽.

167 서동만, 앞의 책, 350쪽.

168 토지개혁 진행에서 나타난 제 조직간 협력관계는 이후 군 단위의 사업추진과정에서 더욱 잘 나타난다. 이에 대한 자세한 논의는 본서 〈당·정·사회단체의 협력구조〉 참조.

169 〈강원도 인제군위원회 북면 아체이카 책임자→인제군위원회 책임자: 토지 급 가옥 몰수에 대한 결정의 관한 건〉(1946. 4. 18) 《北朝鮮經濟資料集成》 제6권, 106~108쪽; 〈서화공산당책임

자→인제공산당책임자: 토지개혁실시조사에 관한 건〉(1946. 4)《北朝鮮經濟資料集成》제6권, 114~120쪽.

170 김일성, 〈'土地改革' 事業의 總結과 今後 課業— 朝共 北朝鮮分局 中央 第六次 擴大執行委員會에서 報告〉(1946. 4. 10)《北韓關係史料集》제1권; 김일성, 〈토지개혁 총결 보고에 대한 결론 요지—1946년 4월 13일 북조선임시인민위원회 제1차 확대위원회에서〉《조국의 통일독립과 민주화를 위하여》제1권.

171 이 자료는 당시 작성된 군 단위의 토지개혁 총결자료이다. 인제군당부원이 1947년 1월 21일자로 작성하여 부장, 부위원장, 위원장(김병홍)까지 회람하였다. 1946년 3월 5일 토지개혁에 의한 것이라는 표기와 함께 〈토지개혁정형통계표〉와 〈인제군토지개혁통계총결표〉가 작성되었다. 앞의 표는 항목별 소계가 표기되어 있고, 뒤의 표는 각 면별 통계까지 자세하게 수록되어 있다〔《北朝鮮經濟資料集成》제7권, 616~623쪽〕.

172 과학백과사전출판사, 1981《조선전사》23, 168쪽.

173 북한에 주둔한 소련군은 1945년 12월 토지개혁 관련 예비조사를 실시했고, 이후 1946년 2월 중순까지 농가실태조사를 완료하도록 지시했다. 김성보, 앞의 책, 132~134쪽.

174 북조선임시인민위원회, 〈농업현물세에 관한 결정서〉(1946. 6. 27); 인제군 남면당부위원장, 〈농업현물세 종결보고에 관한 건〉(1946. 10. 21).

175 박동철, 1948《농민독본(토지개혁)》, 신흥출판사〔국사편찬위원회 편, 《北韓關係史料集》제11권 재수록〕, 378쪽〔이하 박동철, 〈농민독본〉《北韓關係史料集》제11권〕.

176 위와 같음.

177 위와 같음.

178 김정호, 2011. 11. 10, 인제군 바르게살기운동협의회. 신민당·공산당 입당원서 등에 중농으로 표기하는 등 스스로 '중농'이라 주장한 이들이 말하는 중농은 두 가지 의미가 있던 것으로 보인다. 첫째, 해방 직후 혁명적인 분위기의 반영으로서, 지주나 부농보다는 중농으로 인정받고자 한 경우, 둘째, 토지소유경영상 자작지 외에 소작을 줄 정도의 여분의 토지를 소유한 경우이다.

179 본서 〈유지: 경제력을 바탕으로 공직公職 진출〉 참조.

180 김성보, 앞의 책, 153쪽.

181 〈북조선공산당 강원도당부 책임비서 김찬·농민부장 안병규→각 군시 책임비서〉(1946. 7. 15), 《北朝鮮經濟資料集成》제6권, 209쪽.

182 〈인제군 농민위원회 인제군당부 책임자 김학성→각 면당부 책임자〉(1946. 7. 22)《北朝鮮經濟資料集成》제6권, 211쪽.

183 1946년 4월 서화면에서 가옥몰수자로 조사되어 인제군에 보고된 수는 9명이었다. 그런데 7월 27일 보고에 의하면 가옥몰수자는 6명으로 감소했다. 조사(및 확정)와 실시 결과에 차이가 있는데, 그 정확한 이유는 알 수 없다.

184 가옥몰수 근거는 토지개혁법령 제3조 ㄱ항에 있었다. 즉 토지, 축력, 농업기구, 주택의 일절 건축물, 대지 등을 몰수당한 경우 이주할 지주에 해당하였다.

185 함주영, 2007. 7. 7, 고성군 죽왕면 자택.

186 김일성, 〈土地改革 事業의 總結과 今後 課業— 朝共 北朝鮮分局 中央 第六次 擴大執行委員會에서 報告〉(1946. 4. 10)《北韓關係史料集》제1권, 52쪽.

187 김성보, 앞의 책, 158쪽.

188 〈북조선토지개혁의 역사적 의의와 그 첫 성과〉《北韓關係史料集》제7권, 398쪽.

189 박동철, 〈농민독본〉《北韓關係史料集》제11권, 381~382쪽.

190 함주연, 2007. 7. 7, 고성군 죽왕면 자택; 박상기, 2007. 7. 28, 양구군 양구읍 황도연 자택; 김정호, 2011. 11. 16, 인제군 바르게살기운동협의회.

191 김정호, 2011. 11. 16, 인제군 바르게살기운동협의회.

192 〈길호일〉, RG 242, SA 2007, Box 349, Item 1.3.

193 〈1946년도 북조선인민경제통계집〉[한림대 아시아문화연구소 편, 1994《북한경제통계자료집》, 한림대출판부, 139쪽].

194 윤정현, 2004. 8. 10, 인제문화원; 서정원, 2004. 8. 11, 인제군 남편 가로리 자택; 김정호, 2011. 11. 16, 인제군 바르게살기운동협의회.

195 오기섭, 〈북조선토지개혁법령의 정당성〉《北韓關係史料集》제7권, 376쪽; 〈북조선토지개혁의 역사적 의의와 그 첫 성과〉《北韓關係史料集》제7권, 398쪽; 박동철, 〈농민독본〉《北韓關係史料集》제11권, 398쪽.

196 리순근, 1946〈북조선 농업발전을 위한 제문제〉《인민》창간호(《北韓關係史料集》제13권 재수록), 63쪽; 오기섭, 〈북조선토지개혁법령의 정당성〉《北韓關係史料集》제7권, 376쪽; 박동철, 〈농민독본〉《北韓關係史料集》제11권, 398쪽.

197 김성보, 1995〈북한의 토지개혁(1946년)과 농촌 계층 구성 변화—결정과정과 지역 사례—〉《동방학지》87, 85쪽. 김성보는 토지개혁 이후 1.63정보의 표준 농가를 자가自家 식량 조달이 가능하다는 의미에서, 부농이나 빈농이 아닌 중농으로 본다.

198 오기섭, 〈북조선토지개혁법령의 정당성〉(1946)《北韓關係史料集》제7권, 378쪽; 손전후, 앞의 책, 203~216쪽; 김성보, 앞의 책, 156~159쪽.

199 김영배 편저, 1977《향토지: 철원·김화·평강》, 문화재보호협회 철원군지부, 603~605쪽.

200 위와 같음.

201 〈진정내용 청취문〉(1946. 12. 9)《北朝鮮經濟資料集成》제8권, 4~5쪽.

202 인제군당 제19차 상무위원회, 〈토지개혁 검열공작에 대한 결정서〉(제5)(1946. 12. 13)《北朝鮮經濟資料集成》제8권, 1~2쪽.

203 〈로동당 남면당부 위원장 김규환→인제군 군당부위원장: 토지개혁 검열실시에 대하야 의견과 □□ 실적 결과상황 보고〉(1946. 12. 25)《北朝鮮經濟資料集成》제8권, 3쪽; 〈인제군 남면당부→인제군 린제면당부 위원장: 토지개혁 실시 검열 공작 보고의 건〉(1947. 2. 15)《농민부 지령서철, 1947년》; 〈인제군 린제면당부 위원장→김흥순 린제군당부 위원장: 토지개혁 검열공작에 대하야〉(1947. 3. 15)《北朝鮮經濟資料集成》제8권, 6쪽.

204 〈인제군당 상무위원회 회의록 제35호〉(1949. 1. 28)《北韓關係史料集》제3권, 114~115쪽 전승흠; 〈인제군당 상무위원회 회의록 제48호〉(1949. 6. 8)《北韓關係史料集》제3권, 350쪽; 〈인제군당 상무위원회 회의록 제55호〉(1949. 7. 29~30)《北韓關係史料集》제3권, 427쪽 김원복; 〈인제군

당 상무위원회 회의록 제55호〉(1949. 7. 29~30)《北韓關係史料集》제3권, 430쪽 최창근.

205 〈인제군당 상무위원회 회의록 제48호〉(1949. 6. 8)《北韓關係史料集》제3권, 350쪽; 〈인제군당 상무위원회 회의록 제55호〉(1949. 7. 29~30)《北韓關係史料集》제3권, 427쪽 김원복 .

206 〈인제군당 상무위원회 회의록 제55호〉(1949. 7. 29~30)《北韓關係史料集》제3권, 430쪽 최창근.

207 〈인제군당 상무위원회 회의록 제42호〉(1949. 4. 20)《北韓關係史料集》제3권, 277쪽 안용준.

208 〈인제군당 상무위원회 회의록 제35호〉(1949. 1. 28)《北韓關係史料集》제3권, 114~115쪽 전승흠.

209 김정호, 2011. 11. 10, 인제군 바르게살기운동협의회.

210 〈군당부위원장→면당부위원장: 농민성분분석조사에 관한 건〉(1947. 4. 12)《北朝鮮經濟資料集成》제8권, 137~138쪽.

211 〈북조선토지개혁의 역사적 의의와 그 첫 성과〉《北韓關係史料集》제7권, 408쪽.

212 제6조 ㄴ항("자기노력에 의하여 경작하는 농민의 소유지는 분할치 않음")에 대해 북조선임시인민위원회는 "토지개혁에 대한 법령은 농촌경리에 있어서의 **고용노동사용을 철폐하지 않으며 또 금지하지 않는다**. 5정보 이하의 토지를 소유하는 지주의 토지로서 고용자 또는 농업노동자의 노력으로 경작하는 토지는 몰수하지 않는다"(강조는 필자)고 해설하였다〈북조선토지개혁의 역사적 의의와 그 첫 성과〉《北韓關係史料集》제7권, 400쪽]. 토지개혁 이전의 고농과 이후의 고농의 성격이 토지소유여부와 그 비율의 현격한 감소에서 차이가 있긴 하나, 경영형태 면에서 고농의 존재는 지속되고 있었다.

213 김성보, 1995 앞의 논문, 84쪽.

214 〈1946년도 북조선인민경제통계집〉[한림대 아시아문화연구소 편, 1994《북한경제통계자료집》, 34쪽, 135~141쪽].

215 김성보, 1995 앞의 논문, 85쪽.

216 〈인제군당 상무위원회 회의록 제11호〉(1948. 5. 22)《北韓關係史料集》제2권, 254쪽.

217 토지개혁 이후 북한사회 성격을 '소농사회'로 규정하는 것에 대해서는 김성보, 앞의 책 〈제3부 토지개혁 이후 국가관리 소농체계의 성립〉 참조.

218 〈인제군당부 위원장 송갑수→각 면당부 위원장: 토지 賣買에 대한 조사에 건〉(1947. 11. 26)《北朝鮮經濟資料集成》제7권, 774~775쪽.

219 위와 같음.

220 토지 이동과 매매는 많은 수의 월남에 의해서도 발생했다. 월남에 대한 자세한 내용은 본서 〈월남과 반체제적 인물들의 청산〉 참조.

221 United States Department of State, North Korea: A Case Study in Techniques of Takeover, 1951, p. 59.

222 해방 직후 인민위원회·농민조합·농민위원회 등의 관계에 대해서는 서동만, 앞의 책, 120~129쪽 참조.

223 〈조선공산당 인제군위원회책임자→조선공산당북부조선분국 강원도위원회책임자: 농민위원회조직상황보고에 관한 건〉(1946. 3. 25)《北朝鮮經濟資料集成》제7권, 469쪽. 이는 북한의 전반적인 상황과 비슷했다. 북한 농민위원회(농민조합)의 계급구성은 농업노동자 7퍼센트, 빈농 30퍼센트, 소농 35.5퍼센트, 중농 20퍼센트, 부농 8퍼센트, 지주 0.5퍼센트(1946. 1. 31 현재)로

농촌사회의 광범한 주민 집단을 망라하였다(《정로》 1946. 2. 6]. 전현수는 토지개혁 전의 농민 조직 구성은 좌우합작에 기초한 것이라 해석하였다(전현수, 2002(b) 〈해방직후 북한의 토지개혁〉 《대구사학》 68, 126쪽).

224 본서 〈농촌위원회의 토지몰수분여안 작성과 면사회단체대표회의의 승인〉 참조.

225 〈조공 북조선분국 중앙 제6차 확대 집행위원회에서 결정〉(1946. 4)《北韓關係史料集》 제1권, 62~66쪽; 서동만, 앞의 책, 352~353쪽.

226 〈북조선공산당 강원도당부 책임비서 김찬→군당책임비서: 보고의뢰의 건〉(1946. 6)《北朝鮮經濟資料集成》 제6권, 263쪽.

227 《北朝鮮經濟資料集成》 제6권, 268쪽, 419쪽;《北朝鮮經濟資料集成》 제7권, 447~448쪽, 450쪽, 454쪽.

228 1946년 7월 11일 제3차 북조선농민대표자대회에서 '북조선농민연맹(즉 전국농민조합총연맹북조선연맹)'은 남한의 중앙조직으로부터 명칭상으로도 완전 독립, '북조선농민동맹'으로 개칭되고, 단위 조직의 명칭도 농민위원회에서 '농민동맹'으로 바뀌었다. 서동만, 앞의 책, 353~354쪽.

229 〈북조선농민동맹 린제군위원회→북조선로동당 린제군당위원장: 농맹원으로 당선된 면리인민위원조사표와 농맹원 유권자수 조사표 제출에 건〉(1947. 3. 7)《北朝鮮經濟資料集成》 제6권, 407~410쪽.

230 위와 같음.

231 중앙선거위원회, 1947《북조선 도·시·군 인민위원회 위원선거에 관한 총결》; 중앙선거위원회, 1947《북조선 면 및 리(동) 인민위원회 위원선거에 관한 총결》, 195쪽과 197쪽, RG 242, SA 2005, Box 3, Item 43.

232 중앙선거위원회, 1947《북조선 면 및 리(동) 인민위원회 위원선거에 관한 총결》, 195쪽, 197쪽, RG 242, SA 2005, Box 3, Item 43.

233 〈인제군 남면당부 제5차 세포위원장 정기회의록〉(1947. 2. 14)《北韓關係史料集》 제15권, 496쪽; 〈인제군 인제면 각 세포위원장 연석회의록〉(1947. 2. 27)《北韓關係史料集》 제15권, 622~623쪽.

234 이주철, 2008《조선 로동당 당원조직 연구 1945~1960》, 선인, 204쪽.

235 본서 〈유지: 경제력을 바탕으로 공직公職 진출〉 참조.

239 〈인제군 남면당부 제7차 세포위원장 정기회의록〉(1947. 3. 14)《北韓關係史料集》 제15권, 510쪽.

237 한병옥, 〈지방인민위원회사업 강화를 위한 몇가지 문제〉《인민》 1948년 7월호, 30~42쪽; 한병옥, 〈사무간소화를 위한 몇 가지 문제〉《인민》 1948년 9월호[《北韓關係史料集》 제14권 재수록], 300쪽. 이러한 문제는 1952년 11월 행정구역 개편의 한 배경이 되었는데, 북한은 행정구역 편제에서 면을 폐지하고 군·리제로 바꾸었다.

238 〈인제군당 상무위원회 회의록 제34호〉(1949. 1. 11)《北韓關係史料集》 제3권, 92~98쪽.

239 인제군 서화면, 〈북조선로동당 강원도 서화면당 제二차 대표자대회 회의록〉(1948. 1. 27)《北韓關係史料集》 제15권, 575~577쪽.

240 〈북조선 로동당 강원도 인제군당 제2차 대표자회의, 1948년 1월 면·군·도당 대표자 명부 및

통계〉 RG 242, SA 2007, Box 6, Item 9; 〈리원갑〉, RG 242, SA 2007, Box 350, Item 1.3.

241 〈인제군 남면당부 제4차 세포책임자 회의록〉(1947. 1. 22)《北韓關係史料集》제15권, 491~492
쪽; 〈인제군 남면당부 제5차 세포위원장 정기회의록〉(1947. 2. 14)《北韓關係史料集》제15권,
492~493쪽; 〈인제군 각면당 제2차 대표자회의록〉(1948. 1. 25)《北韓關係史料集》제15권, 554
쪽.

242 〈정윤교〉, RG 242, SA 2007, Box 350, Item 1.4.

243 《이동증철: 他郡에서 온》(1947), RG 242, SA 2006, Box 13, Item 49.

244 위와 같음.

245 위와 같음;《이동증철: 他郡에서 온》(1948), RG 242, SA 2006, Box 13, Item 49.

246 인제군당부, 〈1946년 토지개혁통계총결표〉(1947. 1. 21)《北朝鮮經濟資料集成》제7권, 619쪽.

247 〈인제군당 상무위원회 회의록 제16호〉(1948. 7. 6)《北韓關係史料集》제2권, 339쪽 중 전종철;
〈인제군당 상무위원회 회의록 제37호〉(1949. 2. 24)《北韓關係史料集》제3권, 157쪽 중 박용기.

248 〈인제군당 상무위원회 회의록 제5호〉(1948. 3. 21)《北韓關係史料集》제2권, 112쪽.

249 그런데 일제시기 유지급 인사들이 공산당에 가입하거나 인민위원회 일원으로 열성적으로 일
하다보면 과거에 같이 어울리던 동료들에게 반감을 살 수밖에 없었다. 일제 때 지주·인텔리
출신인 철원군 어운면인민위원장은 자진하여 공산당에 입당하여 열성적으로 당원규합에 나
섰다가 그에 반감을 가진 과거 동료들에게 테러의 대상이 되곤 했다[북한연구소, 1990《북한민주
통일운동사: 함경북도·경기미수복지구·강원도미수복지구 편》, 북한연구소, 597쪽].

250 〈친일파, 민족반역자에 대한 규정〉(북조선임시인민위원회, 1946. 3. 7 채택).

251 〈인제군당위원장→강원도당위원장: 군사 급 기술인재 조사에 관한 건〉(1946. 10. 29)《북조선
로동당 강원도 인제군당부 로동부 지령서철》[《北韓關係史料集》제15권, 62~73쪽]; 〈인제군당부
위원장 김병홍→각면당부위원장: 기능자 기술자 조사에 관한 건〉《북조선로동당 강원도 인
제군당부 로동부 지령서철》[《北韓關係史料集》제15권, 73~74쪽].

252 김성보, 1997 〈북한 정치 엘리트의 충원과정과 경력 분석―정권기관 간부를 중심으로
(1945~50)―〉《동북아연구》 3. 북한은 지식인에 대해서 그들이 "과거에는 일제와 자산계급에
복무했지만 해방된 북조선에서는 과거의 성질을 변하여 인민들의 이익을 위해 특히 근로대
중의 이익을 위해 복무"하고 있다고 평가했다[김일성,《北朝鮮勞動黨創立大會總結에 關한 報告》]
《근로자》1946년 10월호(창간호)[《北韓關係史料集》제42권, 57쪽].

253 최하종 구술, 한홍구 면담, 2006《비전향장기수구술1 최하종》, 국사편찬위원회, 248~250쪽.

254 조선민주당은 기업가, 상인, 부농, 소자산계급 및 기독교인, 지주층 전반을 계층기반으로 하
는 보수적 정당이었다. 김성보, 1992 〈북한의 민족주의세력과 민족통일전선운동―조선민주
당을 중심으로―〉《역사비평》16; 김선호, 2006 〈해방직후 조선민주당의 창당과 변화―민족
통일전선운동을 중심으로―〉《역사와 현실》61.

255 북조선천도교청우당은 당원의 경우에는 대다수 빈농에 근거를 두었으며 그 외에도 노동자·
사무원·상인 등의 계급적 구성을 보였으나, 간부진의 경우에는 사무원과 상인의 비중이 비
교적 높고 부농·지주·상업·한의사·정미업 등 복잡한 경력을 가진 인물들로 구성되었다. 정
용서, 2004 〈북조선천도교청우당의 정치노선과 활동(1945~1948)〉《한국사연구》125.

주석
501

256 조선민주당은 평안도와 황해도 지역에서 그 세력이 강했고, 함경도와 강원도 지역에서는 공산주의자들의 세가 강하여 지부가 만들어지지 않은 곳도 많았다. 인제에는 조선민주당이 조직되긴 했으나, 면별로 한 두 명 정도의 당원으로 구성되어 실질적인 역할을 하지 못했으며, 명목상의 우당 정도의 위상을 지녔다[인제군 남면, 〈第六次 各 政黨社會團體聯席회의록〉(1946. 10. 15)《北韓關係史料集》제15권, 433~435쪽].

257 〈인제군당 상무위원회 회의록 제42호〉(1949. 4. 20)《北韓關係史料集》제3권, 273~274쪽 중 한경호; 최용수, 2009. 3. 11, 인제군 인제읍 상동리 자택.

258 〈인제군당 상무위원회 회의록 제3호〉(1948. 2. 29)《北韓關係史料集》제2권, 48~52쪽.

259 민주청년동맹 학습반 교사였던 양구군의 어느 민청원은 여타 민청원이나 소년단에게 북한당국의 정책을 교육하는 대신에 "김일성 타도하자"라고 칠판에 썼다가 발각되었다. 그와 친구라는 이유로 끌려갔던 양구의 한 구술자는 그 민청원과 함께 월남했다(유성주, 2007. 7. 29, 양구군 남면 자택).

260 반공그룹은 유언비어를 이용했는데, 평북지방에서는 "선거표 3매를 태워먹으면 아이를 못났던 여자도 아이를 낳을 수 있다"거나 "선거표 3매를 가지고 있으면 남북통일 후에도 고관대작을 할 수 있다"는 소문 등이 퍼졌다[허가이, 〈북조선노동당중앙위원회 제3차회의에서 진술한 조선민주주의인민공화국최고인민회의 선거총화와 당단체들의 당면과업에 관한 보고〉《근로자》(1948년 10월호), 26쪽].

261 〈인제군당 상무위원회 회의록 제12호〉(1948. 5. 28)《北韓關係史料集》제2권, 285~293쪽.

262 〈인제군당 상무위원회 회의록 제18호〉(1948. 7. 31)《北韓關係史料集》제2권, 415쪽 중 김창경.

263 최정섭 증언; 방효정 증언(강원대학교 사회과학연구원, 앞의 보고서, 55쪽 재인용).

264 〈인제군당부위원장→강원도당위원장: 군사 급 기술인재 조사에 관한 건〉(1946. 10. 29)《북조선로동당 강원도 인제군당부 로동부 지령서철》[《北韓關係史料集》제15권, 69쪽].

265 〈인제군당 상무위원회 회의록 제58호〉(1949. 8. 25)《北韓關係史料集》제3권, 539~540쪽 중 최성용; 〈인제군당 상무위원회 회의록 제61호〉(1949. 9. 13)《北韓關係史料集》제3권, 603쪽 중 한신원.

266 최정섭 증언(강원대학교 사회과학연구원, 앞의 보고서, 55~56쪽 재인용).

267 〈인제군당 상무위원회 회의록 제59호〉(1949. 9. 2)《北韓關係史料集》제3권, 545쪽, 〈인제군당 상무위원회 회의록 제61호〉(1949. 9. 13)《北韓關係史料集》제3권, 603~604쪽.

268 김영배 편저, 앞의 책, 623~626쪽, 757~758쪽.

269 〈인제군당 상무위원회 회의록 제51호〉(1949. 7. 6)《北韓關係史料集》제3권, 399~400쪽; 〈인제군당 상무위원회 회의록 제65호〉(1949. 10. 12)《北韓關係史料集》제3권, 693쪽 이봉운; 〈인제군당 상무위원회 회의록 제73호〉(1949. 12. 27)《北韓關係史料集》제3권, 936~940쪽; 인제군지 편찬위원회, 1980《인제군지》, 247~248쪽.
호림부대는 강원도 강릉(당시 명주군) 주문진에 본거지를 두고 대북 유격전 및 첩보공작을 해오던 백의곤 대대와 오대산 유격대 김현주 대대를 말한다. 1949년 6월 29일 38선을 넘어 인제읍 귀둔리, 기린면 진동리에 위치한 점봉산 등을 점령했던 사건을 호림부대 침투 사건이라한다. 호림부대의 대북 침투에 대해서는 정병준, 앞의 책, 370~375쪽 참조.

270 〈인제군당 상무위원회 회의록 제73호〉(1949. 12. 27) 《北韓關係史料集》 제3권, 940쪽.

271 〈인제군당 상무위원회 회의록 제39호〉(1949. 3. 14)《北韓關係史料集》 제3권, 184~185쪽 중 김철수와 이병선.

272 1948년~1949년 인제군 당원이라면 모두 노동당원을 가리키지만, 노동당은 신민당과 공산당의 합당으로 탄생되었으므로, 노동당원에는 과거 신민당원과 공산당원이 모두 포함되어 있다. 따라서 인제군 노동당원 책벌자들에 대한 분석은 노동당원만이 아니라 북한당국에 대한 반대자 및 부적응자 모두에 대한 분석이 된다. 인제군의 정치·경제·사회적 상황을 파악하는 데 유용하다고 할 수 있다.

273 이주철은 1948~1949년간 인제군당 출당자에 대해 통계하였다. 1949년 4월 3일 인제군당 당원 4,984명 가운데, 출당의 가장 큰 원인은 월남(54.51퍼센트)과 월남추정 행방불명(13.0퍼센트)이고, 그 외에 위법행위(당규약 위반 포함)와 행방불명 등이 있다. 이주철, 앞의 책, 128~141쪽.

274 다른 지역에서도 인제군과 같이 많은 수가 월남을 했는지는 알 수 없다. 인제군의 경우 38선 접경지역이라는 특성이 월남을 용이하게 한 주요인이었다고 볼 수 있다. 이는 인제군 주민이 정치 경제적 선택을 둘러싸고 많은 갈등을 했음을 의미한다.

275 〈인제군당 상무위원회 회의록 제41호〉(1949. 4. 3)《北韓關係史料集》 제3권, 236~246쪽.

276 〈인제군당 상무위원회 회의록 제57호〉(1949. 8. 13)《北韓關係史料集》 제3권, 491쪽.

277 〈인제군당 상무위원회 회의록 제73호〉(1949. 12. 27)《北韓關係史料集》 제3권, 940쪽.

278 〈인제군당 상무위원회 회의록 제16호〉(1948. 7. 6)《北韓關係史料集》 제2권, 345쪽 최광준; 〈인제군당 상무위원회 회의록 제41호〉(1949. 4. 3)《北韓關係史料集》 제3권, 224쪽 박월용; 〈인제군당 상무위원회 회의록 제42호〉(1949. 4. 20)《北韓關係史料集》 제3권, 276쪽 최규향; 〈인제군당 상무위원회 회의록 제47호〉(1949. 5. 26)《北韓關係史料集》 제3권, 379쪽 김택선.

279 〈인제군당 상무위원회 회의록 제16호〉(1948. 7. 6)《北韓關係史料集》 제2권, 346쪽 김재협, 348쪽 이히열, 350쪽 김준호, 351쪽 김광용, 352쪽 최아지.

280 〈인제군당 상무위원회 회의록 제39호〉(1949. 3. 14)《北韓關係史料集》 제3권, 185~186쪽 심대흠과 〈인제군당 상무위원회 회의록 제41호〉(1949. 4. 3)《北韓關係史料集》 제3권, 224~225쪽 증춘수.

281 〈인제군당 상무위원회 회의록 제14호〉(1948. 6. 20)《北韓關係史料集》 제2권, 305~306쪽 이정식;《北韓關係史料集》 제3권, 224쪽 박맹복, 274쪽 송내순과 심옥년, 277~278쪽 유영환, 280쪽 김선예, 578쪽 김춘봉.

282 유성주, 2007. 7. 29, 양구군 남면 자택.

283 《北韓關係史料集》 제3권, 378쪽과 569쪽 심영화, 378~379쪽 이순녀, 379쪽 심영수, 380쪽 심경흠, 380~381쪽 김종애, 579쪽 김종옥, 871~872쪽 김봉고와 심옥대.

284 〈인제군당부 위원장 김병홍→강원도당부 위원장: 농민 이거 조사에 대한 건〉(1947. 3), 통일부 북한자료센터 소장; 〈인제군당 상무위원회 회의록 제42호〉(1949. 4. 20)《北韓關係史料集》 제3권, 276~277쪽 김병섭.

285 〈인제면당부 위원장 이천수→인제군당부 위원장: 이동토지조사보고의 건〉(1948. 3. 20)《北朝鮮經濟資料集成》 제7권, 782~783쪽; 〈서화면당부위원장 김인식→인제군당부위원장: 이주

자 토지조사 보고에 건〉(1948. 3. 26)《北朝鮮經濟資料集成》제7권, 787~792쪽.

286 〈인제군당 상무위원회 회의록 제42호〉(1949. 4. 20)《北韓關係史料集》제3권, 280쪽 김선예.

287 〈인제군당 상무위원회 회의록 제41호〉(1949. 4. 3)《北韓關係史料集》제3권, 224~225쪽 증춘수;
〈인제군당 상무위원회 회의록 제42호〉(1949. 4. 20)《北韓關係史料集》제3권, 276쪽 최규향.

288 김일성, 〈북조선정치정세: 전조선제정당사회단체대표자연석회의에서 진술한 보고〉《근로자》
제5호(1948. 5), 5쪽.

289 〈인제군당 상무위원회 회의록 제17호〉(1948. 7. 15)《北韓關係史料集》제2권, 392~393쪽 박남수.

290 〈인제군당 상무위원회 회의록 제16호〉(1948. 7. 6)《北韓關係史料集》제2권, 339~354쪽.

291 〈인제군당 상무위원회 회의록 제16호〉(1948. 7. 6)《北韓關係史料集》제2권, 346~347쪽.

292 〈인제군당 상무위원회 회의록 제41호〉(1949. 4. 3)《北韓關係史料集》제3권, 223쪽 임장녹; 본
서 〈표 19〉; 임재경, 2014 〈회고록(3) 월남 후 소년시절〉《녹색평론》138(9~10월), 166~170쪽.

293 유성주, 2007. 7. 29, 양구군 남면 자택.

294 국방부 전사편찬위원회, 1967 앞의 책, 424~425쪽.

295 김인수 구술, 한홍구·김귀옥 면담, 2010《비전향장기수구술8 김인수》, 국사편찬위원회, 152~
156쪽.

296 〈三八선에 소장사〉《전국농민신문》1947. 1. 30.

297 〈인제군당 상무위원회 회의록 제59호〉(1949. 9. 2)《北韓關係史料集》제3권, 542쪽.

298 〈인제군당 상무위원회 회의록 제12호〉(1948. 5. 28)《北韓關係史料集》제2권, 285~293쪽.
남쪽에서도 교역 물품을 사적으로 이용하여 문제가 된 사건이 있었다. '남북교역사건' 또는
'북어 사건'으로 불리는 사건이다. 채병덕 육군본부총참모장이 발행한 교역증交易證을 가지
고 북의 북어(트럭 20여대 분)와 남의 무기류가 교환되었음을 김석원 사단장이 발견하고 북어
를 압류하였다. 이에 채병덕과 김석원이 갈등을 벌였고, 결국 이들은 1949년 10월 10일 예비
역에 예편되었다. 국방부 전사편찬위원회, 1967 앞의 책, 424~427쪽.

299 지방자위대원의 임무는 "① 무단월경자, 반동혐의분자, 요언을 유포하는 자, 적의 정찰 분자,
파괴분자들을 적발, 또는 적경에 대하여 직각하였을 때 내무기관(분주소, 경비대, 보안대)에 통
분할 것 ② 자위대는 정권기관, 공장, 광산 기업소, 현물세 창고, 교량철도, 중요 도로, 통신
선 등을 일상적으로 보위할 것 ③ 지방자위대는 (38선) 인민군대, 보안대를 각 면으로 협조하
며, 물자수송 연락 등 민활히 할 것 ④ 자위대는 방공 조직을 일상적으로 강화하며, 유사시에
는 인민들을 안전지대로 임시 피란시킬 수 있는 준비와 조직과 훈련을 실시한다. ⑤ 지방 자
위대원은 일상적으로 인민들로 하여금 자각적 경각성과 원수에 대한 증오심을 백방으로 높
이며, 전인민적 경비 보위 사업에 만전을 기하도록 선전 교양 훈련하여야 한다."〈인제군당
상무위원회 회의록 제58호〉(1949. 8. 25)《北韓關係史料集》제3권, 534쪽.

300 〈인제군당 상무위원회 회의록 제34호〉(1949. 1. 11)《北韓關係史料集》제3권, 85쪽.

301 김인수 구술, 한홍구·김귀옥 면담, 2010 앞의 책, 152~156쪽; 국방부 전사편찬위원회, 1967
앞의 책, 425쪽.

302 1949년 1월 김기환은 경찰에 자수했고, 그 하부조직망은 검거되었다. 중앙정보부, 1972《북
한대남공작사》제1권, 342~344쪽.

303 강태무와 표무원은 1946년 10월 북한 평양학원 대남반 1기 출신의 공작원으로 남한 군대에 들어갔다가 그의 대대원들을 이끌고 월북했다. 국방부 전사편찬위원회, 1967 앞의 책, 415~423쪽; 인제군지 편찬위원회, 앞의 책, 246~247쪽.

304 1945년 해방 이후 한국전쟁 이전까지 38선 이북지역에서 이남지역으로의 월남 및 인구이동에 대해서는 조형·박명선, 1985, 〈북한출신 월남민의 정착과정을 통해서 본 남북한 사회구조의 변화〉《분단시대와 한국사회》, 까치; 이인희, 1986 〈8·15와 6·25를 전후한 북한출신 피난민의 월남이동에 관한 연구〉《지리학논총》13, 서울대 지리학과; 박명림, 1997 《한국전쟁의 발발과 기원》, 나남, 349~357쪽; 김귀옥, 1999, 《월남민의 생활 경험과 정체성-밑으로부터의 월남민 연구》, 서울대학교 출판부, 41~71쪽 등을 참조. 북한체제 반대 및 반공주의 요인을 강조하는 연구는 반공주의적 시각에서 이루어진 측면이 있으며, 생활난 등을 강조하는 연구는 전자를 극복하면서 월남의 원인을 다각적으로 파악하려는 시도에서 이루어졌다. 특히 후자는 1980년대 이후의 월남민 연구들에서 강조되었는데, 그들은 월남의 원인이 생활난, 구직, 사상, 상용商用, 향학向學 등 다양했으며 이중에서도 가장 주된 이유가 생활난이었음을 지적했다(조형·박명선, 1985 위의 논문; 김귀옥, 1999 위의 책, 41~71쪽).

305 〈인제군당 상무위원회 회의록 제48호〉(1949. 6. 8)《北韓關係史料集》제3권, 349쪽, 355~358쪽, 〈인제군당 상무위원회 회의록 제73호〉(1949. 12. 27)《北韓關係史料集》제3권, 935~936쪽.

306 〈인제군당 상무위원회 회의록 제36호〉(1949. 2. 4)《北韓關係史料集》제3권, 152~155쪽.

307 〈인제군당 상무위원회 회의록 제54호〉(1949. 7. 21)《北韓關係史料集》제3권, 421~422쪽.

308 정병준, 앞의 책, 453~454쪽.

309 〈인제군당 상무위원회 회의록 제58호〉(1949. 8. 25), 〈인제군당 상무위원회 회의록 제73호〉(1949. 12. 27)《北韓關係史料集》제3권, 528~535쪽, 936쪽. 더욱 상세한 자위대 조직의 확대·강화과정에 대해서는 한모니까, 박사학위논문, 96~99쪽 참조.

310 인제군의 관개사업 내용은 도수로의 연장, 양수장의 건설, 밭의 논으로의 변경(開畓) 등이었다. 관개수리사업과 개답사업은 구분되지만, 인제의 경우처럼 관개수리사업과 개답사업이 동시에 이루어지는 경우가 많았고, 이는 관개사업 또는 개답사업이라 지칭되었다. 《로동신문》1947. 5. 10;《로동신문》1947. 11. 26;《로동신문》1949. 12. 2; 농업과학위원회 편, 1960 《농업소사전》(상), 124~125쪽.

311 북한당국은 1946년 말부터 식량문제의 해결 및 경작지의 확충을 위한 농업정책을 폈다. 그 가운데 하나가 수리관개사업이었다. 새로운 수리관개시설을 설치하는 한편 해방 전에 착수되었다가 방치된 관개시설들을 복구했으며, 인제군 남면의 관개공사도 일제때 착수되었다 중지된 것이었다. 북한은 수확고 면에서 논이 밭보다 2~3배 높은데, 북한지역에는 논이 5분의 1에 불과하다고 보았다. 농림국 산하에 관개관리부를 두고, 1947년부터 관개공사를 시작했다. 인제군 남면, 〈第六次 各政黨社會團體聯席회의록〉(1946. 10. 15)《北韓關係史料集》제15권, 437~438쪽; 〈인제군당 상무위원회 회의록 제1호〉(1948. 2. 17)《北韓關係史料集》제2권, 17~19쪽; 〈북면당위원회 회의록 제8호〉(1948. 5. 18); 〈인제군 남면당위원회 회의록 제8호〉(1948. 5. 28)《北韓關係史料集》제18권, 93쪽; 이병희·강호철, 2004. 8. 9, 인제읍 비봉경로당; 강진건, 1947 〈1947년도 농업증산과 농민동맹〉《인민》제2권 제3호《北韓關係史料

集》13, 314~322쪽); 김승준, 1958 〈우리 나라 농촌 경리의 발전〉《우리 나라의 인민 경제발전 1948~1958》, 국립출판사, 1547쪽.

312 이순근, 〈북조선 농업발전을 위한 제문제〉《인민》1946년 11월(창간호) [《北韓關係史料集》제13권].

313 〈인제군당부위원장→각면당부위원장: 토지개혁과 개간사업에 대하야〉(1947)《北朝鮮經濟資料集成》제8권, 157~158쪽.

314 〈인제군인민위원회 상무위원회 결정 제1호〉(1949. 1. 25)《北韓關係史料集》제18권, 238쪽; 〈인제군인민위원회 상무위원회 결정 제3호〉(1949. 1. 31)《北韓關係史料集》제18권, 197~198쪽.

315 〈인제군인민위원회 상무위원회 결정 제5호〉(1949. 1. 31)《北韓關係史料集》제18권, 201쪽.

316 1948년 11월 2일 작성된 것으로 보이는 북조선로동당중앙본부의 〈당조사업〉에 의하면, 당조는 "당의 영향을 강화할 목적으로" 조직되었다. 당조가 구성될 수 있던 곳은 "도시군 정권 민주주의적 제 사회단체 집행위원회 급 상무위원회 내에 당원으로서 선거받은 당원이 3명 이상 있을" 때였다. 위원장은 선출되었는데, "위원장으로서는 그 기관의 책임자를 선거하는 것이 적당"하다고 하였고, 해당 기관의 상무위 개최 전에 열리는 당조회의는 당조원들의 행동 일치성을 보장하는 역할을 함으로써, 해당 기관의 사업에 당의 정책을 반영시킬 것을 의도했다. 북조선로동당중앙본부, 〈당조사업〉《조직사업에 관계되는 참고자료철》, RG 242, Doc 201206, Box 53.

317 김일성, 〈質問과 討論에 對한 結論〉《근로자》1946년 10월(창간호)[《北韓關係史料集》제42권, 34~35쪽].

318 박창옥, 〈北朝鮮勞動黨規約解釋〉《근로자》1947년 3월(제5호)[《北韓關係史料集》제42권, 405쪽, 415쪽, 418쪽].

319 김일성, 〈대중지도방법을 개선하며 올해 인민경제계획 수행을 성과적으로 보장할 데 대하여: 북조선로동당 중앙위원회 제6차회의에서 한 결론〉(1947. 3. 15)《김일성저작집》제3권, 조선로동당출판사, 1979, 177~178쪽.

320 서동만, 앞의 책, 244쪽.

321 〈인제군당 군인민위원회 당조회의 회의록 제21호〉(1948. 1. 23).

322 〈인제군당 상무위원회 회의록 제2호〉(1948. 2. 17)《北韓關係史料集》제2권, 17쪽.

323 〈인제군당 군인민위원회 당조회의 회의록 제21호〉(1948. 1. 23); 〈인제군당 상무위원회 회의록 제29호〉(1948. 12. 2)《北韓關係史料集》제2권, 729쪽.

324 〈인제군당 상무위원회 회의록 제10호〉(1948. 5. 10)《北韓關係史料集》제2권, 235~237쪽, 240~241쪽.

325 〈인제군당 상무위원회 회의록 제10호〉(1948. 5. 10)《北韓關係史料集》제2권, 243~244쪽; 김학만, 〈당조 사업진행과 기관 세포들에서 당날 준수에 대하여〉(1949. 9. 24)《北韓關係史料集》제1권, 502~504쪽.

326 이주철, 1998《북조선로동당의 당원과 그 하부조직에 관한 연구》, 고려대학교 사학과 박사학위논문, 182~183쪽; 서동만, 앞의 책, 243쪽.

327 〈인제군당 군인민위원회 당조회의 회의록 제21호〉(1948. 1. 23).

328 〈인제군당 상무위원회 회의록 제6호〉(1948. 3. 30)《北韓關係史料集》제2권, 129~131쪽.

329 〈인제군당 상무위원회 회의록 제11호〉(1948. 5. 22) 《北韓關係史料集》 제2권, 257쪽.

330 〈인제군당 상무위원회 회의록 제29호〉(1948. 12. 2) 《北韓關係史料集》 제2권, 728~730쪽.

331 당우위의 제도화는 군대 내 도입을 시작으로, 농촌에서는 '청산리방식'으로, 공장에서는 '대 안의 사업체계'로 확대되었다. 당우위의 제도화에 대해서는 서동만, 앞의 책, 782~787쪽, 846~912쪽을 참조.

332 윤세평, 〈朝鮮民主主義人民共和國의 人民的 性格〉 《인민》 1948년 10월[《北韓關係史料集》 제14 권, 448쪽].

333 김택영, 〈朝鮮民主主義人民共和國憲法解說(三)—公民의 基本的 權利 및 義務—〉 《인민》 1948 년 12월[《北韓關係史料集》 제37권, 339~340쪽]; 김성보, 2009 〈남북국가 수립기 인민과 국민 개 념의 분화〉 《한국사연구》 144, 85~92쪽.

334 김택영, 위의 글, 334쪽.

335 김택영, 위의 글, 340쪽.

336 김택영, 위의 글, 335쪽과 339쪽.

337 최창익, 〈인민은 역사의 기본 추진력〉 《근로자》 1947년 9월(제9호)[《北韓關係史料集》 제43권, 512 쪽].

338 인제군 서화면, 〈강원도 인제군 서화면 각정당 사회단체 대표자 연석대회 회의록〉(1946. 10. 10) 《北韓關係史料集》 제15권, 370쪽.

339 인제군 인제면, 〈강원도 인제면당부 제二차 세포위원장 회의록〉(1946. 10. 15) 《北韓關係史料 集》 제15권, 602~603쪽.

340 인제군 남면, 〈인제군 남면당부 제7차 세포위원장 정기회의록〉(1947. 3. 14) 《北韓關係史料集》 제15권, 510쪽.

341 전쟁 이전 북한에서의 지도자와 개인의 관계 설정은 일제식민지시기와 1960년대 이후의 그 것과 다르다. 앞에서 살펴보았듯이, 일제는 일왕과 개인의 일체화를 추구하면서 "천황은 머 리, 신민은 팔다리"라 표현했고, "천황은 절대적인 존재이며 신민은 천황을 보위할 존재"로 서만 의미가 있는 것으로 설정했다. 북한의 수령제도 비슷한 면이 있는데, 1960년대 이후 김일성의 유일지도체계가 수립했으며, 정치적·경제적 유기체 개념이 제시되었고, 1970년대 이후 당 및 지도부와 인민의 일체화를 꾀하면서 수령의 지위를 절대화했다. 1960~70년대 수 령체계의 성립에 대해서는 이태섭, 2001 《김일성 리더십 연구》, 들녘, 378~482쪽 참조.

342 인제군 남면, 〈第六次 各政黨社會團體聯席회의록〉(1946. 10. 15) 《北韓關係史料集》 제15권, 432~434쪽; 인제군 남면, 〈第七次 各社會團體聯席회의록〉(1946. 11. 1) 《北韓關係史料集》 제 15권, 440~441쪽.

343 인제군 인제면, 〈북조선로동당 강원도 린제군 린제면당부 확대집행위원회회의록〉(1947. 2. 11) 《北韓關係史料集》 제15권, 464~466쪽; 인제군 남면, 〈북조선로동당 강원도 인제군 남면당부 제六차 세포위원장 정기회의록〉(1947. 3. 24) 《北韓關係史料集》 제15권, 498~502쪽.

344 인제군 인제면, 〈북조선로동당 강원도 린제군 린제면당부 확대집행위원회회의록〉(1947. 2. 11) 《北韓關係史料集》 제15권, 469쪽.

345 인제군 인제면, 〈인제군 인제면 각세포위원장 연석회의록〉(1947. 2. 27) 《北韓關係史料集》 제

15권, 622~624쪽.

346 인제군 남면, 〈북조선로동당 강원도 인제군 남면당부 제五차 세포위원장 정기회의록〉(1947. 2. 14)《北韓關係史料集》제15권, 496쪽.

347 인제군 인제면, 〈북조선로동당 강원도 린제군 린제면당부 확대집행위원회회의록〉(1947. 2. 11) 《北韓關係史料集》제15권, 464~466쪽; 인제군 남면, 〈북조선로동당 강원도 인제군 남면당부 제六차 세포위원장 정기회의록〉(1947. 3. 24)《北韓關係史料集》제15권, 498~502쪽.

348 인제군 남면, 〈第四次 各政黨社會團體聯席회의록〉(1946. 10. 10)《北韓關係史料集》제15권, 428~430쪽.

349 인제군 인제면, 〈북조선로동당 강원도 린제군 린제면당부 확대집행위원회회의록〉(1947. 2. 11) 《北韓關係史料集》제15권, 467~468쪽.

350 인제군 남면, 〈북조선로동당 강원도 인제군 남면당부 제四차 세포책임자 회의록〉(1947. 1. 22) 《北韓關係史料集》제15권, 488~492쪽.

351 인제군 남면, 〈북조선로동당 강원도 인제군 남면당부 제四차 세포책임자 회의록〉(1947. 1. 22) 《北韓關係史料集》제15권, 488~492쪽; 인제군 남면, 〈북조선로동당 강원도 인제군 남면당부 제五차 세포위원장 정기회의록〉(1947. 2. 14)《北韓關係史料集》제15권, 492~493쪽.

352 인제군 인제면, 〈린제면당 각정당 사회단체 책임자 연석회 회의록〉(1947. 2. 12)《北韓關係史料集》제15권, 470~472쪽.

353 인제군 남면, 〈북조선로동당 강원도 인제군 남면당부 제六차 세포위원장 정기회의록〉(1947. 3. 24)《北韓關係史料集》제15권, 502쪽.

354 서동만, 앞의 책, 185쪽.

355 북한 전체 도시군 선거(1946. 11. 3)의 경우, 찬성율은 도인민위원선거에서 97퍼센트, 시인민위원선거에서 95.4퍼센트, 군인민위원회에서 96.9퍼센트였다. 리인민위원 선거(1947. 2. 25)에서는 찬성률 86.63퍼센트, 반대율 13.37퍼센트, 면인민위원 선거(1947. 3. 5)에서는 찬성률 96.2퍼센트, 반대율, 3.8퍼센트였다. 상대적으로 리인민위원 선거의 반대율이 높은데, 이는 중앙으로부터의 통제가 촌락단위까지 관철되지 못하였다는 증거로 해석된다(서동만, 앞의 책, 186쪽). 아무래도 리 단위 인민위원 후보자에 대해서는 마을 사람들 사이에 평소 친소관계와 평가가 이루어지므로 상급인민위원 선거에 비해 찬성율 못지 않게 반대율이 높게 나올 수 있었다. 인제의 리인민위원 선거 반대율도 도시군선거에 비해 높게 나왔는데, 인제면당은 "당의 정치노선이 일반인민들에게 옳게 인식되지 못한 결과이며 사업을 하는 과정에서 인민들과 멀리 떨어지고 있다는 증명"으로 분석했다[인제군 인제면, 〈인제군 인제면 각세포위원장 연석회의록〉(1947. 2. 27)《北韓關係史料集》제15권, 622~624쪽].

356 〈Liaison Officer, USIS→Director, USIS-Korea. Subject: Field Report on Yangyang Gun, North Korea〉, RG 59 Central Files Decimal File 795A series(1950~1954).

357 리기영, 1948《땅》[1992《땅》상·하, 서울: 풀빛].

358 김제원애국미헌납운동은 1947년 1월 말부터 농업생산증강운동으로 전환되었다. 〈김제원애국미운동 중지에 관하여: 북조선로동당 중앙상무위원회 제21차 회의 결정서〉(1947. 1. 28)《북조선로동당 중앙상무위원회 결정집(1946. 9~1948. 3)[《北韓關係史料集》제30권]; 〈金濟元愛國米

運動을 農業增産運動으로 轉換하자〉《로동신문》 1947. 2. 1[《北韓關係史料集》제35권].

359 김제원은 한국전쟁 중에 사망했다. 이후에도 김제원은 가장 대표적인 '모범인민'으로 제시되었으며, 그가 살던 대흥리는 김제원리(1961. 3. 16)로, 해주농업대학은 김제원대학(1990. 10. 31)으로 명칭이 바뀌었다. 〈황해도 재녕군 농민대회의 애국미 운동에 대하여〉《북조선로동당 중앙상무위원회 결정집(1946. 9~1948. 3)[《北韓關係史料集》제30권]; 리성호, 2002 《朝鮮地名便覽》(황해남도), 사회과학출판사, 70쪽; 김광운, 앞의 책, 343~345쪽.

360 〈강원도가 낳은 생산영웅: 제2의 김제원 엄원길씨에게 감사문과 위로품 답지〉《강원인민보》 1947. 3. 29; 〈가마니증산에 전력 3월말까지 천이백여매 금화 엄원길씨 애국열〉《북조선농민신문》 1947. 4. 2.

361 〈북조선 로동당 강원도 인제군당 제2차 대표자회의, 1948년 1월 면·군·도당 대표자 명부 및 통계〉, RG 242, SA 2007, Box 6, Item 9; 〈인제군당 상무위원회 회의록 제6호〉(1948. 3. 30) 《北韓關係史料集》제2권, 152쪽.

362 노동자의 경우에는 기술개발·물자절약·상품생산 증대 등이 모범노동자의 조건이 되었다.

363 〈인제군 농민동맹 당조 제6차 회의록〉(1947. 9. 5)《北韓關係史料集》제4권, 289~290쪽.

364 〈인제군 농민동맹 당조 제13차 회의록〉(1948. 3. 8)《北韓關係史料集》제4권, 304쪽.

365 "새시대의 새종류의 일꾼은 충성과 열성, 문제의 해결, 인민에게 가르치고 인민으로부터 배우고, 곤란을 극복하고, 일상적으로 자기 지식 수준을 향상시키며 세계관을 넓히고, 국가재산을 애호, 국가規律을 준수, 근로하는 정신이 일상적 관습으로 되어야 하며……" 石基, 〈행정간부들의 정치사상 수준을 향상시키자〉《인민》제3권 제4호(1948. 9. 20)[《北韓關係史料集》제14권, 316쪽].

366 김일성, 〈建國思想動員運動提要〉《인민》제2권 제1호(1947. 1. 10)[《北韓關係史料集》제13권, 166~167쪽].

367 위의 자료; 김두봉, 〈建國思想總動員運動과 그 對象〉《인민》제2권 제1호(1947. 1. 10); 이청원, 〈建國思想總動員運動의 社會的 根據〉《인민》제2권 제1호(1947. 1. 10)[《北韓關係史料集》제13권, 163~181쪽].

368 한설야, 〈一九四七年度 人民敎育文化發展計劃 實踐에 關하여〉《인민》제2권 제4호(1947. 5. 28)[《北韓關係史料集》제13권, 457쪽].

369 주석 367과 같음.

370 인제군 남면, 〈북조선로동당 강원도 인제군 남면당 제二차대표자회의록〉(1948. 1. 25)《北韓關係史料集》제15권, 550~551쪽.

371 〈인제군당 상제九四호 결정서: 군당 상제八二호 결정 문화선전과 사업집행 정형에 대한 군인위당조 사업정형에 대하야〉(1950. 6. 13)《北韓關係史料集》제15권, 324~326쪽.

372 남면 신월리 경로회 노인들도 건국사업에 청년만이 아니라 자신들도 힘쓸 것이라며, 제초반을 통한 농업증산을 다짐했다. '건국'과 '증산'에의 집단적·협동적(제초반) 노력을 다짐하는 '미담'을 생산하는 데는 노인들도 예외가 아니었다. 인제군 남면당부, 〈인제군 남면당부 제六차 세포위원장 정기회의록〉(1947. 2. 22)《北韓關係史料集》제15권, 503쪽. 이 회의의 날짜는 《北韓關係史料集》에는 3월 24일로 표기되어 있으나, 2월 22일의 오기로 보인다.

373 〈권두언: 세포생활의 강화를 위한 몇 가지 문제〉《근로자》 1947년 9월.

374 인제군 서화면, 〈북조선로동당 강원도 서화면당 제二차 대표자대회 회의록〉(1948. 1. 27)《北韓關係史料集》 제15권, 564~565쪽.

375 〈북조선로동당 강원도 인제군 북면당부 제二차 대표자회의록〉(1947. 12. 27)《北韓關係史料集》 제15권, 521~522쪽.

376 〈북조선 로동당 강원도 인제군당 제2차 대표자회의, 1948년 1월 면·군·도당 대표자 명부 및 통계〉, RG 242, SA 2007, Box 6, Item 9; 〈인제군당 상무위원회 회의록 제6호〉(1948. 3. 30)《北韓關係史料集》 제2권, 152쪽.

377 전자가 반드시 모범인민으로서의 인식과 태도를 갖추었다거나 후자가 그렇지 않은 것은 아니었다. 다만 신민당 출신 가운데서도 모범인민이 되어간 사람들도 있지만, 전자와 비교할 때 출신성분 등의 갈등요소가 많을 수밖에 없었다. 또 전자가 남한에 편입된 이후에도 모범인민으로서의 정체성을 유지할 것임을 보증하는 것은 아니다.

378 〈인제군당 상무위원회 회의록 제6호〉(1948. 3. 30)《北韓關係史料集》 제2권, 153~154쪽.

379 〈인제군당 상무위원회 회의록 제17호〉(1948. 7. 15)《北韓關係史料集》 제2권, 401쪽.

380 〈인제군당 상무위원회 회의록 제28호〉(1948. 11. 23)《北韓關係史料集》 제2권, 699~701쪽.

381 〈인제군당 상무위원회 회의록 제7호〉(1948. 4. 6)《北韓關係史料集》 제2권, 178~180쪽.

382 〈인제군 농민동맹 당조 제40차 회의록〉(1949. 3. 1)《北韓關係史料集》 제4권, 381쪽.

383 〈5·1절 증산에 빛나는 모범직장과 노동자를 표창〉《로동신문》 1947. 5. 5; 〈예정수자 초과달성에 빛나는 모범 일군에 도위원장상〉《로동신문》 1947. 5. 8; 〈예정수자를 초과달성한 모범노동자 55명에 북조선인민위원회서 표창〉《로동신문》 1947. 5. 10; 〈북조선인민회의 상임위원회에서 예술이 모범 노동자 농민에게 최초의 표창장을 증여하였다〉《로동신문》 1947. 5. 10.

384 〈함북의 파괴된 공장광산복구의 역군에 김일성위원장상 및 산업교통국장상을 수여〉《로동신문》 1947. 5. 10.

385 예를 들어, 〈상임의원회 결정서 제12호－북조선 인민회의 제4차 상임의원회 결정: 북조선 인민회의 상임위원회 표창장 제정에 관하여〉《로동신문》 1947. 4. 30; 〈공로메달에 관한 규정〉(1949. 6. 13. 상임위원회 정령), 〈영예휘장 모범운수일꾼 수여에 관한 규정(1949. 12. 8. 내각 결정 제182호), 〈영예휘장 산업모범일꾼 수여에 관한 규정(1949. 12. 8. 내각 결정 제182호), 〈대외무역상품을 생산 또는 가공하는 공장, 직장, 광산들에 대한 표창에 관한 규정(1950. 1. 6. 상업성 규칙 제1호)〉[정경모·최달곤, 1990《북한법령집》 제1권, 대륙연구소, 359쪽, 376쪽, 400~401쪽].

386 〈대외무역상품을 생산 또는 가공하는 공장, 직장, 광산들에 대한 표창에 관한 규정(1950. 1. 6 상업성 규칙 제1호)》《북한법령집》 제1권, 376쪽.

387 〈인제군 농민동맹 당조 제6차 회의록〉(1947. 9. 5)《北韓關係史料集》 제4권, 289~290쪽.

388 〈조선로동당 당조직 지도사업에 대한 지시서 해설〉《北韓關係史料集》 제17권, 288~294쪽.

389 〈인제군당 상무위원회 회의록 제14호〉(1948. 6. 20)《北韓關係史料集》 제2권, 304쪽.

390 〈인제군당 상무위원회 회의록 제12호〉(1948. 5. 28)《北韓關係史料集》 제2권, 270쪽.

391 당원이라 해도 감시에서 자유로운 것은 아니었다[브루스 커밍스 지음, 김동노·이교선·이진준·한기

　　욱 옮김, 2001《한국현대사》, 창작과비평사, 329~330쪽].

392 〈북조선 로동당 강원도 인제군당 제2차 대표자회의, 1948년 1월 면·군·도당 대표자 명부 및
　　통계〉, RG 242, SA 2007, Box 6, Item 9.

393 〈인제군당 상무위원회 회의록 제2호〉(1948. 2. 17)《北韓關係史料集》제2권, 32쪽.

394 〈공로메달에 관한 규정〉(1949. 6. 13. 상임위원회 정령)《북한법령집》제1권, 359쪽.

395 《로동신문》에는 〈물자 애호 생산률 제고 제팔세포의 모범작용〉(1947. 4. 4), 〈각 직장의 본받을
　　만한 우점들: 솔선모범작용하는 남포제련 김송록 동무〉(1947. 4. 5), 〈조국건설에 감투하는 모
　　범일꾼들 이렇게 일한다: 건전지 만든 이영록 동무 이러한 연구로 노력을 하였다〉(1947. 4. 5),
　　〈모범농민의 상조미담 감자종자를 무상분배〉(1947. 4. 9) 등 수많은 기사가 실렸다.

396 〈인제군당 상무위원회 회의록 제43호〉(1949. 4. 21)《北韓關係史料集》제3권, 288쪽.

397 〈인제군 여성동맹 당조 제30차 회의록〉(1949. 10. 24)《北韓關係史料集》제4권, 264쪽.

398 〈인제군 농민동맹 당조 제6차 회의록〉(1947. 9. 5)《北韓關係史料集》제4권, 289~290쪽

399 〈인제군 농민동맹 당조 제15차 회의록〉(1948. 3. 1)《北韓關係史料集》제4권, 308쪽.

400 〈인제군 남면당부 제6차 세포위원장 정기회의록〉(1947. 3. 24)《北韓關係史料集》제15권, 501
　　쪽, 504쪽; 〈인제군 남면당부 제7차 세포위원장 정기회의록〉(1947. 3. 14)《北韓關係史料集》
　　제15권, 506~511쪽.

401 〈인제군당 상무위원회 회의록 제6호〉(1948. 3. 30)《北韓關係史料集》제2권, 152쪽.

402 〈인제군당 상무위원회 회의록 제18호〉(1948. 7. 31)《北韓關係史料集》제2권, 422쪽.

403 〈인제군당 상무위원회 회의록 제21호〉(1948. 8. 30)《北韓關係史料集》제2권, 531~532쪽.

404 〈인제군당 상무위원회 회의록 제26호〉(1948. 10. 31)《北韓關係史料集》제2권, 659쪽

405 〈인제군당 상무위원회 회의록 제2호〉(1948. 2. 17)《北韓關係史料集》제2권, 25~26쪽.

406 〈인제군당 상무위원회 회의록 제6호〉(1948. 3. 30)《北韓關係史料集》제2권, 131~135쪽.

407 1948년 11월 1일 중앙본부 상무위원회 결정서 제13호 〈1948년 1월 19일 강원도당 상무위원
　　회 부월리 모범세포 사업에 대하야 라는 결정 취소에 대하야〉와 그에 근거한 중앙본부 보고
　　서 및 1948년 11월 30일 강원도당 상무위원회 결정 〈부월리 모범세포에 관한 강원도당 상무
　　위원회 결정(1948. 1. 19) 취소에 대하야〉.

408 〈인제군당 상무위원회 회의록 제31호〉(1948. 12. 12)《北韓關係史料集》제3권, 28~29쪽.

409 위와 같음.

410 남면당부, 〈第二次各政黨社會團體聯席會議錄〉(1946. 10. 2)《北韓關係史料集》제15권, 424쪽.

411 남면당부, 〈第二次各政黨社會團體聯席會議錄〉(1946. 10. 2)《北韓關係史料集》제15권,
　　419~422쪽.

412 남면당부, 〈第二次各政黨社會團體聯席會議錄〉(1946. 10. 2)《北韓關係史料集》제15권, 423쪽.

413 위와같음.

414 〈인제군당 군인민위원회 당조회의 회의록 제32호〉(1948. 8. 22).

415 서화면은 인제면에서 자동차로 30~40분 거리, 남면에서 50분~1시간 거리에 있을 뿐만 아니
　　라, 높고 낮은 산 여러 개를 넘어야 한다.

416 이는 〈표 23〉의 공민증해당자 대비 〈표 24〉의 동원인구 비율을 추산한 것이다. 공민증해당자

범주가 규정상의 노력 동원대상자(18~55세)에 비해 더 넓으므로, 노력동원대상자 대비 동원 비율은 더 높아졌을 것이다. 노무 동원 대상 연령이 18~55세였음은 〈남면당위원회 회의록 제23차〉(1949. 2. 4).

417 〈인제군당 상무위원회 회의록 제10호〉(1948. 5. 10) 《北韓關係史料集》 제2권, 234쪽.

418 〈인제군당 상무위원회 회의록 제6호〉(1948. 3. 30) 《北韓關係史料集》 제2권, 127쪽; 강호철, 2004. 8. 9, 인제군 인제읍 비봉경로당; 강호철, 2004. 10. 23, 인제군 개답공사터 답사와 남면 자택 증언.

419 〈북조선인민위원회 결정 제37호: 산업운동부문의 도급제 및 노동능률제고를 위한 특별배급 제와 상금제에 관한 결정서〉(1947. 5. 29) 《北韓關係史料集》 제5권, 730쪽.

420 〈인제군당 군인민위원회 당조회의 회의록 제32호〉(1948. 8. 22); 〈인제군당 상무위원회 회의록 제35호〉(1949. 1. 28) 《北韓關係史料集》 제3권, 125~128쪽.

421 〈인제군당 상무위원회 회의록 제26호〉(1948. 10. 31) 《北韓關係史料集》 제2권, 661~662쪽; 〈인제군당 상무위원회 회의록 제35호〉(1949. 1. 28) 《北韓關係史料集》 제3권, 125~128쪽.

422 김일성, 〈북조선인민위원회 제65차회의에서 한 결론: 지방인민위원회사업에서 나타난 결함과 그 시정대책에 대하여〉(1948. 5. 27) 《김일성선집》 제8권, 조선로동당출판사, 1994, 57쪽.

423 〈建國義務勞働에 관한 指令〉 《正路》 1946. 5. 19.

424 허성택, 〈전국노력동원에 관하여〉(1948. 9. 25), RG 242, SA 2009, Box 2, Item 164.

425 〈권두언: 대중과의 긴밀한 연락은 간부의 지도적 중요요소이다〉 《근로자》 1947년 10월, 4쪽, 7쪽.

426 〈남면관개관리개답공사상황표(1947. 11. 30현재)〉 《北朝鮮經濟資料集成》 제7권, 521쪽; 〈인제군당 상무위원회 회의록 제24호〉(1948. 10. 2) 《北韓關係史料集》 제2권, 597쪽.

427 하순영·권순자, 2004. 8. 10, 인제군 북면 원통2리 하순영 자택; 장상근, 2004. 8. 10, 인제군 북면 원통2리 종합회관.

428 〈인제군당 상무위원회 회의록 제6호〉(1948. 3. 30) 《北韓關係史料集》 제2권, 127~128쪽.

429 〈인제군당 상무위원회 회의록 제6호〉(1948. 3. 30) 《北韓關係史料集》 제2권, 144쪽.

430 〈북조선인민위원회 결정 제37호: 산업운동부문의 도급제 및 노동능률제고를 위한 특별배급 제와 상금제에 관한 결정서〉(1947. 5. 29) 《北韓關係史料集》 제5권, 729~732쪽.

431 〈남면당 열성자 대회 회의록〉(1949. 7. 15) 《北韓關係史料集》 제4권, 561~563쪽.

432 〈남면당 회의록 제24차〉(1949. 3. 13).

433 〈인제군인민위원회 상무위원회 결정 제1호〉(1949. 1. 25)〉 《北韓關係史料集》 제18권, 236쪽.

434 〈인제군당 상무위원회 회의록 제17호〉(1948. 7. 15) 《北韓關係史料集》 제2권, 400쪽.

435 〈인제군당 상무위원회 회의록 제2호〉(1948. 2. 17) 《北韓關係史料集》 제2권, 17~19쪽.

436 위의 자료; 〈인제군당 상무위원회 회의록 제6호〉(1948. 3. 30) 《北韓關係史料集》 제2권, 127~131쪽; 〈인제군당 상무위원회 회의록 제26호〉(1948. 10. 31) 《北韓關係史料集》 제2권, 661~662쪽; 〈인제군당 상무위원회 회의록 제35호〉(1949. 1. 28) 《北韓關係史料集》 제3권, 125~128쪽.

437 〈남면당위원회 회의록 제27차: 관개관리개답사업에 대하야〉(1949. 5. 28).

438 〈남면당위원회 회의록 제3호〉(1948. 3. 2) 《北韓關係史料集》 제18권, 72쪽.

439 〈북면당위원회 회의록 제8호: 인제산업도로공작에 로동자 동원에 대하야〉(1948. 5. 18).

440 기무라 미쓰히코 저·정재정 감역·김현숙 옮김, 2001 《북한의 경제: 기원·형성·붕괴》, 혜안, 86~89쪽.

441 〈남면당위원회 회의록 제13호〉(1948. 8. 13) 《北韓關係史料集》 제18권, 122쪽.

442 〈북면당위원회 회의록 제8호: 인제산업도로공작에 로동자 동원에 대하야〉(1948. 5. 18).

443 〈인제군당 상무위원회 회의록 제14호〉(1948. 6. 20) 《北韓關係史料集》 제2권, 316쪽.

444 〈인제군당 상무위원회 회의록 제11호〉(1948. 5. 22) 《北韓關係史料集》 제2권, 252쪽; 〈남면당 위원회 회의록 제8호〉(1948. 5. 28) 《北韓關係史料集》 제18권, 94쪽.

445 〈남면당위원회 회의록 제21호〉(1948. 12. 30) 《北韓關係史料集》 제18권, 167쪽.

446 《조선중앙년감》 1950, 290쪽.

447 〈북조선 로동당 중앙위원회 제5차 회의 결정서(2)〉(1949. 2. 13) 《北韓關係史料集》 제1권, 485 쪽; 《우리 나라의 인민 경제 발전 1948~1958》, 국립출판사, 1958, 154~155쪽.

448 김일성, 〈민주주의조선임시정부수립에 관하여 각 정당들과 사회단체들은 무엇을 요구할 것 인가: 북조선민전 산하 각 정당 사회단체 열성자대회에서〉 《근로자》 1947년 6월〔《北韓關係史 料集》 제43권 재수록, 13쪽〕.

449 재해로 인하여 정당 수확량이 미조곡米粗穀 800킬로그램 미만일 경우 농림상은 그 수확량을 참작하여 관개시설 사용료를 감하였다. 〈조선민주주의인민공화국 내각결정 제54호: 관개 시설사용료현물수납에 관한 결정서〉(1948. 10. 26) 《내각공보》 1948년 제2호〔《北朝鮮經濟資料集 成》 제16권, 335쪽〕.

450 〈인제군당 군인민위원회 당조회의 회의록 제47호: 남면관개공사진행정형에 대하야〉(1949. 6. 4). 인제군의 신개답지 외에 다른 지역에서도 개답이나 개간이 이루어진 곳에는 세농민이나 화전민이 이주하는 것이 정책적으로 이루어졌는데, 평남 개간지의 경우에는 200호 화전민이 이주하였다〔리순근, 1947 〈1947년도의 농산계획과 그 실행에 대하여〉 《인민》 제2권 제3호〔《北韓關係史料 集》 제13권 재수록, 330~331쪽〕.

451 김정호, 2011. 11. 16, 인제군 바르게살기운동협의회.

452 〈인제군당 상무위원회 회의록 제10호〉(1948. 5. 10) 《北韓關係史料集》 제2권, 241쪽.

453 〈남면당위원회 회의록 제14호〉(1948. 8. 27) 《北韓關係史料集》 제18권, 134쪽.

454 〈인제군당 상무위원회 회의록 제26호〉(1948. 10. 31) 《北韓關係史料集》 제2권, 661~662쪽; 〈남 면당위원회 회의록 제26차: 2.4반기 사업계획서 승인에 대하여〉(1949. 4. 17).

455 〈남면당위원회 회의록 제8호〉(1948. 5. 28) 《北韓關係史料集》 제18권, 95쪽.

456 오일룡, 〈노력경쟁의 위대한 역량〉 《인민》 1948년 12월〔《北韓關係史料集》 제37권 재수록, 412쪽, 431쪽〕.

1 채한국·정석균·양영조, 1995 《한국전쟁》 상, 국방군사연구소; 채한국·정석균·손문식, 1996 《한국전쟁》 중, 국방군사연구소; 채한국·양영조, 1997 《한국전쟁》 하, 국방군사연구소; 온창일·김광수·박일송·나종남·허진녕·박홍배·장성진·성연춘, 2010 《6·25 전쟁 60대전투》, 황금알 중에서 인제지역 관련 전황 참조.

2 채한국·정석균·손문식, 위의 책, 636~640쪽; 온창일 외, 위의 책 참조.

3 김보영, 2008 《한국전쟁 휴전회담 연구》, 한양대학교 박사학위논문, 55~57쪽, 65~66쪽, 100~101쪽.

4 RG 59, General Records of the Department of State, CHINA, JAPAN & KOREA LOT FILES #3, Records of the Division of Research for Far East — Lot File 58D245, Box 5.

5 군정Military Government은 군에 의한 통치라는 점령통치의 주체를 강조한 개념이며, 민정·민사행정Civil Affairs Administration은 민간인에 대한 통치라는 점령통치의 대상을 강조하는 개념이다. 민간인에 의한 통치를 의미하는 민정Civilian Government과 상이한 개념이다[박찬표, 1997 《한국의 국가형성과 민주주의: 미군정기 자유민주주의의 초기제도화》, 고려대학교 출판부, 36~37쪽].

6 〈David H. Arp to Ellis O. Briggs〉(1954. 4. 13), RG 84, Seoul Embassy File, UNCURK 38th Parallel; "유엔에 의해 인정되지 않은 그리고 지금 유엔군의 점령 하에 올 수 있는 Korea의 38선 이북지역의 통치와 민사행정government and civil administration을 위한 모든 책임을 통합사령부Unified Command가 잠정적으로 맡는다." 〈J. P. Gaillard(A/Principal Secretary) to (UNCURK) All Delegations. Subject: Secretariat Legal Opinion on Areas North of the 38th Parallel under United Nations Control〉(1954. 5. 31), RG 84, Seoul Embassy File, UNCURK 38th Parallel.

7 〈국방부장관 손원일→국무회의 의장: 38위북 수복지구에 군정 실시에 관한 건〉(1954. 4. 1) 총무처, 1954 《국무회의상정안건철》.

8 〈MAGRUDER to Commanding General Eight United States Army APO 301. Subject: Military Government in IX Corps(Group) Area〉(1954. 3. 25), RG 84, Seoul Embassy File, UNCURK 38th Parallel.

9 1950년 북한지역 점령 및 통치문제에 대한 남한·유엔·미국의 논쟁은 라종일, 2000 〈북한통치의 반성 1950년 가을〉, 한국전쟁연구회 편, 《탈냉전시대 한국전쟁의 재조명》, 백산서당, 345~355쪽을 참조.

10 라종일, 위의 논문, 358~359쪽; 한모니까, 2010(b) 〈한국전쟁기 미국의 북한 점령정책과 통치권 문제 — 평양과 양양 지역의 행정조직 구성 비교 —〉 《역사와 현실》 78, 169~177쪽; 양영조, 2012 〈남한과 유엔의 북한지역 점령정책 구상과 통치〉 《한국근현대사연구》 62, 97쪽.

11 한모니까, 위의 논문, 183~184쪽.

12 〈국방부장관 손원일→국무회의 의장: 38위북 수복지구에 군정 실시에 관한 건〉(1954. 4. 1) 총무처, 1954 《국무회의상정안건철》.

13 그런데 실제로는 민사처장이나 사단장의 추천을 받아 군단장이 임명하였다. 철원군민정관만 강원도지사의 임명을 받았다[본서 〈군정軍政과 민정부民政部〉 참조]. 급여도 군軍으로부터의 지원금 가운데 지급되어, 행정권 인수 이후 군청의 빚이 되었다.

[14] 〈제15회 국회정기회의속기록 제1호: 38도선이북 탈환지구 행정권 이양 및 귀농지구 확대인정에 관한 건의안〉(1952. 12. 22)

[15] 한모니까, 2008 〈유엔군사령부의 '수복지구' 점령정책과 행정권 이양〉《역사비평》85, 368~374쪽, 377~387쪽.

[16] 한모니까, 위의 논문, 374~389쪽.

[17] 〈유엔군측과 합의: 수복지구의 행정권 인수, 발표일자는 공동성명으로 발표〉《동아일보》1954. 11. 11; 〈明17일부터 공포실시: 어제 수복지 행정권 인수〉《동아일보》1954. 11. 16; 〈수복지구 행정사무에 '변·테' 공동성명〉《동아일보》1954. 11. 18.

[18] 신용우, 1954 〈수복지구에 대한 행정수습〉《지방행정》제3권 5호(1954. 10), 5쪽.

[19] 신용우, 위의 글, 6쪽.

[20] 〈제19회 국회임시회의속기록 제49호: 수복지구임시행정조치법안 제1독회〉(1954. 9. 24), 19~31쪽.

[21] 심헌구, 1954 〈강원: 수복지구행정 운영의 구체안〉《지방행정》제3권 제4호(1954. 10), 52쪽.

[22] 임시행정조치법에는 동리洞里의 명칭 및 구역에 관한 규정이 없었다. 1955년 12월 31일 도道 규칙으로서 수복지구 내의 동리의 명칭 및 구역 확정 규칙을 제정 공포함으로써 말단행정구역의 정비를 기하였다[이하영, 1956 〈경기도수복지구행정의 회고와 전망〉《지방행정》제5권 제3호, 38쪽]. 한편, 강원도의 경우 7군 3읍 33개면이었는데, 〈수복지구와 동 인접지구의 행정구역에 관한 임시조치법(1962. 11. 21. 법률 제1178호.)〉에 따라 김화군이 철원군에 합병되고 속초읍은 시市로 승격되어, 1시 6군 35개 읍면에 이르게 되었다.

[23] 〈제19회 국회임시회의속기록 제49호: 수복지구임시행정조치법안 제1독회〉(1954. 9. 24), 19~31쪽.

[24] 신용우, 앞의 글, 6쪽.

[25] 〈제19회 국회임시회의속기록 제49호: 수복지구임시행정조치법안 제1독회〉(1954. 9. 24).

[26] 정부는 수복지구 예산을 12억여 원으로 책정하였는데, 국회(예결산위)는 38이남의 다른 지역과 차이가 크다고 하면서 같은 영토 내에서 차등행정을 취할 수 없다고 반대하였다. 특히 대법원 소관의 38이북 신영비新營費 부활문제가 국회예산결산위원회에서 논란이 되었는데, 국회본회의(1954. 10. 30)에서 대법원 소관 수복지구 신영비는 삭감되어 제1회추가경정예산안이 통과되었다. 신용우, 앞의 글, 5쪽; 〈민의원: 제1회 추경예산안 금일 통과시 특별회계원안대로 거의 復活 대법원소관 수복지구 營費 귀추주목〉《동아일보》1954. 10. 29; 〈대법원 소관 수복지 新營費 부활여부 尙미정 제1회추경예산안 금일통과乎〉《동아일보》1954. 10. 30; 〈대법원 수복지 신영비 삭감된 채로 1회추경예산안 昨日통과〉《동아일보》1954. 10. 31.

[27] 신용우, 위의 글, 6~7쪽; 〈제19회 국회임시회의속기록 제49호: 수복지구임시행정조치법안 제1독회〉(1954. 9. 24), 19~31쪽.

[28] 〈내무부장관→국무총리: 탈환지구 행정권 이양 급 수복대책추진의 건〉(1953. 10. 19), 국무총리비서실, 1953《각 부처》.

[29] 〈Directive to General MacArthur for Occupation of North Korea〉(1950. 10. 28), RG 59 Decimal File 795A series(1950-1954), 795A.00/10-2850; 한모니까, 2010(b) 앞의 논문, 169~170쪽.

[30] 〈수복지에 귀농할 수 있다. 김화·연천·철원 등 6개군에〉《조선일보》1954. 3. 13.

[31] 〈고향 찾아드는 농민, 수복지 귀농선 遂 철폐, 11일부터 복귀등록 개시〉《동아일보》1954. 3. 13.

32 〈내무·국방·사회 3부서 대책: 권리금 징수 엄금—수복농지할당, 일부 행정기관의 불미처사에 斷〉《동아일보》1954. 4. 7.

33 위와 같음.

34 《수복지구 지방행정》(철원군 동송면. 1955. 1. 2).

35 귀속농지는 4.2%, 국유지는 0.1%를 차지하였다[김운근·이두순·조일환, 1989 《收復地區의 南·北韓 農地改革에 관한 硏究》, 한국농촌경제연구원, 150~151쪽].

36 〈難關重疊한 제반행정, 주민들 소속한 민국 복권을 熱願: 수복지구 군정 폐지해달라〉《동아일보》1954. 7. 12.

37 〈제20회 국회정기회의속기록 제38호: 수복지구영농대책에 관한 건의안〉(1955. 4. 29)

38 〈농민생활의 문화화, 위정당국의 좀더 깊은 인식 필요, 자력갱생의 樂土 大韓을 납득시킬 것, 유네스코 학생대의 수복지구건설 보고좌담〉《동아일보》1955. 2. 1.

39 유성주, 2007. 7. 29, 양구군 남면 자택.

40 "그런데 피난 갔다 수복되어 올라오니까 김기선이 '우리 땅 다시 내놔라. (너희가 우리 땅을 샀으면) 등기가 돼있을 거 아니냐?' 그러니까 주민들이 들고 일어났지. '그놈이 다 돌아다니며 팔았는데, 어떻게 안 팔았다고 그러냐?' 하고 들고 일어나니까, (김기선이) '좋다. 그러면 그 놈이 판 것으로 간주하고, 돈을 더 내라. 등기를 해줄테니.' 우리 같은 네가(사람들이) 가만 보니 등기를 해야 권리 행세를 하지. 등기를 하지 않으면 소유자 행세를 하지 못하니까. (예를 들어, 해방되던 해에) 7, 8백 원씩 주고 팔았어, 아니 샀어. '그러면 (천 원짜리 땅이라면) 한 3백 원씩만 더 내라. 그러면 니 앞으로 해주겠다.' 한 30프로씩 더 내고 (등기를 했지). (중략) 다시 돈을 더 주고 등기를 한 거야." 김정호, 2011. 11. 10, 인제군 바르게살기운동협의회.

41 토지개혁 이전의 소유구조로 되돌아가려는 지주들의 태도는 1990년대 중·후반과 2000년대 초 통일에 대한 기대감이 높아졌을 때, 월남민이 북한 땅 문서에 대한 공증 또는 인우보증을 받으려 했던 움직임[〈북한 땅문서 나돌아〉《동아일보》1996. 5. 22; 〈남북통합 '원원전략 보고서'(중) 北농지 소유권 어떻게〉《서울신문》2006. 2. 15]과 유사하다.

42 김운근·이두순·조일환, 앞의 논문, 149~151쪽.

43 〈농지경작권 이동방지에 관한 건〉(강원도지사, 1955. 2. 13)[김운근·이두순·조일환, 위의 논문, 119쪽 재인용].

44 오기섭, 1946 〈北朝鮮土地改革法令의 正當性〉《北韓關係史料集》제7권, 378쪽; 손전후, 1983 《우리나라 토지개혁사》, 과학백과사전출판사, 203~216쪽; 김성보, 《남북한 경제구조의 기원과 전개—북한농업체제의 형성을 중심으로》, 역사비평사, 156~159쪽.

45 이와 같은 인식과 태도는 1950년 가을에 남한이 북한지역을 점령했을 때 나타난 바 있었다. 이승만은 어느 정도 기존의 북한체제를 인정·활용하려던 미국의 점령지침에 불만을 나타냈고, 북한지역에 농지개혁을 실시하겠다고 선언한 바 있었다. 〈The Ambassador in Korea (Muccio) to the Secretary of State〉(1950. 10. 21), United States Department of State, *Foreign Relations of the United States 1950*, pp. 990~991; 〈The Secretary of State to the Embassy in Korea〉(1950. 10. 23), *Foreign Relations of the United States 1950*, pp. 994~995; 〈이승만 대통령, 북한지역 통치 구상과 서북청년단의 적극 활동 등에 대해 담화를 발표〉《경향신문》1950. 10.

24.

46 〈강원도지사→각 군의 군수·경찰서장: 농지경작권 이동방지에 관한 건〉(1955. 2. 13)[김운근·이두순·조일환, 앞의 논문, 119쪽 재인용].

47 농지개혁법 제5조는 정부의 농지 귀속 및 매수에 관한 조항이다. 〈농림부장관→경기도지사 (강원도 이첩): 수복지구 농지개혁 실시에 관한 임시조치의 건〉(1955. 7. 20)《農地改革史關係資料集》제2집, 330쪽.

48 〈인제군수→각 면장: 38위북 수복지구 농지 시책에 관한 건〉(1957. 5. 24), 인제면, 《1957년도 농지관계철》.

49 김운근·이두순·조일환, 앞의 논문, 120쪽.

50 〈강원도지사→농림부장관〉(1956. 6. 15)《農地改革史關係資料集》제2집, 331쪽; 〈강원도지사→법제실장〉(1956. 6. 15)《農地改革史關係資料集》제2집, 331쪽. 이 자료에는 '농지개혁법 제28조'라고 표기되어 있으나, 이는 제27조의 오기로 보인다. '농지개혁법 제27조'의 내용은 "본법 통과일 이후의 좌기 행위를 금지한다. 단 본법 시행상 필요한 행위는 예외로 한다. 1. 자경하지 않는 농지의 매매와 증여, 단 교육, 자선 기타 공공단체에 대한 증여는 예외로 한다. 2. 소작권의 이동 및 박탈"이다《農地改革史關係資料集》제1집, 31쪽].

51 〈농림부장관→강원도지사(경기도 이첩)〉(1956. 8. 11)《農地改革史關係資料集》제2집, 330쪽. 이 자료에서는 '법 제37조'로 표기되어 있으나, 위의 각주와 마찬가지로 제27조의 오기이다. 농지개혁법은 29조로 구성되어 있다.

52 〈법제실장→강원도지사〉(1956. 10. 15)《農地改革史關係資料集》제2집, 331~332쪽.

53 〈인제군수→각 면장: 38위북 수복지구 농지 시책에 관한 건〉(1957. 5. 24), 인제면, 《1957년도 농지관계철》.

54 〈"사유재산권 침해" 수복농지보상책 미결로 물의〉《동아일보》1956. 10. 1.

55 김성호·전경식·장상환·박석두, 1989《農地改革史研究》, 한국농촌경제연구원, 773쪽 재인용.

56 이와 비슷한 판단은 1960~70년대에 일부 법학자들에도 이어졌다. 이들은 정부가 수복지구에 농지개혁을 단행한 것은 농지개혁법의 효력이 당연히 수복지구에도 미치는 것으로 본 것인데, 이는 법 이론상 부당하다고 해석하였다. 농지개혁법은 38선 이남지역에 국한되는 것이므로, 수복지구에 농지개혁법의 효력이 미치기 위해서는 반드시 수복지구에도 농지개혁법을 시행한다고 하는 법률의 제정과 공포가 있어야 한다는 주장이었다. 김용진, 1967〈판례연구: 농지개혁법이 38이북의 수복지구에 시행된 시기〉《법조》16-1, 법조협회; 정범석·정조근, 1972〈농지개혁법에 관한 고찰—수복지구농지를 중심으로—〉《건대학술지》13.

57 북한도 1950년 여름 남한지역을 점령했을 때, 그리고 1951년 38선 이남 서부지역('신해방지구')을 재점령했을 때, 자신의 체제를 남한지역에 이식했다. 다만 차이가 있었다면, 북한은 남한점령지역에 토지개혁을 실시할 때, 1946년 북한 토지개혁법령과는 별도의 법률〈공화국남반부지역에 토지개혁을 실시함에 관하여〉(상임위원회 정령. 1950. 7. 4)]을 제정·공포했다. 북한은 1948년 헌법을 제정할 때에도 1946년의 토지개혁법령의 효력범위를 북한지역에 국한시켰고, "아직 토지개혁이 실시되지 아니한 조선 안의 지역에 있어서는 최고인민회의가 규정하는 시일에 이를 실시한다"(헌법 제7조)고 명시하였다. 1951년 38선 이남 서부지역 재점령 후에는 토

지개혁과 관련 별도의 법률을 제정하기보다는, 1950년 여름 토지개혁 실시의 연장선에서 토지소유구조를 재정비하였다. 한국전쟁기 남북한의 점령지역 토지소유구조 재편과 제도 이식 비교에 대한 상세한 내용은 한모니까, 2012 〈한국전쟁 이후 '수복지구'에서의 농지개혁법 적용 과정과 그 의의〉《한국근현대사연구》 62, 134~135쪽; 한모니까, 2015 〈남북한의 '수복지구'와 '신해방지구' 편입 비교─영토 점령과 제도 이식을 중심으로─〉《동방학지》 170, 249~253쪽 참조.

58 농지개혁의 남한자본주의 발전과의 관계에 대해서는 권병탁, 1984 〈농지개혁의 과정과 경제적 기여〉《농업정책연구》 제11권 1호; 박석두, 1988 〈농지개혁과 식민지 지주제의 해체〉, 고려대학교 경제학 석사논문; 김성호·전경식·장상환·박석두, 1989 〈제6절 법률의 성격〉 앞의 책; 전용덕, 1997 〈한국의 농지개혁, 소득 재분배, 농업생산, 그리고 거래비용〉《한국경제의 성장과 제도변화》, 한국경제연구원; 장상환, 2000 〈농지개혁과 한국자본주의 발전〉《經濟發展研究》 Vol.6 No.1, 155~172쪽; 김성보, 2001 〈입법과 실행과정을 통해 본 남한 농지개혁의 성격〉, 홍성찬 편, 《농지개혁 연구》, 연세대학교 출판부; 홍성찬, 2014 〈근대화 프로젝트로서의 한국 농지개혁과 대지주〉《동아시아의 농지개혁과 토지혁명》, 서울대학교 출판문화원 등의 많은 연구들이 있다.

59 "본법 시행에 관한 사무는 농림부장관이 此를 관장한다. 본법의 원활한 운영을 원조하기 위하여 중앙, 시도, 府郡島, 읍면, 동리에 농지위원회를 설치한다."《農地改革史關係資料集》 제1집, 29쪽.

60 〈농지위원회 규정〉(1950. 2. 10)《農地改革史關係資料集》 제1집, 47쪽.

61 유성주, 2007. 7. 29, 양구군 남면 자택.

62 최용수, 2009. 3. 11, 인제군 인제읍 상동리 자택.

63 권준호, 2007. 6. 16, 양구군 양구읍 자택.

64 ○○○, 남, 1935년생, 서화면 서화1리[강원대학교 사회과학연구원, 2009 《한국전쟁 전후 민간인 집단희생 관련 2008년 피해자현황조사 용역사업 최종결과보고서》, 진실·화해를위한과거사정리위원회, 115쪽 재인용].

65 ○○○, 여, 1935년생, 서화면 서흥리(위의 자료, 115쪽 재인용).

66 권준호, 2007. 6. 16, 양구군 양구읍 자택.

67 〈농지위원 결원자 위촉발명에 관한 건〉(1957. 10. 25), 인제면, 《1957년도 농지관계철》.

68 〈춘천지방법원인제등기소장→각 면장: 북위38도선이북 수복지구 회복등기 실시기간연장에 관한 건〉(1957. 6. 28), 인제면, 《1957년도 농지관계철》; 〈인제면장→각 리장: 북위38도선이북 수복지구 회복등기 실시기간연장에 관한 건〉(1957. 7. 1), 인제면, 《1957년도 농지관계철》.

69 김정호, 2011. 11. 10, 인제군 바르게살기운동협의회.

70 〈인제면장→각 리장 및 리농지위원: 수복지구 등기사무에 대한 소유권 증명에 관한 건〉(1958. 2. 5), 인제면, 《1958년도 농지관계철》.

71 〈내무부장관→농림부장관: 수복지구 농지개혁 실시에 대한 부민여론의 건〉(1958. 1. 21)《農地改革史關係資料集》 제2집, 332쪽.

72 〈인제면장→각 리장 및 리농지위원: 수복지구 등기사무에 대한 소유권 증명에 관한 건〉(1958.

2. 5), 인제면, 《1958년도 농지관계철》.

73 권준호, 2007. 6. 16, 양구군 양구읍 자택.

74 유성주, 2007. 7. 29, 양구군 남면 자택.

75 이호선·권영림, 2007. 6. 15, 양구군 남면 자택.

76 〈인제군수(인제면장)→각 면장(각 리장): 38이북 수복지구 농지개혁 사업 실시에 관한 건〉(1958.
4. 1(4. 4)), 인제면, 《1958년도 농지관계철》; 〈농림부 농지관리국장→강원도 산업국장: 38이북
수복지구 농지개혁사업 실시에 관한 건〉(1958. 3. 19), 인제면, 《1958년도 농지관계철》.

77 〈인제군수→각 면장: 농지개혁사무단임자 회의 개최의 건〉(1958. 4. 15), 인제면, 《1958년도
농지관계철》.

78 〈인제면장→인제군수: 수복지구 농지개혁 실시에 관한 지역공고에 관한 건〉(1958. 4. 23), 인
제면, 《1958년도 농지관계철》; 〈인제면장→각 리장: 수복지구 농지개혁 실시에 관한 지역공
고에 관한 건〉(1958. 4. 24), 인제면, 《1958년도 농지관계철》.

79 인제군의 38선 이남지역(해방 직후 홍천군에 편입되었던 지역) 농지개혁은 1950년 실시되었다가
한국전쟁으로 중지되었다. 다시 1951년 4월 28일 남한 전역의 농지개혁법시행(농림부령)에 해
당되었고, 1957년 5월 31일 현재 분배농지통계가 산업국장에게 통첩되어 확정(1957. 6. 1)되
었다. 분배농지통계가 확정되었고, 거의 대부분의 분배농가가 상환을 완료했다. 그런데 정산
작업이 미진하여 이전등기는 미루어지고 있었다. 〈인제군수→인제면장: 분배농지 통계 확정
에 관한 건〉(1957. 6. 11), 인제면, 《1957년도 농지관계철》; 〈인제군수→인제면장: 분배농지 소
유권 이전등기 사무 촉진에 관한 건〉(1957. 6. 18), 인제면, 《1957년도 농지관계철》.

80 각 리는 농지위원에게 〈특례〉를 배부했음을 확인하는 배부확인증을 면사무소에 제출해야 했
는데, 배부확인증 제출이 늦어져 면사무소가 각 리에 여러 번 재촉하고 나서야 6월 5일에 완
료되었다. 〈인제면장→각 리장: '38이북 수복지구에 대한 농지개혁법 시행에 관한 특례 공포
실시에 관한 건' 배부 확인증 제출 독촉에 관한 건〉(1958. 5. 14), 인제면, 《1958년도 농지관계
철》.

81 〈인제군수→각 면장: 38이북 수복지구 농지개혁 실시에 관한 건〉(1958. 5. 5), 인제면, 《1958년
도 농지관계철》; 〈인제면장→각 리장 및 리농지위원: 38이북 수복지구 농지개혁 실시에 관한
건〉(1958. 5. 9), 인제면, 《1958년도 농지관계철》.

82 위와 같음.

83 〈인제군수→각 면장: 농지소표 배부의 건〉(1958. 4. 22), 인제면, 《1958년도 농지관계철》; 〈농
지개혁에 수반한 농지소표 작성 및 대지조사에 관한 건〉(1958. 4. 30), 인제면, 《1958년도 농지
관계철》; 〈인제면장→각 리장: 농지개혁에 수반한 농지소표 작성 및 대지조사요강 배부에 관
한 건〉(1958. 5. 1), 인제면, 《1958년도 농지관계철》. 면사무소 직원이 각 리에 배정받아 나가
농지소표를 작성했다(상동리-현승만, 남북리-우종석, 합강리-심광흠, 가아리-강동호, 고사리-인정
남, 원대리-심재필, 하추리-조훈영, 가리산리-이성철, 덕산리와 귀둔리-정필화). 농지개혁실무를 담
당했던 한 인물은 면사무소 직원의 농지소표 작성 시 지적도를 가지고 나가서 농지위원과 대
조작업을 벌였다고 하면서, 농지개혁 실시 전에 이미 필지조사가 다 되어 있었다고 증언하였
다.

84 〈수복지구농지개혁사무처리요강〉(1958. 4. 11)《農地改革史關係資料集》제1집, 200쪽.

85 〈인제면장→인제군수: 분배농지등급사정 보고의 건〉(1958. 5. 21), 인제면, 《1958년도 농지관계철〉; 〈인제군수→각 면장: 38선 이북 분배농지 등급사정에 관한 건〉(1958. 6. 13), 인제면, 《1958년도 농지관계철〉.

86 〈면장→인제군수: 38선이북 수복지구 농지개혁사업 통계에 관한 건〉(1958. 8. 30), 인제면, 《1958년도 농지관계철〉.

87 위와 같음.

88 〈38선이북 수복지구농지개혁실시의 건〉(강원도, 1959. 10. 8). 답의 일반적인 등급인 7등급의 기준수량은 반당反當 벼로 2,475석이며 쌀로 환산하면 반당反當 178킬로그램이다(김운근·이두순·조일환, 앞의 논문, 164쪽과 166쪽).

89 〈인제면장→인제군수: 분배농지등급사정 보고의 건〉(1958. 5. 21), 인제면, 《1958년도 농지관계철〉; 〈인제군수→각 면장: 38선 이북 분배농지 등급사정에 관한 건〉(1958. 6. 13), 인제면, 《1958년도 농지관계철〉.

90 〈인제면장→각 리장: 농가별 분배농지표 종람 기일 공고의 건〉(1958. 7. 4), 인제면, 《1958년도 농지관계철〉.

91 〈인제면장→각 리장: 농가별 분배농지표 종람 기일 공고의 건〉(1958. 5. 15), 인제면, 《1958년도 농지관계철〉; 〈인제면장→인제군수: 농가별 분배농지표 종람 기일 공고의 건〉(1958. 5. 15), 인제면, 《1958년도 농지관계철〉.

92 〈수복지구 地證 9월말부터 발급〉《동아일보》1958. 8. 7. 인제군의 면간 분배통지서 전달은 7월 중순에서 8월 중순까지 이루어졌다(〈면장→각 리장: 분배통지서 전달의뢰의 건〉(1958. 7. 30), 인제면, 《1958년도 농지관계철〉].

93 〈인제면장→각 리장: 4291년산 하곡 상환 촉진에 관한 건〉(1958. 7. 8), 인제면, 《1958년도 농지관계철〉; 〈인제군수→각 면장: 4291년산 하곡 상환 촉진에 관한 건〉(1958. 7. 4), 인제면, 《1958년도 농지관계철〉.

94 〈인제군수→각 면장: '38이북' 농지개혁사업실시의 건〉(1959. 1. 22), 인제면, 《1959년도 농지관계철〉.

95 최용수, 2009. 3. 11, 인제군 인제읍 상동리 자택.

96 김정호, 2011. 11. 16, 인제군 바르게살기운동협의회.

97 최용수, 2009. 3. 11, 인제군 인제읍 상동리 자택.

98 박상기·황도연, 2007. 7. 28, 양구군 양구읍 황도연 자택.

99 유성주, 2007. 7. 29, 양구군 남면 자택.

100 이호선·권영림, 2007. 6. 15, 양구군 남면 자택.

101 김민수, 2007. 7. 6, 고성군문화원.

102 유성주, 2007. 7. 29, 양구군 남면 자택.

103 〈수복지구 農改 분배통지서 발부〉《동아일보》1958. 7. 16.

104 〈인제면장→인제군수: 분배농지 취소에 관한 질의 건〉(1958. 10. 15), 인제면, 《1958년도 농지관계철〉; 〈인제군수→인제면장: 분배농지 취소에 관한 건〉(1958. 11. 4), 인제면, 《1958년도 농

지관계철〉).

105 〈인제면장→각 리장 및 리농지위원: 수복지구 등기사무에 대한 소유권 증명에 관한 건〉(1958. 2. 5), 인제면, 《1958년도 농지관계철》.

106 ○○○, 남, 1935년생, 서화면 서화1리(강원대학교 사회과학연구원, 앞의 보고서, 115쪽 재인용).

107 수복지구에는 농지개혁법 제6조 및 제25조 2항에 따라 매수대상에서 제외되는 농지가 있었다. "① 자경 또는 자경하는 농가의 3정보 미만의 소유농지. 단, 정부가 인정하는 산간, 고원 등 특수지대에서는 5정보 이내. ② 자영지로서 과수원, 종묘포, 상전 기타 다년성 식물 재배 농지. ③ 비농가소유 소규모의 가정원예지로 500평 이내의 농지. ④ 미완성 개간지 및 간척지. ⑤ 농지개혁법 실시(1950.3.21) 이후 개간 또는 간척한 농지. ⑥ 정부, 공공단체 및 교육기관 등이 소유한 농지로서 정부가 그 사용목적을 변경할 필요가 있다고 인정한 농지. ⑦ 공인된 학교, 종교단체 및 후생기관 등의 소유로서 자경 이내의 농지. ⑧ 학술, 연구 등 특수한 목적에 사용하는 농지로서 정부인허 범위 이내의 농지. ⑨ 기존의 위토로서 묘당 2반보 이내의 농지." 김운근·이두순·조일환, 앞의 논문, 154쪽 재인용.

108 ⑨항의 위토로 제외된 경우가 69.5퍼센트에 달하고, ⑥항의 사용목적변경농지 15.6퍼센트, ⑧항 등의 특수목적변경지가 12.1퍼센트에 해당했다. 김운근·이두순·조일환, 위의 논문, 155쪽 재인용.

109 사용목적변경농지로 인허받고자 하는 농지는 소재지 읍면장에게 신고하여 농림부장관의 인허를 받도록 되어 있었다. 농지개혁 공포 20일 이내에 신청하도록 되어 있었지만, 인제군에서는 5월 9일까지로 신고하도록 했으므로 공포일 이후 30일까지 소요되었다〈인제면장→각 리장, 각 기관장: 각종 인허 신청서 제출에 관한 건〉(1958. 4. 30), 인제면, 《1958년도 농지관계철》].

110 〈인제면장→인제국민학교장: 농지사용목적변경 인허신청서진달의 건〉(1958. 6. 20), 인제면, 《1958년도 농지관계철》.

111 점차 민간인통제선이 북상조정되면서 분배면적이 증가한 것이 단적인 예이다. 분배농지면적은 1958년 3,784.4정보에서 1968년 4,084.9정보(40,849反)로 증가했다.

112 박상기·황도연, 2007. 7. 28, 양구군 양구읍 황도연 자택; 김정호, 2011. 11. 10, 2011. 11. 16, 인제군 바르게살기운동협의회.

113 〈면장→인제군수: 38선이북 수복지구 농지개혁사업 통계에 관한 건〉(1958. 8. 30), 인제면, 《1958년도 농지관계철》.

114 〈인제군수→각 면장(제 기린 서화): 상환곡 수납의 건〉(1958. 12. 27), 인제면, 《1958년도 농지관계철》.

115 〈인제면장→인제군수: 상환곡 수납 완수에 관한 건〉(1959. 1. 27), 인제면, 《1959년도 농지관계철》.

116 〈농지대가 상환곡 수납 책임제 실시에 관한 건〉(1958. 12. 27), 인제면, 《1958년도 농지관계철》.

117 〈농림부장→강원도지사: 4291년산 추곡상환에 관한 건〉(1958. 12. 30), 인제면, 《1958년도 농지관계철》; 〈인제군수→인제, 북면장: 4291년산 추곡상환에 관한 건〉(1959. 1. 12), 인제면, 《1959년도 농지관계철》.

118 〈인제면장→인제군수: 38선이북 수복지구 농지개혁사업 통계에 관한 건〉(1958. 8. 30), 인제면,

《1958년도 농지관계철》.

119 김운근·이두순·조일환, 앞의 논문, 184쪽.

120 김운근·이두순·조일환, 위의 논문, 185쪽.

121 농지개혁법 "제15조 분배받은 농지는 분배받은 농가의 대표자 명의로 등록하고 家産으로서 상속한다. 제16조 분배받은 농지에 대하여는 상환완료까지 좌의 행위를 제한한다. 1. 매매, 증여 기타 소유권의 처분 2. 저당권, 지상권, 선취특권, 기타 담보권의 설정"《農地改革史關係資料集》제1권, 30쪽.

122 최용수, 2009. 3. 11, 인제군 인제읍 상동리 자택.

123 이호선·권영림, 2007. 6. 15, 양구군 남면 자택.

124 정중신청 및 이의신청의 주된 이유 및 내용은 ㉮ 지주의 자경지인데 분배되었다, ㉯ 수해를 입어 경작이 불가능하다, ㉰ 반환하겠다는 것이었다.

125 권준호, 2007. 6. 16, 양구군 양구읍 자택.

126 〈인제면장→인제군수: 국제연합군 및 국군증발농지 사용실태 조사의 건〉(1959. 4. 11), 인제면, 《1959년도 농지관계철》.

127 〈수복지구에도 徵發 報償 국방부서 준비, 9월엔 심사완료〉《동아일보》1959. 8. 1.

128 유성주, 2007. 7. 29, 양구군 남면 자택.

129 권준호, 2007. 6. 16, 양구군 양구읍 자택.

130 〈인제군당부 결정서 상제八九호〉(1950. 4. 27)《北韓關係史料集》제15권, 292~293쪽.

131 강원대학교 사회과학연구원, 앞의 보고서, 84~87쪽.

132 평양을 비롯한 북한 전 지역에서 미군에 협력한 주민 수는, 미국이 파악한 바에 의하면, 약 5,400명에 달했다. 미군은 북한으로부터 후퇴할 때에 점령 당시의 행정조직원들과 그의 가족들, 평양에서 고용된 경찰들의 명단을 파악하고 그들을 남한으로 탈출시켰다. 〈NA-Emmons to NA-Johnson, Subject: Seoul Despatches No. 29 and 75〉(1950. 12. 27), RG 59 Decimal File 795A series (1950~1954), 795A.00/11~1450.

133 북한 주민의 월남 동기가 미군의 대대적인 공습에 대한 공포였다는 주장에 대해서는 김귀옥, 《월남민의 생활경험과 정체성》, 서울대학교출판부, 70~72쪽.

134 북한에서 남한으로 이동한 인구의 출생지역은 함경북도나 평안북도보다는 당시 38선이 가까운 황해도, 강원도, 함경남도 출신이 상대적으로 많았다. 월남민들은 강원도에 가장 많이 집중하여 33.6퍼센트에 달하고 그 다음으로 경기 25.6퍼센트, 경남 15.3퍼센트, 서울 11.6퍼센트 순으로 분포되어 월남민의 58.6퍼센트가 농촌지역에 정착하였다. 강광식, 〈전쟁과 남북한 사회와 문화〉, 259~260쪽[양영조, 2001 〈피난민 정책〉《한국전쟁사의 새로운 연구》1, 국방부군사편찬연구소, 314쪽 재인용].

135 강원대학교 사회과학연구원, 앞의 보고서, 86~87쪽.

136 본서 〈유엔군의 38선 이북 중동부지역 점령〉 참조.

137 신영호, 2006. 8. 4, 인제군 서화면 천도리 자택.

138 공보처통계국, 1952《대한민국통계년감》, 295~296쪽(양영조, 앞의 논문, 301~302쪽 재인용).

139 신정민, 2007. 8. 24, 인제군 인제읍 남북리 자택.

140 한희원, 2007. 8. 25, 인제군 인제읍 상동리 자택; 〈제15회 국회정기회의속기록 제1호: 38도
    선 이북 탈환지구 행정권 이양 및 귀농지구 확대인정에 관한 건의안〉(1952. 12. 22), 8~9쪽.

141 박상기·황도연, 2007. 7. 28, 양구군 양구읍 황도연 자택; 신영호, 2006. 8. 4, 인제군 서
    화면 천도리 자택; 〈Kangwon Do Provincial CAC Team, APO 59 Weekly Activities RPT 5
    Aug-11 Aug 51〉, RG 554 Records of General Headquarters, Far East Command, Supreme
    Commander Allied Powers, and United Nations Command, UN Civil Assistance Command,
    Korea(UNCACK) Adjutant General Section, Unit Reports, 1951~54, Weekly Activity Reports,
    Aug 1951 to Aug 51, Entry A-1 1309, Box 97.

142 신영호, 2006. 8. 4, 인제군 서화면 천도리 자택.

143 신정민, 2007. 8. 24, 인제군 인제읍 남북리 자택; 박상기·황도연, 2007. 7. 28, 양구군 양구
    읍 황도연 자택.

144 신정민, 2007. 8. 24, 인제군 인제읍 남북리 자택; 김태수, 2007. 7. 16, 양구군 향교. 양구주
    민들은 원주 향교골 외에 흥업 피난민수용소에 주로 수용되어 있었다(박상기·황도연, 2007. 7.
    28, 양구군 양구읍 황도연 자택).

145 박세현, 2007. 7. 29, 양구군 팔랑민속관.

146 박상기·황도연, 2007. 7. 28, 양구군 양구읍 황도연 자택.

147 〈탈환지구 행정권 이양 급 수복대책추진의 건〉(1953. 10. 19) 국무총리비서실, 1953 《각부처》;
    한희원, 2007. 8. 25, 인제군 인제읍 상동리 자택.

148 한희원, 2007. 8. 25, 인제군 인제읍 상동리 자택.

149 박세현, 2007. 7. 29, 양구군 팔랑민속관.

150 한희원, 2007. 8. 25, 인제군 인제읍 상동리 자택.

151 박세현, 2007. 7. 29, 양구군 팔랑민속관; 신정민, 2007. 8. 24, 인제군 인제읍 남북리 자택.

152 〈김진용〉《1962년도 퇴직자이력서철》(인제군).

153 권준호, 2007. 6. 16, 양구군 양구읍 자택.

154 한희원, 2007. 8. 25, 인제군 인제읍 상동리 자택.

155 38선 이남지역에서는 남한정부가 원호사업에 주된 역할을 했는데, 특히 사회부가 피난민 구
    호를 담당했다.《한국전란2년지》, C401~C402쪽. 주한유엔민간원조사령부의 조직과 활동에
    대해서는 김학재, 2010 〈주한유엔민간원조사령부(UNCACK) 자료 해제〉, 서중석 외, 《전장과
    사람들》, 선인 참조.

156 신영호, 2006. 8. 4, 인제군 서화면 천도리 자택; 권영림, 2007. 6. 15, 양구군 남면 자택; 박상
    기·황도연, 2007. 7. 28, 양구군 양구읍 황도연 자택; 신정민, 2007. 8. 24, 인제군 인제읍 남
    북리 자택.

157 《한국전란4년지》, C309쪽; 권영림, 2007. 6. 15, 양구군 남면 자택.

158 신영호, 2006. 8. 4, 인제군 서화면 천도리 자택.

159 〈탈환지구 행정권 이양 급 수복대책추진의 건〉(1953. 10. 19) 국무총리비서실, 1953 《각부처》.
    군단후방에 귀농선을 획정하고 군 작전상 지장이 없는 지역을 지정하여 원주민의 가족대동
    입주를 허용했는데, 이들을 영농대라 했다. 영농대의 인구는 약 1만 7,500명이었다. 반면 군

단직영농장은 사병 및 군 노무자가 경작하는 것을 말한다.

160 위와 같음.

161 위와 같음.

162 위와 같음.

163 한희원은 원주수용소 피난민들이 강원도지사가 발급하는 강원도민증을 발급받아 수복지역으로 들어갔으며, 당초 특무대에서 발급했던 입주영농증이 강원도민증으로 바뀐 것이라고 증언했다(한희원, 2007. 8. 25, 인제군 인제읍 상동리 자택). 그러나 도민증의 발급은 행정권 인수 이후 이루어졌다.

164 한희원, 2007. 8. 25, 인제군 인제읍 상동리 자택.

165 위와 같음.

166 《수복지구 지방행정》(철원군 동송면, 1955. 1. 2); 〈날로 발전하는 수복지, 어제 행정권 이양 1주년 기념식〉《동아일보》1955. 11. 18.

167 〈수복지구현황답사: 행정구역책정에 혼란 난면, 예산편성에 맹점이 허다〉《동아일보》1954. 9. 8.

168 38선 이북 경기지역은 1954년 4월 연천군에 민정관을 두고 포천군북부지역 및 강원 일부를 관할하는 민정관격인 민간인 군수를 두어 군단장 예속 하에 자문기관으로 군정위원회를 설치하고 조직적인 군정을 실시했다. 〈이하영, 1956 〈경기도수복지구행정의 회고와 전망〉《지방행정》제5권 제3호, 37쪽.

169 〈내무부장관→국무회의의장: 38도선 이북 수복지구 행정 실시에 관한 건〉(1954. 8. 20) 총무처, 1954《국무회의상정안건철》.

170 권준호, 2007. 6. 16, 양구군 양구읍 자택.

171 함주영, 2007. 7. 7, 고성군 죽왕면 자택.

172 〈내무부장관→국무회의의장: 38도선 이북 수복지구 행정 실시에 관한 건〉(1954. 8. 20) 총무처, 1954《국무회의상정안건철》.

173 이운룡, 1954《收復年鑑》, 강원문화연구사, 44~46쪽. 양양지역의 치안대장을 맡은 김민하는 일제식민지기 경찰에서 다년간 복무했다고 한다.

174 한희원, 2007. 8. 25, 인제군 인제읍 상동리 자택.

175 《수복지구 지방행정》(철원군 동송면, 1955. 1. 2).

176 한모니까, 2010(b) 앞의 논문.

177 한희원, 2007. 8. 25, 인제군 인제읍 상동리 자택.

178 한모니까, 2010(b) 앞의 논문, 174~176쪽.

179 이현욱, 2007. 7. 28, 양구군 양구읍 자택.

180 〈Ambassy, Seoul to the Department of State. Subject: Transmittal of Memorandum on Conditions in Area under UNC Control North of the 38th Parallel〉(1954. 8. 9), RG 84, Seoul Embassy File, UNCURK 38th Parallel. 농기구, 농우, 의류 등의 구호물자도 주로 유엔군사령관 산하 한국민사원조사령부KCAC로부터 나왔다.

181 〈인제면장→인제군수: 국제연합군 및 국군증발농지 사용실태 조사의 건〉(1959. 4. 11), 인제면,

《1959년도 농지관계철》.

182 권준호, 2007. 6. 16, 양구군 양구읍 자택.

183 〈제32회 국회임시회의속기록 제41호: 인제·盈德지역 재선거 상황시찰보고〉(1959. 6. 9).

184 이하영, 앞의 글, 38쪽.

185 장헌길, 2006. 6. 9, 인제군 인제읍 한국관; 장만수, 2006. 6. 9, 2006. 11. 10, 인제군 북면 원통리 자택.

186 〈제32회 국회임시회의속기록 제41호: 인제·盈德지역 재선거 상황시찰보고〉(1959. 6. 9).

187 〈선거전 작열한 화천지구 – 전유권자의 8할이 군인〉《조선일보》1958. 4. 15; 〈민주당 공천입후보 간판철거에 제소준비 – 중반전에 든 양구지방선거 점경〉《조선일보》1958. 4. 16.

188 〈선거 前哨戰線을 가다 ⑴ 연천에서〉《동아일보》1958. 1. 16.

189 김대중 전 대통령은 인제에 출마하면서, 수복지구의 군인들이 반정부적이며 야당을 지지하므로 야당 후보인 자신이 당선될 가능성이 많다고 낙관적으로 판단했다고 회고했다. 김대중, 2010《김대중 자서전》1, 삼인, 99쪽, 105~105쪽.

190 김대중, 위의 책, 105~106쪽.

191 〈철원서 자유당 공천후보가 고소 – 일선사단장이 선거운동〉《조선일보》1958. 4. 29.

192 〈수복지구의 표정⑴ 모자탑이 있는 거리〉《조선일보》1954. 9. 23.

193 〈사설: 수복지구행정에 최선 다하라〉《동아일보》1954. 11. 16.

194 《緯北收復地區 地方行政一週年鑑》, 10~11쪽; 〈수복지구 지방행정〉(철원군 동송면, 1955. 1. 2).

195 〈수복지구에 유능한 관리 배치, 대정부건의안 제출〉《동아일보》1960. 9. 23.

196 〈제37회 국회 민의원회의록 제35호: 수복지구 인사배치에 관한 건의안〉(1960. 9. 22).

197 한희원, 2007. 8. 25, 인제군 인제읍 상동리 자택.

198 〈지상관전 6·8라이벌: 홍천-인제구, 자유당 이재학 공화당 이승춘, ‘신화’ ‘입지’ 대결〉《조선일보》1967. 5. 26.

199 〈김호일〉, RG 242, SA 2007, Box 349, Item 1.3; 김정호, 2011. 11. 16, 인제군 바르게살기운동협의회.

200 유재인, 1974《강원도 비사》, 강원일보사, 226쪽.

201 〈수복지구 자유당 돌연 간부 재조직〉《동아일보》1956. 2. 19.

202 〈제32회 국회임시회의속기록 제41호: 인제·盈德지역 재선거 상황시찰보고〉(1959. 6. 9).

203 유재인, 앞의 책, 229~230쪽.

204 〈선거전 작열한 화천지구 – 전유권자의 8할이 군인〉《조선일보》1958. 4. 15.

205 〈전남·강원의 선거전 점묘〉《조선일보》1958. 4. 16.

206 유재인, 앞의 책, 260~261쪽; 〈선거바람 드센 수복구〉《조선일보》1957. 11. 25; 〈자유당 공인후보 신청, 3일 현재 213명 – 수복지구 경쟁 격심〉《조선일보》1958. 2. 4.

207 철원지역에서는 무소속 서임수 후보가 당선되었는데, 이후 자유당에 가입했다.

208 김정호, 2011. 11. 10, 인제군 바르게살기운동협의회.

209 김대중 후보는 부정선거 및 선거결과 무효처리에 대한 재판에서 1959년 3월 승소하였고, 이에 따라 인제에서는 1959년 재선거가 실시되었다. 〈전남·강원의 선거전 점묘〉《조선일보》

1958. 4. 16; 중앙선거관리위원회, 《대한민국선거사》(1968), 1167~1172쪽; 김대중, 2010 앞
의 책, 99쪽, 104쪽; 김태수, 2007. 7. 16, 양구군 향교; 김정호, 2011. 11. 10, 인제군 바르게
살기운동협의회.

후보 등록 방해사건 직후, 김대중 후보는 어려움을 호소하고 도움을 받고자 인제군청 근처에
있던 육군 사단장 관사를 찾아갔으나 사단장이 부재중이라는 이유로 만나지 못하였다. 이때
사단장이 박정희였다고 한다[김대중, 1997 《나의 삶 나의 길》, 산하 83~84쪽; 김대중, 2010 위의 책,
103쪽].

210 〈민주당 공천입후보 간판철거에 제소준비—중반전에 든 양구지방선거 점경〉《조선일보》
1958. 4. 16.

211 유재인, 앞의 책, 228쪽.

212 〈선거바람 드센 수복구〉《조선일보》1957. 11. 25.

213 〈전남·강원의 선거전 점묘〉《조선일보》1958. 4. 16.

214 김대중, 2010 앞의 책, 99쪽.

215 《대한민국선거사》(1968), 92쪽.

216 위의 책, 95쪽. 〈반민주행위자공민권제한법〉(1960. 12. 31)은 1960년 3월 15일 부정선거에 관
계한 자들에 대해 선거권과 피선거권을 제한하는 법이다. 전형산은 인제경찰서장으로서 본
법에 해당하였다.

이후 전형산은 인제의 반공 조직 및 활동에 지속적으로 관여하였는데, 한국반공연맹 인제군
지부 초대회장(1966. 6. 21~1974. 3)을 역임하였다(인제군지 편찬위원회, 앞의 책, 749~750쪽).

217 김태수, 2007. 7. 16, 양구군 향교.

218 남정옥, 2001 〈국민방위군〉《한국전쟁사의 새로운 연구》1, 국방부 군사편찬연구소, 169~174쪽.

219 유재인, 앞의 책, 222~223쪽.

220 한희원, 2007. 8. 25, 인제군 인제읍 상동리 자택.

221 김정호, 2006. 8. 4, 2011. 11. 10, 인제군 바르게살기운동협의회.

222 유성주, 2007. 7. 29, 양구군 남면 자택.

223 박상기·황도연, 2007. 7. 28, 양구군 양구읍 황도연 자택.

224 위와 같음.

225 권준호, 2007. 6. 16, 양구군 양구읍 자택.

226 최용수, 2009. 3. 11, 인제군 인제읍 상동리 자택.

227 〈내무부장관→국무총리: 탈환지구 행정권 이양 급 수복대책추진의 건〉(1953. 10. 19), 국무총
리비서실, 1953《각 부처》.

228 전시 인제지역의 집단희생 추이에 대해서는 강원대학교 사회과학연구원, 앞의 보고서,
121~125쪽 참조.

229 함주영, 2007. 7. 7, 고성군 죽왕면 자택.

230 "입주자의 선정은 원주민을 원칙으로 한다. 군민회와 긴밀한 연락하에 불순분자의 개입을 방
지해야 한다."〈내무부장관→국무총리: 탈환지구 행정권 이양 급 수복대책추진의 건〉(1953.
10. 19) 국무총리비서실, 1953《각부처》.

231 권준호, 2007. 6. 16, 양구군 양구읍 자택. 38선 이북 피난민 집단정착지로는 속초시 청호동의 함경남도민의 '아바이마을'과 철원군 동송읍의 평안도민의 '평안도촌' 등이 잘 알려져 있다.

232 〈내무부장관→국무총리: 탈환지구 행정권 이양 급 수복대책추진의 건〉(1953. 10. 19), 국무총리비서실, 1953 《각 부처》.

233 〈시급한 행정력 강화 행정군 인수후의 수복지구 실정. 조속한 예산조치와 민생이 긴절〉《조선일보》1954. 12. 7; 김정호, 2011. 11. 10, 인제군 바르게살기운동협의회.

234 〈당국계획의 85%가 입주, 강원도 수복지구의 귀농〉《조선일보》1955. 5. 3.

235 〈날로 발전하는 수복지, 어제 행정권 이양 1주년 기념식〉《동아일보》1955. 11. 18;《緯北收復地區 地方行政一週年鑑》, 2쪽.

236 강원도 내무국 지방과, 1968 《접적 및 수복지구 실태조사보고서》, 강원도, 26쪽.

237 한외갑, 1967 〈수복지구의 세수의 애로와 개선책〉《지방행정》16, 195쪽; 손정목, 1968 〈종합개발의 방향〉《접적 및 수복지구 실태조사보고서》, 강원도, 106~107쪽; 김정호, 2011. 11. 10, 인제군 바르게살기운동협의회, "그런데 서민, 빈민들이 들어왔어. 홍천이나 횡성이나 거기서 자기 땅만 가지고 먹을 수 없으니까, 수복됐다니까 거기 들어가자 하고. 남의 땅이라도 붙이자 하고. 빈민층이 많이 들어왔어."

238 이성민, 2016. 7. 7, 광명시 소하동 카페.

239 〈'울진 사라호 유민' 철원군 마현1리〉《한국일보》2003. 2. 6.

240 〈시급한 행정력 강화 행정군 인수후의 수복지구 실정. 조속한 예산조치와 민생이 긴절〉《조선일보》1954. 12. 7.

241 김형수, 〈收復地區를 보고와서〉《大學新聞》1954. 9. 15, 서울대학교 대학신문사; 김형수, 〈收復地區를 보고와서〉(下)《大學新聞》1954. 9. 22; 〈수복지구 向發 '유네스코' 건설대〉《동아일보》1954. 10. 12; 〈신문지로 글자 연습. 학생계몽대가 말하는 수복지 실정〉《동아일보》1954. 10. 17; 〈사설: 수복지구행정에 최선다하라〉《동아일보》1954. 11. 16; 〈학생계몽건설대 수복지구에 파견〉《동아일보》1955. 1. 17; 〈농민생활의 문화화, 위정당국의 좀더 깊은 인식 필요, 자력갱생의 樂土 大韓을 납득시킬 것, 유네스코 학생대의 수복지구건설 보고좌담〉《동아일보》1955. 2. 1; 〈빛내지는 수복지구, 유네스코 학생건설대의 활약〉《동아일보》1956. 8. 6.

242 〈金 치안국장, 수복지구 주민들의 신분을 보장 밝혀, 농번기에는 노력동원을 금지〉《조선일보》1954. 9. 16.

243 이운룡, 앞의 책, 46쪽.

244 〈선거 前哨戰線을 가다 (1) 연천에서〉《동아일보》1958. 1. 16.

245 〈제19회 국회임시회의속기록 제49호: 수복지구임시행정조치법안 제1독회〉(1954. 9. 24).

246 위와 같음.

247 〈제19회 국회임시회의속기록 제37호: 38이북 수복지구 행정권 이양에 대한 질문〉(1954. 8. 30).

248 〈사설: 수복행정지구의 민심수습책〉《동아일보》1954. 9. 19.

249 〈농민생활의 문화화, 위정당국의 좀더 깊은 인식 필요, 자력갱생의 樂土 大韓을 납득시킬 것, 유네스코 학생대의 수복지구건설 보고좌담〉《동아일보》1955. 2. 1.

250 심현구, 앞의 글, 51쪽.

251 〈제19회 국회(임시회) 예산결산위원회 회의 속기록 제16호: 단기4287년도 제1회 세입세출추가경정예산안〉(1954. 10. 16), 15~16쪽.

252 〈시급한 행정력 강화 행정군 인수후의 수복지구 실정. 조속한 예산조치와 민생이 긴절〉《조선일보》1954. 12. 7.

253 〈崔강원지사 회견담: 수복지구 농민입주 월말까지 완료〉《동아일보》1955. 3. 7.

254 〈사설: 수복지구동포들의 窮狀〉《동아일보》1955. 2. 4.

255 〈720두 구입계획 收復地區用農牛〉《동아일보》1955. 3. 15; 〈수복지구 보낼 농우 720두 買上 착수〉《동아일보》1955. 5. 1; 〈거의 농경에 不適〉《동아일보》1955. 6. 2; 〈허울 좋은 無償 소, 수복지구 농민들 理解難의 표정〉《동아일보》1955. 6. 2; 〈국회에서도 논의, 수복지구의 농우문제〉《동아일보》1955. 6. 5.

256 심헌구, 앞의 글, 56~57쪽.

257 권준호, 2007. 6. 16, 양구군 양구읍 자택.

258 〈Briggs to SecState〉(1954. 6. 24), RG 84, Seoul Embassy File, Entry Seoul, Korea, 1950~55, Box 12, 322.3: UNCURK 38th Parallel, 1953~55.

259 〈수복지구 전입자 구분 도민증 발급〉《조선일보》1954. 11. 22; 〈수복민에 도민증 15일부터 발급〉《조선일보》1954. 12. 14.

260 《緯北收復地區 地方行政一週年鑑》, 116쪽.

261 심헌구, 앞의 글, 55쪽.

262 《緯北收復地區 地方行政一週年鑑》, 116쪽.

263 〈수복지구 호적복구 예산관계로 지연〉《동아일보》1955. 1. 25; 〈서울 지방법원·철원지원장 →각 읍면장: 수복지구의 호적사무 처리에 관한 건〉(1955. 5. 14), 철원군 동송면, 1955《例規文書編綴》.

264 〈수복지구 호적 1월초순부터 취급〉《조선일보》1955. 1. 18.

265 구술자들은 수복지역민이 아닌 38이북 사람들에 대해 가호적을 만든 이유를 "통일되면 그 사람들은 (북의 고향으로) 가게 될 것이었기" 때문이라고 증언했다(이호선·권영림, 2007. 6. 15, 양구군 남면 자택). 38선 이북 출신자의 가호적은 1962년 호적으로 간주되었다(법률 제1237호, 1962. 12. 29).

266 김정호, 2011. 11. 16, 인제군 바르게살기운동협의회.

267 신정민, 2007. 8. 24, 인제군 인제읍 남북리 자택; 김태수, 2007. 7. 16, 양구군 향교.

268 〈수복지구 병역실무자 교육실시토록 시달〉《경향신문》1954. 12. 9; 심헌구, 앞의 글, 54쪽; 《緯北收復地區 地方行政一週年鑑》, 36쪽; 병적 등록 대상자는 ㉠ 수첩소지자 중 수속 미필자, ㉡ 기등록자 중 수첩 기타 징병서류 불비자, ㉢ 38선 이남에 본적 또는 가호적을 가진 자로 미등록된 자, ㉣ 원주민 또는 북한에 본적을 가지고 종래부터 수복지구에 거주한 미등록자 등이었다.

269 《緯北收復地區 地方行政一週年鑑》, 36쪽.

270 〈4일부터 兵役등록: 수복지구 壯丁들에 실시〉《동아일보》1955. 1. 3.

271 《緯北收復地區 地方行政一週年鑑》, 18~19쪽.

272 〈수복지에 8개 선거구 신설. 정부, 국회의원 선거법안을 제출〉《조선일보》1955. 4. 23.

273 〈민주당 공천입후보 간판철거에 제소준비―중반전에 든 양구지방선거 점경〉《조선일보》 1958. 4. 16.

274 〈제32회 국회임시회의속기록 제41호: 인제·盈德지역 재선거 상황시찰보고〉(1959. 6. 9).

275 위와 같음.

276 김태수, 2007. 7. 16, 양구군 향교; 한희원, 2007. 8. 25, 인제군 인제읍 상동리 자택; 최용수, 2009. 3. 11, 인제군 인제읍 상동리 자택.

277 김대중, 2010 앞의 책, 104쪽, 126~127쪽.

278 〈지방의회 설치, 수복지 임시행정 조치 개정안 제출〉《동아일보》1956. 2. 29.

279 〈지방의회 定數는 437명, 수복지구 12區를 제외〉《동아일보》1956. 7. 10.

280 〈22의원이 제안, 수복지구의 임시행정조치법 폐지〉《동아일보》1957. 3. 15.

281 〈국회: 수복지구임시행정조치안폐지안 제출, 민주의식향상으로 官治 불필요〉《동아일보》 1960. 5. 31.

282 〈수복지구에 자치법 적용. 申基福의원등 제안〉《조선일보》1960. 8. 18.

283 〈수복지조치법 폐기 자치법기초위 통과〉《조선일보》1960. 9. 16 .

284 〈수복지 임시행조법 폐기〉《동아일보》1960. 9. 29.

285 〈본회의 상정 않기로, 수복지구임시행정조치폐기안 參院내무위〉《동아일보》1960. 10. 26.

286 〈자치제 보류에 불만 양양서 데모〉《조선일보》1960. 11. 5.

287 〈선거거부론도 대두, 현지 주민들, 수복지구 자치제실시 안돼〉《동아일보》1960. 11. 1.

288 〈수복지구 자치추진 7개군 실무자화합〉《조선일보》1960. 11. 7.

289 〈자치제 보류에 불만 양양서 데모〉《조선일보》1960. 11. 5; 〈수복지구 자치추진 7개군 실무 자회합〉《조선일보》1960. 11. 7.

290 〈7개군대표 국회앞서 데모. 수복구에도 자치권을〉《조선일보》1960. 12. 5.

291 〈제37회 국회 민의원회의록 제65호: 수복지구임시행정조치법폐지에 관한 법률안 재의의 건〉 (1960. 12. 29), 19~22쪽.

292 위와 같음.

293 1960년 12월 30일 민의원 본회의에서는 임시조치법폐지에 관한 법률을 재의표결에 붙인 결 과, 재석 146명 중 가결 3, 부결 134, 기권 2, 무효 7로 폐기되었다. 〈제37회 국회 민의원회의 록 제66호: 수복지구임시행정조치법폐지에관한 법률안 재의의 건〉(1960. 12. 30), 12쪽.

294 수복지구에 지방의회 선거를 통한 의회구성이 이루어진 것은 1995년 전국적으로 지방자치제 가 재개되면서부터이다.

295 《緯北收復地區 地方行政一週年鑑》, 123쪽.

296 유공자 명단은 위의 책, 123~135쪽.

297 위의 책, 1~2쪽.

298 애국반에 대해서는 다음 연구를 참조. 이경란, 2004 〈총동원체제하 농촌통제와 농민생활― 마을 사회관계망을 중심으로―〉《동방학지》124; 이종민, 2004 〈전시하 애국반 조직과 도시 의 일상 통제―경성부를 중심으로―〉《동방학지》124.

299 《緯北收復地區 地方行政一週年鑑》, 1쪽.

300 이운룡, 앞의 책, 45~46쪽; 〈철원지방서 간첩 4명이 자폭. 군경의 추격받고 불온문서 등 소지품 압수〉《조선일보》1958. 7. 1; 〈간첩 3명 철원 지구에 침투 1명은 체포 2명은 추격중〉《조선일보》1958. 7. 13; 〈국군 2명 절명. 철원지구 총격사건 공산측 선공이 확실하면 항의할터. 군사정전위 윌슨 대표담〉《조선일보》1958. 9. 10; 〈공산측, 정치적 선전반복. 철원지구 시체 사건에 생트집. 정전위 연락장교회의〉《조선일보》1958. 9. 21.

301 《緯北收復地區 地方行政一週年鑑》, 117쪽.

302 위의 책, 2~3쪽; 이하영, 앞의 글, 39쪽과 41쪽; 〈수복지구에 반공계몽반 24일 현지 파견〉《조선일보》1956. 6. 21.

303 김정호, 2011. 11. 10, 인제군 바르게살기운동협의회.

304 김동춘, 2000 〈20세기 한국의 '국민'〉《근대의 그늘》, 당대, 186~189쪽; 김성보, 2009 〈남북 국가 수립기 인민과 국민 개념의 분화〉《한국사연구》144.

305 유재인, 앞의 책, 249쪽.

306 신영호, 2006. 8. 4, 인제군 서화면 천도리 자택.

307 김정호, 2011. 11. 10, 11. 16, 인제군 바르게살기운동협의회.

308 "남면 신월리와 남전리의 신월인교 186호, 대홍 51호, 후평 169호, 관대 50호, 칙음 170호, 인제면 오작 36호, 평지 37호, 사답 39호, 중답 40호, 하답 188호, 원대리 219호, 잠엄 165호 등이 전부 이주." 〈인제군당부 결정서 상제八九호〉(1950. 4. 27)《北韓關係史料集》제15권, 292~293쪽.

결론

1 이는 인제군만이 아니라 북한의 전반적인 현상이었다. 규정상 군-면-리인민위원회의 역할은 분리되어 있었지만, 면인민위원회가 군인민위원회와 리인민위원회 사이에서 연락 정도의 역할만 하고 자신의 주관사무를 리인민위원회에 위임하는 정도에 불과하다는 비판이 나왔다. 한병옥, 〈사무간소화를 위한 몇가지 문제〉《인민》1948년 9월호[《北韓關係史料集》제14권 수록], 300쪽.

2 한모니까, 2013 〈1948년 대한민국 정부 수립과 주한미군의 정권 이양 과정 및 의미〉《동방학지》164, 294~296쪽.

3 안병욱, 1995 〈한반도 통일국가의 목표와 과제〉, 학술단체협의회 편, 《한반도 통일국가의 체제구상》, 한겨레신문사, 16~17쪽.

찾아보기

한국전쟁과 수복지구

⊙ 2017년 6월 12일 초판 1쇄 발행
⊙ 2018년 10월 15일 초판 2쇄 발행
⊙ 지은이　　　한모니까
⊙ 펴낸이　　　박혜숙
⊙ 펴낸곳　　　도서출판 푸른역사
　우) 03044 서울시 종로구 자하문로8길 13
　전화: 02) 720-8921(편집부) 02) 720-8920(영업부)
　팩스: 02) 720-9887
　전자우편: 2013history@naver.com
　등록: 1997년 2월 14일 제13-483호

ⓒ 한모니까, 2018

ISBN　979-11-5612-094-0　93900